学习圈·学共体
社区教育的杭州样式

Learning Circle & Neighborhood-based Learning Community: Hangzhou Style of Community Education

杭州市教育科学研究院　编

ZHEJIANG UNIVERSITY PRESS
浙江大学出版社
·杭州·

图书在版编目(CIP)数据

学习圈·学共体:社区教育的杭州样式 / 杭州市教
育科学研究院编. —杭州:浙江大学出版社,2023.4(2023.9 重印)
　ISBN 978-7-308-23297-5

　Ⅰ.①学… Ⅱ.①杭… Ⅲ.①社区教育-研究-杭州
Ⅳ.①G779.2

中国版本图书馆 CIP 数据核字(2022)第 222790 号

学习圈·学共体:社区教育的杭州样式

杭州市教育科学研究院　编

责任编辑	胡　畔
责任校对	赵　静
封面设计	周　灵
出版发行	浙江大学出版社
	(杭州市天目山路 148 号　邮政编码 310007)
	(网址:http://www.zjupress.com)
排　　版	浙江时代出版服务有限公司
印　　刷	广东虎彩云印刷有限公司绍兴分公司
开　　本	710mm×1000mm　1/16
印　　张	24
字　　数	450 千
版 印 次	2023 年 4 月第 1 版　2023 年 9 月第 2 次印刷
书　　号	ISBN 978-7-308-23297-5
定　　价	88.00 元

浙江大学出版社市场运营中心联系方式　(0571)88925591;http://zjdxcbs.tmall.com

序

自 20 世纪 90 年代终身教育写入《中华人民共和国教育法》和《中国教育改革和发展纲要》始,旨在促进社区人的发展与社区发展的社区教育,成为构建终身教育体系的重要支柱。2009 年,原杭州市成人教育研究室历时一年,编写完成《杭州社区教育发展报告 1989－2009》,记录并回顾了二十年社区教育之发展轨迹。

又一个十年,不经意间又悄然而逝。十年间,我们遭遇了老龄化的挑战,老年人群体学习与发展需求快速增长,而社区教育供给却无法追逐老龄化的脚步。社区教育、老年教育供给的"质"与"量"之不足,已经跃然成为社区教育、老年教育发展的主要矛盾。

如何促进杭州市社区教育的"质"与"量"的健康发展?这十年,杭州社区教育形成了自己独特的工作思路和发展样式:

一是定位精准,坚持把满足社区居民的学习需求作为推进全民终身学习、建设学习型城市的根本出发点和落脚点,以市民学习圈建设为抓手,整合学习资源,不断挖掘和扩大社区教育资源"量"的供给,使人民群众的学习权益得到更好的保障。学习圈的创建,强化了社区教育的主体结构、基本框架、硬件支撑和主要部件。

二是路径适恰,以"社区学习共同体",引领和创新成人教育方式和老年教育方式的巨大变革。社区学习共同体,强调学习者的本质意志和共同兴趣爱好,重视在分享交流和平等协商中的共同学习、互帮互助、互为师生、彼此成就,突出守望相助中让每位学习者感受生命成长和自我的价值,每个个体的需求满足是共同体发展的最高宗旨。社区学习共同体,是能够很大限度满足每个学习者个性化学习需求、让组织为个体发展服务的人性化学习方式;同时,也是适切老年人身心特点的学习方式。

三是成效突出,社区学习共同体,因为对每个个体生命和发展的尊重,大大增强了社区教育的吸引力和凝聚力,带动了社区教育"质"的提升,社区教育覆盖面和参与率屡创新高。全市8000余个社区学习共同体遍布城乡,每个月有18万人在社区学习共同体中学习。社区学习共同体中"成员即资源"的独特属性,在不消耗社会资源的前提下,还带来了社区教育内部师资资源的进阶式增长和无成本流动。

浩荡春风起,奋进脚步疾。2019年,浙江省政府发布《浙江省未来社区建设试点工作方案》,为社区教育的发展迎来了新的增长点。2021年,《中共中央 国务院关于支持浙江高质量发展建设共同富裕示范区的意见》发布,共同富裕示范区落地浙江。面向新时代、新形势,我们将继续坚持以满足社区居民品质化、个性化、多样化学习需求,实现每个学习者自身完满发展和生命价值作为宗旨,不断推进社区教育、老年教育高质量发展,发挥社区教育在促进社区发展、实现共同富裕中的重要价值,谱写社区教育发展新的、更多的"十年"华章。

是为序。

杭州市教育科学研究院院长　俞晓东

目　　录

第二章　合建共享:资源活化的学习圈

第三章　乐学享学:学习成就美好人生

实现社区教育的根本性变革：
从设计型到生长型的转变

20世纪80年代末以来，中国社区教育从无到有，从局部开展到全国普遍开展，从民间的自发活动到由教育部有关部门组织推动的自上而下的政府行为。30多年的历程是社区教育工作者艰苦探索的过程，也是老百姓获得感不断提升的过程，为新时代社区教育的转型发展奠定了良好的基础。

中国社区教育无疑是改革开放的产物，在庆祝改革开放四十周年的关键节点上，总结和反思30年社区教育发展历程，在为取得的成绩欢欣鼓舞的同时，我们发现社区教育事业恰好到了转型升级甚至根本变革的关键时期。

社区教育的变革，不仅是从量的增长向质的提升的转变，而且是从社区教育的本质属性与社会发展的主要矛盾的变化出发，从根本上变革社区教育的价值取向、增长方式、实践路径等，使社区教育在人的全面发展和幸福社区建设中发挥更加重要的作用。

一、社区教育根本性变革的必要性

以人为本的社区教育，一切从学习者出发。社区教育的任何实践必须考虑学习者喜欢不喜欢，愿意不愿意，答应不答应，这是我国社区教育工作的出发点。质量是社区教育的生命线。社区教育的质量比学校教育显得更紧迫，因为学校的学生少有能"用脚投票"的机会，而社区教育则不同，没有质量的社区教

* 作者介绍：汪国新，杭州市职业教育与成人教育研究室副主任，中国成人教育协会学术委员会委员，中国成人教育协会科研机构委员会副理事长，硕士生导师。

项秉健，上海教育报刊总社编审，中国成人教育协会常务理事。

育,社区居民"敬而远之"或选择离开。现阶段,传统的社区教育有无法破解的难题,实现社区教育的转型,不仅是必要的,也是具有现实可能性的。

1.学习者的困境:参与意愿不足

社区学校"百人怪圈"现象仍然普遍存在,参加学习活动的,数来数去就那么百来个人。参与社区活动往往是政府一头热,而市民慢热或不热。如在一个有11万常住人口的街道,参加各类培训的人数一年下来仅千人次[①]。即使在全国社区教育的实验区和示范区,居民主动参与到社区教育中来积极性并不高,社区教育的影响面较小、社会知晓度不高。社区教育的生命在于居民的自主参与,参与度不高,是社区教育持续发展的重要瓶颈。

居民满意度低,获得感低。社区居民通过参与社区教育,本应能学到改善生活质量的知识技能、价值观念和人生智慧,更好地洞悉自我发展的可能性,更好地实现自己的人生价值。然而,设计型的社区教育老百姓不喜欢。早在2007年下半年,浙江省教育厅鲍学军副厅长就提出:"社区教育的知晓度不高、参与率不高、吸引力不强,能否从微观层面上研究一下什么样的社区教育才是群众喜欢的?"随后的实地调研,证实了教育厅领导提出的问题不仅存在,而且十分普遍:社区教育内容和形式不能满足居民实际需求,成人学习规律得不到很好的体现,社区居民学习需求不能得到满足。正规教育的办学模式和灌输式教学方式用在社区教育工作之中,居民不愿意参与,且获得感低。

2.社区教育工作者的困境:成就感低

社区学院(学校)的老师,需要完成上级管理部门要求的培训任务,组织各类的培训,请教师难,比这更难的是"请"学员。深入实际考察会发现,社区教育工作者勤勉付出与教育效果不成正比,常常得不到居民的认可。有些培训项目受到学员欢迎,但学员总数有限。许多社区教育工作者少有成就感,产生职业倦怠和事业的失败感。

3.政府的困境:收效甚微

党的十九大报告中关于社会主要矛盾的论断,深刻揭示了人民群众对美好生活的期待已经成为今天人们共同的心声。随着城市化快速推进和全面建成小康社会目标的实现,人们不再满足于温饱,更愿意通过学习提升生活水平和生活质量。城乡居民的学习需求显著增长,学习愿望更加强烈,并且显现出多元化、个性化和品质化的趋势。而政府供给的能力弱,供需间的矛盾日益突出。

---

① 彭薇:社区教育如何吸引"新面孔"[N].上海:解放日报,2009-12-24.

上海作为社区教育最发达的地区,建有292所不同类型的老年教育机构,参与学习的老年人也只占13％。① 政府处于两难境地:一方面,社区教育作为公共产品,政府只能提供最基础性的服务,不可能像基础教育或高等教育一样大规模地投入。其服务的方式,也只能是自上而下的供给。另一方面,社区教育的公益性与教育性,决定它不能遵循竞争逻辑、由理性经济人按市场这一看不见的手去操作。有人把提高社区教育的满意度寄希望于扩大社区教育规模,提高社区教育机构的办学能力。其实,即使再十倍百倍地扩大社区教育的教育规模,同样不能破解资源难题。政府陷入了无法克服的困境,变革社区教育的供给侧十分必要和迫切。

4.设计型社区教育的困境:供需矛盾会越来越突出

在经济社会发展不充分的情况下,社区教育的总需求较小,需求的层次品质较低,采取设计型的社区教育方式供需矛盾并不显突出。随着经济社会不断发展,社区教育的需求呈现几何级数增长,设计型社区教育的供给方式只会让供需矛盾变得越来越突出。因为社区教育资源需要不断满足学习者的需求,而设计型社区教育的人、财、物资源配给是一种计划性的配给,资源的缺口在哪里仅凭供给者"拍脑袋",资源无法自动地向需求缺口聚拢,更不能形成资源自动供给的机制,供需不匹配的矛盾日趋突出。

设计型社区教育中的学习者只能被动地接受培训,永远难以真正成为学习的主人。由于学习者的被动参与,社区教育一头热一头冷的现象依旧严重存在,社区教育自身缺乏造血功能的现象得不到消除。由于没有造血功能,"等靠要"思维难以克服,社区教育的生机逐渐丧失。与此同时,设计型社区教育局限于传授知识技能的范畴,其方式是"一对多"的单向传授,学习者之间重建熟人社会及守望相助关系的情感需求难以满足,社区感严重缺失,社区的凝聚力无从谈起。

人们对美好生活的需要与满足需要的能力之间的矛盾,已经构成社区教育变革的强劲外部动力。社区教育从不可持续的1.0型转到可持续的2.0型恰逢其时,既充满挑战,更有难得的机遇。

二、生长型社区教育的架构与内涵

人为设计和批量生产是大工业的核心特征。学校教育正是工业时代的产

---

① 上海市学习型社会建设服务指导中心.上海学习型城市建设[M].上海:上海人民出版社,2017:342.

物,教学大纲、统一教材等"大一统"的举措,为教学的高效率提供了保证,但终归是设计型的教育。传统的社区教育,基于这样的假设:学习的目的是适应社会,社区人的学习是需要外界激励的,知识和技能是学习的核心,质量通过正规的教育培训来保证,质量优劣由施教者评估,数字化学习是解决社区教育资源不足的根本办法。基于这样的假设,集体授课成为首选,菜单式培训成为时尚,制造海量的数字化学习课程成为热点。

传统的社区教育即学校式社区教育,就是由专家、学者、社区教育工作者按照自己的理解设计出来的教育。把学习者从他(她)的生活背景中、从情感(亲情、友情、同学情、邻里情等)世界中抽离出来,人就成了不需要名字的抽象物,教育成为学习者获取名、权、利的工具,人也自然成为工具。所以,从本质上讲,传统的社区教育属于设计型社区教育,背离了社区教育的规律,不是真正以人为本的教育。我们认为,社区教育是促进城乡社区中的居民享受终身学习过程、实现自身全面发展和形成生命共同体所开展的服务活动,并对生长型的社区教育的宗旨、目标、基础和内涵特征进行了界定(图1)。

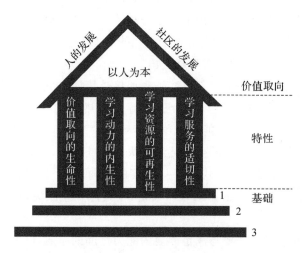

图1　生长型社区教育架构

1. 一个宗旨

社区教育的宗旨是以人为中心。全面建成小康社会,不是小康社会的量的增加和时间的延伸。小康社会的目标是富起来,是以经济发展为动力;以人的发展支撑全面建成小康社会,是以人性的自我完善为动力的。人的全面发展和人民生活的美好,是全面建成小康社会的出发点。以人为中心,就是理解人们对美好生活的向往,理解人民追求真善美的内在需要。生长型的社区教育关注所有人特别是弱势群体,它不是满足少数人需要的奢侈品,而是小康社会全体人民美好生活目标实现的必需品。以人为中心,就是相信人的首创精神,实现自我组织、自我教育、自我服务、自我发展。

2. 两个基本发展目标

(1)社区人的发展。人的发展,不仅体现在人的工具性价值的实现,更重要的是体现在人的生命性价值的实现。一个人实现了生命性价值,才是富有诗意的人生,才有生命尊严和生命活力,才有自由精神和创造激情。它与人的学历、资历、财富、权位、荣誉无关。当生命主体变得势利心十足、奴性十足、功利心十足时,这样的人生将会失去心性的光辉而暗淡。生长型社区教育是实现生命价值的重要路径,它让社区学习回归其本原,成为人获得诗意栖居和追寻生命性价值的过程,而不仅仅是达到社会性功利目的的工具。

(2)社区社会资本的提高。社区既是社区教育的主体,也是社区教育的出发点之一。如今城市新建的小区楼盘,除了法定的绿化率,缺乏可以使人们建立信任、友谊、睦邻、婚姻等文化构造的公共空间。绿化固然可以生产新鲜空气,却无法生产人的归属感。随着工业文明的降临,城市数量迅速增加,城市规模也越来越大。城市化使水泥、沥青等石化物替代了土壤、草地、森林等自然地面,切断了人与土地的关系。这不仅仅是物理层面的切断,还包括时间原则的破坏,情感、意志的切断,记忆的删除。生活在城市中人们,有一种发自内心的呼唤:哪里是我们诗意栖居的地方? 以人为本的生长型社区教育的重要功能,是通过共同的学习来重建一个熟人社会及其交流系统,在"国"与"家"之间重建精神"家园",把居民小区建成人的生命共同体和人与自然的命运共同体。

3. 三大发展基础

设计型社区教育为生长型社区教育的变革提供了外部动力和发展基础。

(1)健全的社区教育机构网络。经过30年的发展,部分省市已经初步形成了设区市社区大学、区县社区学院、街镇社区学校三级社区教育网络。许多地区还有村社教学点,构成四级教学网络。

(2)丰富的公共学习空间等资源。学习公共空间的总量、类型和分布满足学习需求,学习公共空间的管理科学、高效。

(3)建立政策保障体系。加快学习型社会建设写进了党的十九大的报告,在《教育部等九部门关于推进社区教育发展的意见》基础上,建立起一整套既符合国情又切合社区教育规律的政策保障系统,实现社区教育供给侧的有效变革。

4.四大基本内涵

生长型社区教育与设计型社区教育在其逻辑起点、中心、内容、形式、教育资源、社区教育机构的功能定位、思维特征、实践策略、收效方面有着本质的区别(见表1)。

表1 设计型社区教育与生长型社区教育的比较

		设计型(1.0型)	生长型(2.0型)
1	逻辑起点	不学习不能适应社会	人是永远未完成的动物,是天生的学习者。老年期是人的生命成长的最重要的时期
2	中心	以教育者为中心	以学习者为中心
3	内容	知识、技能	情感,人生观,价值观,世界观;人生不同阶段的各种挑战,闲暇教育,生命教育
4	形式	教师教,学员学;网上学习	互为师生的共同学习;体验学习,做中学;数字化学习作为补充
5	教育资源	自上而下单向度的机械性配送;供需不匹配,缺乏调节功能;倾向线性发展	双向度或多向度的有机转换、生成和不断优化。供需匹配,随时调整。柔性,弹性特征明显
6	社区教育机构的功能定位	教学为主,利用学校的资源开展工作	面对全体居民,以服务与指导为主,重在协调与组织
7	思维特征	行政思维,正规学校教育思维,工业制造思维	双向互动,多维共享;农业生产性思维
8	实践策略	自上而下的单向供给,自外而内的集体满足,"一"对"多"施教	自下而上的草根式的生长,政府培育"学习市场",培育与养护社区学习共同体。"多"对"多"个性化服务
9	收效 个人	开发潜能,提高技能	开发潜能,提高归属感与幸福感,享受学习过程
	收效 社会	由于参与者少,社会效益不明显;同时表现出效益的表面化倾向	提高社区社会资本和社区健康资本,提升社区治理水平,重建生活共同体

具体而言,生长型社区教育的内涵如下。

(1)价值取向的生命性。生长型社区教育以人的全面自由的发展为出发点,努力使人成为"人",协调教育的工具理性与价值理性,促进人的生命性价值与工具性价值^①的共同实现。

（2）学习动力的内生性。接受社区教育的动力不是来自外在的物质激励，而是人内在天性的呼唤。人的未完成性决定人是学习的动物。对于人的天性实现而言，学习是一种由内而外的过程，生命的历程即学习的过程。学习者的自觉行为是一种自然的过程，并不需要人为的理性匡正。

（3）学习资源的可再生性。生长型的社区教育为教学资源自给式学习提供支持，自给式学习为自主学习提供保证，它还原了前学校时期学习的自然状态，^②这种教育能促进"一个每人轮流当教员和学员的社会"^③的实现。教员和学员都是生活在社区的居民，学习需求是由学习者"生"出来的，不是外加的，学习资源也是由教员"生"出来的，不是外有的。学习在"教员"和"学员"身上同时发生，学员的学习过程，同时也是教者学习的过程，教师与学员的身份可随时转换，学习资源在学员与教者之间流动，自然形成了教育资源的再生和循环过程。

（4）学习服务的适切性。学习者的需求既是社区教育的出发点，又是归宿。设计型社区教育从"教者"意志出发为学习者提供资源，居高临下地单向供给，不能满足学习供需。把社区学校定位在教育资源输出的终端，造成公共资源只能为少数人服务，导致教育的不公平，同时并不为学习者所喜欢。生长型社区教育的供给侧不是直接输出教育资源（空间资源除外），而是为教育资源的可持续生长和生动活泼的学习活动的开展创造必要的基本条件，即不是教会植物和动物如何生长，而是为它们的自由生长留出田园、山林和湿地，提供必要的空气、阳光和雨露。

三、从设计型到生长型转变的四大行动

设计型社区教育，教什么、谁来教、怎么教，都不是学习者说了算，而是专家和教师说了算。就教育的本质而言，学校教育属于设计型教育，具有先天的不足。社区教育是非正规教育或非正式教育，没有学校教育的先天不足，真正的教育可能发生在社区。然而，许多人把社区教育的非正规性和非正式性看成了缺点，一定要把社区教育按照学校教育的模式来办。这种以有限的教育者的智慧应对无限的学习者的学习需求的社区教育必须变革。我们认为，社区教育从设计型到成长型转变需要变革价值取向、内部发展动力、教育资源和供给侧，需

---

① 汪国新,项秉健.社区学习共同体,重拾共同体生活的现实载体[J].教育发展研究,2018(9).
② 项秉健,汪国新.社区学习共同体探幽[J].教育发展研究,2017(1).
③ 国际21世纪教育委员会.教育——财富蕴藏其中[M].北京:教育科学出版社,1996:8.

要以社区学习共同体的建设为重要抓手。

1.价值取向的变革,突出人的生命成长和社区归属感的提升

(1)实现从只重工具性价值到更重生命性价值的转变。

教育的起点和归宿是人,是人性的回归和完善。教育的异化,使得教育的工具性价值无限放大,而教育的生命性价值难觅踪影。包括大学在内的学校教育饱受诟病,其中重要的原因是这种教育只见物不见人,只重教育的工具性价值而忽视教育的人性滋养,教育的价值取向严重偏离了教育的本原。设计型的社区教育同样偏离教育的真义。生长型社区教育不回避知识技能的学习,但不以知识技能的学习为最终目的,而是更重视审美情趣的提高、心灵的滋养、情感体验的丰富。社区学习的过程就是学做人的过程。孔子以为,所谓好学,不仅是学知识技能,更是向有道德的人学习,"就有道而正焉,可谓好学也矣"①。学知识技能只能成"器","器"是用来载"道"的,"君子不器",即君子是人不是工具。

社区学习共同体是生活在社区中的居民由本质意志主导的因共同学习而结成的能实现人的生命成长和建立守望相助关系的群体。② 具有"本质意志、共同学习、守望相助、生命成长"③四大基本内涵的社区学习共同体,为人的生命成长提供了一个实践的路径,这里的学习,与功利性的学习拉开了距离,学习者的最大收获是生命状态的积极改变,是生命意义的自觉追寻。

(2)重视社区归属感和社区社会资本的提升。

缺乏社区归属感已经成为当代城市人普遍的"心病",传统的社区教育把人的基本知识和技能的提升作为目的,只重知识与技能的设计型社区教育而无意提升社区归属感和建设社会学意义上的社区。

当校园和职场成为功利角逐地后,关爱伦理的温润空间留给了社区。但是,伴随挖掘机、推土机的隆隆声,熟人社会及其交流系统土崩瓦解。如今的城市社区,只是指人居住的一个地方,社区社会资本①很低,社区成员多为陌生人,无社区归属感,社区成员间无信任可言。重建社区,重建人与人之间的亲密关系的唯一现实路径是生长型社区教育。我们既然不能生活在一个现成的社区(共同体)中,那么只有让我们生活出一个社区(共同体)。社区学习共同体的普遍建立,正是提高社区归属感和社区社会资本的有效路径,是重拾共同体生活

---

① 李零.丧家狗[M].太原:山西人民出版社,2007:65.
② 汪国新,项秉健.社区学习共同体,重拾共同体生活的现实载体[J].教育发展研究,2018(9).
③ 汪国新,余锦霞.社区学习共同体的四大支柱[M].杭州:浙江大学出版社,2016:277.

的有效载体。[①]

2.内部发展动力的变革，突出学习的内生性

(1)学习是人的一种自觉行动。

如果学习是为了获得一个外在的标志性的结果，比如一张证明学历或资格的证书，那么这样的由他人评价的学习是不可持续的。其实，学习的内源力来自人的生命成长欲望，学习评价者只能是自己。设计型的社区教育力图像学校教育一样建立起外在评价系统，重视激励机制特别是物质激励机制的建立。每一个人都带着无数潜能来到这个世界，人的一生是一个无止境的完善过程和学习过程。人具有自觉学习行为的动机，即改变自身的生命状态。人的生命长度是有限的，但其生命宽度和厚度却拥有难以想象的发展空间，它包含着生命质量的全部密码。基于社区学习共同体的学习，是一种"自带动力"的学习，是"我要学"，是由内而外的需要的满足，没有证书和学分的激励也是一样能学好的，甚至学得更好。

(2)学习的过程即学习的目的。

设计型社区教育从工具主义、实用主义出发，认为好的学习是能够改变人的思维的学习；认为学习不是目的，学以致用才是目的。本真的学习不排斥并包容改变思维和行为，但它更强调学习过程与目的的同一性。在功利滔滔的社会，学习被异化为谋取名利的工具，假设能得到同样的结果，学习过程愈短，则"性价比"显得愈高。而生活在社区的居民，他们所结成的学习共同体却是不讲这种"性价比"式的学习效率的，因为生命成长是无价的。谁想要缩短学习的过程，就意味着想要缩短生命成长的过程，这是任何人都不愿意做的事。

社区学习共同体中的共同学习过程与学习目的相统一，学习因自觉自愿自主而开心快乐，成员的学习潜能得到充分开发，人格尊严得到充分尊重，守望相助的人际归属感得以建立，他们有了"温馨温暖的家"和心灵故乡。在杭州，几千个社区学习共同体已遍布城乡，显现"春风吹又生"的生长态势。2014年教育部等七部门《关于推进学习型城市建设的意见》和2016年《教育部等九部门关于进一步推进社区教育发展的意见》都提倡发展学习共同体，特别是后一个文件把学习型组织建设和学习共同体建设并列提出，这一重大举措，对学习型社会建设和社区教育发展具有里程碑意义。

[①] 汪国新，项秉健.社区学习共同体，重拾共同体生活的现实载体[J].教育发展研究，2018(9).

3.教育资源观的变革,突出资源的再生性

(1)变"成员"为"资源":从"单向授受"到双向互动、互为师生。

单向传授式"培训"使社区教育缺乏生机与活力,从而缺乏吸引力。正是因为传统的课堂不是学生的生命共同体和学习共同体,而是单纯传授知识技能的场所,学生的个性得不到发展,学生的幸福感也是缺失的。学校式的社区教育,同样会使学习者缺少学习的快乐和对社区的归属感。

真正的教育是个性化的教育。通过个性化的教育满足个性化的学习需求是社区教育的头等大事,有多少人就要有多少种教育。自上而下、自外而内的供给式的学校教育方法,是无法破解社区教育资源难题的。微信在极短的时间内几乎成为现代中国人的生活方式。微信的成功,正是思维根本变革的成功。微信的本质是双向互动、多向共生。多年的实践表明,转变教育和学习方式,建立"成员即资源"[①]的观念和运作方式,社区教育的许多难题就会迎刃而解。生长型社区教育教学资源是自给式的,这种自给式学习为自主学习和共同学习提供了资源的保证,学习者互为师生,教学相长。保定市乐满家是一家只有两名员工的社会组织,利用社区闲置的 200 平方米的空间,每周有 600 至 700 名社区居民在这里开展丰富多彩的团队学习活动,在两年半时间里有 5 万人次参加活动,这些居民把乐满家当成了生活的乐园和精神家园。乐满家的成功就是走群众路线,学员们双向互动、互为师生。

(2)降低外部资源的依赖性:更多地开展无资源消耗的学习活动。

社区学习内容有三类:一是为了增长生存技能方面的学习内容;二是为了提高生活质量、精神成长方面的学习内容;三是为了滋养心灵、提升生命宽度厚度的学习内容。对于社区教育的主要人群——老年人群体,增长知识和技能以获取名、权、利不是最重要的,活出生命的意义和价值才是老年人学习的目的。知识技能是向外求的,人生智慧是向内悟的。"悟"是处理自己与自己和人与人的关系的知识。满足人内在发展需求,澄明心性,回归初心,实现良知良能,实现人的生命性价值,不依赖外部资源,物质资源的耗费极少。

不同的学习内容有不同的学习方法,可编码的知识即信息类、学术类的知识可以通过集体的培训和个别的网络学习得到,对于灵性成长即心性、道德、情感类的化育与影响得通过面对面的交流互动来实现,一个生命对另一个生命的影响,并不消耗太多的物质资源,这是教育的要义所在。自下而上长出来的社

---

① 汪国新,孙艳雷.成员即资源:社区学习共同体内生发展规律探析[J].职教论坛,2013(24).

区学习共同体，是自带动力的自主共同学习，因无"门槛"和"零"消耗，让社区教育变得不难且更具有吸引力。

4.供给侧的变革，突出学习服务的适切性

（1）强调政府的责任，打造"湿地"和"池塘"。

尽管社区学习是居民自己的事，但兴办社区教育，政府不能"无为而治"，没有政府的超前规划，就没有足够的可供市民学习的公共空间。没有基层政府的授权与赋能，社区就难以产生自治的机制，民间社区组织就不可能在社区教育中发挥作用。不能把政府的职责定位在举办社区学校和老年大学一个方面，而是要通过制度设计和政策的制定，让自上而下的资源供给与自下而上的草根式学习需求相适应，通过"湿地"和"池塘"打造给予民间自主学习以必要的"阳光"和"雨露"。通过政策法规引导基层政府重视社区教育工作，把社区教育与社区建设有机融合起来，与社区治理方式创新紧密联系起来。在现行制度下打破"条条"间资源共享的壁垒困难很大，需要更好地发挥区县和镇街"块块"在社区教育资源供给中的作用。因为，地方政府更重视社区治理水平的提升，而社区教育直接与社区的建设相关。杭州市政府出台的《关于构建市民学习圈 大力推进终身教育工作的意见》[②]，就明确把街道和乡镇作为学习圈创建的主体，对于调动镇街推进社区教育的积极性发挥了重要作用。

加强公共空间的建设与管理，打造精神家园。自然形成的公共学习空间，是关于人的天生的"中意""习惯"的文化和"记忆"中的家园，在传统的农村或许就是村口的一棵大树或家族的祠堂。人们在不知不觉中共同学习、交流知识、分享心得、相长友爱，收获了守望相助的归属感。一座幸福城市，一定是有丰富的公共物理空间并由此形成的心理空间，足以满足人们共同学习和生命成长的需求。这些公共空间，使居民重拾共同体生活，建立起智力、审美、情感、分享上的联系，它是真正的"宜人"空间，而非满足物欲和消费的空间。杭州近年来开展的城市文教综合体建设和农村文化礼堂建设是有益的探索。公共学习空间不仅需要有足够的面积，而且分布要合理，空间比例要适当。

（2）调整四级社区教育机构功能，营造终身学习氛围。

兴办高质量的社区教育，需要有一大批有情怀、有能力的人为之努力。经过 30 年的发展过程，我国部分省市初步建成了由市社区大学、区社区学院、镇街社区学校和村社的教学点组成的四级办学网络，部分省市仍然保留的农村成人学校，也相继增挂了社区学校的牌子。但总体上看，专职从事社区教育工作人员的数量少，结构不尽合理，整体素质不能适应形势的发展。在改善结构、提高素质的同时,要调整社区教育机构的功能,除利用现有场地设施等资源开展深受老百姓欢迎的培训项目外,要更多地做好本地区社区教育发展的研究、指导和服务工作。为学习者搭建更多的交流展示的平台,培养更多的终身学习的带头人,形成良好的全民终身学习的氛围。

通过一"库"、一"图"、一"网"、一"地"、一"台"的建设,在学习"需求者"与学习"供应者"之间搭建信息沟通的桥梁。一"库"即能人库:凡是愿意为居民付出的有特长的人,无论是民间艺人、匠人还是学者、专家,都选入师资库;一"图"即学习地图:所有能供人学习的场馆和社区学习共同体都以可以导航的方式列入地图中,供学习者搜索;一"网"即学习成果分享网:为学习者提供成果展示与交流的网络空间,因为分享也是学习;一"地"即学习空间场地:为场地的有效利用进行协调;一"台"即展示交流平台:为学习者分享学习成果建立多种多样的能面对面交流的机会。生长型社区教育的专职人员更多的研究者、协调者、指导者和服务员,是社会工作者而不是专职教师。通过他们,让众多的社会贤达、有识之士、热心人士和身边的居民都共同参与到社区教育中来,使得社区学习更加气韵生动、魅力无穷。

(3)把握数字化学习的度,避免资源重复建设。

数字化学习的长处显而易见,但不可无限放大其作用,并不是只要数字化学习资源丰富了,社区教育资源缺乏的困境就解决了。需要关注学习者的差异性,因为只有部分学习内容和部分人群适合数字化的学习。如老年人网络学习能力不高,且在年龄、性别、学历上均有显著差异,[①]老年人对网络存在认知障碍,网络学习的信息意识淡漠,如何在数字化教育中融入人文关怀,增强其学习的自我效能感是需要深入探讨的课题。再者,智能化移动终端的普遍应用,更使人们有可能在虚拟世界中结交更多朋友。这些心理空间生产的载体和标志,按理可以成为开拓心理空间的新资源。但事实上,它却在无情地解构人的心理空间,形成人与人之间个性化认识的新的障碍。用惩罚或利益诱导的方法让学习者在政府主办的网站上点击学习资源的做法,不具有可持续性。把丰富数字化学习资源作为提高社区教育参与率的决定性手段,不具有科学性。过去失败的教训似乎没有降低数字化资源建设的热情,重复建设的悲剧不断上演,巨大的投入与极小的效用,为社区教育工作取得党委政府的信任埋下了巨大的隐患。

---

① 马丽华,王倩然,程豪.老年学员网络学习能力差异研究——兼论基于学习权视角的对策建议[J].中国电化教育,2018(9).

（4）充分发挥自组织③的作用，助推社群伦理的普及与践履。

在政府（层级）和市场（看不见的手）两种社会治理机制运行的同时，第三种机制即自组织机制是不可或缺的。良好的治理常常是层级、自组织和市场三种机制的结合和相互补充。社会学意义的社区的营造，不可能依赖基于交易关系的市场机制，也不能单纯依靠基于权力关系的层级治理，这恰恰为自组织治理机制留下了空间，这种基于情感关系——亲情、友情、同学情、邻里情和认同关系——共同价值、共同志愿、共同记忆的治理机制①，以较小的关系成本带来较大的社会资本。生长型社区教育的四大核心要素，迎合了自组织治理的可持续发展追求目标和社群伦理。社区教育供给侧改革的重要举措就是重视自组织的培育，政府通过购买服务的方式，使有能力的社会组织承担起居民学习服务职能，让自组织在学习资源与学习需求之间建立起有效的联结。社区学习共同体是自组织中的一种独特形式，发展社区学习共同体是学习化社会建设的必由之路。

生长型社区教育通过提高全体社区居民的素质，不仅实现人民群众日益增长的美好生活愿望，而且能为社区治理创新、实现社区资本的提高发挥不可替代的作用。"使全体人民在共建共享发展中有更多的获得感"，"让群众得到看得见、摸得着的实惠"的政府，需要推进社区教育并实施变革，从教育策略和教育行为上变革社区教育的既有模式，才能让社区教育真正惠及亿万民众，成为和谐社会建设的不可或缺的重要力量。不可持续的1.0型的社区教育必须转变到可持续的2.0型社区教育上来。虽然这种深刻的教育变革是艰难的，但唯有承认长期以来深信不疑的做法并不正确而采取切实的变革，才能让社区教育朝着应然状态不断发展。生长型社区教育的探索与实施，为学校教育的改革提供有益的借鉴，为人类命运共同体的建设发挥基础性作用。社区学习共同体在杭州、上海等地蓬勃发展，已经昭示生长型社区教育的前景一片光明（图2）。

本文系国家社会科学基金"十二五"规划2014年度教育学一般课题"社区学习共同体生命价值与成长机理研究"（编号：BKA140033）阶段性研究成果。

注释

① 区社会资本包含三个维度：关系维度、结构维度和认知维度。好的关系表明社区成员关系的强度大；好的结构表明边缘人少；好的认知表明社区归属感强。

① 罗家德，梁肖月.社区营造的理论、流程与案例[M].北京：社会科学文献出版社，2017：38.

②杭政函〔2016〕14 号。

③自组织(selforganization)是一群人基于自愿的原则主动地结合在一起,具有以下特征:一群人基于关系与信任而自愿地结合;结合的群体产生集体行动的需要;为了管理集体的行动而自定规则、自我管理。

图 2   汪国新在余杭区星火社区为"共学养老社区建设实验基地"揭牌

第 一 章

培育养护：长出来的学共体

社区学习共同体养护的原则与策略

汪国新　项秉健

一、"长"出来的社区学习共同体

种子要发芽,是什么力量也阻挡不了的。路边的小草,都是自己等待时机靠自己成长起来的。共同学习,是人的天性。共同学习,对于人来说,不仅是为了适应变化了的世界或者说是日新月异地变化着的世界,而是人的天性,是人之所以为人的根本所在。共同学习如果出自学习者的内心诉求和内在需要,常常是愉快和高效的;反之,被动学习,则往往是痛苦的。

路边小草,其生命力无疑是旺盛的,因为它有自己的根,是自己长出来的。而人工草坪,虽然有工人养护,却常常难逃死亡的厄运,因为它是"被生长"的。社区学习共同体,就是"小草",是从城市社区和乡村社区里自己"长"出来的,人的共同学习的天性是它的根。它已经遍布城乡各个角落,不管你看没看见,承不承认,它都实实在在地存在着,只是有的地方多一些,有的地方少一些,有些是真正意义上的社区学习共同体,有些是"准社区学习共同体"。据不完全统计,2014 年,仅杭州市就有各种类型的社区学习共同体 4500 余个①,到 2019 年底已有 7000 余个。不管是真正意义上的社区学习共同体还是"准社区学习共同体",都包含社区学习共同体的特征,这些特征是社区学习共同体所特有的,是与目前任何其他学习组织有着本质区别的。

社区学习共同体不同于"学习型社团"。严格意义上的社团是组织化程度很高的正式的群众性的团体,不仅有自己的章程制度,而且有着严密的层级结

---

① 汪国新.2015:职教大事有我——10 位职教人的 10 件职教事[J].中国教育报,2015.

构,参与其中的成员,通常有功利性的目的。学习型社团,用"学习型"来定义"社团",同时还表明两个概念之间存在先后关系,即先有社团,然后贴上了学习型的标签。亦即两者是可拆分的,不具有必然联系。社区学习共同体与学习型社团的区别在于,这里的"学习""共同体"互为前提,互相定义。即通过学习定义共同体(因共同学习而结成的能实现生命成长和建立守望相助关系的群体),通过共同体定义学习("同自觉、共做主、互为师、自评价"的共同学习)。在这里,没有学习就没有共同体,没有共同体也就没有学习,两者之间互相依存,互为因果,具有不可分割的、必然的联系。所以,社区学习共同体与学习型社团也是完全不同的两个概念,有着本质上的区别。社区学习共同体的成员把功利目的甩在脑后,学习目的与过程融为一体,成为完整的人是目的,发展个体潜质是目的,发展潜质的过程也是目的。"学习型社团"或"学习型团队"等学习型组织,都是先有了组织或团队,这些组织或团队有其自身的功能和目标,当它们成为"学习型"时,可以更好地实现组织功能与目标,而组织中的"人"并不是目的。

二、养护社区学习共同体的原则

人是生命体,社区学习共同体是由人组成的生命体。生命体不是人为设计出来的产品,不是机械化批量生产的工业制造物。凡是作为生命存在的有机体,都没有也不可能会有统一的成长标准、生长模式。模式一词,学界盛行多年,在教育研究领域更为普遍。似乎只有新模式才能显示出教育教学改革的成果,归纳不出几个新模式就不好意思说在教育教学改革上有成绩。其实,模式是指科学研究中以图形或程式的方式阐释对象事物的一种方法,模型是事物的标准样式。社区学习共同体的培育没有固定的模式模型。如果用模式的思维来解决社区学习共同体的培育问题,就会与社区学习共同体生命成长的本质相冲突,与社区学习共同体的初衷背道而驰。培育社区学习共同体,一定要精心呵护和保持每个学习共同体的不同形态,不要试图找到千篇一律的模式而一劳永逸,力求避免行政思维和模式化思维。没有固定可复制的模式或模型,并不是说没有规律和原则可以遵循。社区学习共同体成长有其"自觉—自主—自给—自评"等内在的规律,社区学习共同体的养护也有其基本的原则,即支持而不包办、扶持而不控制、助推而不目标管理、养护而不拔苗助长。

我们既不能无所作为,让民间社区学习共同体自生自灭,更不能不按规律乱作为。行政思维和运动式的工作方式积弊太深,甚至成为顽症。我们既要清楚养护社区学习共同体该做什么,同时,我们更需要明确在社区学习共同体的培育工作中不能做什么,因为乱作为比不作为更不好。养护社区学习共同体必须坚持原则,反对乱作为,不可触碰的底线至少有以下四个方面。

1.目标管理与人为干预

下达指令性发展指标,实施目标考核,以此强力推进,这是我们必须避免的。社区学习共同体的培育,最需要避免的是行政思维,采取运动式强力推进,按长官意志下达培育指标,用金钱和荣誉刺激,拔苗助长。郑也夫说:"好的教育旨在造就一种淡化目标、听任个体自在发育的教育生态,如此生态自会孕育伟大的创新者。相反,矢志培养创新者的教育,多半是揠苗助长,是坏的教育。"成人教育和终身教育需要的是与基础教育完全不同的思维,它是非正规的和非正式的教育,"大一统"的办学思维和政府强力推进的做法都是有害的。社区学习共同体会自然生长,不可用行政思维进行目标管理,按照管理者的意图,设定发展目标,然后按目标进行强力推进。这种拔苗助长的方式是不足取的。老子说:"知和曰常,知常曰明,益生曰祥,心使气曰强。"①懂得和谐才叫正常,懂得正常才叫高明。生不可益,亦不可损,当顺其自然,如果不遵循自然之理,人为拔高,有如揠苗助长,欲益反损。社区里常见的现象是,要么不管,放任自流;要么强力控制,一管就死。来自成都某社区的真实案例,说明行政思维主导下的干预,会使社区学习共同体夭折。成都市某社区书记说:"我们社区一度多达10余个学习共同体。各种兴趣团体发展蓬勃,甚至还出现不断拆分组合壮大的局面,但随着时间的推移,我们发现大部分社区学习共同体消失了或者脱离社区干部的视野。最初我们以为是社区学习共同体从新生到消亡的自然发展周期所致。但经过不断的深入调查,我们发现这是一个反常现象:一是短期内消亡太快太多;二是他们还对社区和政府的行为产生反感和抵触情绪。经分析,我们认为社区的功利性目的太强和对社区学习共同体干预过多是主要原因。""社区以前组建的舞蹈队和书画班,辖区居民的参与热情很高,很认可社区为其提供场地,很珍惜每次聚会及练习的机会,两队的成员也成为社区的文艺骨干,并得到了有关部门的肯定。但随着越来越多的部门多次要求他们作为群众参与政府组织的各类活动,大大打击了两个团体的积极性,他们对社区组建社区学习共同体的目的产生了怀疑和否定。结果是,书画班的成员因不堪忍受越来越多的政府活动,尤其是要求其作为观众去为政府活动凑人数,最终大家主动退出了书画班;舞蹈队虽然没有解散,但成员从此不再参加社区及街道组织的各

---

① 《道德经》第五十五章.

类活动,并对社区开展的其他活动有抵触,使得社区很多工作开展起来十分被动,并形成了不好的社会影响,这种影响直到目前都未能消除。"其实,许多社区的共同体都很乐意参加由政府部门搭台的交流展示活动,但他们不愿意作为"工具"参加作秀作假的所谓公益活动。

2. 收编包办控制

社区学习共同体遍布城乡社区,千姿百态,生机勃勃,然而在许多人眼里,既不成规模又不好规范管理。要把游击队变成正规军,就得收编集中管理,既然"收编",是隶属于政府部门或社区,就得按照正规组织的管理办法进行全程管理,场地、师资、经费包括学习内容全由管理部门包办。短期内,看不出对社区学习共同体发展的不良影响,但时间一长将会发现,社区学习共同体的依赖性,促使其自主发展能力弱化,原有的生机与活力不见了。从前面的分析中已经看到,社区学习共同体不同于一般正式组织,它是从"地上"长出来的生命体,政府不能包办代替,就像家长不能代替孩子成长一样。

3. 比赛和排名

在今天这样一个人人追求成功、人人渴望成功、人人拼了命要抓住成功以及人人都把成功当作人生终极目标的时代,比赛和评比已习以为常,不比赛不评比,在许多人看来是不可思议的。其实,比赛与评比并不适合任何事物和任何场合。在功利场上,或者说由外目标牵引的社会活动,比赛和评比是基本手段。因为只有比赛和评比,才能让极少数人脱颖而出,更多的人成为分母,成为失败者。经过改革开放,人们的物质生活已经有了突破性的改善,可是,很多人觉得累且并不快乐,原因就是生活在一个"比"的社会中,用社会通用的标准评价自己和评价别人。这种外在评价对人的伤害,并不为大众所认识,"不识庐山真面目,只缘身在此山中",见怪不怪,习以为常。于是,比赛和评比,渗透到社会生活的各个角落,也成为人们的习惯性思维方式。功利主义即效益主义提倡追求最大快乐并认其为生活目的。追求的都是可感可得的结果,不外乎四种:第一是快感或快乐;第二是财货或金钱;第三是名誉;第四是权利或权力。社区学习共同体中成员的行为是基于初心、为了初心的完善、由初心导引的,行为本身是目的,并不是通过这个行动达到别的功利性的目的。学习者追求的是内在价值而不是外在价值。康德说:"位我上者,灿烂星空;道德律令,在我心中",并告诉我们,道德律令是一种"直接命令我们去做某事,不要把它当作达到另一个目的的条件"的绝对命令。比赛,用在社区学习共同体的培育与养护上,会将社区学习共同体引入歧途。因为,社区学习共同体是心性相契的共同体,是基于本质意志的共同学习,学习者以实现自身的生命性价值为目的,和实现外在目标的学习目的恰好是相反的。社区学习共同体成员是自我成长与自我成全,它是目前唯一不制造失败者的"共同体"。社区学习共同体参与交流与展示活动,对其发展是有利的。这样的交流展示,不以获奖为目的。

4.过度的物质激励

过度的物质激励会适得其反,而在乎、关注、关心、喜爱等这样的精神激励却可以取得更好的效果。社区学习共同体的激励因素可以来源于个人内在兴趣的激发和社会尊重的激励。当我们为人们的兴趣给予报酬时,人们的兴趣不增加反而会下降。杭州市拱墅区化纤社区的金琳说:"我在社区从事文体管理工作4年,我感受最深的是,什么时候一个社区学习共同体牵涉到经济利益了,什么时候这个团队的快乐就结束了。一旦这个团队没有了快乐,就失去了活力,团队也就离衰弱不远了。就拿舞蹈队来说,本来社区组织一支舞蹈队只是为了社区搞活动的时候活跃气氛,但是随着上级安排的比赛增加,出现了经济利益,出现了竞争,矛盾就出来了。社区舞蹈队存在3年,多次分分合合,队长辞退也有好几次。"总之,对社区学习共同体的养护和培育,我们可遵循庄子所主张的顺从天道、摒弃"人为"的思想。在全国社区学习共同体发展处于初级阶段时,政府和民间社会组织都可以有所作为,但切忌乱作为。

三、养护社区学习共同体的策略

社区学习共同体,是长在居民群众中的一粒粒"种子",而不是居高临下、自上而下的教育供给。"种子"自身有着自己的生命力,在必要条件具备的基础上就能自己发芽、自己成长,无须太多的干预。因此,政府在"种子"不同的发展阶段,只需要进行必要的养护和提供必要的基础性条件,保障其成长生态形成的基本条件。

1.纳入公共服务政策,保障居民学习权利

《国家中长期教育改革和发展规划纲要(2010—2020年)》指出:"市和区、县人民政府应当加强对终身教育工作的领导,将终身教育工作纳入国民经济和社会发展规划,采取扶持鼓励措施,促进终身教育事业的发展。乡镇人民政府、街道办事处应当按照各自职责组织开展终身教育工作。"党的十八大再次提出"积极发展继续教育,完善终身教育体系,建设学习型社会"。2014年,教育部等七部门《关于推进学习型城市建设的意见》指出:"培育民间学习共同体。"2016年,《教育部等九部门关于进一步推进社区教育发展的意见》明确提出"建设学习型

组织和学习共同体"，这里把学习共同体建设与学习型组织建设并列提出，并突出学习共同体"自我组织、自我教育、自我管理、自我服务"的特点，具有重要的理论与现实意义。省区市相关文件应该充分体现《教育部等九部门关于进一步推进社区教育发展的意见》中关于建设学习共同体的内涵和价值。认识到没有社区学习共同体遍布城乡，建设学习型社会的目标是难以实现的。

成人教育的内容很重要，更重要的是成人的学习方式，以什么方式学习和与哪些人一起学习，对提升成人学习质量至关重要。山东省、江苏省、河北省、海南省、合肥市等地所出台的关于社区教育的意见，都明确提出要大力发展和培育社区学习共同体。"推动各类学习型组织和社区学习共同体建设。加强对各类学习型组织建设的引导支持，分类研究制定各类学习型组织的建设标准。鼓励和引导社区居民自发组建形式多样的学习团队、活动小组等学习共同体，让居民在新型的、互动的、开放的学习环境中体验团队成员的共同智慧、学习方法，展示各自学习能力，实现自我组织、自我教育、自我管理、自我服务，不断增强各类组织、团队的凝聚力和创新力。"[①]

2. 变单向资源"供给"为精准"服务"成长生态建设

社区教育，作为一项重要的民生事业，在我国已有近 30 年的发展历程，它对提高城乡居民素质和改善社会治理状态，发挥了重要的作用。然而，就整体而言，社区教育的区域差别明显，内涵发展乏力，社区居民参与率和满意度还较低。随着我国经济社会发展进入全面建成小康社会决胜阶段，城乡社区居民旺盛的学习需求与社区教育的能力水平形成巨大的反差。原因虽然是多方面的，但一个非常重要的原因，是计划经济思维和单向供给模式。教育，在许多人看来就是学校正规教育，而学校教育不仅与升学或就业培训画等号，而且大多由政府包办。在这一思维惯性牵引下，社区教育也被许多人理解为由政府举办的培训班或者宣传、教育活动。

单向供给思维，严重阻碍了社区教育的发展。许多人的思想里，教育就是办学或办班，学习就是学习知识和技能。办班遇到困难就把希望建立在数字化平台的建设上，认为只要网上的学习课程足够多，就能实现"时时、处处、人人"学习的目标。实际上，非正规、非正式的教育和非正规、非正式的学习，是社区教育的重要特征，基于城乡居民的共同兴趣和共同需要的团队学习、自主学习、互助学习更符合成人学习规律，居民有更多的获得感和幸福感。杭州的社区学

---

① 合肥市教育局等九部门关于进一步推进社区教育发展的实施意见(合教〔2017〕84 号).

习共同体十多年来的发展，就是一个很好的例证。

池塘与湿地是水生动物和植物的生态系统，有了土壤、空气、水分，池塘和湿地里所有动植物都会自由生长。社区学习共同体，也是从地上"长"出来的，它是农业生产而不是工业制造，我们要做的是打造社区学习共同体成长的"池塘"与"湿地"。社区教育不接地气，就没有人气，就没有吸引力，就没有生命力。地气是什么？是老百姓的兴趣与需求。他们的需求千差万别，具有个性化、多样化和品质化的特点，因此，社区学习服务体系也必须是一个生态系统，具有整体性、基础性、开放性和生成性。这样的系统，才能助推市民学习生态的形成。因此，有必要把"社区学院"或"社区教育学院"真正打造成"社区市民学习服务中心"，赋予其需求调查、资源整合、协调指导、骨干培训、交流平台搭建等功能，担当起建造"池塘"和"湿地"的具体工作职责。地方政府在营造社区教育的生态上下功夫。只有这样，社区教育才能惠及城乡每一个居民，更多的社区学习共同体才会从地上长出来而呈现出蓬勃的生机。九年义务教育的对象是未成年人，只占全部人口的一小部分，政府有义务也有能力提供教育资源。而真正意义上的成人教育和社区教育，是非正规教育。成人的学习，主要是非正规学习，与学校教育和学生的学习是有着本质的区别的，政府根本做不到也完全没有必要负责提供全部成人教育的经费与资源。社区学习共同体，是自然生长的生命体，要使其健康成长，我们能做的是，为它的成长建立良好的生态，打造适合其生长的"池塘"或"湿地"，即为社区学习共同体成长提供最基础和最基本的条件，而不是也不能通过"管理""输血"以便"控制"。山林田湖是一个生命共同体，生态建设与修复必须遵循自然规律。建造"湿地"和"池塘"，营造社区学习共同体成长生态，要遵循人的学习规律和生态营建规律。

3. 构建部门协作机制

市级层面，可借力市级推进学习型城市建设指导委员会，将培育社区学习共同体，作为民生工程纳入议事日程，统筹资源，制订社区学习共同体培育的相关规划，明确工作方向与任务目标，出台相关的工作指导意见，推动全市范围的培育工作。各区社区教育委员会，在区级层面统筹整合各部门资源，为社区学习共同体提供支持。打破不同部门对于教育培训的壁垒，将教育、文化、科技、民政等各部门和单位的相关教育培训进行整合，统筹安排，形成合力。

现有社区教育四级网络可以在社区学习共同体成长中发挥作用。利用现有资源，构建支持服务体系，推进各种平台建设，如核心成员的交流平台、学习成果展示平台、同类型社区学习共同体之间的交流平台等等。培育社区学习共同体成长生态,更好地养护社区学习共同体,使其自由成长。由市社区大学、区县(市)社区学院、街道社区学校(乡镇成校)、社区(村)市民(村民)学校组成的四级网络,是一个纵向的"阶梯式"管理体系,社区学习共同体则是撒在这个"梯田式"管理体系里的各式各样的"种子"。四级网络可以突破传统的以授课、讲座、培训为主的传统办学方式,工作重心改为为社区学习共同体提供服务与支持,利用自身的资源和条件,为社区学习共同体的发展提供广阔空间。并且,借助对社区学习共同体的服务,与社区、街道等部门更好地协调互动。通过不断改善居民参与社区教育的学习体验,吸引更多的人参与社区教育;在居民的持续参与中,有效提高社区教育的参与率、知晓度和满意度,从而提高居民对社区的归属感。这对社区建设和社区居民自治具有重要作用。

社区教育四级网络可以在核心成员队伍的培养上发挥作用。社区学习共同体是从"成核"开始的。以雨滴或雪片比喻,水分子必须有一个可以结合的核心,其重量达到一定程度足以形成雨滴降落,才能扩大成为一个水滴。社区学习共同体发展变化过程,也从"成核"开始。《现代汉语词典》第 7 版对"权威"的解释是:"使人信服的力量和威望。"社区学习共同体的核心成员,正是一些用人格魅力和实际行动树立起来的有强大凝聚力的人,他(她)们没有权力,而有威望。权力是体制的产物,一个人的权力来自他在制度体系中所处的位置,而威望则来自他的人格力量。威望在有威望者的身上,权威则在权力者所占的位置上。威望者凝聚人心,敬畏传统,促进实践传统的稳定性,从而促进共同体生活秩序的建立。社区学习共同体是自己长出来的。在自己长出来的时候,它的核心成员也随之长了出来。因为核心成员不是一种行政职务,不是由上级任命的,是由自己的品行能力和影响力自然形成的。自然形成的核心成员队伍,如果经过一定的培训,其行动能力会得到提高。而针对核心成员的培训工作,可以由政府组织或由民间社会组织来承担,也可以由政府相关部门委托民间社会组织培训。瑞典的学习圈,因为它们一般分别隶属于相应的协会、党派等社会团体,所以核心成员的培训一般也由对应的社会团体来负责。在我国终身教育体系中,由政府主办的四级办学网络,承担核心成员的培训工作,在民间社会力量还不足以承担这项工作之前,可以由四级办学机构来承担。核心成员本性是自带的,但通过培训,可以提升其行动力。培训的主要内容包括:(1)对社区学习共同体的理解;(2)对核心成员地位与作用的理解;(3)提高活用资源能力;(4)提高协调组织能力;(5)提高交流沟通能力;(6)提高评价调适能力。

街镇层面可以将社区学习共同体的培育作为一项重要的社区服务内容,纳入社区工作服务体系。坚持"找种子,善引领,重服务,不干涉"的原则。即深入基层广泛调研,发现能够成为学习共同体核心成员的"种子",开展社区学习共同体核心成员的培育,帮助其更好地凝聚有共同兴趣、共同需要的人参与到学习中来,提供必要的场地、设施、助学者、展示交流平台等资源和条件;编制街镇市民学习地图,即将社区学习共同体的学习成员、活动时间、活动场地、学习项目或者内容、联系人等相关情况进行调查,登记备案;统筹社区内的各种资源,包括辖区内的机关、学校、企业等,为社区学习共同体的培育和发展提供资源支持。社区(指居委会)层面可以协调社区学习共同体活动场地和活动时间,正确引导居民的学习活动,尽可能避免"扰民"事件的发生。公布学习信息,营造学习氛围,创设社区学习共同体成果展示平台。充分发挥社区公共服务工作站的服务管理职能,吸引社会机构参与和社会资源加入,共同培育社区学习共同体。

社区学习共同体的发展对社区治理、和谐社区建设也会产生反哺功能。政府和教育机构建好"湿地"、给予"阳光"、提供"雨露"后,静待花开,社区学习共同体的种子自会破土而出、发芽成长,小鸟欢快入林的别样的亮丽风景自然出现。

4. 构建经费助力机制

养护和培育社区学习共同体,政府在经费资助方面不是无所作为的。以瑞典学习圈为典型代表的经费资助机制可以为我们提供政策参考。瑞典学习圈是瑞典大众成人教育的一部分,到今天已走过一百年的历程。一百年中,情况不断变化,学习形式和学习内容也随之变化,但始终保持强大的吸引力和感召力。学习圈是一种成人团队学习方式,因为具有成本低廉、简单易行、学员之间平等自由表达等特点,受到广大民众的普遍欢迎,其参与度很高。瑞典总人口900多万,时至今日,实际参与者在每年80万人左右。早在1912年,瑞典政府就决定通过帮助筹资购买民众所用的书来支持学习圈的活动。时至今天,瑞典政府一如既往地投巨资支持这种民众教育(平均每年,瑞典中央政府从税收里拿出约32亿克朗用于支持这种民众教育,而这,只是瑞典大众成人教育总投入的三分之一)。①

公共资源是否更多地流向弱势群体,是衡量一个地区社会管理水平的重要标志。公共财政服务居民学习力的提升具有重要的现实意义。"让我们生活得更好",让包括弱势群体在内的所有人受到良好教育,是公民"有尊严地工作和生活"的重要基础。教育公平是社会公平的重要基础。教育公平的主要责任在

---

① 托瑞·波尔森,高淑婷.瑞典的学习圈化——一种有效的学习方法和社会变革方式[J].终身教育,2011(1).

政府,全社会要共同促进教育公平,保障每个人的学习权利。"教育公平不仅是起点、过程与结果的公平,还应包括对不公平结果的矫正。"①社区居民共同学习,实际上已成为对教育不公平结果的一种系统性社会矫正渠道。社区居民共同学习,才是真正意义上的全纳、包容、全员、终身的学习,为人的全面自由的发展提供了无限的可能性。我国投入大众成人教育的经费,与投入九年义务教育的经费相比,几乎到了可以忽略不计的地步。然而在这些极其有限的经费投入中,大量地用于建设网络教学资源库。我们可以借鉴瑞典大众成人教育的经费投入机制,建立具有我国特色的支持民众共同学习(基于社区学习共同体)的经费投入与管理机制。社区学习共同体发展,需要政府的投入不多,但从长远角度看,其作用和效果却是显著的。社区居民有学习需求,但常常找不到可以一起学习的人或适合学习的内容。要在更广的层面上推动社区学习共同体发展,需要在更大的范围内实现学习资源的整合和流动;要满足社区学习共同体每个成员的成长个性化的需求和发展需要,学习信息的快捷、高效与自由交换必不可少。政府有关部门可以建立完善数字学习地图,借助互联网和现代通信技术,帮助居民解决信息不对称的问题。

5. 建立公共空间的营建机制

社区学习共同体,强调人际心理相融与沟通,重视学习过程中成员之间的互动互助、情感分享、资源共享。因此,在社区学习共同体中,彼此信任、相互支持和无私奉献,是成员关系的常态。社区学习共同体必须有一定的公共空间,为其成员提供交流互动、情感生成的平台与机会。今天的城市现代气息浓厚,其核心是"商业",是"物质",人被挤压在钢筋水泥的森林之中。城市人日常生活的共同空间的多少,直接影响着城市人的生活质量。把人民的福祉作为唯一追求的政府,必然要重视公共空间的建设。

政府必须从整体规划和局部设计落实城市公共空间的建设,着力打造城市"公共客厅"②,让居民区变成他们互相学习交流、拉近彼此心理距离的"家"。国外一些成功的公共空间建设案例值得借鉴。西班牙的巴塞罗那,享有"公共艺术之都"的美誉。巴塞罗那政府特别重视公共空间的建设,将公共空间的建设

---

① 汪国新.走共同学习之路——北欧大众成人教育考察一得[J].成才与就业,2012(12).

② "公共客厅",就是将一个家庭内的客厅搬到紧锁的房门外面,放大成一定范围内的社区居民的大客厅,为社区居民创造交往与交流的场所。并且配套相应的学习设施和设备,取代家庭内小客厅的家具,成为公共客厅里的"公共家具",也是公共的学习工具。公共客厅,不仅充分发挥客厅的交际功能,而且引导社区居民逐渐融合成为一个大家庭,甚至能够集聚休闲娱乐、文化交流、主题学习等多种功能于一体。

认定为永续的工程与永续的政策。巴塞罗那公共空间的建设,是从中小型公共空间下手,并不是在整个城市空间范围内大兴土木、大搞开发,而是针对每一个小型空间,进行单点设计与改善,以点带面,带动整个城市公共空间的复兴。数以百计的小公园、小广场和街道被重新设计与改造,吸引附近的居民进行户外活动,极大地丰富了市民的公共生活,直接改善了城市面貌,市民的生活品质也得到了显著提高。打造"公共客厅",不一定要花费大笔资金,可以像巴塞罗那那样采用"针灸式"的小改造,用简单的材料,引进艺术设计,引导居民参与,针对一个个小空间,像小穴位一样,定点改造。再配套学习设施设备的建设。在加大机关、企业、事业、社会机构等的相关设施设备、场地向公众开放的基础上,加以设计和更新,盘活闲置资源,使这些资源就像"帐篷"一样,成为社区居民共同学习的场地,相应的学习设施设备成为大家的公共学习工具。充分利用广场、公园、居住区户外场地、体育场地等所有公共空间和配套设施设备,将个体存在的社区居民,引导成为有相互联系的"客厅"主人。

6. 建立社会组织广泛参与的机制

社会组织是政府与企业之外的组织,也被称为非营利组织、非政府组织、公益组织或第三部门等。我国社会组织是公共权力回归社会的重要桥梁,是公民实现经济政治利益和满足文化需要的重要渠道,是公民自由自主活动的重要载体。改革开放以来,我国社会组织方式和组织机制发生了并且继续发生着重大变化,在传统计划经济体制下依靠单位组织管理社会生活的模式日益失去存在条件的情况下,需要政府职能转变上有新突破,理顺政府与社会组织的关系。凡是社会组织能够办理和提供的社会事务和社会服务,尽可能以适当方式由各种社会组织承担,打破政府对公共事务大包大揽的格局,降低社会治理成本。养护和培育社区学习共同体,社会组织具有重要作用。借助民间社会组织的力量,建立国家层面、省级层面和市与区(县、市)级层面等四级联系网络。在各级成人教育协会设立社区学习共同体发展专业委员会。设立全国社区学习共同体研究中心,作为社区学习共同体研究的社会组织,承担起有共同研究兴趣的理论与实践研究者的培训任务,开展理论与行动研究。在全国各省市开展社区学习共同体的培育与养护实验,探索社区学习共同体成长生态建立路径,逐步深化社区共同学习理论。加强国际合作研究,做好理论的传播与应用。广泛宣传社区学习共同体在建设学习化社会、丰富城乡居民的精神生活、促进人的全面发展中的重要意义。探索培育与养护社区学习共同体的实践策略,推广社区学习共同体培育与养护的研究成果,建立和完善成果推介体系。编撰学术出版物,开展论坛与研讨会议,建立网络平台,让社区学习共同体遍布城市与乡村。"社区学习共同体"是草根的,是民间的。养护与培育它的重要力量是民间的社会力量,政府是民间学习体系建设的最佳策划者和推动者(图1、图2)。

图1　首届全国社区共学养老研讨会在建德举行

图2　余杭区临平蓝庭社区摄影共同体成员交流心得

社区学习共同体培育之杭州上城实践

杭州市上城区社区学院　项洁月

党的十九大发出了"办好继续教育,加快建设学习型社会,大力提高国民素质"的号召,加快建设学习型社会已经成为我国教育改革和社会发展的重要策略之一。

学校教育的结束并不是学习的终点,而是其他学习方式的起点,学习终将成为人们的生活方式。在这样的大背景下,社区教育必须承担起推进学习型社会建设的重任和使命。

然而,就目前而言,即使有兼职教师与志愿者教师队伍,社区教育的力量仍然是薄弱的,社区教育如何为学习型社会建设助力? 如何满足市民日趋多元的学习需求? ……这些问题一直困扰着社区教育工作者,也是广大社区教育工作者亟待解决的课题。

当我们以新的视角,透视众多自发性的民间学习团队,发现他们具有共同愿景、自主管理、平等协商、终身学习、共享资源等学习共同体的特点,为此,我们开始培育社区学习共同体的实践和研究,希望通过扶持、培育、引领这些社团,使之成为有一定规范和模式的学习共同体,推进学习型城区的建设。

一、培育社区的实践

1.调研分析,明晰培育思路

上城区是杭州市的中心城区,自古便是杭州"珍异所聚、商贾并辏"的繁华之地,人文气息浓厚。全区面积 18.1 万平方千米,下辖 6 个街道、54 个社区,是纯城区,其中有 31.44 万常住人口。通过调研梳理,我们发现上城区域内民间社团有几百个,其中,艺术类约占 12%、文体类约占 52%、读书类约占 7%、手工类约占 17％、活动类约占 12％（见图 1）。

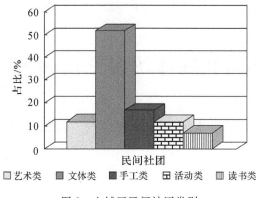

图 1　上城区民间社团类别

这些社团良莠不齐、优势不同，具有以下特点：

（1）自主性：民间社团以自主形成为主，内部管理民主协商，学习过程以分享交流为主，并有一定的制度和规则。也有的社团由于管理松散，导致自生自灭。

（2）主动性：参与民间社团的成员学习主动，参与率高，有共同的愿景、共同的兴趣，学习内驱力强。同时也发现有些社团是非多，导致有些有兴趣、爱学习的成员退出社团。

（3）普遍性：每个社区都有学习社团，少则几个，多则几十个，还有街道层面的，部委办局组织的，社区成员参加社团活动的需求均可满足。目前社团的主要成员是老人、女性。

（4）开放性：社团建设的系统是开放的，成员可以自愿参加，也可以自愿退出，进出自由，基本没有约束。有些社团结构松散，凝聚力不强，成员关系淡漠，不利于持续发展。

（5）创造性：多数社团有负责人（专家、领袖或乐于奉献的管理者），他们创新能力强，带领社团成员从外部形态走向内部认同，并鼓励成员的创造性，收获学习成果，提升成功感和归属感。

（6）终身性：民间社团项目多、种类杂，涵盖了全部人群，让不同年龄的社区成员都能享受终身学习。

根据调研的情况分析，对照社区学习共同体的基本特征，选择初具学习共同体雏形的民间社团作为培育对象，明晰培育思路，探索培育策略。

2.专题学习,树立培育理念

培育社区学习共同体首先要培育"种子",试点引领。上城区社区学院的全体教师走在前面学习相关理论,了解学习共同体的概念、要素、特征、功能、指标;与专家交流研讨,组建"好书导读俱乐部";参照读书会的模式开展学习活动,体验社区学习共同体的内涵,让社区学院的老师人人成为"种子"。

然而,社区学习共同体的培育工作在社区,社区文教委员是培育的生力军,树立正确的培育理念,掌握有效的培育技能至关重要。为此,举办了针对社区文教委员的专题培训,阐述培育社区学习共同体对推进社区和谐的意义,解读社区学习共同体的理论与实务,以案例教学的方式,交流研讨,互动体验,使他们掌握社区学习共同体的要素,学会梳理街道社区内的学习型社团,着手培育社区学习共同体。同时,对一批相对成熟的社团负责人进行培训,明晰社区学习共同体的特征与要义,引领社团向社区学习共同体发展。

3.专人负责,引领培育方向

通过专题学习,培训了社区学院专职教师、社区文教委员、社团负责人三支队伍,开始分门别类培育社区学习共同体。一批已初具学习共同体雏形的社团由社团负责人培育;一批需植入"学习"元素或需社区扶持的学习型社团由社区文教委员培育;一批具有典型性或需大力扶持的社团由社区学院派专人负责培育。首批为 10 个社团,分别为艺术类(浣纱书画院、彩嵌艺术沙龙)、文体类(巾帼鼓乐队、火棒操健身俱乐部)、读书类(老来俏文学社、书山仰止读书俱乐部)、手工类(姐妹编织社、流动木工坊)、活动类(童玩讲堂、丫丫港湾),这些社团的人群有市委退休老干部、绘画大师、老教师、社工、下岗失业人员、青少年等,社团发展差距大,社区学院的老师们作为"种子",深入社区进行培育,使其具备共同愿景、良性运作、终身学习、归属感和影响力等基本要素,取得了良好的效果,积累了培育的经验,引领了培育的方向。

4.交流分享,推进培育进程

交流与分享是学习共同体的本质属性,共同体内部成员之间需要交流与分享,共同体之间也要交流与分享。经过一年的培育,上城区众多的学习型社团发展为社区学习共同体,成为社区一道亮丽的风景线。2013 年上城区终身教育节的主题是"共同学习,让生活更美好",来自各社区的 28 个社区学习共同体上台展示学习成果,当姐妹编织社的姐妹们展示因共同学习而获得的创业成果、彩嵌艺术沙龙坐在轮椅上的成员展示因共同学习而获得新生的喜悦时,他们由衷的欢笑是那么快乐;火棒操健身俱乐部整齐划一的棒槌声、湖滨地书俱乐部从台上写到台下,他们的交流和分享是那么的投入;共同体成员之间的情感在互动中联结、升华,团队的凝聚力充分体现!交流与分享不仅提升了展示中的团队,也同样鼓励着其他的学习共同体,吸引着学习共同体的成员,激励着"种子",推进了培育的进程。

5.以评促育,检验培育成效

以评促育,示范引领,将社区学习共同体的建设纳入社区教育督导范畴,规范社区学习共同体的培育。由区教育督导室牵头,根据上城区社区学习共同体的发展状况,制订《上城区示范社区学习共同体考核认定指标》和《上城区优秀社区学习共同体考核认定指标》。区域内的社区学习共同体可对照指标自主申报优秀社区学习共同体,已认定为优秀社区学习共同体的可申报示范社区学习共同体。每年召开优秀社区学习共同体现场展示会,欢迎区域内未参加考核认定的社区学习共同体负责人或成员参加,使之成为分享与交流的平台。由教育督导室、民政局、文广新局、教育局共同组成的考核认定小组,通过听取汇报、材料审阅、现场提问等环节对社区学习共同体进行综合考察,考核认定示范或优秀社区学习共同体,由区政府发文授牌表彰,并给予一定的建设经费。通过以评促育,提升了上城社区学习共同体的归属感,展示了培育的成效,丰富了居民的业余生活,满足了居民多元化的学习需求,营造了良好学习氛围,使居民成为"爱学之人、善学之人、享学之人",让社区学习共同体得到快速、健康的发展。

二、培育社区学习共同体的策略

两年多来,通过培育社区学习共同体的实践研究,积累了培育经验,探索出区域社区学习共同体培育的五大策略。

1.发掘植入型培育策略

对现有的民间社团加以发掘和引导,在共同愿景下,植入"学习"因素,挖掘文化内涵,营造学习氛围,通过整合、融入等方式,增强民间社团的学习性,形成心理契约,提升社团学习品质。

案例1　今年已93岁高龄的方老师有一大一小两件宝贝,大宝贝是厚厚数十捆健康剪报,小宝贝则是一副跟了他50年的火棒。方老师健康长寿的秘诀是每天清晨和下午都坚持锻炼一个小时,锻炼的内容就是他的自创绝活:火棒操。葵巷社区火棒操队最初的组建并不顺畅,由于居民们对火棒操并不了解,只有少数居民为健身来学习,人员流动快,关系淡漠。

社区学院的老师深入火棒操队，与方老师多次接触，了解到火棒操的精髓，向居民介绍火棒操健身的作用，经过宣传展示和氛围营造，社区居民纷纷要求参加，并自发成立了火棒操健身俱乐部，定期开展活动，自发学习研讨火棒操的历史。在社区学院老师的指导下，由方老师领衔，队员们将几乎失传的火棒操收纳整理，自创教材，使火棒操得到了传承。93岁高龄的方老师也实现了将火棒操这项散落的民间艺术发扬光大的心愿。

2. 需求连结型培育策略

引导区域内有共同爱好又想学习的人群自发组织学习共同体，同时，积极发掘区域内的能人志士，进行牵线搭桥，联结需求，让能人志士发挥核心作用，引导学习共同体良性发展。

案例2 柳翠井巷社区地处西湖边，社区里有一批摄影爱好者，在不同的季节，他们都会拿着相机，去捕捉美的瞬间，然而，景色虽美，拍下来的照片却不尽如人意。社区文教委员在入户调查中了解到这些信息后，主动与几位爱好摄影的热心人联系，组建了留生映像摄影俱乐部，把社区内的摄影爱好者组织起来，定期在社区活动室开展学习活动，互相切磋技艺，交流分享研讨。同时，多方打听，挖掘社区内的资源，当了解到一位市报的摄影记者就住在本社区，大家开心极了。由社区出面，动员这位记者加入俱乐部，给大家指点迷津，传授摄影技巧。这位记者非常愿意，不仅抽出时间与大家分享交流，还带领大家学习街拍，并将报纸最近关注的主题告诉大家，让成员们随时抓拍，有好的作品还可以见报，大大地激发了俱乐部成员的积极性，也为报纸带来更多的素材。留生映像摄影俱乐部在社区文教委员的组建和培育下，渐渐发展成优秀社区学习共同体。

3. 核心成员成长策略

社区学习共同体的核心要素之一是核心成员，核心成员素质的高低决定了一个社区学习共同体的生命力。组织社区学习共同体的核心成员专题学习，进行培训和指导，培养公益心，激发热情，提升组织力、协调力等综合素质，使之成为社区学习共同体的召集人、设计师和引领者，增强社区学习共同体的凝聚力。

案例3 俗话说，"自己动手，丰衣足食"。杭州有这么十几位残疾人抱团成立的彩嵌艺术沙龙，他们用行动验证了这句古话，也用成功证明了自己的价值。上羊市街社区有189位残疾人，因为躯体或智力的残疾，有近一半的残疾人失业在家。许晓元(化名)是社区里的残疾人艺术家,在艺术领域颇有建树,他带着两位残疾人制作工艺品,开始创业。通过参加社区学院的学习共同体负责人培训,让他有了新的想法,他希望成立一个艺术品制作中心——彩嵌艺术沙龙!这一提议得到了大家的支持和赞同,社区无偿提供了一间会议室作为学习活动场所。于是,许晓元与其他两位残疾人当起了沙龙里的师傅,吸收 7 位残疾人加入社区学习共同体。此后又陆续增加,目前已发展到有 15 位残疾人。刚开始的时候,由于对市场销路的把握能力欠缺,加上刚来的残疾人制作水平有限,他们尝试制作的编织、航模等工艺品都失败了,不仅制作工艺达不到要求,也找不到合适的销路。社区、街道的相关人员纷纷出谋划策,扶持社区学习共同体的发展。社区学习共同体的成员们相互鼓励,不离不弃,许晓元更是亲自示范,耐心指导。通过不懈的努力,他们终于打开销路,还赚取了外汇。许晓元说,彩嵌艺术沙龙的师傅要有耐心、很细心地帮助鼓励残疾人学习制作技艺。健全人要学工艺品制作都非易事,残疾人更是难于上青天。所以,彩嵌艺术沙龙的成员,虽然是残疾人,但他们团结友爱,肯帮助人,心与心的距离很近。可见,一位核心成员的综合素质,决定了学习共同体的发展与完善。

4. 项目引领策略

鼓励社区以项目实验深化学习共同体的内涵发展,科学发展,智慧增长,促进学习共同体的可持续发展。通过对实验项目的实践研究,探索社区学习共同体的发展路径,逐步引导居民从自发到自觉,在合作、开放、平等、互助的原则下自由、自主、自治地进行团队学习。

案例 4 近江西园社区有个婆婆妈妈手工坊,以 60 岁以上的妇女为主,这些老人有的擅长缝制,有的擅长手工编织,还有的喜欢缝制与编织,她们每周活动两三次,互相交流技巧,分享制作的成果,如小婴儿的抱被、衣服、肚兜、小毛衣等等以及丝网花、手工串珠等,更有一些创造性的成果,将旧物改造,加入自己的创意,变废为宝。这些老人在学习活动中还会说些家长里短、婆媳纠纷,每到此时,常常婆婆一派,妈妈一派,各抒己见,不欢而散。为提升社区学习共同体的归属感和凝聚力,社区文教委员青青(化名)以《培育"婆婆妈妈手工坊"的实验》为题申报了上城区社区教育实验项目,以实验项目引领培育社区学习共同体,运用学到的方法策略来提升社区学习共同体的内涵发展,得到了社区学院的指导和社区领导的支持。在实验过程中，青青鼓励辖区内商务楼里喜欢手工活的女白领加入婆婆妈妈手工坊，让有技艺的老人做师傅，手把手教年轻人学习手工编织和缝制，当老人们因婆媳纠纷等发生争执时，让年轻人谈谈自己的想法，在团队中，有婆婆、有妈妈、有媳妇、有女儿，大家共同讨论分享观点，让大家明白对一件事不同角色的不同想法，从而化解了矛盾。之后，当家中出现矛盾时，大家还会在社区学习共同体中聊聊问题的所在，相互探讨、取经，换位思考，既提升了社区学习共同体的归属感和凝聚力，又促进了家庭的和谐。

5. 互助联动型培育策略

建立社区学习共同体培育的互助联动机制，在一定区域内搭建平台，鼓励交流研讨，分享学习成果，可进行不同形式的组合联动，通过共同学习、共同研修，跨越社团的文化界限，分享优质的学习资源，提升学习共同体建设的内驱力。

案例 5　　小营巷社区的桑榆书画笔社负责人是有名的书法大师，他带领着一批书法和绘画的爱好者，学习、研讨、交流、分享，其乐融融。在一次社区学习共同体展示现场会上，他发现还有不少的书画学习共同体，便萌生了相互切磋交流的念头。同时，某社区浣纱书画院的著名书画大师，也有这样的想法。为此，基于上城区每个社区都有社区学习共同体、区域内很多社区学习共同体具有相似性等特点，搭建互助互学平台，探索联动分享策略。一是分类互助联动：按照艺术类、文体类、读书类、手工类、活动类五大类社区学习共同体，由社区学院牵头，不定期进行分享展示交流，促进相互学习。二是区域互助联动：由社区文教委员牵头，组织社区内的社区学习共同体交流分享；由街道社教干部牵头，组织街道内多社区的社区学习共同体交流分享。同时，也可以互相组合，两三个社区联动或两个街道联动，通过不同的组合方式，搭建众多学习交流平台，推进社区学习共同体的健康发展。

未来，上城区将倡导一个社区要建立多个社区学习共同体，搭建平台，鼓励不同类别、不同区域的社区学习共同体互助联动、示范引领。通过对社区学习共同体的培育，丰富居民生活，陶冶居民情操，满足社区居民的多元化学习需求，营造全社会的学习氛围，提升市民整体素质，促进和谐社区建设，推动生活品质之城和学习型城市建设(图 2)。

图 2　杭州市上城区南星街道七彩文艺队在广场活动

在社区学习共同体里共享终身学习的美好

杭州市下城区社区学院　陈雅娟

作为"城市的心,杭州的眼",下城区域面积虽小,但历史悠久,教育文化资源丰富。近几年,在物质生活水平快速提升的同时,区域居民对提升精神文化生活的需求也越来越高,基于共同的兴趣爱好和学习需求自发组成的实现人的生命成长和建立守望相助关系的社区学习共同体,如雨后春笋般破土而出。如"小巷讲堂"、浙大御跸社区"三和交流室"、"武林之光"非遗传习交流中心等非正规、草根性学习群体,在下城74个社区呈"星星之火,可以燎原"之势,为满足社区居民终身学习需求、提高生活品质做出了积极贡献,已经成为学习型城区建设的重要力量和有效抓手。

为了更好地挖掘并积极引导区域各社区学习共同体的可持续发展,围绕创建"聚焦高质量发展、高品质生活,纵深推进全域中央商务区建设,奋力打造世界名城一流核心城区"的发展目标,下城区社区学院科学规划,根据自愿参与、因地制宜、注重实效、分类指导的原则开展四大类社区学习共同体的培育实践。

一、"孵化养护式"社区学习共同体的培育——以"小巷三寻"土布工作室之"小巷讲堂"为例

2016年下城区社区学院推出了社区教育"1050工程",即10个民家工作室和50个精品学习型社团。其中民家工作室主要发挥非物质文化遗产的传承者或组织者、民间自治组织以及各类实用技能的传授者或组织者在社区学习中的作用,通过定期开展有意义、市民需要的培训和活动,包括手工制作、民俗文化传承、编织摄影舞蹈等,整合社区和民间教育资源,带动下城区社区学习共同体的建设。

　　"小巷三寻"土布工作室是下城区社区教育第二批民家工作室。区社区学院充分挖掘工作室的特点和优势,基于工作室现有的手工技艺和非遗项目,通过项目指导、课程建设、师资输入、资金扶持、平台宣传等方面,给予工作室极大的关注与支持,"小巷讲堂"由此孵化而生。

　　讲堂自 2017 年 3 月成立以来,每月开展主题社区分享讲座活动。社区的居民可通过网上报名,参与活动。小巷讲堂的宗旨就是听有趣的人讲那些手工艺温暖的事;听手工艺材料和工具的收集者讲他们好玩的事儿;听"非"非遗传承人和非遗传承人讲手工活儿感人的事儿。通过分享、体验、人人可参与的活动形式凝聚社区居民,传播终身学习理念。小巷讲堂提倡"以小见大",挖掘一个小物件背后的深刻理念,比如梭、织布机、环保书皮的背后有了寻梭之旅,有了西湖边"千人织布"传统文化技艺节,有了"环保书皮进校园"等多项活动。

　　2017 年,小巷讲堂荣获杭州市终身学习品牌项目,得到了政府和广大市民的认可。从 2018 年开始,采取新的形式,由授课老师向社会召集成员,不仅受众的范围拓宽,而且更有针对性。活动地点也不再拘泥于小巷三寻土布生活体验馆。第五期小巷讲堂的参与者在西湖周边徒步一周;第八期走进了俞源村,参加 2017 年中国传统村落保护(武义)国际高峰论坛。为了让大家能更多地了解余家富的故事,小巷讲堂推出走进"对坞村"活动,走进嘉宾俞家富与其妻子的民宿"村上酒舍",在村上酒舍里喝上一坛自酿的清酒,畅谈一夜。第一次采用评论送礼的形式,在微信平台与用户进行互动。

　　小巷讲堂以保护和传承中华传统技艺为己任,以"寻生活本源,悟东方美学"为宗旨,立足于中华传统手织布文化,将传统工艺与现代技术相结合,将土布纺织技艺推陈出新,充分融合生活美学、中式时尚和创意体验,将创新植入产品、将手作引入生活、将文化导入品牌,将其课程拓展为梭子的故事、土布的新生、女红的复兴和手工的村落四大核心板块内容。截至 2020 年,小巷讲堂已举办 26 期活动。邀请了 28 位来自不同地区的各行各业的嘉宾和手艺人赴杭开设讲堂,在线直播量 105 万人次。

二、"进化提升式"社区学习共同体的培育——以浙大御跸社区"三和交流室"为例

　　"三和交流室"的雏形是"和事佬"性质的民间社团,于 2011 年初由御跸社区退休老干部周鸿英提议创办,成员来自社区内的 15 个小区,他们是一群热心公益事业、充满爱心和奉献精神的退休工人、干部和教师,因为一个"三和"信

念——希望"家庭和美，邻里和睦，小区和谐"而走到了一起。社团成立之初，48位志愿者、10位核心成员，依托社区交流室一方小天地，边思考边工作边摸索，在实践中找思路，经过不断的努力，活动内容从单一到多元，活动成效从点向面铺开，结合协调邻里关系，开展普法宣传服务和培训4000余人次；接待居民群众和提供法律咨询等1500余人次；预防矛盾500余起；成功调解纠纷100余次，赢得了居民群众的信任与口碑。

随着工作内容的延伸和成员关系的进一步亲密化、自主化和互助化，社团负责人周鸿英提出了"以创新求发展"，在下城区社区学院的指导和帮助下，社团逐渐升华成为"以实现自身生命性价值为根本目的，以享受共同学习过程为出发点而自愿结成相对稳定的学习群体"[①]，2017年被评为杭州市示范社区学习共同体。

在原有"三和"的基础上，又提出了"四常"（心中常想、耳边常听、信息常通、工作常做）和"五结合"（与关爱老年人相结合；与关注青少年、关心下一代相结合；与邻里互助、关怀新邻居相结合；与维稳工作相结合；与加强沟通、矛盾预防相结合）。工作内容更加丰富，服务对象更加广泛，除了原来的"和事佬"调解，还积极发挥党建带社教优势，开展"楼道文化展三和，家风家规扬善美"楼道家风文化建设，楼道家庭议家风、立家规、定家训，更好地实现了学校教育、家庭教育、社会教育三结合。实施"写作与朗读"微创项目，开展青少年读好书，写好文表忠心，《弟子规》感恩教育表孝心等活动，征集原创诗歌与感言，编印《三和文集》，展示社区居民和美、和睦、和谐的精神世界和美好生活。几年来，先后开展各种形式的主题教育活动40余场，申报承办"又见墙门里睦邻宜居"等5个创投项目。除此之外，三和交流室还创办了三和舞蹈队、三和模特队、三和书香文学社等社区学习共同体来吸引社区老年人和青少年居民的加入，活动内容丰富且深受居民的喜爱。

三和交流室自成立以来，遵循"同为公而来，共为益而行"的团队初心，坚持"三和扬正气，四化促和谐"的工作宗旨，提出"四个度"的发展目标，即：以学习促提高，思想认识有高度；以活动聚民心，宣传服务有温度；以项目增活力，规范实施有力度；以创新求发展，知行合一有深度。在开展工作和组织活动的同时，注重团队和机制建设，加强核心成员的队伍建设，成员从原来的48人发展到146人，还有6支青少年公益小分队。

---

① 汪国新.社区学习共同体的培育策略.职教论坛，2012(3).

三、"基因重组式"社区学习共同体的培育——以"武林之光"非遗传习交流中心为例

"武林"一词最早出自汉代，东汉班固所撰《汉书·地理志》中记载有"武林山，武林水所出"等语。后因秦代建县治在武林山下，武林便成为杭州的别称。辖区有安吉路、教场路、武林路民国时期建筑群，有马寅初故居、陆游纪念馆、沙孟海故居、张同泰药店、十竹斋等名人名家旧居、历史古迹和国家级非物质文化遗产保护研究基地。

2015 年 2 月始，武林街道在全省率先开展了城市街道级非物质文化遗产名录保护工作，对辖区非物质文化遗产进行了一次抢救性的普查，10 月正式命名了武林街道第一批非物质文化遗产代表性项目名录 18 项。武林街道辖区非遗文脉经考证可归纳为老故事、老习俗、老手艺、老字号、老艺文等五个方面。

2016 年 5 月，武林街道建成了非物质文化遗产主题馆，主题馆位于下城区竹竿巷 12 号，占地面积 300 平方米，设置为三个功能区块：一是展示，收纳和展示武林街道第一批非物质文化遗产名录相关实物图文资料；二是体验，让参观者亲手操作，体验非遗技艺、了解非遗故事；三是技艺传习，为立志学习和传承非遗的人与项目传承人传授技艺搭建专业学习平台。

武林街道非遗主题馆自建馆以来，开设了赵亦军宫廷杭绣体验工作室、章怡青浙派古琴传习馆、宋月珍盘扣技艺传习馆、徐天鹄杭州评话传习馆，自 2016 年来，依次成为下城区社区教育民家工作室。在社区学院的业务指导、师资培训、资金扶持、平台搭建等方面的培育下，工作室蓬勃发展，共举办各类讲座、培训、系统体验累计课程 720 课时，受众达 10000 余人次。与此同时，在 2017 年，以"非遗"为同源基因，在主题馆这片深厚肥沃的土壤上，学共体"武林之光"非遗传习交流中心应运而生。

中心核心人物冯海燕，成员有来自非遗馆各名家工作室、学习共同体等的首批 24 名文化志愿者。他们充分发挥"非遗"的基因优势，以"武林非遗全域体验链"为主线，先后组织了武林非遗市集、武林 K 歌、暑期青少年非遗体验游学活动、老外眼中的武林非遗等 20 余项体验活动，开设了宫廷杭绣、盘扣、浙派古琴、传统香袋香料配制等传习课程。每年参加系统学习的非遗爱好者近千人。同时，参观体验非遗已然成为广大市民和学生假期活动的热门选项。

传习交流中心还结合"武林之光文化节"，组织开展了"品味千年古韵，牵手美丽武林"主题活动。充分利用霞影琴馆、笑海相声会馆等社会力量繁荣群众

文化,在各社区陆续开展街巷寻古、Walk Down 旗袍秀、古装派对等系列活动,着力推进传统工艺走进社区。

四、"同质聚合式"社区学习共同体的培育——以下城区市民学习微联盟为例

"30分钟市民学习圈"示范街镇建设是近几年杭州市终身教育的一项重点工作。下城一直在思考,如何将此项工作落实得更具体、更实效、更接地气,既要呼应上级精神和要求,也要符合下城实际、突出下城特色。经过调研、讨论,区社区教育委员会办公室决定实施"享学下城——市民学习推进工程暨云集计划",以"学习圈"的基本组成元素"学习点"的开发建设为基础开展系列工作;以项目的实践探索,完善组织架构,促使资源进一步整合,满足下城市民不断发展的学习需求,形成"一图一盟一空间"的发展思路。"一图"就是指"享学地图";"一盟"是指"市民学习微联盟";"一空间"是指"下城市民学习空间"。

其中,微联盟面向学习点,重点做好学习点成员的能力提升、工作协同,发挥其示范引领作用,在市民学习和活动中,挖掘终身教育的同质性元素,聚合各学习点资源和能量,达到市民学习效果最大化。2018年3月起,区社教办联合各街道开展下城区市民学习点走访调研活动。在各街道和相关部门的大力支持下,调研组实地走访了8个街道23个学习点,通过走访,摸清了基层市民学习的新情况、新力量,壮大了学习点队伍。

之后,区社教办组织举办了2018年下城区市民学习带头人、社区教育干部能力提升培训班。培训为期两天,全区市民学习带头人、社区教育骨干50多人参加。内容主要是上海市社区教育、老年教育及市民学习特色亮点工作,包括7场讲座、2个实地参观、1场学习体验。培训提高了学员们的认识水平、实践能力和创新意识,初步形成了学习点团队意识和凝聚力。

以自愿为原则,经成员单位、街道推荐,场馆、学共体、培训点等学习点自愿申报,社教办逐个审核、沟通,12个下城区优秀学习点成为微联盟首批成员,下城区市民学习微联盟正式成立。微联盟成员以"目标一致、特色发展;资源共享、优势互补;项目合作、工作协同;能力均衡、服务互通"为发展共识,不断提升工作能力,协同为市民学习服务。从某种意义上说,微联盟是凌驾于区域各社区学习共同体之上的,对其他学习点和学习团队起到示范引领、培育扶持作用的更高一层次的学习共同体。微联盟有自己的章程和活动机制,评选出了一个理事长成员和两个副理事长成员,并且根据区域现有社区教育资源和特点,定

期组织互访研讨,联合各学习点开展面向不同人群、内容丰富、形式多样的主题式学习活动。

　　未来,下城区以"每个居民至少参加一个社区学习共同体"①为目标,充分发挥"孵化养护式""进化提升式""基因重组式""同质聚合式"等社区学习共同体培育的作用,提高政府扶持力度,加强教委各成员单位的部门合作,借助街道终身学习推广普及员、社教干部、社区教育学校联络人等队伍,继续以培促建,以评促优,加强对各社区学习共同体的指导、管理、宣传与推广,同时加强学习共同体相关的科研课题研究,助推下城社区学习共同体的科学可持续发展(图1)。

图1　杭州市下城区武林之光非遗传习交流中心的手工学习

_____

① 2009汪国新参加西湖区举办的学共体核心成员培训会上提出的杭州市学共体发展目标。

社区学习共同体的区域培育策略

杭州市江干区社区学院　汤建英

2008 年,江干区京惠花园社区居民,著名作家、诗人崔汝先及诗词爱好者姚兔儿发起并广邀诗友,在社区内创建了秋水诗韵诗社,将每月 15 日定为雅集日,以诗词赏析与创作为学习内容。诗社以"社区培育,成员自治"为管理方针,社长和成员协商每月雅集的命题与策划,秘书长负责人员联络与通知,顾问负责提供专业意见、主持诗作评析,记录员负责对每次活动进行记录、整理。如今,这个诗社已经从 3 人发展到 50 余人,出版诗集《京惠诗韵》三册。

像这样的市民学习组织我们称为社区学习共同体。社区学习共同体是指在社区范围内的居民基于共同的兴趣、爱好及学习需求,在平等、互助的原则下,通过心灵契约的形式共同构成的非正式学习团体[①]。

社区学习共同体主要由以下几方面的要素构成:(1)共同需求。由助学者和学习者共同构成,因为共同的需求,为了解决共性问题,满足共同爱好,经常在具有一定支撑的环境中共同学习。(2)平等学习。借助于社团成员之间平等、互助、和谐的关系模式,通过相互对话、交流和沟通,分享彼此的情感、体验和观念,共同完成一定的学习任务。(3)信息共享。采用团队学习法,共享信息资源、信息和学习成果,促进共同体的成长和成员生命成长。(4)情感归属。通过共同活动形成相互影响、相互促进的人际联系,并对这个组织具有很强的认同感和归属感。

江干区从 2008 年起开始进行社区学习共同体培育实践研究,经过 10 年的发展,已经培育 300 多个这样的学习组织。培育社区学习共同体成为社区教育新的生长点,实现了社区居民的学习从"被动教"到"主动学"的转变,探索了一

---

① 汪国新,孙艳雷. 成员即资源——社区学习共同体内生发展规律探析.[J] 职教论坛,2013(24).

种持续的、能够激发居民自主学习的社区教育新模式。

一、社区学习共同体的培育策略

培育和发展社区学习共同体主要从社区学习共同体的构建、社区学习共同体的运营和社区学习共同体的管理等三方面推进。

（一）社区学习共同体的构建

根据社区学习共同体的构成要素,推进社区学习共同体实践,在探索中形成三种实践模式:即"无中生有"式、"社团精修"式、"社会组织孵化"式。

1．"无中生有"式

广挖资源,对接人群,寻找最短路径,把相同学习需求、兴趣爱好、个人特长的市民组织起来,"生"成社区学习共同体。

（1）核心成员牵引式。

在组建的社区学习共同体中,助学引领团队是关系到社区学习共同体发展质量最重要的因素,他们是共同体培育的核心成员,是社区学习共同体的召集人、设计人、引路人。发现和培养一批有专业特长的市民,从中选拔和培育思想素质高、专业特长精、综合能力强的成员,作为社区学习共同体的核心成员(包括活动导师、助学者)进行专门培训。发挥核心成员的资源优势、组织能力,用核心成员的"磁力"吸引市民加入,形成"磁场",实现从"人"到"众",引领社区学习共同体发展。

（2）生长基因配对式。

共同体与核心成员都自带"基因",如何在市民和核心成员之间架起最短的供求路径? 通常的做法是根据市民需求和政府要求,广泛发布组"团"信息,聚集起具有共同意愿的人群,将活动助学者、活动导师等核心成员和未来社区学习共同体进行基因配对,根据目标与学习资源的匹配度,配比适合的核心成员进入共同体进行培育。如响应中办国办印发《关于实施中华优秀传统文化传承发展工程的意见》,利用社区学习共同体传承"非物质文化遗产传承发展"重点工程项目。在社区开展非遗传承人与社区学习共同体培育的工作,寻找一批民间工匠和非遗传承人,如金石篆刻工艺美术师董利,杭州市非遗项目盘纸传承人严美娟,杭州市非遗项目丝绣传承人赵玉萍,中国剪纸艺术委员会理事、浙江省第四批非物质文化遗产项目"剪纸"传承人宋胜林等等,在他们的引领下,培育了传统剪纸社、丝绣坊、微型风筝坊、金石篆刻坊(图 1)、荷香衍纸社、油纸伞制作坊等非遗传承社区学习共同体。

图1 金石篆刻工坊开展活动

(3)网络现实交互式。

现代社会,网络作为一种强大的交互平台,为线上社区学习共同体的构建提供了多种交互学习方式,受到年轻人的喜爱。这样的社区学习共同体通常由核心人物发起,围绕大家感兴趣的、共性问题,助学者和学习者提供有价值的内容,成员进行学习、研讨、分享,形成有组织、有交互的群体学习,不断产生知识创造和分享。为了增强交流的真实感,通常也组织线下活动,促进学习者之间的情感交流,体验自我状态的积极变化。勤丰社区的哲匠建筑研习社就是这样的社区学习共同体,线上线下同步进行,吸引了有相同爱好的年轻人参与。

2.社团精修式

从调查了解全区现有的民间团体的运行情况入手,把社区学习共同体的价值理念和社区学习共同体内核植入社区市民社团,将群众自发型社团、社区主导型社团、民间潜在型社团培育成为社区学习共同体。

"新建一批"。民间潜在型社团采用"发掘+培育"的方法和策略,其培育关键必须抓住三点:一是活动内容有广泛的群众基础;二是有能为人师的能人高手作为助学者引领培育;三是高起点植入社区学习共同体的丰富内涵。

"改造一批"。社区主导型社团是社区主导下形成的,群众的参与性比较强,但是由于社区经费困难、缺少专业培训等原因,这些社团活动形式单一、缺乏活力。对此运用"培训＋创新"的策略,为社区提供优质助学者开展学习,促进这些社团提升内在品质,打造成为社区学习共同体。

"扶持一批"。群众自发型社团明显存在自发自由、组织松散、水准偏低、缺乏目标牵引等不足,对此采用"扶持＋引导"的方法,组织学习、提供必要的经费支持、搭建展示舞台,有目的有计划地加以引导和扶持。

"示范一批"。像景新书画苑、新杭州人志愿者服务站等在杭州市已经享有盛誉的社团,特色比较鲜明,主要采用"精修＋强化"的办法,首先把这些社团塑造成可学的学习示范点,作为社区学习共同体的典型,起到示范引领作用。同时秉持"立足群众、服务群众、服务社会"的理念,增强对外交流服务,以展现整体形象、增强吸引力为目标,充分利用节假日和重大社会活动等有利时机,积极鼓励和组织社区学习共同体走出去——进楼道、到工地、赴农村、入军营,关心公益事业,关注社会发展,以一技之长服务群众、服务社会,实现学习价值,增强和扩大社区学习共同体的社会影响力。

3.社会组织孵化式

社会组织在组织架构、学习资源链接、学习方式引导等方面有一套完善的机制,发挥现有社会公益组织的引领和示范作用,使之成为社区学习共同体建设中的重要力量。如杨家桥社区的骆驼老师公益会组织,组织了一批能力出众的社区教育志愿者,参照社会组织的管理机制,注入社区学习共同体的培育理念,孵化出书画社、手作社、家长学习社、国学社、爵士舞等社区学习共同体,走出了一条城市化进程中培育社区学习共同体助力农民市民化转型的社区教育之路。

(二)社区学习共同体的运营

1."四自"运营

社区学习共同体是一个由社区市民自愿组成的高度自治的学习组织,在运行过程中表现为自行组织、自主学习、自动连接、自我服务。

自行组织:具有共同兴趣爱好、共同需求的个体,在社区、社团、核心成员的召集下自愿走进队,从组织架构、共同愿景、学习项目、学习方式开始形成社区学习共同体的基本形态,并协商制订共同行为规范或公约,内化为成员的心理需要,保障社区学习共同体朝正常、正规、正气方向健康发展。

自主学习:在社区学习共同体里,每个参加者都要积极地贡献知识和智慧。他们资源共享、信息共享、经验共享、学习体会共享,共同建构知识、分享知识。助学者根据大家的愿望调整学习内容,实现以需定供。

自动连接：因信息渠道的多元，内涵的拓展及多向交互，社区学习共同体内自动生成知识与知识的连接、技能与技能的连接、人与人的连接、思想与思想的连接，加上较为开放、生动、互惠的学习方式，形成社区学习共同体的生态环境。

自我服务：发挥社区学习共同体的章程制度的作用，发扬契约精神，在分工、协作、学习、外联等方面实现自我运营，实现社区学习共同体的自我管理，增强共同体发展持续力。

2."四感"培养

仪式感。在完成组建以后，社区学习共同体的第一课必须具有一定的仪式感。社区学习共同体的组织者要确立组建社区学习共同体的指导思想，征求对学习课程的建议，解释社区学习共同体如何运作。成员可以讲述他们特定的兴趣或需求，然后助学者根据大家的愿望调整共同体的学习内容。

组织感。社区学习共同体围绕组织成员、平台搭建、管理规范等组织结构进行有效建构和规划，建立起相应的制度与规则，随着组织机制、任务机制的落实，产生角色认同感，让学习者感到自己与其他学习者属于同一个团体，在共同活动时遵守共同的规则。组织感带来的是成员的自律性和组织的凝聚力。

参与感。助学者和学习者之间相互尊重、平等的关系为学习项目的开展提供了良好的环境支撑，社区学习共同体用"讨论式"取代"讲座式"，每个成员的智慧在学习活动中都能够被激发出来，这种有组织又有参与感的学习方式给学习者良好的体验，有助于增进和提升个人价值感，成为共同体的内生驱动力。

归属感。共同的愿景和价值观延续容易凝聚起共同体成员的力量，当学习者在共同体获得学习、生活、生命成长的价值，那么他们便会持续停留，并增强对社区学习共同体存在价值和共同愿景的认同，触发学习者与共同体之间、学习者与学习者之间建立一种"链"关系，这种关系的连接，是学习之外的额外价值，是成就感、认同感、归属感、幸福感的体验。社区学习共同体成为学习者社会交往的公共空间，甚至成为生活的情感港湾。

3.价值驱动

如果说实现共同的学习目标是社区共同体发展的重要内生驱动力，那么实现社会价值则是促进社区共同体前进的外部推动力。

目标引领。设定阶段性目标，运用"打造精品 多轮驱动"的方式，不断助推社区学习共同体朝优质、特色方向发展。

成果展示。类型多样、成果丰富、作品精彩是这些社区学习共同体的普遍特征。积极搭建展示的平台，督促社区学习共同体参加比赛、表演、展览、观摩等活动,激发组织活力。

宣传推广。将学习成果转化为社区教育特色课程和作品加以宣传推广,扩大社区学习共同体影响和辐射面。组织社区学习共同体到社区公园、校园、军营、展览馆、CBD中央商务区等进行展示活动、作品义卖活动,进行爱心捐赠。

能量输出。发挥社区学习共同体的社会价值,社区学习共同体走进校园,培育学生社团,特别是传播非遗文化,协助学校和幼儿园建立校(园)本课程,在少年儿童心里种下非遗的种子。

4.互促共融

社区学习共同体之间"认亲走亲",一般每年都会安排一两次,探讨社区学习共同体的管理经验、特色亮点及社团未来发展,实现人力资源,学习资源的优势互补,互相融合。

(三)社区学习共同体的管理

发挥社区教育三级网络的作用,为社区学习共同体发展提供良好的环境支撑。

政策与规范。从政策层面上鼓励发展壮大社区学习共同体。制订出台《关于推进社区学习共同体建设指导性意见》等相关政策,规范社区学习共同体相关的权利义务,确定社区学习共同体的指导思想、组建要求、学习要求和社区学习共同体建设管理办法等。

管理与职责。明确三级网络的工作职责,区社区学院负责社区学习共同体总体运行方向,培育示范点,培育核心团队。街道社区学校负责社区学习共同体发展布局,搭建交流平台,做好考评工作。社区负责社区学习共同体的日常规范运行,做好申报审核、业务指导工作。

备案与运行。社区负责社区学习共同体的登记备案并报街道审核,对于核准运行的社区学习共同体予以资金扶持,在运行过程中加强业务指导。

评价与激励。建立社区学习共同体发展评估指标体系,倒逼团队学习朝着共同体方向迈进,对社区学习共同体提供服务的数量、质量,社区学习共同体自身的能力与业务水平等方面的情况进行评估考核,达到要求的给予相应的补贴。每年进行示范性社区学习共同体评审,激励社区学习共同体向规范化、特色化、精品化方向发展。

二、社区学习共同体的培育成效

1. 社区学习共同体的集群数量不断增加、规模不断扩大

经过这些年的培育，江干区已经在八个乡镇街道培育社区学习共同体 300 个（2018 年），类型包括音乐舞蹈类、民间工艺类、书画篆刻类、影像技术类、语言文化类等五大类，参与人群涉及老年、青少年、妇女、青年、外来青工等层面。用社区学习共同体强烈的草根性和参与性，将一个个"点"凝聚成"燎原"之势，呈现出居民积极参与的发展态势。各类社区学习共同体对社区教育的普及和发展产生了重要的促进作用，在满足百姓对美好教育的需求方面发挥了积极作用。

2. 社区学习共同体的品质、品位得到了明显提升

出台了一系列扶持发展的制度，建立了社区学习共同体运行机制，完善了考评机制，逐步构建出一个合理的实践操作体系，有效促进社区学习共同体健康发展。通过实施"培育特色、精修内功"的品质优化策略、"服务社会、我行我塑"的品位提升策略和"打造精品、多轮驱动"的品牌发展策略，有效提高了社区学习共同体的品质与品位。创意剪纸线、双菱风筝坊、千千结艺社、荷香纸艺社、秋水诗社等 25 个社团，相继被评为杭州市示范社区学习共同体。在 2018 年杭州市非遗类社区学习共同体联盟年会上，采荷街道作了题为"传承指尖非遗 助推文化自信"的经验介绍，受到与会者好评。

3. 社区学习共同体有效激发了社区市民自主学习原动力

社区学习共同体"学习共享"的组织学习方式，激发了社区居民的学习积极性，使参与社区学习共同体活动的居民获得一种自主的、持续的、积极主动的学习原动力，以及在此基础上养成终身好学的学习习惯。社区学习共同体对人们思想的潜移默化作用将越来越直接和明显，正如景新书画苑章程所说的："这个书画苑，让我找回了新的生命和新的生活！"

4. 社区学习共同体有效促进了社区治理

随着社区学习共同体的稳步发展，其重要意义与价值也日益体现，它有效推进了社区文化的发展和提升，在街道文化中心、社区市民学校、老年活动室，社区学习共同体深入市民文化、娱乐、休闲、健康等学习活动中，让广大居民享有更多幸福感和获得感。同时，社区学习共同体运用"组织化"的育人功能，有效增进了社区居民相互了解和信任，加深了守望相助的邻里关系，调动了居民参与社区治理的积极性。善学促善治，社区学习共同体成为社区居民自治的队伍，成为推进社区治理的重要载体。比较典型的如九堡镇以外来务工人员为主体的社区学习共同体——新杭州人志愿者服务站，以学习、维权、咨询、联谊为主题，以草根学堂、草根讲堂、文艺汇演、出版杂志为载体，开展新市民知识学习、技能学习、文艺活动、法律咨询、帮扶救助等系列活动，并有若干个小的社区学习共同体——草根艺术团、文学组、义工组、法律组、杂志编辑组、体育组。通过这些活动，新杭州人增强了自信心和城市归属感，更快更好地融入了城市。

在加快建设学习型社会的背景下，学习正在成为一个城市发展的核心要素和核心动力，深深影响着每一个人的生活方式。作为"草根组织"的社区学习共同体，为实现全民学习、终身学习、共同学习开辟了一条新路径，在未来社区建设中将对城市的经济文化发展起到不可或缺的作用。

社区学习共同体培育的实践与思考

——以小河之春董家舞蹈队为例

拱墅区小河街道董家新村社区　马倩

　　社区学习共同体是指社区居民基于共同的兴趣爱好及学习需求,在平等、互助的原则下,通过心灵契约的形式建立的非正规学习团体。[①] 它在满足居民学习需求的同时,也丰富了居民的精神生活;有助于形成社区居民之间守望相助的人际关系,营造出温情的社区环境,增强居民对社区的认同感和归属感。社区学习共同体的培育,既是社区教育的重要职责所在,又是更好地发挥社区教育服务功能的有效途径,对推进学习型社区的建设也具有重要的意义。

一、案例概况

　　小河之春董家舞蹈队,组建于 2005 年,由董家新村社区热心退休居民组成,是一支纯公益性的社区艺术类的社区学习共同体。团队成员稳定,管理完善,活动丰富,配有相应的规章制度、活动经费、活动场地和管理人员。小河之春董家舞蹈队在队长许洪斌的带领下,从个人爱好自娱自乐的三五人发展到如今的团队成员有 40 余人、核心成员 20 多人的有组织、有规模的社区学习共同体。其成员素质良好,凝聚力强,学习氛围浓。多年来,在街道社区学校的指导下,在社区和社会各界的热情支持下,在团队队员的不懈努力下,坚持以学习舞蹈表演为载体,以培养团队成员的文化素质和专业素养为目标、提高团队成员生命质量为宗旨,开展了丰富多彩的学习活动,取得了良好的团队成绩和社会效果。

---

　　① 汪国新.文化养老:提升老年人的幸福力.成才与就业[J].2012(21).

二、培育实践

(一)基于社区学共体的自主发展

"小河之春"董家舞蹈队自成立以来,多年如一日地坚持有规律地开展学习活动,确保每周开展至少 3 次的活动和训练。每次活动有计划、有总结、有记录。学习时间:周一、周四上午,周二晚上;学习地点:董家新村社区文体中心二楼、拱墅区文化馆。

1. 坚持团队的合作学习

根据每位成员的基本功与能力将舞蹈队划分为若干小组,每组 4—6 人,组员各自结成对子,兼顾个体能力、个性等差异因素,便于课堂交流、展示;各组推选组长 1 名,负责课堂纪律管理,协助队长完成舞蹈队的总体管理;共同商定各小组阶段性的奋斗目标,例如小河街道的"小河之春艺术节"、半山"立夏节"表演、省区市的各项比赛等,以增强学习共同体的凝聚力、向心力和竞争力。在小组内形成老队员带动新队员的良性互助模式,在小组间促进友好互动和良性竞争,定期查验效果,既鼓励队员的进步,又鼓励队员积极交流。

2. 坚持"做中学"

在队长许洪斌的带领下,小河之春董家舞蹈队坚持外部交流和自主创新相结合的做中学的学习方式。平时,团队成员积极参与"舞蹈编导"等专业课程的学习,将传统舞蹈和创新的时装舞台表现形式相结合,兼顾了中老年人业余健身和形体表现两方面的需求。在舞蹈创作和编排中保持原创,紧密贴合社会热点的宗旨。坚持每年出品最新原创舞蹈,并积极组织参加省、区、市、社会团体等组织的各类活动,在活动中促进发展。

(二)基于社区的支持助力

社区助力与学共体自治有机结合。在小河之春董家舞蹈队开展活动中,遵循社团负责人具体负责、社区进行宏观指导的方针。社团按期向社区申报活动计划、发展规划,团队内部管理实行自治,学什么、怎么学依据团队成员的需要而确定,社区不去干涉;社区对团队的发展方向、参与社区治理等方面提出建议,对团队发展中存在的困难予以力所能及的帮助,有力地促进社区学习共同体的发展。

1. 提供智力支持

合作学习是社区学习共同体主要的学习方式之一。关注队员如何提高学习效率,增强群体意识,发展队员能力与交往、协作、竞争等具有再生功能的学习能力,促使指导老师的专业知识、艺术态度与队员们完美融合,舞蹈队核心成员即该队队长,其在学员心中的信任度、知识、技能程度对团结和发展有着至关重要的作用,是学习共体活动有效开展的灵魂。社区创造条件以培训、聘请专家指导、多样合作途径创设等方式,提升核心成员的管理水平、专业素养,使之成为学习共体成员信赖的"领头雁"。

2.落实扶持举措

扶持一,经费保障。学习共同体的活动开展及发展离不开资金的保障,每年社区根据舞蹈队的需求,为舞蹈队提供经费支持,用于添置设备、服装,组织日常训练及外出比赛、学习交流,为团队发展提供保障。

扶持二,场地保障。社区在董家新村社区文体中心二楼、拱墅区文化馆为舞蹈队提供了学习、排练的固定场所,满足舞蹈队活动需要。

扶持三,引进师资,聘请专家指导。队长,作为负责人和学习骨干,带领成员参与学习活动,同时社区邀请周边学校的舞蹈专业教师、相关专家不定期来指导,以提升学习品质。

3.搭建交流平台

成就感是学习者保持学习的内在动力,是学习者精神上的一种满足。一直以来社区积极为小河之春董家舞蹈队搭建平台,安排参加政府部门组织的活动。小河之春董家舞蹈队作为文化志愿者去敬老院进行演出,每年进行下乡交流演出,积极参加社会公益活动,把精神文明和社会正能量、舞蹈的美带到各处。比如海宁就是舞蹈队每年必去的,与当地社团联动、交流,在展示—交流—互动—联动—分享的过程中获得成就感。

三、成效与思考

(一)主要成效

1.形成了和谐共生的教学样式

指导老师和队员立足于生活和社会时事,并以学习活动为载体共同参与舞蹈编排、创新活动。队员通过观摩各种表演、探索、思考、观察、操作、想象和创新等丰富多彩的认识过程获得技能的提高,指导老师更关注学生的自我发挥与个性发挥。

社区学共体的学习系统显现出和谐共生的局面。学习课堂是队长和队员们"活动与情感"交织共生的生活世界,它在发展成员智慧、能力的同时又不断丰富和完善成员的情感世界与专业技能。在社区学习共同体内个人基础、能力有所差异,但是由于所有成员都有相同的价值取向,这些差异反而促进了成员们合作共赢的关系。今天你这段跳得好,我就跟你学,明天我这个动作练得好,你反过来跟我练,成员之间互为师生。新学的知识要全体成员都学会,这个过程中融合了大家的关系。跟着指导老师练习,一对一互相教,一对多互相教学,多对多互相教学,这样没有任何尊卑、高低、贵贱,没有人会不高兴。大家在这样看似杂乱无章的学习过程中获得了相互的信任、肯定及精神的满足,还锻炼了自己。相互之间的感情也更加融洽、和谐,共同获得了生命成长。指导老师教的目标和学员学的目标是每个成员都认同的共同愿景,大家追求个人愿景,也为团队愿景的达成而努力,促使成员的行为和谐统一。这种和谐共生的状态,也是这个舞蹈队能够长盛不衰的原因。

2. 制度规范,行之有矩

舞蹈队在成长过程中一直关注制度建设,规范的工作机制和流程,保证了运行的可持续性。舞蹈队制订了一整套活动章程、职责、行为规范、考勤、奖励等制度,保障了舞蹈队的长效正常运转。

3. 指导老师与队员共同成长

社区学习共同体,关注成员如何提高学习效率,增强群体意识,发展队员能力与交往、协作、竞争等具有再生功能的学习能力,促使指导老师的专业知识、艺术态度与队员们完美融合。指导老师许洪斌,通过自身努力、社区扶持,专业素养、管理能力有效提升,连续三年被评为最佳公益讲师。

4. 外部交流和自主创新相结合,促进学习者成就感的形成

排舞《那人那爱》代表拱墅区参加杭州市文广新局比赛获银奖;连续三届杭州市企业退休人员文艺会演均获得金奖;杭州电视台举办的疯狂杭州话比赛,舞蹈队将杭州话的演唱加上舞蹈编排,得到了评委和现场观众的一致好评,最后进到了杭州八强,杭州拱墅区运河姐妹花就这样出了名。原创时装舞蹈有《古运新颜》《小河如画》《运河姐妹花》《春之花》,体现了运河春天的自然美,其中自编自排的《春之花》登上了北京的舞台,在全国中老年文艺汇演中荣获银奖,获得高度评价。

几年来,小河之春董家舞蹈队每年都以最新的作品参加精品舞蹈展,曾先后创作《古运新颜》《运河新韵》《运河新扇》《桃花谣》《小河韵》《那人那爱》《太阳下》《春之花》《五水共治》等作品。舞蹈队坚持外部交流和自主创新相结合的学

图 1　小河街道小河之春董家舞蹈队

习方式,有效地促进了学共体的发展与成员成就感的形成。

(二)几点思考

基于小河之春董家舞蹈队培育(图 1),就社区学习共同体培育的几点思考:

1. 社区学习共同体成长离不开必要的平台

社区学习共同体被社区居民广泛认可,已然成为居民追求积极生活的一种反映。因此,社区要努力为培育社区共同体创造条件,充分发掘本社区各类资源,创设各种条件、开放有关资源,为共同体开展活动提供场所设施保障;创设评选评价激励的长效机制,促进归属感和荣誉感的生成与发展;搭建开放性的平台,广泛引导、吸引社会组织、学校、企业等跨部门、跨领域、跨社区的多样合作参与,导入更多外部专家提供咨询协助,持续陪伴、内外合力、互动交流,结合各界力量有效运作,支持社区学习共同体发展。

2. 核心成员的发掘与培养至关重要

核心成员是社区学习共同体的灵魂与领军人物,代表社区学习共同体的最高水平。核心成员的专业素养、组织能力、凝聚力、沟通能力和责任心直接决定了社区学共体的生命力,对核心成员这些要素的发掘与培养是决定成败与效果的重要因素。

3. 课程学习和团队学习有效结合促进持续发展

由于社区学习共同体本质具有自发形成的自主性、平等自助的草根性等特征,发展到一定阶段,在尊重草根性前提下,外部课程学习和内部共同学习有效结合是保持持续的生命力的有效措施,充分整合区域内培训资源,创造条件为成员创设在团队学习基础上的再提升培训,将会为社区学习共同体生态发展奠定扎实基础。

基于生态发展论的社区
学习共同体西湖培育实践

杭州市西湖区社区学院　　王亚萍

西湖区位于杭州市西南部,辖区总面积 312.43 平方千米,常住人口 81.37 万人,现辖 2 个镇、9 个街道、157 个社区、34 个村。是浙江省委、省政府的所在地,是著名的文教区,拥有浙江大学、中国美院等名校、科研院所和高等院校近百所;是著名的西湖龙井茶产区;还是省会机关聚集区,全省 80% 以上的省级机关设在西湖区。

自从教育部等七部门《关于推进学习型城市建设的意见》(教职成〔2014〕10 号)明确提出"鼓励发展民间学习共同体"之后,西湖区各镇街更加重视对社区学习共同体(以下简称"学共体")的培育工作,也积累了丰富的实践经验。在多年学共体培育经验的基础上,西湖区总结形成了一系列自创的培育流程,尤其是抓住学共体成长关键期,以社区助力生态发展模式来培养学共体的策略。

西湖区积极打造学习型城区,广泛开展学习型组织建设,根据不同类型组织的实际情况,从政策层面出台相关文件,制订相应的学习型组织基本要求和标准,积极开展评估促进工作,各类学习型组织创建工作,建立长效机制和激励机制,形成良好的区域终身学习舆论氛围,群众对建设学习型组织、学习型社区有较高的知晓率和参与度。十年来,学共体在西湖区获得了空前的发展,共评选了 266 个"西湖区学习型社团",123 个"西湖区示范学习型社团",20 个"杭州市示范社区学习共同体",无论从数量还是质量上来说,都达到了前所未有的水平(图 1)。

图1 西湖区指尖艺术西溪衍纸队在学习衍纸艺术

一、社区学习共同体的三个发展阶段

在学共体成长的整个历程中,可以明显分辨出自发形成萌芽阶段、社区教育培育成长阶段、不断进阶成熟阶段、成熟后反哺社会三个阶段。在每一个发展阶段内,学共体都需要解决一个关键任务,从这个关键任务被学共体识别后到任务完成或被放弃为学共体成长的一个关键期。

1. 萌芽阶段:自发形成学共体

学共体从无到有是个自发形成的过程,这个形成过程是学共体发展的萌芽阶段。

在萌芽阶段,学共体的关键任务就是"从独舞到共舞"。一个人对某项技能产生兴趣,他可以选择自己一个人学,也可以选择到教育培训机构去学。但是,这两种方式都可以称之为"独舞"。当一个人想组织几个人共同学习的时候,就意味着学共体开始萌芽,独舞开始向共舞过渡。但是,实际上很少有人能够成功地将别人组织在一起开展共同学习,这个关键任务没有看起来那么容易完成。如果这个任务完成了,就标志着一个学共体诞生。

2. 成长成熟阶段:从娱乐到学习

学共体顺利度过第一个发展阶段之后,群体较为稳定,开始开展大量的群体活动。为了能够让学共体的活动一直开展下去,它必须成长壮大。成长的方式既包括学共体定位的成长,也包括学共体资源的需求满足。在成长阶段,学共体的关键任务就是"正确定位,自主管理"。

在定位方面,当学共体学习一直停留在以娱乐活动为主的层次,就会失去持续发展的动力,因此,学共体成长的关键任务是从娱乐到学习。在这个阶段,学共体必须将定位变为学习,让每个成员在学习活动中体验到成长。

学共体稳定之后,特别是成为区级学共体之后,他们自身的学习意识有了极大的提高,对自身的要求也在与日俱增。区级备案学共体—区级学共体—区级示范学共体—杭州市级示范学共体,不断进阶,让学共体永远走在终身学习的路上。

3. 反哺阶段:服务社会

当学共体在前两个发展阶段积蓄了足够的力量之后,学共体的成员在某些领域已经具有一定的专业水准,能够为社会提供服务,开始反哺社会。

在反哺社会阶段,学共体的关键任务就是从群体内部价值取向转变为社会价值取向,学共体开始考虑自身的社会价值,谋求在社会中获得认可。只有通过为社会提供服务,学共体才能突破自身资源的束缚,从社会获取资源,获得持续发展的力量。因此,在这个阶段,学共体必须解决的是社会认可问题,开展足够的社会服务活动成为重要的任务。

二、社区学习共同体"生态"培育策略

虽然市民能自发组织学共体,但如果没有正确引导,会因为成长过程中遭

遇的各种困难而夭折,或者因为选择错了发展方向,给社区稳定带来难以预料的危险因素。所以,社区教育必须为学共体的发展助力。

(一)学共体"生态成长"的培育理念

在一些社区教育中,盲目采取了物质奖励的助力措施,实践情况却是造成了巨大的浪费。物质奖励并没有给学共体带来强大的发展动力,甚至还引发了学共体内部的矛盾。所以,西湖区学共体成长的"生物生态"理论研究具有非常现实的意义,它包含四大要素:

1.核心成员,学共体萌芽的"阳光"

学共体建设中,需要以骨干成员为核心,这些骨干成员本身具有一定的专业素养,而且有为学共体成员服务的意识和奉献精神,犹如阳光一般,照到植物叶子上才能让植物进行光合作用。

2.学习平台,学共体培育的"土壤"

学共体建设,最重要的一个方面是为学习者提供便捷的多样化学习和展示平台,这个平台犹如植物能够生长的土壤。其中,固定场地是学习的前提和保障。现在物质条件越来越好,市民们对精神文明的需求也越来越强烈,特别希望社区内就有他们喜爱的学习场地,让他们享受到团队学习的便捷。

3.活化资源,学共体成长的"雨露"

学共体建设,组内的原有骨干资源总有一天会用完,"问渠那得清如许,为有源头活水来",所以还需要社区教育为学共体培养、提升、换新,提供源源不断的教育资源,满足市民的学习需求,犹如雨露滋润每棵植物,让他们茁壮成长。

4.终身学习,学共体成熟的"种子"

为学共体市民终身学习建构了有梯度的学习体系,创设"时时能学,处处进步,不断升级"的学习氛围,犹如在广袤的土地上播散种子。学共体服务于市民的终身学习,最重要的特点就是"生命不息,学习不止",给学共体提供持续的进阶,让他们体验到通过学习不断进步带来成果的获得感。

(二)社区学习共同体"生态培育"策略

本着学共体不同的发展阶段,解决不同的发展任务,采取不同的"生态培育"助力策略的思路,以下四类策略对培育学共体具有明显的促进作用。

1.抓住核心成员实施人才助力,完成萌芽期的"破土"任务

学共体能不能度过第一个发展阶段,破解从独舞到共舞的转变任务,最关

键的就是核心成员是否成熟，能否担此大任，算不算得上是个人才。因此，这个时候的社区助力本质是人才助力，将学共体的核心成员塑造成一个有影响力的人、有能力的人、有担当的人。

（1）培训让核心成员成为有影响的人

核心成员，是学共体的灵魂。他们往往具有强大的影响力和丰富的知识、熟练的技能水平、组织能力或影响力。学共体活动，一般没有正式文件行政命令，需要骨干成员凭自身的号召力，让学习者一呼百应。要让核心成员成为有影响的人，特别是在专业领域能够代表学共体的最高水平，社区助力必须积极加强培训。

（2）沟通让核心成员成为有能力的人

核心成员不仅需要具有专业能力，有的有组织能力，有的有社会资源调动能力，能够帮助他们解决学共体发展的学习资源和资金等问题。社区助力的主要策略就是加强与学共体核心成员的沟通，予以资金的支持。区级学习型社团可以享受每年 1000 元的资金补助，共享受三年；进阶到区级示范学习型社团，还能再享受三年每年 1000 元的资金补助。区级学习型社团可以自由、畅通地享受区内所有学习资源。

（3）激励让核心成员成为有担当的人

学共体的自治完全依赖核心成员的个人魅力，能力只是一方面，更重要的是核心成员要具有道德的力量，让学共体成员感受到学共体的独有魅力。要让核心成员更有担当，能够成为学共体成员信赖的人，社区教育助力也要及时跟进。一方面要充分表彰核心成员，给予各种精神鼓励；一方面也要加强对核心成员的关怀，给予必要的支持，帮助他们渡过难关。

2. 依托品质学堂助力学共体发展

学共体第二阶段就是要突破娱乐陷阱，成长为具有浓郁学习氛围的学共体。学共体自发形成之后，进入了一个相对稳定期，很容易止步于纯粹娱乐的文体团队，虽然具有很好的娱乐价值，但并不能算作真正意义上的学共体，对个人的成长价值有限。因此，社区教育助力也将以学习助力为主，需要依托正规的教学平台来奠定学共体成长的基础，品质学堂打开了学共体学习的窗口，避免了娱乐陷阱，也摆脱了对学共体所谓"萝卜炖萝卜还是萝卜"的否定性评论。品质学堂是学共体发展的高速路，将学习成为学共体活动的常态。

开放优质课堂，提供学共体需要的师资。品质学堂不是单向的为学共体输送教育教学，而是双向的，社区教育不仅可以帮助学共体请进优质的教师授课，也可以向学共体来开放,让学共体中的核心成员成为品质学堂的教师,面向全区学共体及社区居民开展教育培训活动。例如,黄龙太极学社与黄龙龙韵大学堂太极器械班就是这种典型案例。黄龙龙韵大学堂里有相对固定的 20—30 名成员,邀请陈经纶体校退休教师、黄龙太极学社的教练担任学堂兼职教师,但他由于年龄太大了,退休回家,为了让这支队伍不断壮大,社区龙韵学堂连续两年开设太极培训班,经过学堂的系统学习,新的太极学员喜欢"太极",爱上"太极",当上"太极老师",成为新的核心成员。

当学共体的活动进入品质学堂的教室,核心成员也像教师一样站在了三尺讲台上,社区居民到学堂来认真听讲,学共体的学习意识就真正开始扎根了。他们不再认为自己是学习者,而是向教师角色转化。

3. 建立提升品质的进阶机制

西湖区广泛开展学共体组织建设,通过广泛宣传,营造氛围,积极引导,创新载体,树立典型,表彰先进,一批具有西湖区域特色的学习共同体脱颖而出,有效引领市民终身学习,夯实市民学习力,为建设学习型城区奠定坚实基础。

从 2009 年开始,一大批民间学习型组织,在区社区学院的考察培育下,正式成为"西湖区社区学共体"。三年后,区学习型社团有资格被评为"西湖区示范社区学共体",最后推选大约十分之一特别优秀的送评"杭州市示范社区学习共同体"。

从诞生到成长为杭州市示范学共体,需要核心成员的坚持与付出、全体学共体成员的努力、区社区教育工作者的扶持。为了早日走上更大舞台,学共体成员会努力争取,更加积极地投入终身的学习中。北山书画院在国家级单位组织的书画比赛中,有 7 人获一等奖,18 人的作品入展或被收藏,在省级单位组织的书画赛中 26 人的作品入展或被收藏。在市级单位组织的书画赛中 19 人的作品入展或被收藏。有的作品还送往国外参展。

4. 搭建系列平台做好活动助力,实现反哺期的赋能任务

经过前三个阶段的发展,学共体就像蓄满能量的电池,需要一个舞台来展示他们学到的知识和技能,需要得到大家的认可和支持,也需要从社会获取资源,从而实现一种发展的平衡。

(1)反哺服务多,不定期搭建服务的平台

学院、街道及各社区发现基本成熟的学共体之后,就可以不定期给予服务的平台。如区内街道组织学共体深入敬老院慰问演出;夏天到各社区开展送清凉演出活动,有地震等突发灾难的时候开展捐款义演活动;定期开展不同形式

的文化走亲和社区文化礼堂(家园)巡演等。

社区教育积极与省市媒体联系,为学共体争取参与电视台组织的比赛活动的机会。如:留下街道留韵艺术团参加浙江电视台广场舞大赛,取得了满意的成绩。通过走出去的比赛,彰显了学共体成长的魅力,让更多的人了解了学共体,接纳了学共体,支持了学共体。

通过社区教育助力,学共体获得了非常多的服务平台,这些平台成为他们展示自己、获得社会认可的渠道。而且一些学共体还通过提供服务获得了维持自己成长和发展的资源。

(2)反哺渠道畅,定期给予鼓励的舞台

学共体的成长和进步也需要鼓励。鼓励让他们更加自信,更加敢于展示,更加团结,更加相信自己的学共体会有美好的未来。

学院通过每年的社区教育宣传月和终身学习周组织的大型活动,为学共体搭建展示的舞台,还开展了示范学共体交流展示活动。街道通过各种节日活动,如元宵节、国庆节、元旦、抗日战争纪念日等,给予学共体展示的舞台。

给予每个学共体最高的褒奖就是肯定,肯定的表现形式就是表彰。每年通过社区申报,街道初审,社区学院审核,西湖区社区教育工作委员会表彰,西湖社区学院辖区 11 个镇街每年都有 25 个以上的学共体受到表彰和奖励。

(3)反哺辐射广,逐步提升影响力指数

为了让学共体被更多人认识和了解,也让学共体更加出彩,社区教育要抓住一切机会宣传学共体,展示学共体,赞誉学共体的成长,将他们逐步推上居民关注的高台,扩大学共体在居民社区的影响力,让他们成为社区普通居民向往的组织。

走出杭州,学共体反哺辐射全世界。比如西溪街道石灰桥社区桑榆晚晴匠心长者工作室成立十余年来,2014 年 12 月团队的衍纸工艺作品被选送到北京参加北京博览会;2014 年 12 月社团到工疗站传授纸艺制作,接受来自马来西亚的社会组织成员参观交流;2016 年社团创作的西湖十景、20 国国旗立体画 G20 献礼作品被各大报纸、媒体争相报道。

四、社区教育助力学共体成长的成效

(一)创设了良好的学共体学习氛围,促进成员快乐成长

学共体的成长不仅体现在队伍的成长,更体现在每个成员的心理成长,学员在学习中体验快乐,在服务中感受快乐,在成长中享受快乐。如北山街道友

谊社区阳光合唱团副队长张丽华在"学共体助我成长"征文中这样写道："友谊社区阳光合唱团，让我和队员们有了一个共同的学习平台，展示舞台。三八节家庭垃圾分类推进会演，让居民们在享受文化生活的同时，提升垃圾分类意识。虽然，我们付出很多，但是，演出的精彩，领导的肯定，百姓的喜爱，让我们再苦也是甜，再累也有乐。"

（二）激发了居民个体学习动力，拉近居民心灵距离

学共体的建设让社区居民建立新型的邻居关系，社区居民因为学共体文化生活丰富，在一起学习交流的时间多，相互之间增进了解，心的距离近了。古荡街道华星男子舞蹈队队长刘秀英说："能在花甲乃至古稀之年圆了少年梦，对舞蹈队的队员来说是奇迹，我们已经从当年社区里陌生的路人，变成了今天能够促膝谈心的好朋友。"

（三）促进了和谐的社区文化环境建设

一些社区将培育和发展学共体作为社区建设的一项重要内容。通过培育大量的学共体，社区可以为居民提供更加多样、丰富、充实的娱乐、健身活动，有助于学习型社区建设，促进社区文化建设。学共体成员的精神面貌积极向上，社区环境变和谐，社区活力被激发。社区有了一支支拉得起、叫得响、走得出的演出服务队伍。如2016年G20峰会在杭州召开，西湖区各镇街学共体成员组成的文化志愿者队伍，深入歌厅、网吧、游戏厅等娱乐场所，巡查不安定因素，为保障峰会顺利进行奉献力量。

省区市媒体报道提升了学共体的知名度，而且获得社区居民的高度赞誉，也获得了很好的社区美誉度。对此，时任杭州市副市长陈红英作了批示：西湖区"四个加大"促进社区教育高位发展，学共体的创建工作得到市领导的大力肯定。

互助共学　乐享成长

杭州市滨江区社区学院　来利娜

钱塘江畔,越剧唱腔温润婉转;白马湖边,太极拳队形神一体;西兴老街,古朴的竹编灯笼还原最传统的中华文化元素;长河古镇,大头娃娃这项传统艺术焕发出新的时代光彩……扎根在滨江区各个角落的社区学习共同体,吸引着越来越多的市民参与其中,极大地提升了市民的幸福感,营造了全民学习、终身学习氛围,不断推动社会治理创新和区域和谐发展。

社区学习共同体就是把社区中具有共同爱好、共同需求、共同志趣的居民聚集在一起,建立学习共同体,让大家在共同学习的氛围中积累知识、建立友谊、丰富生活,发挥自己的优势和潜能。社区学习共同体具有广泛的社会影响,如何将辖区内纯自发的社区学习共同体引导为社会所需的学习团队,使其在终身教育和学习型城市建设中发挥更大的作用,一直是我们工作的重点。

一、构建有效运行机制,保障学共体发展

滨江区从 2012 年开始进行社区学习共同体培育,社区学院在开展大量摸底调查的基础上,成立了区社区学共体建设和培育领导小组,由分管局长任组长、社区学院院长任副组长、街道分院院长和部分学共体骨干为组员的领导小组,定期召开会议,研究社区学共体建设和培育工作,完善各类社区学共体的架构体系,形成了管理与培育相结合、引导与扶持相结合、监督与服务相结合的运行机制。通过政府引领、扶持、激励,在场地、资金、器材等方面给予帮扶,逐步使社区学习共同体壮大,吸引更多的居民参与,教育服务惠民得到进一步落实。

二、加强专业服务指导,引领学共体成长

为更好地指导、扶持、引领学共体成长,区社区学院每两年统计已有学习团

队的数量、类型、学习时间、成员结构、活动场地、学习内容、联系人等基本情况,登记备案。到 2020 年年底,全区共有学共体 243 个。根据调查统计结果,将区级学习共同体认定标准和各学习团队的发展情况进行对比,重点针对各学习团队的不同培育阶段,提供相应的指导服务。特别重视社区教育联络员和学共体核心成员的专业指导,举办各类培训班,邀请专家作专题讲座,区内外示范学共体核心成员介绍典型案例、分享成功做法,帮助成员们不断更新思想理念,提升管理组织能力,从而带动学共体更好地发展。同时,通过"社区好老师"评比,挖掘学共体中有一定专业特长及教学能力的成员,把这些社区好老师纳入社区教育师资库,调节区域内教师供给需求,解决"一师难求"的问题。

如滨江区浦沿街道滨盛社区居民李明,2020 年被评为省"百姓学习之星"。李明是浙江省优秀学共体先进个人,又是滨江区第一批"社区好老师"。李明退休以后,与时俱进,发挥特长,善于接受新理念,积极开展学共体培育工作。她自学了音乐、舞蹈、武术、曲艺、剪纸、灯谜等许多技能,成为一名全能型的学习者。她把这些才艺毫无保留地传授给身边的居民,充分发挥自身的特长优势,带动更多的人,积极参与学习,丰富老年人的精神生活。她先后组建起了合唱队、舞蹈队、书法班、太极拳俱乐部和剪纸社等,教居民唱歌、舞蹈、武术和剪纸等。其中太极拳俱乐部、舞蹈队和剪纸社这三个学共体,还先后被评为滨江区和杭州市的优秀社区学共体。

三、落实评比激励措施,促进学共体进步

自 2014 年起,滨江区每年开展优秀社区学习共同体评比活动,截至 2021 年,共评出区级优秀社区学习共同体 121 个,其中 24 个社区学习共同体被评为杭州市示范社区学习共同体。滨江区社区教育工作委员会办公室出台了《关于社区教育经费补助、奖励的有关规定》(〔2017〕5 号),明确了奖励办法,对评上区级优秀的社区学习共同体给予 2000 元/个的奖励,对评上市级示范的社区学习共同体给予 3000 元/个的奖励,奖励经费专款专用。

如长河街道晶都社区的靓晶晶形体学共体于 2013 年初具雏形,随着社区活动场地的建造和队伍的不断壮大,自 2017 年社区有了一个更好的运动场地后,正式成立了佳木斯队,而后在佳木斯的基础上又添加了形体训练,即现今的靓晶晶形体社团,现有成员 63 人,成员们都热爱健身、形体、舞蹈,有着共同的兴趣爱好。晶都社区积极组织社团开展相关活动及培训,结合居民实际需求引导居民自主学习,丰富居民日常生活。

董英作为负责人,积极地考证、学习及参加各类公益活动,带领成员们互帮互学,群策群力,使社团活动日趋丰富,呈现的节目也更加精彩。在社区的精心协调下,在负责人的用心经营中,社团活动细节周到,社团组织管理有序。开展的每次学习,人员都会爆满,"活到老、学到老"的快乐氛围不断蔓延,被评为滨江区第六届优秀社区学习共同体。

四、搭建展示交流平台,扩大学共体影响

滨江区紧紧围绕文明城区建设和学习型城市建设,开展了全民终身学习活动周、邻居节、群众文化艺术节、"相约 G20"主题文艺作品大赛等多种形式的学习活动,为学共体展示学习成果搭建了广阔平台,通过在各种平台、活动、场合展示团队学习成果,全体成员的获得感和幸福感得到极大的提升,进一步调动了学习积极性,同时媒体报道扩大了学共体的影响力,吸引了更多市民参与到学习中来。

如西兴灯笼学习共同体,在滨江区社区学院的指导下,编写了《让西兴灯笼亮起来》纸质读本,还拍摄了视频;参加了非遗大学堂、滨江非遗走亲、滨江区非遗传习公益课堂等活动;深入滨江区内海康威视、大华等高新企业,闻涛小学、丹枫小学、长河小学等中小学校,浙江财经学院、中国美院、浙江机电职业技术学院、杭州人民职高等大中专院校,用更鲜活的方式展示传统文化特色和非遗魅力,让传统手工技艺焕发勃勃生机。

五、弘扬志愿服务精神,实现学共体价值

社区学习共同体从社区中来,最终也应该回到社区、服务社区。在指导培育社区学习共同体过程中,我们积极引导社区学习共同体回馈社会,鼓励成员积极参与各类社区公益活动,为社会贡献自身的力量。如江南爱乐合唱团、滨盛太极拳队、之江民乐队等平时积极参与五水共治、垂直绿化宣传工作、垃圾分类前期宣传和实地操作指导工作,在 G20 峰会期间,在社区走访、在楼道排查、在车站执勤,在新冠疫情最为严峻的时候,主动请缨参加社区抗疫行动。滨盛社区颐年春韵民舞队自编自演,创作了配合时事、宣传正能量的节目,如歌舞快板《垃圾分类你我他》,快板表演唱《喜迎 G20,当好东道主》等,巡演多达十几场。彩虹京剧小队的孙红经常去看望和慰问老人院的老人,还为社会福利院的儿童捐款、捐物,为孤残儿童洗衣服、喂奶、喂饭、打扫卫生、辅导学习、做亲子游戏等。通过这些活动的开展,学共体获得了源源不断的动力,获得了社区居民

的认可、喜爱和支持,实现了自身价值。

如在学习共同体中建立夕阳红先锋小队,发挥学习共同体中党员的先锋模范作用,滨江区社区学院党支部在全区各个老年学习共同体组建了46支先锋小队,小队中的老党员带领全体队员争做学习标兵,积极参与社区公益服务,"离岗不离党、退休不褪色",发挥余热演绎着最美"夕阳红"。西兴分院长青舞蹈小队的白丽蓉带领邻居们学习太极拳,几年如一日,耐心细致、不求回报,深受邻里好评,被评为"2021年度滨江区乡村文化能人"。颐年春韵摄影小队的张绵退休后积极参加党组织的各类学习活动,参加了省、市老年大学和滨江学院开设的摄影、电脑、国画、旗袍、舞蹈等课程,丰富自己退休生活的同时,也带动了一大批老年人主动参加学习共同体,同时为社区治理作出应有的贡献。

社区学习共同体源自富有生命力的草根团队,来自居民的学习需求,社区学习共同体扎根在每个社区,普及社区每个角落,如星星之火,一旦形成,必将燎原,这种学习方式必将是未来社区教育的主流方式(图1)。

图1　滨江区举行优秀学共体表彰会

萧山区社区学共体的成长之路

一、概况

萧山区是乡镇、新型农村占大多数行政面积的区县,农村地区保留了较多的萧绍平原传统文化,而城区镇街则在"前峰会,后亚运"的契机下快速向现代化城镇迈进。萧山区城区与农村的学共体文化也因此明显区别开来:城区四镇街学共体类型齐全、组织形式多样,经民政部门注册的社团较多,村、社区乃至街道政府都有相应的支持,市民参与面广且热情较高。

农村地区的学共体主要集中在当地特色文化传承和健身娱乐方面,其中,传承文化类以依靠外力帮扶为主,健身娱乐类以居民自发和村/社区和镇政府支持相结合为主,组织形式上较为宽松,以热心村民自发组织带动为主。

二、案例

萧山区教育局赋予各镇街社区教育中心以指导群众性学习型组织培育和发展的职能。各中心设有村/社区联络员,负责与村/社区工作人员一起发掘、培育优秀居民社团,在师资、场地、经费等方面给予必要的支持,促进其成长为学共体。萧山区楼塔镇的细十番协会是其中较为典型的一个,在当地有厚重的历史积淀,是由核心人物带动、社区和镇街帮扶组建、街道社区教育中心引导而形成的学共体。

细十番原本是宫廷雅乐。600多年前,明朝御医楼英辞官返乡,定居楼塔,一边行医著述,一边汇集楼塔当地的文人乡贤吹弹细十番套曲,并传授给普通百姓,让宫廷文化在民间焕发出新的活力,使这一文化瑰宝得以世代流传。

十番乐有粗十番与细十番之分。萧山楼塔细十番是十番乐中非常重要的一脉，演奏难度较高，仅乐器就有笙、箫、笛、琵琶、二胡、中胡、三弦、月琴、古板等十多种，于2008年被列入第二批国家级非物质文化遗产名录。

楼塔镇政府和楼塔人民都十分重视细十番的传承与发扬，在2006年成立了楼塔细十番协会。协会深入村落向百姓们收集散落的曲谱、古乐器，团结细十番传承人，整理挖掘这一文化遗产，广泛吸收各年龄段的细十番爱好者进入组织。这些成员中，年幼的还未满10岁，年长的已过八旬，老少同学赋予了细十番勃勃生机。

楼塔细十番协会的会长楼正寿老先生现已76岁高龄，他每周坚持为楼塔的少年儿童们讲授细十番的历史由来和演奏技艺，每周与协会班子排演曲子，从不懈怠。孩子们都亲切地叫他"会长爷爷"。每当大小节庆，整个演出班子就会聚集到镇里、村里，给乡亲们表演。在楼塔人民心里，这是他们的"故园乡音"，是他们家乡独有的曲调。

为了支持并发扬细十番，楼塔镇社区教育中心（暨楼塔成校）免费为细十番协会提供场地和一些基础设备，供协会教学、排练和成员交流使用。2018年，在楼塔成校的推荐下，细十番获评萧山区级和杭州市级示范性学习型社团（社区学习共同体），让更多的市民朋友了解了这一文化瑰宝。协会的老少成员们带着这一古老优雅的曲调到全国各地演出，也曾跨过海峡，到宝岛台湾交流演奏。如今楼塔的细十番协会，已经成为萧山文化界对外宣传的金名片。

近年来，楼塔细十番协会常常走进中小学，为在校学生和教师们表演，也吸纳对细十番有兴趣的在校师生，把学校教育和细十番的传承有机结合起来，实现优势互补。

三、发展

像楼塔细十番协会这样有规模、有效益的学共体，还有靖江街道的萧山花边传承团、瓜沥镇的昭东剪纸社团等。看到学共体在凝聚人心、提升百姓生活幸福感上的显著作用后，有的村/社区想到了通过孵化、扶持学共体来促进基层群众自治自律，以辅助实现乡村振兴。

例如，河上镇众联村，在村委班子的倡导下，成立了"五和众联·七彩公德社"。通过集体商议，村委起草并制订了"五和众联"村民通则和考核积分细则。对全村农户以量化积分的形式，从村民个人行为规范、和美家庭建设、和谐邻里关系构建、洁美村庄建设等5个方面进行考核，提倡村民做好人、行好事。

每年对考核优秀的农户予以表扬嘉奖，强化榜样示范作用。在规范村民行为习惯的同时,组建舞狮、排舞、太极剑、锣鼓、乒乓球、篮球等文娱队伍,丰富村民农闲生活;设立"五和讲堂",组织村民接受文化知识熏陶。

除了强化村民的规则意识、举办丰富的文化活动,让村民们在业余时间能"忙"起来之外,众联村也在村容村貌整治上下大功夫,建设美丽乡村,营造洁美氛围。

慢慢地,村民之间变得不再计较鸡毛蒜皮的生活琐事,不再为互占家门口的方寸之地而闹口舌之争。大家紧盯着考核分数排行榜,竟有了"比学赶超"、人人向好的氛围。

几年下来,全村终于形成了一套以"五和众联积分评议制度"促进村里公益活动、社区活动、社区教育有序开展,各类活动又反推"五和众联积分评议制度"深入人心的乡村治理模式。

"五和众联"村庄治理模式在众联村运行以后,村里的村风、民风得到了很大的改变,村民们开始积极参与村庄建设,好人好事时有发生,村民之间关系也越来越融洽了。

同时,众联村的治理模式也引起了各级领导和专家学者们的肯定和重视,省市区级多位领导纷纷前来考察,分别作出重要批示,要求各村、社区学习众联村的治理经验。

四、小结

据统计,到 2020 年,萧山区村社区层面的学共体不下 900 个。

在这些年的发展中可以看到,萧山区的这些学共体经历了草创、成长、扶持优化、创新升级等阶段,不断有新的学共体组建起来,也有的因组织管理不善而衰败,一如大浪淘沙。随着生活水平的跃升,百姓对文化活动的需求和社会交往的品质要求也不断升高,优质的学共体将扮演越来越重要的角色,融入百姓生活的方方面面,为社会发展做出自己独有的贡献(图 1)。

图 1   2020 年北干街道星韵舞蹈社在社区提供的场地排练

社区学习共同体培育的
"车轮模型"实践探索

杭州市余杭区社区学院　朱慧明　倪贵忠　朱晓燕

杭州市余杭区的塘栖古镇,应运河而兴,历朝历代为杭州市的水上门户,是典型的江南水乡。古朴宅第、黛瓦粉墙,在塘栖著名的水北风情街上,时不时会看到一群穿着旗袍、风姿绰约的老奶奶,她们哼唱着江南小曲,弱柳扶风,芙蓉灼灼。她们虽然年龄已过七旬,但在有着将近20年历史的塘栖夕阳红艺术团,每当她们演绎江南风情,便是对塘栖人文历史的一种成功再续,生动、丰富、使人如痴如醉。她们是当地小有名气的夕阳红艺术团学习共同体成员。她们因为共同的音乐爱好,自发地、积极地参与活动、共同学习成长,在团队学习中感受人与人之间的热情,体会智慧与智慧的碰撞。

近年来,在余杭区社区学院和各镇街社区教育中心(学校)的精心培育与指导下,在村社、在企业、在机关,一个个涉及文化修养、艺术素养、非遗传承、体育健身、实用技术等方面的市民学习型社团成长起来。截至2018年,全区共有各类学习共同体1600余个,其中较有规模、长期活动的有300多个。南苑街道新城社区越剧团、闲林街道方家山可乐球操队、运河街道亭趾马灯队、瓶窑镇西溪书画社、余杭街道余杭铜管乐队、崇贤街道飞阳遇见舞蹈团等19个学习型社团先后被评为杭州市级示范学习共同体。2018年5月,杭州市非遗传承社区学共体联盟服务站落户余杭。

一、余杭区社区学习共同体培育的"车轮模型"实践探索

社区学习共同体是一个新兴概念。为了更好地开展这项工作,为百姓带来真正的实惠,余杭区在培育社区学习共同体过程中摸索前进,力争做到以下四

点:一是"立足社区",即立足社区建设的需要、社区居民生活的需要、学习团队发展的需要;二是"以学会友",即通过社区学习共同体让更多学习兴趣、爱好相似的成员自发加入,结交更多的朋友,形成固定学友圈;三是"共思共进",即在团队中,除了完成学习任务,更注重成员间的人际关系,强调成员在互助互学中共同成长,对团队产生认同感与归属感;四是"自成一体",即在成熟运作后的社区学习共同体,应自成一体,形成其特有的价值追求、社会使命和文化内涵。

社区学院在逐步的实践与摸索中,总结出一套"车轮模型",为余杭区社区学习共同体的建设提供滚滚向前的动力。处于车轮中轴的是余杭区社区学院,是区域性推进广大社区学习共同体建设的引导者、统筹者;车轮中轴连接着四根杠杆,这些是支持各社区学习共同体向前的关键力量。四根杠杆举措如下:

(一)强化学共体管理

目前余杭区已有的学习社团,种类繁多,人群多元,发展参差不齐。为此我们按照社区学习共同体的特征与发展阶段,对各学习社团进行细化分类,对不同社团采取不同的培育策略。

一是针对松散型学习社团的扶持引导:松散型社团仅停留在"立足社区、以学会友"的阶段,学习非常随意、团队不稳定。对这类社团,我们的主要做法是加以扶持引导,使其朝规范性社团发展。

二是强化规范型学习社团的转型升级:规范型社团具备了基本的组织制度,社团成员有序地开展学习活动。对这类社团,我们的主要做法是从团队凝聚力和发展愿景出发,加以转型升级,向社区学习共同体迈进。

三是加强对社区学习共同体的巩固完善:社区学习共同体制度相对完善,成员对团队高度认同,彼此关系融洽,具备了一定的社会影响力和文化内涵。对这些社区学习共同体,我们主要在巩固的基础上加以不断完善,使其形成独特的文化价值追求。

(二)优化队伍建设

建立社区学习共同体"百骨精"三支队伍:"百"即百姓,社团普通成员;"骨"即骨干,社团成员中业务能力较强的成员;"精"即精英,社团主要负责人。通过分类组建成员队伍,集中分类培训,以此来优化队伍建设。

搭建学习平台。我们为社团学员、社团负责人和社团骨干提供优质教育培训服务,通过聘请优秀的专业老师授课,组建学习共同体宣讲团、开办市民素质大讲堂、发送手机短信等方式,为社团学员搭建学习平台。通过集中培训、汇报展示等方式,提高社区学习共同体成员的基本素养。

(三)深化学习内容

针对社团发展需要,保障社团成员因地制宜学习,我们充分利用社区教育三级网络资源优势,免费开放图书馆,协调提供学习场地。同时,组建教材编写小组,邀请当地专家开发编写学习教材。目前,已经编写完成13册纸质学习教材,分特色技艺篇、地方名人篇、旅游文化篇和实用技能篇等四个系列教材。其中,特色技艺篇正着手公开出版。

(四)固化学习成果

一是通过评价巩固学习成果。从2011年开始,余杭区每年在全区范围内开展示范社区学习共同体的评选工作。同时,推荐优秀学习共同体参加杭州市示范社区学习共同体的评选。对榜上有名的学习共同体,给予精神和物质上的奖励,从而进一步推动社区学习共同体的健康发展。

二是利用宣传固化学习成果:我们利用每年的"全民终身学习活动周"、《余杭区社区教育》简报、余杭区终身教育网等宣传平台,为各社团提供展示、交流平台,扩大社区学习共同体的社会影响。

通过长期的实践与研究,余杭区将开展社区学习共同体的各项举措总结为"车轮模式",四项举措为车轮的杠杆,杠杆带动余杭区的各类社团对照学习共同体的标准不断发展,最终形成既以学习为手段,更是以学习为目的的学习共同体。车轮模型保障了余杭区各类社团有人管、有内涵、有目标,形成余杭区社区学习共同体工作的长效机制。

二、余杭区社区学习共同体培育的工作成效

"车轮模型"的举措不仅促进了余杭区社区教育的全面开展,而且给城市发展、百姓生活带来了福音。

(一)推动余杭区社区教育均衡发展

余杭区社区教育走"以城市带动农村"的路线。社区学习共同体的开展使老百姓从"要我学"转为"我要学",原先的社区居民为了小礼品才来学习,现在他们为了学习而学习。学习共同体已成为社区居民的精神家园和建设学习型城区的助推器,大大地推动了余杭区社区教育的全面发展。

(二)促进和谐社区、文明社区建设

余杭区大大小小的社区学共体有1600多个,城乡社区居民通过自我管

理、自我服务,大力开展各种文体活动,为活跃社区文化生活、推进社区自治、维护社区稳定起到了积极作用。社区学习共同体已成为和谐社区建设的中坚力量。

(三)增进邻里和睦、享受品质生活

社区学习共同体的发展,可以使居民积极加入终身学习的浪潮中,增加彼此之间的了解和信任,走出"自扫门前雪,莫管他人瓦上霜"的城市"孤独"心理,真正体会到社区带来的温暖,提升生活品质。

三、余杭区社区学习共同体培育的新思考

社区学习共同体是"生活在社区中的居民因共同学习而结成的能实现生命成长和建立守望相助关系的群体"。在全面建设小康社会的历史进程中,草根式生长的社区学习共同体展现出不可遏制的生命力。作为社区教育的创新载体,生态视野下的社区学习共同体具有整体性、循环性、协同性等特点。在生态理念的指引之下,社区教育管理者可通过营造自由环境、促进良性互动、补充丰富养分等举措实现社区学习共同体的催生、运行和优化。

社区学习共同体的成长需要有良性的外部环境,需要从外部环境取得必要的阳光(能量)、空气(资源)和水(信息),这是学共体能够自由生长的"湿地"、"池塘",也可以说是区域性生态条件。为此,可从城市公共空间、区域文教部门、教育网络机构、社区内学习空间四方面入手,积极盘活现有资源、挖掘隐性资源,尽力为社区共同学习体提供保障。

(一)挖掘城市公共空间,为学共体开辟"帐篷式"成长空间

城市规划者,在设计居民公共空间时,应意识到学习功能对于居民的重要性,尽力为社区共同学习提供硬件保障,满足共同学习对于空间资源的需求,具体建设时并不一定要花费大笔资金,可以采用"针灸式"小改造,充分利用包括街道、广场、公共建筑、公园、居住区户外场地、体育场地等所有公共空间合配套设施设备,定点改造,为社区共同学习体的学习提供便利。如,杭州市余杭区近年来在老城区拆改整治中,建设的 35 个口袋公园,就是其中的典型。

(二)整合区域文教部门场地,为学共体构筑"商场式"成长空间

积极动员组织辖区内有条件的开放大学、老年大学、科普学校和其他教育培训机构;图书馆、科技馆、博物馆、艺术馆、纪念馆、文化馆、体育馆等公共场馆,发挥场地、设备设施、教学资源和师资优势,就近面向社区开展多种形式的

学习活动,开放适于社区居民学习的数字化资源及服务。向社区学习共同体开放这些优质的区域文教场所,并结合部门自带的主题教育功能,可以为学共体提供"商场式"成长空间。

(三)利用社区教育四级网络机构,为学共体搭建"梯田式"成长空间

市社区大学、区县(市)社区学院、街镇社区学校(乡镇成校)、社区(村)市民(村民)学校四级网络,是一个纵向的"阶梯式"教育管理服务体系,社区学共体在这个"梯田式"管理体系里,可以得到基础性养护。

(四)盘活社区内学习活动空间,为学共体提供"后院式"成长空间

社区因离住所最近,是居民最乐意选择的学习场所。社区内除了日常行政办公场所,近年来受到各级部门重视,类似老年活动中心、文化礼堂等配套场地也日益完善,盘活这些零散的学习活动空间,积极开展学习活动,开展丰富多彩的成果展示,可以为学共体提供便携的"后院式"成长空间(图1)。

"三人行,必有我师焉",社区学习共同体具有"本质意志、共同学习、守望相助、生命成长"四大内涵和"自觉、自主、自给、自评"四大成长机理。社区教育工作者需要细细探索、默默付出和静静守候。我们有理由相信,余杭区社区学院和各社区教育中心(学校)在推进社区学习共同体建设中大有用武之地,社区学习共同体的明天一定会更加美好!

参考文献:

汪国新,项秉健.社区学习共同体[M].杭州:浙江大学出版社,2019.

图1　余杭区社区学习共同体核心成员培训会在临平举行

农村社区学习共同体绽放古韵新城

杭州市富阳区新登镇成人文化技术学校　何益平

浪漫新城，健康生活。公园里、葛溪边、礼堂中处处有农村学习共同体活动的身影，排舞队、太极队、篮球队、瑜伽队、旗袍队……成为杭州市富阳区新登镇一道道亮丽的风景线。逢年过节，"文化走亲"活动，以所在村村民唱主角，各学共体倾情献演，用最接地气的方式为老百姓献上文化大餐，让老百姓在家门口欣赏精彩纷呈的演出，拉近了邻里乡亲之间的距离，丰富了群众的精神文化生活。新登镇的农村学习共同体，紧密配合新登镇政府"音乐小镇""越剧之乡""诗词之乡"等系列文化工程建设，开展一系列活动，努力把散落在葛溪、松溪、湘溪流域的点滴文化拾起来、聚起来、亮起来，让新登古镇彰显韵味、富有诗意、迸发活力，助推古镇乡村文化振兴。

乡村振兴，文化是魂。挖掘和培育农村学习共同体，已成为当今社区教育工作者开展农村社区教育工作的抓手之一。新登镇辖区内有 28 个村、4 个社区、3 个股份经济合作社，现有群众性自发组织的学共体 170 多个，参与人数有3000 余人。近年来，在新登镇政府的领导下，新登社区教育中心（成人文化技术学校）在各村（社区、股份经济合作社）建立市民学校，由市民学校教务主任（妇女主任、村文化员）负责辖区内学共体的培育与养护，构建了具有新登特色的农村学习共同体培育体系。通过挖掘、培育、引领、展示、辐射等途径，不断满足老百姓日益增长的多样化学习需求，使学共体成员在学习中和谐生活、在生活中快乐学习，使学共体成为农村居民学习的平台、社区治理的阵地、强身健体的场所、终身学习的乐园。

一、新登模式:组织协同、调研挖掘、精心培育,提供经费保障、提供师资保障,让散落的农村学共体聚起来

组织协同管理,建立农村学共体的培育机制。成立新登镇学共体研究与行动指导中心,由分管教育的镇党委委员担任中心主任,学共体联盟负责人、成校教师和市民学校校长为成员,聘请社区教育资深专家汪国新担任顾问。其工作职能主要是对辖区内各村(社区)自发形成的学共体进行指导、协调和服务,规范学共体的组织架构,协助聘请教师,指导开展各类培训,组织开展各类活动。

深入调研挖掘,掌握农村学共体的基本信息。新登镇对辖区内 35 所市民学校进行调研,填写富阳区新登镇农村学习共同体基本信息。内容包括:学共体名称、成立时间、活动时间、活动地点、活动内容、参与人数、成员的学历、男女比例、年龄分布以及主要负责人等等,掌握一手材料,并根据信息制作新登镇学共体学习地图、学共体参与人数柱状图,为开展各类培训活动做好前期准备工作。

精心培育养护,促进学共体成员内涵提升。为传承和保护地方文化,新登镇主要通过两种方式对农村学共体进行培育和养护。一是对有浓厚文化底蕴的学共体开展一对一培育,如对代表"越剧之乡"的玉兰馨苑学共体,聘请富阳区越剧团国家一级演员董晓青、国家二级演员张雁斐前来辅导,提升表演水平。对代表"罗隐故里"的罗隐书院学共体,主要是通过每年的书画评比和书画展览,开设微信公众号对书画爱好者及其作品进行宣传的形式促进成员水平的提高。二是对群众性各类学共体开展核心成员培训,通过"走出去、请进来"的方式精心培育。新登社区教育中心组织学共体核心成员至建德新安江成校、杨村桥成校、桐庐横村成校等学习取经;聘请汪国新、富阳社区学院何君芳等老师来校开展培训,不断提升核心成员水平,带动学共体发展。

提供经费保障,助力农村学共体成长。新登镇通过以奖代补的形式,扶持农村学共体。每年开展镇级示范学共体评选,给予示范 2000 元/个、优秀 1000元/个的活动经费补助。近 3 年来,已评选出新登镇示范学共体 23 个、优秀学共体 10 个。提供场地保障,充分利用辖区内的市民广场、文化礼堂、中小学校操场、体艺楼等场地资源,为学共体开展日常训练提供保障,使学共体不管在晴天雨天都有活动的场地。

提供师资保障,建立学共体培育师资库。师资库主要由两类人员组成,一类是各学共体中资质颇深、具有从教能力的草根教师,如梦幻田园乐队方志洪、

新登镇太极队的马康明、夏大姐舞蹈队的夏生儿、十番锣鼓社的周大炎、阳光团队的吕云、杭州富春书画院的吴光录、东安乐社章素琴等；另一类是聘请专业素养的专家，如聘请国家一级演员、各类技能培训中的专业教师等。

二、新登特色：示范引领、联盟共享、巡回展演，让优秀学共体的风采亮出来

典型示范引领，促进学共体队伍共同成长。以各级各类评比活动为载体，通过评比表彰树典型引领学共体发展。借助杭州市、富阳区示范性学共体评选活动，出台新登镇学共体评选文件，在镇级层面率先开展评比，以评促优，以奖代补。在此基础上，择优上报富阳区、杭州市参评，并整理好相关的台账资料。通过评选，整理台账，推动学共体队伍发展，调动各学共体自我发展的积极性。

联盟学习共享，推动学共体队伍互助共进。通过成立三大联盟，做好顶层设计，推动学共体发展。一是成立学共体核心成员联盟，由学共体骨干力量构成的学共体培育核心成员队伍。在每个学共体中选派一两位组织能力强、有志愿服务精神并在学共体中起核心作用的成员，每月定期开展一次团队建设培训，同时总结各学共体前期工作成果，解决工作中存在的问题和不足，协调成员之间的关系，以"工作就是职责，职责就是担当，担当就是价值"思想引领学共体发展。通过"走出去，请进来"的方式，进一步提升学共体核心成员的专业技能，提升领导力、强化指导力、增强凝聚力，使他们真正成为学共体的灵魂。二是成立示范学共体团队联盟，由富阳区级以上示范学共体组成联盟，在本镇学共体培育中起到示范引领作用，带动学共体规范化发展。三是分类成立同类型学共体联盟，由分散在各村的同一类型学共体组成联盟，如旗袍队、柔力球队、太极队，平常分散在各村自行组织训练，各负责人进行沟通交流，组织大型活动时，由学共体研究与行动指导中心负责将各队伍负责人对接，安排整体排练。

开展巡回展演，营造学共体队伍学习氛围。搭建学共体展示平台，为学共体提供展示机会，营造浓厚的学习氛围，不断提高水平，以获得更多的展示机会。新登镇主要以大型巡演活动为载体，让学共体成员有展示机会，做到学有所用。充分利用元宵节、三八节、元旦、国庆节等各类节日，以各市民学校文化礼堂为基地，以所在村学共体展示为主体，引入被评为优秀学共体的队伍，开展巡回展演。并从中挑选出特别出色的学共体，给予登上城市阳台——玉兰广场

的展示机会，对其中表现好的更是提供登上富阳区级甚至杭州市级全民终身学习活动周舞台展示的机会。如新登镇包秦村的梦幻田园乐队，是一支由平均年龄达53岁的10位地道农民组建的萨克斯演奏乐队，因表现突出，在杭州市暨富阳区全民终身活动周启动仪式上迎宾演奏，获得了与会领导与嘉宾的一致好评。湘河村婆婆乐舞蹈队，在文化员郎君花的带领下，这支平均年龄63岁的队伍从山沟沟里走出来，演遍了附近各个乡村，2018年富阳区全民终身学习活动周启动仪式上也有了他们的身影，他们充满活力的表演赢得了全场热烈的掌声。

三、新登品牌：辐射周边、媒体关注、服务社会，让农村学共体的成效显现出来

近年来，新登镇农村学习共同体蓬勃发展，有14个学共体被评为富阳区示范学共体，有5个学共体被评为杭州市示范学共体。在新登镇学共体培育中，这些示范学习共同体起到了示范、辐射、引领的作用，学共体成员在学共体学习活动中激发了参与的热情，体现了自身的价值，同时也吸引了更多的群众参与到学共体活动中来。据不完全统计，自2017年来，新登镇学共体进农村文化礼堂活动近30场次，受益人群达27000余人。

辐射周边乡镇，提高了学共体的社会认同度。随着新登镇农村学共体培育工作的开展，富阳区胥口镇、渌渚镇、永昌乡、万市镇、洞桥镇等周边乡镇成人文化技术学校负责学共体培育的老师，纷纷前来新登成校学习取经，并邀请新登镇优秀学共体前往交流展示，丰富了周边乡镇百姓的文化生活，学共体的社会认同度越来越高。

引发媒体关注，扩大了学共体的社会影响力。如2018年在富阳区龙门古镇举行的第一届富春山居百花大会中，新登镇展馆以"一城山水秀、十里花果香"为主题，"诗韵、古韵、艺韵"三大区块通过罗隐书画院、罗隐诗社、越剧表演、新登包秦村的迎亲队等学共体的展示使得游客驻足观看，获得了高度评价，并被CCTV-13央视新闻频道《朝闻天下》栏目报道。2019年"我们的中国梦"——文化进万家活动，新登镇的迎亲队、腰鼓队、鼓乐队、舞龙队在半山村开展的活动，又上央视新闻联播。学共体的社会影响力也越来越大，富阳电视台、杭州综合频道、《富阳日报》和《钱江晚报》等媒体对新登镇的学共体培育工作也相继进行了报道。

服务社会发展，树立了学共体的社会新形象。农村社区学共体的培育，改

善和提升了区域文明程度。在学共体活动中营造了人人想学、人人可学、人人皆学的深厚学习氛围,人与人之间的交流与沟通不断增多,村民之间逐渐形成了互相信任、守望相助的人际关系,推动了社会风气的改善,为构建和谐幸福的新农村奠定了良好的人际基础。如十番锣鼓队成员在感悟中写道:十番鼓乐活动是一种团队精神,单凭一人之力是无法完成的,需要的是合作,首先得明确自己在这个团队中的角色,以整体意识为重,发挥自己的作用。有时要学会妥协,有时也要有一丝主见,但又不能固执,懂得合作更多的是互补,而不是苛刻地要求对方须与自己保持一致。通过三年多的学习活动,我感觉到全体队员在集体中有着对友谊、情感、娱乐、审美、思想情操、伦理道德、人际关系、精神文化、艺术等日趋强烈的精神追求。十番鼓乐活动为社会与经济发展注入正能量,随着城乡一体化,建设美丽乡村浪潮的兴起,民间文化娱乐活动蓬勃发展,给十番鼓乐展现的机会。因此十番鼓乐活动对建设文明乡风、淳朴民风、改善农民精神面貌、提高乡村社会文明程度有着很大的推动作用。

农村学共体的培育,弘扬传承了优秀传统文化。新登镇拥有 1800 多年的历史,素有"千年古镇,罗隐故里"之称,还是越剧大师徐玉兰的故乡,文化底蕴深厚。为做好传统文化传承的文章,新登镇开展了特色文化传承学共体调查。调查中发现,彰显地方文化的学共体为数不少,有东安乐社、玉兰馨苑等徐玉兰越剧文化学共体,罗隐文化学共体,梅花锣鼓学共体,十番锣鼓学共体,婚庆文化学共体,畲族文化学共体,太极文化学共体等。对于这类学共体,我们通过聘请专家、展示交流、表彰宣传、理念引领等路径,积极传承地方特色文化。通过培育,学共体的成员成了新登镇社区教育兼职教师,一方面在学共体内部传帮带,另一方面,被新登镇幼儿园、小学聘请为社团指导老师,在幼儿园、小学掀起了学习太极、越剧、研究罗隐文化、畲乡文化的热潮,真正实现了地方文化的保护和传承。

农村学共体的培育,促进了社区教育的发展。农村学共体,提高了市民生活品质,吸引了更多群众参与到学习中来,使社区教育的对象更广泛,教育的形式更多元,教育的内容更丰富,教育的效果更显著,在一定程度上丰富了社区文化,提升了社区服务水平,推进了社区教育进文化礼堂工作。参与农村学共体活动,老百姓的精神生活日益丰富,改变了过去闲时搓搓麻将、打打扑克等低层次娱乐活动的面貌,田园里奏响了洋乐章、农村大妈走起了旗袍秀……以前城市社区居民的活动在乡村开了花。村村有"村晚",日日有活动,天天有表演,文化礼堂活动丰富多彩,老百姓体验到了学习的乐趣,人与人之间的关系越来越和谐,推动美丽乡村建设。使老百姓学有所教、学有所乐、学有所获,进而推进文化礼堂建设走向打造礼堂文化,使文化礼堂真正成为老百姓精神文化的家园,使老百姓身有所憩、心有所寄,增强了老百姓的获得感和幸福感。

近年来,新登镇农村学习共同体培育品牌效应已初步形成。全国社区学习共同体研究中心主任汪国新对新登镇学习共同体培育工作给予了高度的肯定,认为新登镇的农村学共体培育工作是杭州市的标杆,值得推广和学习,起到了示范引领作用。省内外多个单位专程前来考察学习,很好地发挥了"新登镇农村学习共同体培育"这一终身学习品牌的示范、辐射和引领作用(图1)。

新登镇农村学习共同体的培育,虽然取得了一些成绩,但是,随着学共体队伍的不断壮大,展演巡演活动的不断增多,学共体培育工作的不断深入,还面临着诸多瓶颈的制约。一是队伍不断发展壮大但学习资源有限。农村学共体培育离不开必要的平台,随着学共体培育工作的深入,学共体队伍不断壮大,参与人数不断增加,由公共场地设施的不足和学共体训练场地得不到保障的矛盾就凸显出来,成为制约学共体发展的瓶颈。这就需要政府加大力度,如建好市民活动中心,保障雨天活动有去处;另外,通过政府统筹协调,进一步把企业、学校等资源向市民开放,支持农村学共体的发展。二是学共体核心成员素质参差不齐。农村学共体的培育和成长离不开核心成员,核心成员是学习共同体的领军人物,其素质的高低直接影响整个队伍的发展水平。这需要成人文化技术学校等社区教育机构,积极开展学共体核心成员培养和培训,着力提升核心成员的凝聚力、组织力、沟通力,使他们真正成为核心,成为学共体的灵魂,推动农村学共体健康发展。

图 1　杭州市富阳区新登镇举行示范学共体表彰会

充满泥土芬芳的乡村学习共同体

杭州市临安区玲珑成校　胡周国

乡村学共体是在乡村奔小康路上产生的新宠儿。如今的农民,已经不再局限于耕地种田,他们的学习活动,正日益与生产劳动相结合,与小城镇建设相结合,与村落景区建设相结合,与美丽庭院创建相结合,临安区高虹镇探索的正是乡村学共体的发展有效策略。

一、乡村学共体,时代新宠儿

高虹镇地处临安北部,是典型的农村乡镇。这里有高山蔬菜、竹笋、花卉等经济作物,人口 1.5 万人(2019 年),老龄人口占户籍总人口 21.6％,有 60 多个学共体活跃在全镇 9 个乡村。这些自发组织起来的学习团体有的偏爱劳动与技艺、科学与技术,有的热爱文化与艺术、生活与休闲,有的则关注健康与娱乐、公民与公益等,正是这群与庄稼打交道的农民因相同的爱好和学习需求聚集在一起,提升了生产效益,陶冶了艺术情操,提高了生活质量。几年来,该镇群众的学共体类型日益丰富,形式多种多样,百姓的获得感、幸福感普遍得到了提高。

这其中,高虹镇成人文化技术学校的作用功不可没。该镇分管教育的副镇长傅建荣介绍,成校积极转移工作重心,与社区共同"养护"学共体,初步形成了跨界联动、优势互补、资源共享的共学运行机制,逐步推动实现"学有去处,习有伙伴"的学习型乡村。

全国社区学习共同体研究中心主任汪国新认为,在学共体的培育中,成校要多做理念引领、凝聚人心、科学指导的工作。成校可以为乡村学共体提供活动公共空间、培育核心成员、整合师资、开展激励活动等。在 2015 年 3 月,汪国新、林晓两位专家来到大山深处的高虹镇，指导高虹镇成校开展学共体的研究工作。高虹镇成校教师的研究课题"培育有乡村特色的文体学习共同体的策略研究"取得了阶段性成果。

平均年龄55岁的炫彩高虹学共体在临安小有名气。学共体成立三年来，年年入企进村，编舞蹈送欢乐，开展活动累计百余场次，是临安区示范社区学习共同体。高虹镇成校尊重学共体成员的主人翁地位，让这些年过半百的农民朋友自编自演、自娱自乐，等到大家有了进一步提高节目质量的期盼时，成校牵线搭桥引进指导老师——临安舞蹈家协会副主席帅奇芳老师，为学共体活动锦上添花。在帅老师的指导下，学共体创作了《高虹灯花舞》《炫彩高虹情景穿越剧》两个大型节目，学共体成员的演技突飞猛进。在临安区首届年俗节上，学共体的节目受邀登台亮相，台下掌声雷动，这是对这个学共体的肯定，一群由农民老姐妹组成的学共体能达到这样高的舞台水平，离不开一年四季开展的学习活动。

在临安区全力打造高虹镇龙门秘境过程中，为了丰富文化内涵，展现新时代农民形象，石门旗袍秀学共体应运而生。这个形体训练学习共同体经过一年多的运作，从原来的27人扩大到现在的98人，参加的村也从高乐一个村扩大到6个村，人员相对稳定，覆盖面逐渐广泛。学共体的成员从"娃娃学步"开始，勤学基本功，每天压腿、走步，经过近一年的努力，走出了当代农民的精气神。在2019年临安社区科普启动仪式上，这支学共体队伍受邀亮相，受到临安区科普工作者以及游客的称赞。

带头组建活山村越剧队学共体的村民裘小珍说："2011年前我从自己唱越剧，到几个人一起唱越剧，再到几十个人跟着我一起唱越剧，越剧队就这样组建起来了。农村排舞开始流行起来，我们30多个喜欢跳排舞的就组成了排舞队，这就是炫彩高虹舞蹈学共体的前身。我们这群农民老姐妹，能开开心心聚拢在一起学习，一靠镇里和成校的支持，二是靠一场场交流活动带来的幸福体验。"

高虹镇石门村的文化礼堂里，活跃着一支越剧学习共同体。她们是在石门村文化员的牵头下组成的。文化员盛飞琴说："龙门秘境的开发让石门村大变样了，区里镇里的大型活动常放在村里开展，村里旅游的人越来越多，我们也要拉村里爱唱越剧的姐妹组成一个团队，亮亮相，凑凑热闹。"说得多么朴实。新农村建设越来越好，人民生活水平越来越高，石门越剧学共体诞生了。她们经常在石门村文化礼堂自娱自乐，为石门老街的游客们带来了欢乐，成为石门村的一道文化风景。

高虹镇大山村的青龙队组建到如今已有上百年的历史,虽然一段时间有过间断,但是近年来,通过政府引导、成校编导、村民自导,现在参加青龙舞学习的中青年农民有 32 人,使这个传统学共体得以继承,2019 年 9 月被列为杭州市临安区非物质文化遗产名录。

高虹镇的农民学共体,就是在村落景区的建设中、在龙门秘境的打造中、在文化礼堂的兴建中发展起来的。

二、繁荣学共体,助推新农村

高虹镇学共体以农民组织为主,近几年农民学共体的蓬勃发展,得益于五个方面的做法:

(一)以培育养护为宗旨,建立组织机构

为了打造幸福高虹、文化高虹、科技高虹、平安高虹、富美高虹,高虹镇加大了宣传力度,在文化领域,以学共体的创建为抓手,凝心聚力,不断提高百姓的文明素养,从而促进农村的繁荣稳定和企业的进步发展。

农民学共体是农民自发组成的学习型团体。他们的发展具有形式灵活性、学习长期性、兴趣一致性的特点,在牵头人的组织下开展丰富的学习活动。高虹镇开展了村、企业、单位三个层面的广泛调查,掌握高虹镇学共体的第一手资料。为了培育好学共体,高虹镇成立了专门的学共体工作领导小组,由镇长担任组长,各村、部门和企事业单位各负责人作为小组成员,扶持高虹镇学共体的培育和发展。成校校长兼任学共体领导小组办公室主任,具体负责实施相关工作。

(二)以激励鼓劲为手段,完善评估机制

高虹镇通过评比高虹镇百姓学习之星、示范学习共同体等措施促进全民终身学习。其中示范学共体的评比关系到全镇学共体成员的参与热情,高虹镇政府自 2018 年开始把优秀学共体的比例从 5％提高到 25％。高虹灯花队队长裘小珍被评为临安区"百姓学习之星",吴木娟当选第七届杭州市道德模范,崇阳村的竹笋大王蒋长富当选全国劳模。这些学习的先进和典范,以点带面,有效地促进了当地学共体的发展。

2018 年上半年出台了高虹镇重点学共体扶持政策,在场地、经费、师资力量上给予保障。高虹镇每年选择一到两个学共体作为重点扶持对象,倾心打造,大力扶持,解决他们学习过程中的师资问题,演出的交通、吃饭问题。比如在国庆期间,仅石门老街走秀一项就动用了两辆旅游大巴车专程接送学共体成员,还解决了成员们的服装问题。今年,高虹镇政府还出台了标准化村民学校和优秀村民学校的评比奖励办法,把各类学共体活动纳入村民学校的考核奖励之中。

（三）以活动为载体,抓好基地建设

高虹镇具有得天独厚的地理优势,有海拔 500 米以上的无公害高山蔬菜供应到杭州、上海,为了使高山蔬菜的种植达到质量和效益的双丰收,降低种植风险,减少农户损失,农民们从自己摸索着学,到跟着示范户学,再到几户人家合伙学,最后组成合作社一起学,成为高虹镇第一个以高山蔬菜种植为内容的学共体。在政府的支持下,成校邀请浙江省农科院的专家,根据庄稼栽种季节,专门开展高山蔬菜的栽培技术的培训。

为了做好高山花卉和高山蔬菜学共体开展活动,高虹镇专门建立了林家塘高山花卉基地和木公山高山蔬菜基地,供农民们参观学习。因为有了学习实例,学共体的农民们学有榜样,做有师傅,疑有所答,难有所解,取得了较好的学习效果。高虹镇成立了高山蔬菜合作社,有 141 名中青年农民组成了高山蔬菜、花卉、猕猴桃、茶叶、竹笋等各个学习型社团,成为高虹镇富有特色的农民学共体群。现有猕猴桃、香榧、茶叶、雷竹、水稻种植基地 8 个,参加特色农业学习的农民达到 1270 人。农民自发组织的高山蔬菜学共体、高山花卉学共体各1 个。

市区农业农村局、区科协也给予高虹镇学共体人才、科技扶持上的支持。农民通过学习,降低了规模农业风险,提高了产业效益。高山花卉,仅农民林校金一家,近两年的纯利润就接近 100 万元。通过学习和技术革新,农民每天在绿水青山、鸟语花香的环境下"办公",成为令人羡慕的职业。

村文化礼堂是高虹镇重点打造的农民学共体平台。2019 年实现了村民学校进礼堂全覆盖,并制订了村民学校进礼堂的指导意见,把村文化礼堂建设成为村民学习的好地方,弘扬社会主义核心价值观的主阵地。每年选择一个村作为全镇学共体展示的承办村,通过舞台展示、展板展现、现场操作、成果分享等形式交流全镇学共体的学习成果,营造良好的全民学习氛围。

（四）以核心人物为挈领,提升队伍水平

农民自发组织学习共同体,需要共同的学习兴趣和爱好,更需要一个热心人。高虹镇成校积极抓好各村的文化员队伍建设,每个学期开学,都要召开全镇各村的文化员会议,对各村文化员开展相关学习培训。出台村文化员考核奖励办法,每年分两次对文化员进行绩效考核和奖励。

发挥好学共体领头雁的作用，为他们解决学习过程中遇到的难题，提高学习的积极性。高虹镇活山村的农民裘小珍，在全镇学共体领头成员中，算是比较活跃的一个。2018年，镇里投入3万元，解决她牵头成立的学共体学习活动中的服装问题，极大地促进了她的积极性。她说："没有经费的支持，我们这些农民姐妹们也经常性地开展学习活动。有了政府的支持，我们的积极性就更高了。"

（五）以人民满意为宗旨，增强服务意识

学共体，是人民群众日益增长的对农村美好生活品质追求的行为体现。政府和各职能部门要不断加大对学共体的扶持力度，不断创造条件，满足农民学习需求，培育好学共体。

高虹镇成校以创建高山特色农业培训为品牌，积极开展了特色农业培训。近两年来，共开展各类特色农业培训班37个，培养新农人120名，农业科技示范户45户，有力地促进高虹特色农业的发展。成功培育了老年书法学共体、炫彩高虹学共体、职工健康学共体、高山农作物栽培学共体群等18个学共体。每年组织高虹镇学习之星的评选活动。成校为高乐舞蹈学共体、高虹书法学共体等农民学共体的发展提供各种培训服务，受到老百姓的欢迎。

三、丰收学共体，幸福满乡村

教育部教育发展研究中心韩民副主任评价发展社区教育以及培育社区学共体："有播种才会有收获，只有不断学习，才有丰硕的成果。"近年来，高虹镇在小城镇、龙门秘境的改造和打造中，不断涌现出新的农民学共体，百姓的获得感和幸福感明显增加。

随着高虹镇龙门秘境的成功打造、大鱼线的扩宽，农家乐的发展越来越好，农民自发组成的农家乐学共体也越来越多。林家塘农家乐学共体开展得最红火。他们开展了农家乐管理提升学习，农家乐中式菜肴培训、西式面点制作，大大丰富了农家乐的餐桌，吃住价廉物美，受到上海、江苏、杭州本地游客的欢迎。农民通过学共体，互相交流农家乐管理经验，提升了农家乐管理水平，增强了服务技能。据农办初步统计，林家塘村农家乐学共体成员的年收入从2016年的320.54万元提高到2018年的560.78万元。

农家春联学共体有老年书法学习圈、农家少年暑期书法学习社等。大山村农民林余堂参加书法学共体两年来，依靠自己的勤奋努力，写字水平不断提高，艺术欣赏能力和创作水平在互帮互学的浓厚氛围中取得长足进步，被誉为大山里走出来的书法家。2019 年 7 月,在北京全国政协礼堂举行的第十届"羲之杯"当代诗书画邀请赛颁奖盛典上,林余堂的作品"厚德重教、育才兴国"从 1.6 万幅作品中脱颖而出,荣获全国书法作品二等奖。

建成浙江省唯一的攀岩学习体验馆,这是高虹镇利用当地地形特点建设学共体学习基地的成功例子。高虹镇龙上村有座山,叫狮子山,形状像狮子。山的东面有悬崖,是华东地区攀岩最完美的岩壁。现在,在龙上村口河道边上,建成一块人工攀岩墙。石门村的礼堂北面建有一处室内攀岩,供本地及外来攀岩学习者攀登练习。馆内陈列着各色各样的攀岩器材和狮子山攀岩的发展历史,喜爱攀岩者在这里能了解到专业的攀岩知识并接受攀岩安全指导,每一样器材都有明确的介绍和使用方式。

着力打造特色学共体。大山青龙成为临安区非遗传承学共体。高虹镇青少年健身学共体少阳武术队在当地已经家喻户晓。高虹少阳武术队荣获2016—2018 年度全国发展武术特别贡献奖、发展青少年儿童武术特别贡献奖、发展武术贡献三等奖、集体项目一等奖、优秀教练员、优秀领队等多类奖项。在武术馆受训过的学员超过 1800 人次。

四、感恩学共体,展望新时代

上海同济大学下属的上海同脉食品有限公司专门上门与林家塘农户结对,开发种植高山有机蔬菜,指导农户种植有机蔬菜。种植农户从几户发展到现在的 110 户,蔬菜品种有市场上受欢迎的黄秋葵、油木,也有普通的卷心菜、黄瓜、茄子等。平均亩产值约 1 万元,比其他蔬菜亩产值增 45％左右。所种植的蔬菜全部由公司统一收购,直接进入上海各大超市。高虹镇高山农作物栽培学共体有木公山高山蔬菜学共体、活山竹笋学共体、长溪猕猴桃学共体、高山云雾茶学共体。这些由农民组成的学习共同体,奠定了高虹镇学习型乡镇的基础,也为农民增收带来了巨大的实惠。

随着农民生活水平的不断提高,农民对美好生活的追求也永不停步。石门旗袍秀、高虹灯花队、炫彩高虹舞蹈队活跃在高虹乡村。2018 年 11 月,高虹灯花队被评为临安区第三届示范学习型社团。2019 年 9 月,炫彩高虹舞蹈队被评为杭州市示范社区学习共同体。企事业职工健身学共体也不甘落后,高虹气排球队、职工太极拳、工间操八段锦都邀请了临安知名老师免费为职工作培训。企业也按照职工学习需求组建了行业管理学共体、业务技能学共体、员工健康学共体,这些学共体营造了学习氛围,丰富了企业文化,凝聚了人心,促进了经济发展。

在习近平新时代中国特色社会主义思想指导下,高虹镇的农民学共体正如满池的荷花,含苞待放。学共体的发展壮大,是一个地区经济和文化发展的缩影,也是新时代农民奔小康交响曲中的一串串动人的音符。在这希望的田野上,地方政府和教育部门为学共体的发展提供最好的土壤,时代为学共体播撒了饱满的种子,经过精心的培育,依靠它自身顽强的生命力,定会在这片广袤的大地上开出最美的花、结出最甜的果(图1)。

图1　临安区高虹镇民乐队在文化礼堂学习

美丽乡村建设背景下
农村社区学习共同体培育实践研究

杭州市桐庐县教育局　　王先军
杭州市桐庐县教育局教师发展中心　　吴俊峰

一、背景:乡村振兴战略下美丽乡村建设的需要

桐庐县位于浙江省西北部,位于"三江两湖"国家级风景名胜区黄金旅游线的中心地段,下辖14个乡镇街道,户籍人口42.9万人。桐庐人文底蕴深厚,自然环境优美,是杭州近郊充满发展活力的山水型生态城市。近几年,全国改善农村人居环境工作会议、全国生态文明论坛、中国长寿之乡峰会、浙江省加快推进现代化美丽县城建设现场会等在桐庐县召开。随着全国最美县建设的深入,"美丽市民(农民)"培育成为必须。

经济的发展离不开人才支撑,社会的和谐离不开广大农民、职工文明素质的提升。桐庐县围绕打造县域大景区,美丽乡村建设有序推进,大力实施"5525工程",打造了5条美丽乡村风情带、5条精品线路、2个精品区块,开设了5大乡村风情节,重点培育了25个风情特色村、10个精品村、32个中心村、110个培育村,经济、文化、环境等多维深度覆盖,在推进美丽乡村建设中大力弘扬乡村文化、繁荣农村经济、富裕当地农民。

(一)美丽乡村旅游业发展需要乡土文明

桐庐的美丽乡村建设走在全国的前列,大量中外游客来美丽乡村休闲旅游,提升当地农民素质,丰富农民的精神文化生活迫在眉睫。培育农村学习共同体,将基于共同的兴趣、爱好及学习需求的农民吸引在一起、集聚在一起,共同活动、共同学习、共同交流、共同进步,一方面丰富农民的闲暇生活,营造浓厚

的学习活动氛围,另一方面把生态、洁净、文明的理念渗透到农业生产、农民生活的方方面面,潜移默化地改变农民的价值取向与行为方式,使农民的综合素质与美丽乡村建设中蓬勃发展的乡村旅游业要求相匹配。

(二)美丽乡村文化传承与创新需要农民的主动参与

文化是民族灵魂,而具有浓郁地域特色的乡村文化是留住乡愁、建设美丽乡村的核心内容。农村具有独特的居住形态,更具有特色鲜明的乡村文化,美丽乡村建设除了环境卫生的整治,更需要挖掘、传承和创新乡村传统文化和技艺,以农村学共体为载体,充分发挥农民的自主性和积极性,基于兴趣,保护、培育当地资源,紧密结合历史文化传承建设既是时代所需,也是农民所需。

(三)美丽乡村新型农民培育和学习型乡村建设的需要

新型农民具有懂技术、会经营、爱学习的特征,以农村学共体作为平台,扶持和鼓励村民们学技术、学艺术、学文化、学政策、学法律、学礼仪、学国学,参加文化艺术、体育健身、休闲娱乐、公益服务、手工技艺、职业技能等农村成人学共体活动,将极大地改变农民以搓麻将、打牌赌博等作为闲暇娱乐的不良风气,促使农民基于兴趣,自发、主动、持续参与学共体活动,培养学习型农村、学习型新型农民。

通过政府乡村振兴战略下的美丽乡村建设,农村文化礼堂的建设,成人文化技术学校学共体的培育,使桐庐的美丽乡村基本达到"五美":村貌悦目协调美、村容整洁环境美、村强民富生活美、村风文明身心美、村稳民安和谐美。

二、农村社区学习共同体培育的实践策略

农村社区学习共同体是生活在农村社区中的居民(农民)由本质意志主导的,因共同学习而结成的能实现人的生命成长和建立守望相助关系的群体①。"学共体"是农村学习者在学习平台和资源不断发展的背景下的一种新的学习方式。培育学共体是农村成人教育组织者在终身教育理念下为做精美丽乡村建设、培育美丽居民(农民)而提供的一种新型的教育服务方式。

"美丽乡村社区学习共同体"是指在开展美丽乡村建设的农村社区范围内的农民(居民)基于共同的愿景、共同的兴趣爱好、共同的学习需求,在平等、互助的原则下,通过心灵契约的形式,在乡镇政府各部门以及成人学校的培育扶持下,促使学共体成员共同学习、共同活动、共同发展而形成的具有强烈归属

---

① 汪国新.社区共学养老:特征、意义与实施策略[J].中国成人教育,2018(17).

感、认同感的非正式学习团体。基于美丽乡村的农村成人学习共同体建设，助推学习型美丽乡村建设，培育美丽居民（农民）文明素养，提升新型农民致富技能，丰富农民精神生活。

当学共体处于形成和培育的初级阶段，需要各方力量协同作用，促进"学共体"良性可持续发展。杭州市教育局下发《关于推进美丽乡村学习共同体建设的通知》等文件，引导 14 所成校以区域为轴，制订计划有序推进农村学习共同体建设。内因决定外因，但外因对内因有不可忽视的影响力，外部有哪些部门对"学共体"的发展有影响力呢？政府美丽乡村建设的战略举措，文化礼堂的项目建设为协同机制的建立提供了政策保障，"县社区教育领导小组"政府领导机制的建立，确保各部门发挥联动和协同作用。

（一）完善四级协同培育机制

明确职责，分工协作，协同推进学共体培育工作，农村成人学习共同体协同机制建构还需有较完善的督察、考评、奖励等相应机制与之配套，桐庐县已构建起了学共体四级网络。

桐庐县社区教育领导小组，由 18 个部门、14 个乡镇街道组成，下设办公室，主要负责顶层设计；打通政策通道，推进政策落实、经费保障；定期开展专题会议；领导下级教育指导中心开展工作。

具体的业务指导部门由桐庐县教育局社区教育领导小组、桐庐县社区学院组成，负责制订县域计划、出台评审细则、开展评比工作、指导开展工作、争取经费并能协助提供师资库。

乡镇街道社区教育指导中心、成人学校由乡镇分管领导、相关部门负责人、成校校长组成，负责制订乡镇、街道计划；对社区、村社区教育指导站进行指导；培育示范性学共体；提供展示平台等。成校（社区学校）起执行、落实作用。

社区教育工作站、村级成人学校由社区、村分管领导、成教干部、学共体核心人物组成，具体负责学共体的活动开展；协助制订计划、章程；协助开展提升培训；协助参加示范性学共体评审等。

（二）成人学校主动孵化培育学共体

协同机制的建立为学共体在桐庐县的培育工作提供了政策、条件保障，但要培育农村学共体真正成为助推美丽乡村发展、培育美丽居民（农民）、发展学习型农村的有效载体，需要学共体内部建立科学、有序、可持续发展的运行机制。桐庐县成人文化技术学校培育农村成人学共体主要是三种方式：一是自主培育学习共同体；二是辅助培育示范性学共体；三是合作共同培育学共体。

第一,自主培育学共体。成校利用学校师资、资源、场地、经费等优势,自主培育新的学共体,由成校校长或教师担任学共体负责人,顶层设计、有序推进。例如,目前桐庐县江南成校的翰缘江南书法学共体,由徐军波校长本人担任负责人,区域内中小学、社区一大批热爱书法艺术的教师、居民为成员,在江南成校设立活动场所,以制度制定为保障,设立翰缘江南书法学共体理事会,定期开展活动,定期开展送文化下乡活动、定期开展比赛。

第二,辅助培育示范性学共体。基于内部结构单位的运行机制,是每一个学共体自我发展的重要基础,其关键要素包括领袖人物和核心成员的培养、课程的开发、活动计划的制订、约定俗成的制度章程等。而示范性学共体在区域内有一定示范和引领作用,作为管理者要将其在一定层面上加以凸显,以示明确。在实际操作过程中,我们通过建立机制、设立专项奖励经费、设施设备扶持、课程开发、培训指导、考核展示、示范性评比等形式进行培育。

第三,合作共同培育学共体。成校布局在不同的乡镇街道,其地域服务性强,成校在调研基础上筛选,与学共体深度合作,参与学共体的培育与建设。例如,白鹤书院坐落在青碧环绕的环溪村,前身为成立于2011年1月的环溪国学启蒙馆,由县退休教师周华松老师发起组建。通过多年的建设发展,对地方文化、国学文化的传承起到了一定的作用,获得了社会、政府的肯定。2014年1月在文化部门注册升格为白鹤书院,因环溪村边有一座白鹤峰而得名。桐庐县江南成校及时发现了白鹤书院在社区教育方面的积极意义,从书院创建之初就和周老师取得联系,建立了社区教育合作体系,资源共享、共建发展,使得书院和成校成为紧密无间的社区教育综合体。

(三)借力搭台,丰富学共体展演舞台

"交流与分享是社区成人互助共同体的本质属性"①,开展学共体成果展示交流活动,为学共体阶段性成果提供展示、比赛的机会,能有效激励学共体成员的成就感、荣誉感,促进学共体活动的持续发展。

1. 建学共体节,激发成员活力

我们积极联合相关单位为学共体搭建展示平台,将桐庐百姓日、各美丽乡村的传统节日及全民终身学习活动周时间作为学共体节,各成校积极组织学共体开展展演活动,为其搭建展示平台。2017年,城南成校联合下洋洲村委在下洋洲村文化礼堂开展"我们的村晚",十余个学共体节目纷纷登台亮相,五百余

---

① 汪国新.基于"社区共同体"的学习——一种新的成人学习方式[J].中国成人教育,2010(12).

村民兴致盎然参与观看;2018年底富春江成校联合镇文化站在富春江文体中心开展了"丰收学共体 幸福富春江"富春江镇学共体跨年爱心体验活动,200余名学共体成员展演了十余个节目,现场墨香阵阵、锣鼓喧天、舞姿曼妙、越剧声声,学共体成员集体过了一个节日。现如今每年的5月6日桐庐百姓日的舞台都有学共体的展演。

2. 展示交流,促进学共体发展

各成校在政府相关部门协助下,辅助学共体组队参加各类比赛,请进来、走出去展演交流,不断拓宽视野,增加获得感、成就感,固化原有的兴趣。例如,红叶舞蹈艺术团学共体连续获得桐庐欢乐大舞台比赛金奖,排舞《桐花结庐》在浙江省电视台播出;富春江健身舞蹈社团获得全国舞蹈冠军,社团已荣获国家级金奖18枚;横村摄影协会参加中国摄影报影友联谊会,走进"美丽中国潇洒桐庐",在影友摄影擂台赛中,会员的作品分获一、二、三等奖,在如此规模大、规格高的比赛中,横村摄影协会取得了佳绩,受到了各界领导的一致好评;分水月溪太极拳队每年参加省、市比赛成绩骄人。通过比赛交流经验、表彰先进,学共体获得可持续发展。

3. 开展示范学共体评比活动,发挥示范引领作用

由社区学院、教育局牵头连续开展了9届"桐庐县美丽乡村示范性学习共同体"评选活动,通过社区、学校推荐,集中展示、现场提问、实地查看等形式,每年评选出十个县级示范性学习共同体,并择优推荐参与杭州市示范性学习共同体评比。

三、成效与思考

乡村振兴战略下美丽乡村建设的实施、农村文化礼堂项目的推进、农村成人学校对学共体的培育等,使桐庐的美丽乡村基本达到"村貌悦目协调美、村容整洁环境美、村强民富生活美、村风文明身心美、村稳民安和谐美"的五美目标。

首先,丰富了农村学共体类型。桐庐县的学共体培育从2012年局部开展到2014年全面启动,2015年全县开展,至今培育了一批服务美丽乡村的农村学共体。学共体类型丰富,有乡村旅游业的学共体、文化与艺术类学共体、科学与技术类、健身与娱乐类、生活与休闲类、公益与民众类等。每个乡镇成校为当地美丽乡村培育至少1~2个示范性学共体,努力使每户家庭有1个居民参加学共体活动,提高农村社区居民的学习力和生活质量。

其次,提升农村成人学共体发展水平。通过全面部署、统筹推进、协同发

展、以评促建不断提升学共体的发展水平,成人学校则以点带面,通过自主培育、辅助培育、共同培育方式,培育了 30 多个县市级示范性农村学习共同体。一是基本保障到位。有学共体负责人与专技辅导教师;有合理的学共体活动预算;有相关部门的资助,活动经费稳定;有固定的活动场地、学习场地、专业设施。二是学共体建设有序。学共体规模适当,成员一般不少于 25 人;活动和谐健康,有较多的学习元素;负责人有较强的管理、组织能力,热心学共体工作;有章程和管理制度;工作责任明确,活动管理规范,显现较强的学共体精神与生命力;活动档案齐全。三是活动开展持续稳定。能够按时向当地成人教育机构提供活动计划和动态,参加学共体成果展示并积极参加社区教育活动,发挥示范、引导、辐射、服务作用,在社区(村)有较高知名度,社区(村)民众评价优良。

第三,梦圆农民、提升素质。在各部门、成人学校的培育扶持下,学共体成员共同学习、共同活动、共同发展,形成了具有强烈归属感、认同感的非正式学习团体。一是改变了参与者的闲暇方式,从麻将、打牌走向丰富多彩的学习共同体活动,乡村休闲习惯文明高雅起来了,身心也更加愉悦。正如专家汪国新所说:"社区学习共同体的重大意义和价值在于让人回归为人,让草根老百姓认同自己的生命状态和人生价值,变得有尊严,能自由、自信、幸福、快乐地生活和发展。"① 风川街道乒乓球俱乐部李先生说:"我是私企老板,上班时间比较自由,以前空闲时间流连在棋牌房,自从参加了乒乓球俱乐部以来,一有空就约俱乐部的成员去打球,晚上几乎是场场必到,打牌、打麻将的活动,现在连想也不会去想,俱乐部还定期组织比赛,从成立到现在我的球技也大涨,组织了三次比赛两次得了第三名,我更有信心了。俱乐部里大家关系都很融洽,每次的活动给大家带来了无限的乐趣。现在我每年的例行体检,报告出来一个不合格的指标也没有,人心情好了,身体棒了,思维也活跃了,工作起来更加得心应手,企业也比以前上了一个台阶。"二是帮助农民圆梦,实现理想。基于自觉需要、兴趣基础上的学习共同体,发展了兴趣,提供了展示舞台,帮助农民实现了梦想,他们变得更自信、乐观了。横村镇是中国针织名镇,横村摄影协会是桐庐横村成人文化技术学校自创的学习共同体,会员来自横村镇的企事业单位和横村镇农民,协会宗旨:提升横村镇喜爱摄影和从事电子商务美工人员的摄影水平,丰富居民业余生活,努力为村企和农村淘宝店产品提供摄影服务,为横村镇的"美丽乡村建设"作出贡献。从筹备起始,通过摄影讲座,举行摄影比赛、摄影作品讲评、外出采风,大家互相交流学习,提升了全员摄影水平和摄影技能,为横村镇

---

① 汪国新,项秉健,陈红彦.社区学习共同体六个重要话题的讨论[J].当代继续教育,2017(4).

针织企业升级换代和"美丽乡村建设"提供了助力。学员宋红星爱好摄影，通过学共体的熏陶，几年下来摄影技术突飞猛进，已成为省级摄影学会会员，摄影使他成为当地的名人，企业、政府部门活动多次邀请其发挥特长为他们的产品、活动宣传摄影（图1）。

基于美丽乡村的农村成人学习共同体建设，助推学习型美丽乡村建设，培育美丽居民文明素养，提升新型农民致富技能，丰富了农民精神生活。"时时能学，处处可学，人人皆学"的终身学习理想将真正成为现实①，农村成人学习共同体让城市乡村更美好。

图1 桐庐茗婉旗袍队在活动

---

① 汪国新，项秉健.社区学习共同体：重拾共同体生活的现实载体[J].教育发展研究，2018(9).

与水共融：
千岛湖镇社区学习共同体成长新样态

淳安县教育局职成教科　刘剑春

烟波浩渺、水天相融，信步千岛湖畔，寄情山水的"水墨丹青"、燃情秀水的"水秀旗袍"、婉约乐水的"乡土睦剧"等水文化形态，总会意想不到地在某个转角处、某个生命瞬间与你不期而遇。宛如一个元素、一种符号，在轻轻闪过你眼前的同时，也会让你凝眸注视、景仰于它，更会让你有一种冲动想掀起"第一秀水"的神秘面纱，一览芳泽。

千岛湖镇共有 11 个社区，常住人口约 11 万。"一城山色半城湖"，作为休闲旅游基地与国家战略水基地，千岛湖区位优势显著。"锦山秀水、文献名邦"，淳安 1800 多年的建县历史，千年积淀的"耕读传家"，深深植根于淳安人的内心深处，以"一种文化"的绵延深深影响了代代淳安人，让勤奋的淳安人在千岛湖畔学习、生活、生产，繁衍生息。

伴随着城镇化、老龄化社会的到来，离休不离学、人闲学不闲，在融入品质生活的大潮中，老年群体、妇女群体、青少年群体以及匆匆步入城镇的农民群体等，都在社区文化的熏陶下，以自己喜欢的形式积极参与进来，不论是主体式，还是边缘式，呈现一种"亦师亦友"的学习态，都在社区学共体中，找到了自己学习的一席之地，找到了自己学习的一份"真爱"。目前，水墨丹青书画摄影社、"淳之美"管乐队、千岛湖"水之韵"艺术团、千岛浪花表演艺术团、青花瓷旗袍队等学共体已然成为山水县城亮丽的风景。

一、与水共融：社区学共体成长实录

（一）因"水"而兴，涌现新学习的领头雁

因势而聚，应势而动，顺势而为，这是水的禀赋，也是深深眷念于水的水乡生民的一种生活态度。碧空飞翔领头雁，一个学共体从创意到创立，从起步到起航，从发展到成熟，都要有一个领军人物，发挥"核心"的作用。基于深厚的生活积淀与乡土眷恋，领军人物带领为了"生活质量提高"的一群人，在共同区域生活的基础上，"出入相友、守望相助"聚集在一个相对稳定的学共体中，一起收获生命的存在感、获得感与幸福感。

"草根＋爱好"成就学共体的领头雁。千岛湖镇社区学共体的创立都有一个核心人物，他们都有丰富的阅历与基层生活经验，如青花瓷旗袍队的队长童明娟退休前是乡下城镇的信用社柜台职员，千岛浪花表演艺术团的团长胡松珍曾是县供电局的一名普通职员。尽管都很普通，但他们都有一个共同点，对千岛湖的水乡生活有最本真的认识和热爱，从小读书、生活中就喜欢演唱，积极参加学校、单位、县乡（镇）的文艺活动。"艺术源于生活"，学共体的核心人物对舞蹈、唱歌、书法、摄影等艺术表演都有坚定的爱好，如胡松珍团长为了能更专业地指导她的团员跳舞、旗袍走秀，还专门自费参加省级文化教练员的培训，从一个门外汉硬是把自己提升为拥有一级教练证的"文艺骨干"。可以说，正是基于对生活的热爱，对文艺的坚定爱好，她赢得了大家的信任，让自己快速成长为社区里的文艺团队的领军人物。

（二）伴"水"而学，开启新的学习方式

学共体的名称，不仅仅是一个符号，在中国更有其独特的文化韵味。正是对生活有一份理解、一种热爱，更有一个美好希望，因而对一个人、一个组织、一个单位而言，给它一个特别的名号，就是把内心的这一份真挚融化在一个学习共同体中，让这个学共体具有自己的气息、染上自己的色彩、蕴含自己的思想与气质，也就是把这个学共体引向美好的未来。

"水元素＋生活理念"培塑一种新学态。生在千岛湖，长在千岛湖，"水"是千岛湖人生活的元素，也是千岛湖人的生活理念。如何让学共体融入千岛湖人的生活，为不同层次的人群所喜欢，这个问题自然需要领军人物用自己的生活体验、依据自己对千岛湖的文化思考来解答，这个答案自然是给自己所创的学共体一个特有的"名号"。为什么取名"千岛浪花"？胡松珍团长给出的答案是：女人爱美，千岛湖畔的女人穿什么最美？穿什么最能展现湖畔女人的内心？千

岛湖秀水"天下第一",水的灵动、婉约造就了千岛湖女人的贤淑、温柔与清丽,这不就是旗袍的性格吗?穿上了旗袍,在千岛湖畔信步赏景寻芳,不就是那千岛湖里跳跃舞动的浪花吗?还有,像水墨丹青、千岛唱晚、淳之美、水之韵、靓影、青花瓷等学共体名称,从中我们都能感受到一种"水元素"概念,更能体会到生活在这里的人们对千岛湖的浓浓的热爱。

(三)融"水"为乐,擘画全民终身学习新天地

社区学习共同体是一种崭新的学习方式,基于成员间的双向主体,在社区学习共同体中的学习活动更多的是个体在伴随自身生命价值得以实现而进行的一种"快乐的展示"。犹如在社区学习共同体这片学习土壤中开出了朵朵"幸福花"。在学校教育结束之后,成年人的学习更多的是进入了一个"断层",功利性的学习日渐远去,更多的基于兴趣的学习才能为他们所喜爱、所热衷。可以说,社区学习共同体是一群爱好学习的成年人另辟蹊径开创的一片"学习新天地"。

"水品质+价值展示",开创一片学习新天地。"文化强国"战略,既是中国经济转型升级的重要组成部分,也是中国国民生活质量全面提升的重要组成部分。在文化强国、文化兴县东风的吹拂下,从千岛湖镇县级社区学习共同体的报备登记来看,主动到主管机关申报登记的意愿明显增强,社区学共体如雨后春笋般明显增多。

立足社区,走向社会,融入文化强国、文化兴县的新天地,开创社区学共体的新学态,是当下千岛湖社区学共体引领者、行动者的初心与使命。在县域内的文化礼堂、文化走亲、文艺巡演、文艺角、传统庙会、村晚舞台上,在睦邻节、三八节、建党节、国庆节、秀水节活动中,都有社区学共体成员积极参与活动的身影,丰富多样的学习成果精彩地展现在广大市民面前,以时代的视角诠释了全民学习、终身学习的思想理念,更从实践的角度示范了全民学习、终身学习的行动模式,从而引领全民终身学习迈向新时代。

二、与水共融:社区学共体成长成效分析

(一)愉悦生命,社区学共体成为终身学习的"新学态"

"不断地追求幸福美好的生活,是永恒的主题,是永远的进行时。"在物质生活水平不断提升的情况下,市民通过学习来不断地充实精神生活、提升文化素养、展示生命的意义,已逐渐成为一种时尚。

幸福每一天,让学共体成为个人精神提升的"助动器"。"不论您是什么年

龄，无论您是胖是瘦，也无论您是高是矮，只要你努力了，都可以在这里找到属于自己的那份自信和魅力，如果人只会说而不做，那一切都将是空谈，实践才是检验真理的唯一标准，行动才会出成果。参加活动时您不应再为自己的身材感到烦恼，不应再为自己的工作压力而烦恼，来到这里，这是一个欢乐的场所，让所有的烦恼和不愉快都随着自己的进步、姐妹的舞蹈、团队的精彩而变为泡沫，让自己成就精彩，给千岛湖绘制一幅美丽画面。""我现已被中国老年书画协会收为会员，我还是省老年书画家研究会成员、县书法家协会会员。从这里我既得到乐趣，书法技艺上又有了进步和提高，乐在其中。"每一个成就，每一次提升，都会带来幸福的感受。幸福是什么？幸福就是每一个人每一天对自己生命的每一次愉悦的感受。

学共体成为家庭幸福的"新引擎"。家国天下，家是最小的国，家是每一人最坚强的后盾，也是每一个最柔软的心灵港湾。好的家长塑造好的家风，好家风带动好家庭。千万个"社区学共体"带动千万个好家庭。

"在千岛浪花表演艺术舞蹈团团长的带领下，千岛浪花表演艺术舞蹈团学习内容更明确了，舞蹈形式更多了，不仅给团员们带来新的舞蹈知识，也为更多的居民带去了欢乐，带动了更多的舞蹈爱好者参与进来，改变了很多舞蹈爱好者的生活习惯和生活态度，他们变得更积极、更热情、更自信，给家人、给邻里传播更多的正能量。""现在，家人和朋友都说我心态变得更好了，每天都是乐呵呵的，他们更愿意跟我交流、跟我一起玩了，说跟我在一起也变得开心。我自己也觉得自己变化很大，更加热爱生活，觉得每天的心情都是好的，对每天练舞、每次排练、每次舞蹈比赛充满了期待。"

（二）辐射社区，社区学共体成为市民的"好去处"

基于生活、生产的实际情况，社区学共体已是当下市民首选的学习方式之一，具有学习不离乡、学习可选择、学习不功利、同学伙伴化、互动频率高等优势，使更多的市民有兴趣积极参与到社区学习中来。

一个学共体核心成员至少能带动两个人参与学习，一个30人的小型学共体至少也能带动约100个市民。一个社区1万居民，如果有十几个小型学共体，那这个社区的学习氛围、生活品质就有了一定的高度、厚度、广度和深度了。

"在加入社区这支队伍后，我把跳舞当作自己的事业，带动了社区文化发展，融洽了邻里关系。""社区舞蹈团还不忘参加各种公益活动，开展养老院慰问活动，给他们带去欢乐与祝福。如今的千岛浪花表演艺术舞蹈团，已经不仅仅是大家锻炼身体、交流舞艺的平台，更成为大家增进友情、陶冶情操的好场所、好去处。"

文化建设、精神文明创建是政府的基本职能,政府作为引领者,理政施策的各项措施要真正落地生根,基层的社区学共体应该是最好的平台,也是最好的帮手。"深入居民小区,自编自演节目,不忘开展公益活动,慰问老人,下乡宣传,为大家带去欢乐。同时,紧跟形势,为社会传播正能量,传递构建和谐社区的理念,队员们讲奉献、守纪律,根据节日的特点,精心安排,义务开展国卫宣传、共建活动,不图分文报酬。""我们为了扩大书画摄影在社会上的影响面,积极主动与相关机关单位,如县国土资源局、县工贸公司、县旅委、县委党校、县开发总公司、县民政局、科技局、县市场管理局等单位联合举办书画摄影展,宣传这些单位的工作职能、业绩、工作目标等,配合县委县政府中心工作,宣传正能量都从我们会员的书法、国画、摄影作品中来展现。"这些学共体成员不就是最有正能量的"义务宣传员"吗?

(三)传承传统文化,社区学共体成为文化传承的"接力棒"

人生价值在于奉献社会,在服务市民的活动中,市民有了充实的成就感,产生对于"价值"的切身体验。学共体就是这样的一个展台,只有广大市民积极融入社区学共体中去,文化强国的清梦才能更接地气。

"旗袍是一种东方文化,盛行于三四十年代。行家把20世纪20年代看作旗袍流行的起点,30年代它到了顶峰状态,很快从发源地上海风靡至全国各地。旗袍追随着时代,承载着文明,以其流动的旋律、潇洒的画意与浓郁的诗情,表现出中华女性贤淑、典雅、温柔、清丽的气质。旗袍连接起过去和未来,连接起生活与艺术,将美的风韵洒满人间。""千岛浪花旗袍文化团的组建是为了传承文化,将前人留下的文化财富传承下,一袭古典的旗袍,撑一把油纸伞,这种不张扬的显山露水,却能将女人的精致、妩媚展现出来,令人回味。"

"当我们望湖社区千岛浪花旗袍文化团初次亮相时,成果是喜人的:展示古典、优雅、妩媚的旗袍,融入了秀色的千岛湖,给千岛湖增添一道亮丽风景线,吸引了广大摄影爱好者及路人驻足留影。淳安县电视新闻台、地方报社等也都做了相应的报道,同时,在行走的过程中,还吸引了许多外国友人,他们纷纷拿出手机拍摄,伸出大拇指点赞。"

三、与水共融:社区学共体明天更美好

"乡田同井,出入相友,守望相助,疾病相扶持。"时代在发展,城市化虽然让更多的人很难"乡田同井"了,但"乡田同井"时代所追求的友善和谐"守望相学"

的理想社会却在当下逐渐成为一种社会实践。

　　社区学共体是社区居民人性向善的回归。上善若水，水是纯真的；水能生养万物，水是智慧的；水滴石穿，水是持之以恒的；水平如镜，水是富有灵性的；水到渠成，水是最能成功的。"一湖秀水甲天下"，千岛湖养育了"锦山秀水、文献名邦"，生活在这里的千百年"与水共融"的乡民，在全民学习、终身学习的大潮中，定能勇立潮头、奋楫新时代（图1）。

图1　淳安县千岛湖镇火炉尖社区竹马艺术团参加杭州市终身学习周开幕式

乡村社区学习共同体建设研究

—— 以建德市三都镇为例

杭州市建德市三都成人文化技术学校　王良辉

如今农村有这样一个现象：留守中老年人居多，年轻人大多外出打工，许多小村已经成为空心村，农村老年人成了留守家乡的"主力军"。这批中老年人，要自食其力地劳作，平时几乎无晚辈给他们带来天伦之乐，忍受着孤独寂寞。年轻人即使回家探亲，也都是拿着手机沉浸在网络世界里，与老人的交流很少。另外，还有许多偏远山村居民下山移民到集镇上，从农民转变成集镇居民，居住环境也从原来的土坯房到现在的楼房，周围是来自其他村落的陌生居民，在这样的新环境中生活，一定程度上影响了他们的思想、情感交流。因此培育建设这些中老年人参与的学习共同体，让他们在学习共同体中增进相互的交流，丰富他们的精神生活，提升他们的幸福指数，是非常必要的。这些乡村社区学习共同体是这些中老年人走出家门、相互交流的载体和平台，他们会在共同学习、主动学习中得到精神的愉悦和满足，以填补他们"空虚无聊"的守巢日。

一、政府支持，社区学校助力，乡村社区学习共同体成为农村亮丽的风景

乡村社区学习共同体是社区教育和居民终身学习的一个重要载体，培育乡村社区学习共同体是社会各界应予以重视的一项公益性工作。政府领导、社区工作者对此应有充分的认识，并且激发相关工作人员的积极性，发挥他们在工作中的创造性，共同创建乡村社区学习共同体，以满足广大农村中老年对精神文化的需求、受教育者提升自身素质的要求。

1.政府搭台支持

学习共同体是乡村中老年学习交流和提升的载体,也是他们寻求精神归属、丰富精神文化生活的平台。这个平台的搭建离不开当地政府的全力支持,建德市三都镇在乡村社区学习共同体的建设中,充分体现了政府的支持功能:在组织人事上安排一个副镇长,兼管乡村社区学共体事务,并设有文化教育办公室;在各村配置上安排文化员,由这些文化员来领头组建学习共同体;在硬件建设上,三都镇在全镇19个村都建造了文化礼堂,配置了音响、影视等教学活动设备,为各个学共体开展活动提供了便利而舒适的活动场地。在活动开展方面,三都镇文化教育办公室每年都会举办几次各学习共同体才艺会演、作品展示以及政治文化宣传活动,为学共体的建设发展注入了活力与动力。例如元旦文艺汇演、国庆文艺汇演、春节婺剧演出、美丽乡村书法作品展、春节书画社送春联下村进户活动等等。在资金投入上也是极力满足学共体建设需要,例如三都镇政府每年拨付给三都书画社一定量的活动经费;马宅村非遗项目"提线木偶"团队的建设,镇政府一直很重视,安排他们每周到三江口渔村表演,并支付给学共体成员一定的补贴经费,这些措施都极大地推动了学共体的建设。

2.社区学校助力

建德市社区学院总体部署学习共同体建设的策略和计划方案,三都镇成人文化技术学校(社区学校)在建德市社区学院的指导下,积极开展引领助推乡村社区学习共同体建设和培育工作。

首先,召开各村社区文化员座谈会,明确乡村社区学习共同体建设的意义,选拔推荐各村社区骨干人员,组织他们进行培训;其次,帮助他们制订乡村社区学习共同体的团队规章制度、活动计划、组织形式等,确定各个学共体负责人,明确负责人的职责,并建立定期联系制度。三都成人文化技术学校每年都会组织各个学共体负责人和骨干人员进行学习共同体建设、运行策略等方面的专题培训,帮助他们针对学习共同体建设运行当中出现的问题困难进行诊断直至最终解决。例如,三都书画社学共体成立之初,三都成校就直接介入,协助制订规章制度、活动计划,帮助书画社举办社员书画技能培训(每年2到4次),社员达50多人,三都成人文化技术学校与三都书画社负责人协商成立理事会和临时党支部,加强了对三都书画社学共体的管理,三年来,三都书画社定时定点开展活动,新社员不断加入,优秀书画作品不断涌现,在杭州市书画作品比赛中频频获奖,多人成为杭州市书法协会会员,三都书画社被评为建德市优秀学共体,杭州市示范社区学习共同体。

作为农村学习共同体助力者和引领者,三都成人文化技术学校不仅要为各个乡村社区学习共同体把好规章制度建设关,还要解决各村社区乡村学习共同体发展的不均衡现状,三都镇 19 个村,一个居民区,每个村至少有一个学习共同体组织,但发展不均衡,有的学共体人数众多,活动丰富;有的学习共同体组织涣散,全年没有几次集体活动。虽然学习共同体的参加者是自愿的,但发动组织工作很重要,动员工作充分,那么成员就会来主动学习,乐于学习。三都成人文化技术学校在这方面也做了大量的工作,平时利用健康养生讲座、国学文化讲座等活动来激发居民对健康的需求和向往,引领居民参加健身舞蹈队、太极表演队、腰鼓队、扇舞队等。

为了使各村的社区共同体能百花齐放,各领风骚,三都成人文化技术学校还采取了一定的激励机制,每年进行优秀学共体的评选,优胜者将选送参加建德市优秀学习共同体评选,对各个学共体负责人也进行评优评先活动,表彰先进,并与镇政府的优秀文化建设先进评选相结合,以此来激发大家参与学习共同体活动的热情。

二、大力开发地域历史文化资源,丰富学习共同体文化内涵

在农村,乡村居民个人文化素质普遍不高,但地域文化资源却很丰富,因此,在培育建设学习共同体时,要大力挖掘不同地域的文化资源,同时,这也是激发学习共同体活动的内驱动力。三都镇九姓渔民水上婚礼项目、马宅提线木偶项目、羊峨村竹马灯项目都因为有丰富的历史文化内涵而成功申报了杭州市非遗传承项目。这些学习共同体已成为三都镇区域文化展示的招牌和标志,吸引了大批各地游客和本地居民前去观看。马宅提线木偶项目在演绎过程中成功结合了马侍郎传说的故事,使得该项目内涵更加丰富、饱满;九姓渔民水上婚礼表演项目,不仅表演者演技精彩绝伦,而且还充分挖掘了历史文化内涵,结合明朝时期,朱元璋打败陈友谅,并将陈友谅及其部下发配到新安江上不得上岸生活的历史故事,使其文化内涵与精彩表演巧妙结合。

三、扩大学共体社会影响,繁荣乡村文化,推进全民终身学习

随着乡村社区全民终身学习活动的推进,三都镇乡村社区学习共同体建设也日渐繁荣,目前全镇登记在册的学习共同体有 20 余个,这些学习共同体的建设发展,以政府支持为导向,以三都成人文化技术学校引领为助力,以学共体自主管理、自愿自主自乐为基调,各展芳华、各具特色,成绩斐然。其中特色显著、

成绩卓著的学习共同体如下：三江口九姓渔民水上婚礼表演队每周末表演，全年观众达万余人；马宅提线木偶表演队每周末表演，全年观众达万余人。这两个学习共同体都成功申报为杭州市非遗项目。三都镇书画社，每周两次活动，社员50余人，创作的美丽乡村书法作品，多人获得各种比赛奖项，多人成为市书法协会会员，2018年被评为建德市优秀学共体，2019年获得杭州市示范性社区学习共同体（学习型社团），有力推动了三都居民学习书画的热潮；三都婺韵会每周举行两次活动，每次活动的开展都会吸引很多居民前来观赏，2019年还获得建德市优秀学习共同体，在建德市婺剧器乐比赛中多次获奖。因为三都婺韵会的带动，有效促进了三都婺剧文化的发展，在周边各村中相继成立了多个婺剧类学习共同体，如马宅坐唱班、梓里婺剧社、乌祥婺剧社等等。三都水鼓表演队在本地各种喜庆典礼上都会被邀参加演出，因其演技精湛、气势恢宏，常被邀请到其他乡镇参加表演，社会声誉很高；马宅舞蹈队、三都腰鼓队等学习共同体也因自身过硬的表演而受到各界赞誉，并且走出三都，甚至走出建德市，外出多地参加表演。《建德日报》、建德电视台、杭州电视台、浙江电视台等多家媒体都曾对三都的这些学习共同体进行报道，社会影响之广不言而喻。

近年来，建德市在乡村振兴战略推动下，大力推进美丽乡村建设，农村面貌发生了巨大的改变，农民富起来了，乡村美起来了，农民对精神文化生活的需求高起来了，社区教育的任务重起来了。这在一定程度上对乡村学习共同体建设和发展有促进作用，培育建设乡村学习共同体是最接地气的社区教育，是农村推行全民终身学习的重要补充。但是从三都镇学习共同体培育建设来看，面临的困难还是有的：农村老年人受教育程度低，有一些人对参加学习共同体的学习活动兴趣不高；农村教育资源匮乏，自筹教育活动经费困难；各区域学习共同体的建设发展不平衡。这些在一定程度上制约了乡村学习共同体的建设发展。但是，有地方政府的支持做后盾，有成教人的不懈努力，只要我们坚持"以人为本，服务于民"的理想信念，真抓实干，我们坚信农村社区教育必将越来越好（图1）。

图1　千年古府文化节文艺汇演

社区学习共同体区域发展策略

——以杭州经济技术开发区为例

杭州钱塘新区社区学院　刘大洋

在城市化进程日益加快的时代背景下,如何让带着梦想来到城市的异乡人"忘却"乡愁"心安"地融入当地城市的生活环境,并积极地投入当地的经济社会建设中去,最为关键的是能够使他们"此处心安",在新的生活环境里重构人际关系、重建社区认同感和归属感。这也是"移民新区"——杭州钱塘新区发展社区教育的重要任务。

"社区学习共同体是生活在社区中的居民由本质意志主导的,因共同学习而结成的能够实现人的生命成长和建立守望相助关系的群体。"[①]汪国新等学者认为,因为社区学习共同体具有"本质意志、共同学习、守望相助、生命成长"四大要素,正好能回应社区居民的学习困境、人生的困境和城市的困境。从社会学意义上来看,人们在社区学习共同体里的共同学习,不仅仅是一种知识、技能等方面的习得活动,更是一种情感交流、人际关系重构的社交活动。因此,参加社区学习共同体的共同学习活动,能够有效帮助异乡人在"陌生"社区里建立起新的认同感和归属感,从而有效促进社会和谐稳定和个人美好生活的实现。基于上述认识,我们开展了许多有意义的实践探索,形成了具有区域特点的发展社区学习共同体的基本经验。

一、转变观念,坚持社区学习共同体理论指导

社区教育之困境。社区教育是指在社区中,开发、利用各种教育资源,以社区全体成员为对象,开展旨在提高成员的素质和生活质量,促进成员的全面发

---

① 汪国新,项秉健.社区学习共同体,重拾共同体生活的现实载体[J].教育发展研究,2018(9).

展和社区可持续发展的教育活动(2006 年,国家标准化管理委员会的定义)。综观当前我国的社区教育主要还是自上而下的"设计型教育"①。"设计型教育"如同学校教育一样,社区居民在学习内容、学习方式、学习时间、学习空间等方面,是无法自主选择的,有些地区虽然在学习课程方面采用菜单式服务形式,但本质上还是摆脱不了自上而下的"设计"。这种"设计型"的社区教育,其最大问题是社区居民只能按"选择意志"被动参加学习活动,不能按"本质意志"自主参加学习活动,由此产生种种的社区教育困境——社区教育的知晓率和参与率低,积极性和主动性低,资源不充分并且利用率低,学习实效性低等,长期无法得以突破。

另外,我们不难发现,随着城市化进程日益加快,人们居住的城市也越来越大,城市只有"小区""高楼"而没有"社区"的现象及现代"城市病"也愈发严重:原有的以宗族血缘、地域文化、生活习性、兴趣爱好等而结成社会关系被淡化,居民之间彼此缺乏沟通交流的途径和方式,居住在小区里的人们,却成了"最熟悉的陌生人",家庭成为"孤立的家",居民则成为"寡处的人"。在新的社会关系没有建立起来之前,居住在城市小区里的"孤家寡人"严重缺乏社区的认同感和归属感。

汪国新和项秉健在对社区学习共同体进行十几年的实践与理论研究中发现,社区居民在共同体里的学习,其学习动机出自"本质意志";学习方式是相互沟通和交流的"共同学习";在共同学习中建立促进学习者建立起"守望相助"的和谐人际关系,从而建立起社区认同感和归属感;学习者在共同学习活动中享受的是学习过程,收效的是学习者的心情愉悦、自我满意即"生命成长",从而自愿地服务于社区的经济社会和文化建设。

社区学习共同体里的共同学习,有别于其他群体里的学习,它以每位学习成员的共同自觉为切入点和出发点,其动机来自成员的"本质意志";成员的学习行为是自主发生的,不受"选择意志"的影响;学习资源来自每个成员的本身——"成员即资源"②,换言之,学习资源是自给自足的;成员的学习效果的评价是基于自我满意的自我评价,不为他评所左右。

发展社区学习共同体于政府而言,能够"增进社会组织活力""增强社会组织的学习能力"(《教育部等七部门关于推进学习型城市建设的意见》教职成〔2014〕10 号);能够"实现自我组织、自我教育、自我管理、自我服务,不断增强各

① 汪国新,项秉健.实现社区教育根本性变革:从设计型到生长型的转变[J].教育发展研究,2019(9).
② 汪国新,孙艳雷.成员即资源:社区学习共同体内生成发展规律探析[J].职教论坛,2013(24).

类组织的凝聚力和创新力"(《教育部等九部门关于进一步推进社区教育发展的意见》教职成〔2016〕4号)。于社区而言,可以促进社区管理向社区治理的转变;提高社区的文化品位,增进社区成员认同感和归属感。于社会成员而言,有利于提高参与成员的科学人文素养,有利于形成人与人之间互帮互助、邻里相亲的人际关系。

社区学习共同体的实践与理论研究表明,发生在社区学习共同体里的学习行为,是一种自下而上的"生长型"社区教育现象。因此,要有效回应和破解社区教育中的种种困境,必须大力发展社区学习共同体。

二、制订规划,保障社区学习共同体统筹发展

汪国新等学者认为,社区学习共同体是一个生命体,培育社区学习共同体需要遵循的基本原则是"支持而不包办、扶持而不控制、助推而不实行目标管理、养护而不拔苗助长"[①]。政府在社区学习共同体的成长发展中不是无所作为的,可以在社区学习共同体的成长环境建设上发挥作用。

如上所述,发展社区学习共同体,能够有效回应和破解社区教育中的种种困境。因此,在发展社区教育事业中,必须统筹发展社区学习共同体。我们在多年的实践中发现,发展社区学习共同体,务必在转变观念的基础上,首先要制订社区学习共同体发展规划。我们的基本做法是,将发展社区学习共同体工作纳入社区教育整体规划,在区政府(开发区管委会)颁布的《杭州经济技术开发区社区教育发展规划(2016—2020)》(杭经开管〔2017〕41号)文件中,将社区学习共同体作为发展社区教育的重要内容、主要抓手和基本路径,对发展社区学习共同体的具体目标、主要任务、培育计划等提出了明确要求。

具体目标:深化区域层面社区学习共同体培育工作及实践基地建设,力争每年评选10个区级示范性社区学习共同体,每年推荐5个市级示范性社区学习共同体。建立全国社区学习共同体研究基地。

主要任务:鼓励和引导社区居民自发组建形式多样的学习团队、活动小组等社区学习共同体,实现自我组织、自我教育、自我管理、自我服务,不断增强各类组织的凝聚力和创新力。

培育计划:立足"抓核心、促自治、强保障"三大原则,培育"文化与艺术、生活与休闲、健康与娱乐、公民与公益、科学与技术"五大类社区学习共同体,通过表彰、展演,建立发展联盟等举措,加大示范效应发挥,推进社区试验基地建设。

---

① 汪国新,项秉建.社区学习共同体[M].杭州:浙江大学出版社,2019.

在区政府(开发区管委会)颁布的《街道 30 分钟市民学习圈创建工作方案》(杭经开管〔2017〕39 号)文件中,还特别规定要保障经费投入,"区财政要落实社区教育资金,用于支持街道学习圈和社区示范性社区学习共同体建设。各街道要建立相应资金配套制度","相关职能部门要关注和参与学习型社团建设,加强学习型社团管理和指导,引导广大市民积极参与社团学习活动"。

三、健全机制,助推社区学习共同体生命成长

1."沐阳光"——建立导向机制

"沐阳光"主要是指建立必要的示范激励机制,引导社区积极培育社区学习共同体,引导居民积极发展社区学习共同体和参与共同学习活动。评选表彰是对人(或组织)的某种行为或参与某项活动等的认可或肯定。通过评选表彰,可以激发社会正能量,激励人(或组织)更为自觉主动地参与该活动。为此,我们建立了每年定期面向全区开展社区示范性学习共同体评选表彰活动的示范激励机制。

整个评选活动主要分三个阶段:

宣传发动。发布文件,主办单位(教育行政部门)利用官网和社会上的各类平面媒体以及网络媒体开展线上宣传,同时印制海报送至各社区张贴等形式开展线下宣传。通过广泛的宣传发动,引导各街道文化站、社区积极引导和鼓励辖区内各类社区学习共同体踊跃参加评选,同时做好指导、预评,努力推荐在社区学习中起引领作用,为社区治理、社会建设做出积极贡献的各类社区示范性学习共同体。

交流展示。主办单位召集进行集中汇报交流,各参评社团的负责人进行事迹介绍和成果展示(视频展示和 PPT 课件汇报)。专家评审组根据评选标准和事迹介绍,进行综合量化评分,拟定若干个初选名单,然后进行实地考察。

认定表彰。主办单位综合专家评审组的材料评审和实地考察情况,确定社区示范性学习共同体入选名单,然后进行网络公示。最后由主办单位发文,认定为区级社区示范性学习共同体,颁发荣誉证书,给予一定的物质奖励,并安排专业拍摄,刻成光盘留念,制作成视频专题,进行播放宣传。对更为优秀的团队,推荐参加来年的市级社区示范性学习共同体的评选。

2."造空气"——建立宣传机制

"造空气"主要是指建立必要的宣传机制,加强舆论宣传,积极营造有利于发展社区学习共同体的社会氛围与环境。从社会学观点来看,社区学习共同体

作为一种非正式的群体组织,是人类社会生活中的基本单元之一。社区学习共同体成员的学习与社交活动,跟社会氛围及外部环境是相互交换、互为影响的。尽管社区学习共同体成员的学习活动是一种基于内目标即"本质意志"指向下的学习,但是,外部环境的作用也是不可忽视的。外部因素正向作用,可以更加坚定学习者的内目标选择。

多年的实践探索表明,加强与媒体的密切合作,对于营造良好的社会氛围,建设良好的社区学习共同体成长环境,可以起到事半功倍的作用。我们的主要做法:一是与当地的门户网站签订合作协议,开辟全民学习活动专栏,广泛开展社区教育以及社区学习共同体的线上宣传活动。由于网络媒体的传播速度快、受众多、不受时空限制,这对广大民众了解、认同、参与社区学习共同体互动,可以起到很好的效果。二是利用报纸等政府平面媒体,以及杭州电视台和全国社区学习共同体微信公众号等媒体,通过图文、视频等形式,加强舆论宣传,推介社区学习共同体的事迹。三是自制视频,利用政府的各种公益宣传渠道,播放社区学习共同体的事迹。另外,我们还结合各种重大活动如大型招聘会、推介会等,通过展板、视频等形式植入社区示范性学习共同体的事迹宣传。

3."给雨露"——建立支持机制

社区学习共同体是促进社区文化建设、加强社区治理和建设学习型社会的重要载体。因此,政府提供人、财、物等方面的支持也是必要的。"给雨露"主要是指在"支持而不包办、扶持而不控制"的原则下,通过一定的制度形式,为社区学习共同体提供必要的经费支持;通过一定的组织形式,为核心成员的成长提供必要的理论支持。

为支持社区学习共同体的发展,更好地发挥社区学习共同体提升市民素质、推动社区发展的功能,我们因事制宜地采取了一系列的经费支持措施。在社区教育专项经费中,专门设立《关于全民学习先进集体和个人的奖励标准》项目,对在全民终身学习活动中涌现的先进组织分别给予不同的奖励:区社区示范性学习共同体,1500 元/个;市社区示范性学习型社团(学习共同体),3000元/个;省社区示范性社区学习共同体,5000 元/个;全国社区示范性社区学习共同体,10000 元/个。同时,要求"各街道、社区要设立配套资金,加强培育扶持,促进社区学习学习共同体的健康发展"。

社区学习共同体作为一种社会组织形态,其团队核心成员的引领作用是不可忽视的。核心成员如"种子",其作用发挥得如何,直接决定着社区学习共同体的发展方向和程度。显然,提高核心成员的理论素养,已成为社区、街道以及

图1　2019年3月22日,钱塘区义蓬街道江南腰鼓队在村广场训练

各级政府和有关部门发展社区学习共同体的重要任务。我们的基本策略是:健全百姓学习之星评选机制,挖掘核心成员;建立社区文教干部和学习骨干培训机制,培育核心成员。

至今,我们已经建立了较为完善的百姓学习之星评选机制,全区涌现出了一批扎根社区、热爱学习、分享快乐、传播正能量的百姓学习之星。他们犹如播撒在各个社区里的学习种子,带头坚持终身学习的精神,引领着广大市民让学习成为生活习惯和社会风尚,在提升个人生活品质的同时,积极影响和带领周边居民参加学习互动,如朗琴社区的合唱队、滟澜社区的墨吟书画社、月雅苑社区的潮之声朗诵社等,都是在百姓学习之星的影响、发动并组织下,成长为区、市级社区示范性学习共同体的(图1)。

经过多年的实践探索,我们形成了以"培训、交流、研讨"为主题的培训机制。在区级社区示范性学习共同体评选期间,组织一次社区文教干部和学共体骨干专题培训班;在市级社区示范性学习共同体评选推荐前期,组织一次核心成员经验交流座谈会;另外,还组织核心成员参加区、市乃至全国社区学习共同体研讨会。通过"培训、交流、研讨",提高了核心成员对社区学习共同体重要意义的认识,增进了对社区学习共同体成长机理的了解,增强了发展社区学习共同体的信心,拓宽了发展社区学习共同体的思路。

4."建湿地"——建立助推机制

"建湿地"主要是指借鉴"自然界湿地原理",建立各类学习交流平台和机制，助推社区学习共同体的多样性生长。

加强基础设施建设。场地与设施是社区学习共同体开展共同学习活动的必要条件。为促进各社区重视社区学习共同体的发展，在评选认定条件中提出了"有相对固定的学习场所"的要求，同时，组织开展社区基层最佳、最美图书室评选，社区示范性、标准化市民学校认定，中小学教育资源对社会开放等活动。由此，为社区学习共同体开展共同学习活动提供了场地与设施支持。

建立成果展示机制。成就感是学习者保持持续学习的内在动力，是学习者精神上的一种满足、尊严上的一种认可和内心成长的一份收益。我们的基本做法是：每年举办一次"书香东部湾"（书香钱塘）系列主题活动成果展演活动。成果展演活动包括"视频回顾""领导颁奖""才艺表演"等，在整个展演过程中，每个团队成员不仅得到了表彰和认可，才艺也得到了展示，心情更愉悦了，对老年人而言也是生命活力的展现。这种在表彰基础上的展示，其实是社区学习共同体成员自我价值认同的过程，大大提升了市民参与团队学习的成就感。

丰富交流互动形式。在社区学习共同体里，尽管学习者的兴趣相投，但学习水平和能力是不同的，他们主要以"信息交流、资源共享、人际交往、自主协商"等方式进行学习。以交流、分享为基本特征的共同学习是社区学习共同体成员的基本学习方式。通过交流、分享，社区学习共同体成员可以实现真正意义上的共同进步。这正是共同学习给全体成员所带来的学习快乐。我们结合实际，分类组织社区学习共同体开展线上线下交流、分享活动。线下的学习交流、分享，主要是结合重大事件或纪念日，组织同类社区学习共同体进行同台献艺，如在 G20 杭州峰会期间，组织"文化与艺术"类的社区学习共同体，开展了"喜迎 G20，文明我先行"大型文艺宣传进社区活动；组织相关社区学习共同体参加市级联盟活动；另外，每年组织一次核心成员交流座谈会。线上学习交流、分享，主要是通过区域门户网、全国社区学习共同体公众号，以及建立核心成员微信群等，开展事迹介绍和经验交流。

建立成果认定机制。社区居民在学习共同体里的学习，不同于学校里的课程学习，其成果无法也无须量化考核。然而，其学习过程中的学习者生命状态的积极变化是显而易见的。为尊重其学习成果，记录其生命成长，激发其学习活力，我们结合学分银行工作，建立了社区居民在学习共同体成员学习成果的认定机制。在区学分银行的《社区居民学习成果录入有关情况说明》中，对各社区（社区学校）提出了要"结合自身特点，挖掘社区资源，积极培育社区各类学习共同体，发动社区居民广泛参与自主学习"的工作考核要求。同时，对居民参与社区学习共同体的学习成果的录入,也作了明确规定:"取得社区学习共同体学共体奖项的,区级奖项录入信息:非学历教育项目,每人计 48 学分;市级奖项录入信息:非学历教育项目,每人计 96 学分。以此类推。"这一举措,突破了学校以考试成绩、机构培训以考核结果作为成果录入条件的限制,极大地激发了社区的工作积极性和居民的学习自主性,有力助推了社区学习共同体的多样性生长。

根据调查统计(截至 2019 年年初),有 334 个社区学习共同体,涵盖文化与艺术、生活与休闲、健康与娱乐、公民与公益、科学技术五大类,其中区级社区示范性学习共同体 45 个,市级社区示范性学习共同体 14 个,遍布开发区各个社区,每周至少有近 2 万人次的居民参加各种共同学习活动。

实践探索和理论研究表明,社区学习共同体促成了社区成员学习方式的革新,实现了民众的共同体学习,还激发了市民们的自我教育、自主管理的主体精神;社区学习共同体有助于形成社区居民之间的信任、建立守望相助的人际关系,营造出温情的社区环境,有效增进了市民的文化自觉与社区认同感和归属感,有利于推进学习型社区和学习型城市的构建,这是对现代城市社区如何建立精神家园的直接回应。如美达社区的居民通过多年的社区学习共同体培育,感慨道:"我们社区的居民也在一次次的交流中从'天天相见的陌生人'逐渐变为'志趣相投的好邻居',并以轻松学习、快乐生活为目的,以善良、信任、友爱和助人为初心,基于共同兴趣,自愿自主自需地组成各类学习共同体,开展相互探究、交流、协作和欣赏。展现自我机会多了,相互交流机会多了,思维与智慧的碰撞多了,新杭州人的社区归属感和幸福感也自然提升了。"社区还进一步发现,居民参加社区学习共同体,"不仅居民自我的幸福指数上升了,社区也明显感觉到了在社区其他各项工作的推广上有了更多的支持和积淀:比如邻里之间更为和睦,矛盾纠纷少了;比如助人自助的理念更深了,对于政府的依赖少了;比如志愿大爱的奉献精神更多了,自私独断的负面情绪少了,社区精神面貌也显著提升了"。各社区都基本形成了基本价值认同:社区学习共同体是社区居民的文化纽带,是推动和谐社区建设的不可或缺的载体。

社区学习共同体是植根社区和社区居民之间的居民自愿自发形成的非正式组织,其本质特征是草根性和非正式性。在这个人们习惯了正式组织的社会环境里,社区学习共同体的发芽、发育,由于其草根性和非正式性,一般不被政府以及有关部门所关注、关心。另一方面,也正是其具有草根性和非正式性的特征,社区学习共同体如同大自然生态系统中的"野草"一样,可以在社区里"野蛮"生长。因此,政府以及相关机构在发展社区学习共同体的过程中,不能像管理正式组织那样实行目标管理,以预设好的条条框框去搞"盆景"工程,必须尊重其草根性,保持其生态性,外界只需给予更好的环境条件(阳光、空气、湿地等),使其根系发达、枝繁叶茂,自然、自由成长。本文所述的培育策略,仅仅是一种给予雨露与阳光的扶助、帮助的行为,起着推动、助力作用,它不同于牵引和拉动——不需要外界组织或人对其学习目标、学习内容、学习方式以及组织形式等进行预设、干预或变更。也就是说,在发展社区学习共同体的过程中,必须遵循其本质特征。唯此,社区学习共同体才能多样性生长,居民才能在共同学习中得以生命成长。

社区学习共同体发展的杭州实践与展望

浙江省杭州市教育科学研究院　汪国新

2007年起,杭州持续14年研究和培育社区学习共同体,力图从根本上转变社区教育方式,让成人学习温暖起来。今天,社区学习共同体遍布城乡,历史文化名城杭州因社区学习共同体所形成的学习文化而具有独特韵味。

一、背景和意义

质量是社区教育的生命线。社区教育的质量是通过学员"用脚投票"体现的。现行的社区教育常常不能遵循成人学习规律而陷入困境。实现社区教育的转型,不仅是必要的,也是具有现实可能性的。

早在2007年下半年,浙江省教育厅鲍学军副厅长就向笔者提出问题:"社区教育的知晓度不高、参与率不高、吸引力不强,能否从微观层面上研究一下什么样的社区教育,才是群众喜欢的?"随后的实地调研,证实了鲍厅长提出的问题不仅存在,而且十分普遍:社区教育采用正规教育的办学模式,社区居民常常"敬而远之"或选择离开。实际上,全面建成小康社会,城乡居民的学习需求显著增长,学习愿望更加强烈,并且显现出多元化、个性化和品质化的趋势。而政府供给的能力弱,供需间的矛盾激烈。政府处于两难境地:一方面,社区教育作为公共产品,政府只能提供最基础性的服务,不可能像基础教育或高等教育一样大规模地投入。其服务的方式,也只能是自上而下的供给。另一方面,社区教育的公益性与教育性,决定它不能遵循竞争逻辑、按市场规律去操作。于是,有人把提高社区教育的满意度寄希望于扩大社区教育办学规模和扩大数字化学习资源上。其实,即使再十倍地扩大社区教育的办学能力,建再多的数字化的网络课程，同样不能破解资源难题。变革社区教育的供给侧十分必要和迫切。

社区学习共同体是"生活在社区中的居民因共同学习而结成的能实现生命成长和建立守望相助关系的群体"[1]。这种基于共同的兴趣、爱好及学习需求，在平等、互助的原则下，通过心灵契约的形式自发构成的非正式学习群体[2]，其本质内涵是"本质意志、共同学习、守望相助、生命成长"。在全面建成小康社会的进程中，草根的社区学习共同体展现出不可遏制的生命力，成为现代社会成人学习的重要载体。社区学习共同体的普遍建立，实现社区教育从设计型到生长型的转变，从根本上改变了社区教育的价值取向和学习方式。把社区学习共同体应用到老年教育中，推行"社区共学养老"，可以同时满足老年人"有所学、有所乐、有所为"的愿望，正面回应老龄社会养老这一重大民生问题，为新时代的精神养老开辟新路径。

二、杭州社区学习共同体发展现状

（一）社区教育的参与率和满意度较大提高

1. 社区学习共同体遍布城乡

目前，据杭州市不完全统计，有文化与艺术、生活与休闲、健康与娱乐、公民与公益、科学与技术等五种类型的社区学习共同体 8000 个。每个月有 18 万人在学共体中学习，人均学习时间达到每个月 17 个小时（2016 年统计数据）。进入学共体学习，成为广大市民特别是老年人的自觉行动，参与学习的老年人是老年学校的 5 倍，参与学习的人次是老年学校的 15 倍。更重要的是，这里的共同学习，是具有生命性价值的共同学习，不仅是知识技能的增长，更重要的是实现了生命状态的积极改变。因内容丰富多元、形式灵活多样、人员异质互补，极大地满足了参与者的多样化、个性化、品质化的学习需求，已成为杭州终身学习的一道亮丽的风景线。

社区学习共同体不仅在城市社区里得到发展，在农村地区也"遍地开花"[3]。建德新安江街道常住人口约 10 万，共有各类学共体 120 个，参与学习的人数达 2000 余人。临安区清凉峰镇，是一个农村地区，有各类社区学习共同体 45 个，参与学习共同体学习的人数达 800 人，《杭州日报》用一个版面给予了专题报道（2015 年）。清凉峰太极拳俱乐部 30 多位成员，在 35 个村建起了太极小队，让边远山区刮起了"太极风"。每年举办体育健身、文化艺术展示交流活动 15 场，共 12200 人次参与。

2.居民的归属感和幸福感得到提升

社区学习共同体让人有了家的感觉,从而有了幸福感和获得感。翟彩琴是一位新杭州人,她说:"来到陌生的地方,没有了亲朋好友,没有了倾诉的对象,更没有了适合自己要做的事情。失落、孤独、寂寞时时困扰着我,让我这个多年来被同事、朋友称为女强人的人感到无所适从。自打有了自己喜欢的朗琴合唱队,有了和自己志趣相投的姐妹,我觉得虽然离开了故土,远离了亲友,告别了施展才华的岗位,却找到了另一片天地。在这里大家有着共同的爱好,共同的愿望、共同的追求,在这里大家找到了自信,找到了幸福!失落、孤独、寂寞消失在我走进合唱队的那一刻。"建德新安江汪家村农民陈小芳,只有小学文化程度,家务繁忙,但老公对她不冷不热。她坚持在叶家社区月亮舞蹈队共同学习,几年下来,气质改变了,自信心增强了,老公对她另眼相看了。临安区的胡新人,全身心投入"清凉峰太极拳俱乐部"的学习中,得过重病的他,10年过去了,身体健康,带领拳友把太极拳普及35个村。他说是太极拳俱乐部让他得以重生。对于生活中遇到困境的人,社区学习共同体能改变人的不仅仅是知识结构与技能层次,而是生命的状态。

（二）成果推广应用和社会影响广泛

1.杭州持续多年的研究成果被各级政府出台的学习型城市建设和社区教育发展的政策文件所吸纳。2014年教育部等七部门《关于推进学习型城市建设的意见》和2016年《教育部等九部门关于进一步推进社区教育发展的意见》中都提倡发展学习共同体,特别是后一个文件把学习型组织建设和学习共同体建设并列提出,这一重大举措,对学习型社会建设具有里程碑意义。河北省、海南省等6省和宁波、常州等15个地市在政府出台的社区教育的相关文件中明确推进社区学习共同体。在国际性和全国性研讨会、地区性工作会议或培训班上,笔者发表的主题演讲受到与会者热烈欢迎。瑞典、美国等专家高度关注,联合国教科文组织阿恩·卡尔森所长认为:"社区学共体是老年人学习的极佳驱动力,提供了精彩、独特的学习体验。"全国各地纷纷到杭州来学习取经。

2.媒体和学者关注与肯定。2013年9月20日,《中国青年报》在头版头条发表题为《杭州打造中国式"学习圈"》的文章,对杭州市探索社区学习共同体作了报道。在《中国工商时报》发表《杭州,打造中国式"学习圈"》后,《人民日报》《光明日报》《文汇报》等八家国家重要媒体对此作了报道。2020年学习强国2次报道。

3.国内外影响广泛。从2009年起,杭州每年举办一次全国性的学术研讨会。2009 年首届全国社区教育青年论坛上,笔者作题为《基于社区学习共同体的学习——一种新的成人学习方式》的报告。2010 年第二届全国社区教育青年论坛上,笔者作题为《社区学习共同体的培育策略》的报告。2012 年全国社区学习共同体研讨会的主题是"基于社区,回归学习——社区学习共同体的培育"。2013 年研讨会主题是"共同学习,让生活更美好——新型城镇化背景下社区学习共同体的培育策略"。2014 年研讨会的主题是"社区学习共同体培育与社区教育的四级办学网络建设"。2015 年研讨会的主题是"社区学习共同体的生命价值与培育策略"。2016 年的主题是"城乡社区学习共同体培育区域发展",在本次会议上,成立了全国社区学习共同体研究中心。2017 年举办了首次社区学习共同体国际研讨会,来自中国、美国、日本和瑞典的近百名专家学者参与研讨。2018—2020 年的 3 次全国社区学习共同体研讨会聚焦老年教育,2018 年的主题是"社区学习共同体·社区共学养老",原计划 100 人参加的会议,实际参会人员突破了 200 人。中国教育发展战略学会副会长兼秘书长、终身学习专委会理事长韩民先生从 2016 年起先后 4 次出席笔者主持的全国或国际社区学习共同体研讨会,用实际行动和独特的学术影响力支持我们开展社区学习共同体研究与推进。

早在 2010 年首届中日韩终身学习论坛上,笔者的文章《基于"社区学习共同体"的学习——一种新的成人学习方式》作书面交流,收入会后出版的文集中。2011 年在上海市宝山区举行的"城市化与社区教育国际研讨会"上,笔者作题为《共同学习,让城市更美好——社区学习共同体及其培育策略》报告,第二次在国际会议上阐述社区学习共同体概念的由来、发展社区学习共同体的意义及培育策略。

美国终身教育专家道格拉斯·D. 珀金斯说:"社区学习共同体对提升社区感存在直接相关性。培育社区学习共同体非常重要和适时,因为中国正在基层大力推进人和社区的发展。"日本现代成人教育奠基人之一桥本先生说:"社区学习共同体的学习代表着学习的未来",瑞典学习圈研究专家托瑞·波尔森(Tore Presson)说:"社区学习共同体的学习是切合人性的学习。"

(三)理论研究取得突破

1. 理论探索的三个阶段

杭州是原创理论产生的沃土。基于杭州生动的社区教育实践,笔者在 2007 年首创"社区学习共同体"的概念。仅仅提出社区学习共同体的概念是不够的,需要通过原创理论的建立和区域实践的推进,助推成人学习方式的根本性的变革。从概念的提出到现在,理论探索经历了三个阶段。第一阶段 2007—2011 年,确认"基于社区学习共同体的学习是代表成人学习发展的方向,有望成为成人学习的最重要方式之一,培育学共体,是社区教育中要做的最重要工作之一"。第二个阶段是 2011—2013 年,确认"共同学习,让城市更美好"[4]。第三个阶段是 2014 年后,确认社区学习共同体是人类原始共同体的活性存在,是人类重拾共同体生活的现实载体[5],是实现社区教育根本性变革的新方式,是破解城市无"社区"、学习无"初心"、人生无"自己"的"三无"世纪难题的新窗口。[6]

2. 理论源头的探寻

2012 年,笔者带着"社区学习共同体"的理论源头在哪里的问题,只身到瑞典调研。"学习圈"在瑞典已有百余年的成功实践。瑞典总人口约一千万,时至今日,实际参与者每年 90 万人左右。瑞典是幸福指数最高的国家之一,它更加让我确信,要真正实现教育公平和人的全面和谐发展,必须走共同学习之路,让社区学习共同体成为我国民众生活的重要部分。

3. 理论框架的建立

笔者主持的"社区学习共同体生命价值与成长机理研究"课题已被立为国家社会科学基金项目,2014 年立项,2019 年 11 月结题,鉴定为"良好"。随着《社区学习共同体》《社区学习共同体的四大支柱》《社区学习共同体核心成员成长指要》等数本著作正式出版和《社区教育的根本性变革:从设计型到生长型的转变》《社区共学养老特征、意义与实施策略》等 105 篇论文在期刊发表,社区学习共同体的理论体系基本建立。

三、社区学习共同体培育的实践探索

社区学习共同体不是一般意义上的学习型组织,它的草根性、内生性、自主性、生命性决定了它的培育策略不同于学习型组织的打造策略。杭州通过打造社区学习共同体成长的"池塘"和"湿地",通过适度的扶持和激励,助推民间自发学习团队向社区学习共同体转化,形成了社区学习共同体养护的杭州样式。政府相关机构既不是"不作为",也不能"乱作为"。

(一)发现与关注

不管我们是否喜欢或是否看见,社区学习共同体就自然地存在于城乡社区之中。不仅杭州有,全国各地都有。然而对待它们的态度却有巨大的差别。在我们看来,犹如路边的小草、未引起教育工作者重视的学习共同体,具有无限的生命力,它体现了教育的本原和学习的真谛,是回答浙江省教育厅鲍学军副厅长提出的"如何让老百姓喜欢社区教育"问题的最佳答案之一。

非正规学习和非正式学习在终身教育中不可或缺,当我们走进市民的生活中,不仅认识到"高手在民间""好人在乡里",而且认识到"每个人都是老师",办好中国的社区教育只是观念陈旧的问题,不是资源不足的问题。自带动力的社区学习共同体已经广泛地存在于社区里,2012 年有学习共同体 2000 个,2020年有 8000 个,显现良好的发展势头。

(二)培育与养护

培育与养护学共体的方式,一改传统社区教育的单向供给、直接供给模式,不是直接输出教育资源(空间资源除外),而是为教育资源的可持续生长和生动活泼的学习活动的开展创造必要的基本条件,即不是教会植物和动物如何生长,而是为它们的自由生长留出田园、山林和湿地,提供必要的空气、阳光和雨露。

培育养护有其基本的原则,即支持而不包办、扶持而不控制、助推而不实行目标管理、养护而不拔苗助长。

一是帮助民间自发的学习团队植入更多的学习元素,成为成熟度比较高的社区学习共同体。在学共体发展较好的地区,建立"共学养老社区实验基地",目前已建立 12 个。

二是市区校三级对学习共同体的核心成员进行培训,帮助他们认识到作为核心成员的价值意义并探索更有效的工作方法。出版的《社区学习共同体核心成员成长指要》一书,作为核心成员培训的读本或教材。

三是适度激励。建立社区学习共同体"三有"评价激励机制,第一,奖励有"度",示范引领。从 2011—2020 年,在各区县评选工作的基础上开展市级评选,杭州市共评选、认定、表彰市级示范社区学习共同体 980 个。每个学共体都是一个生命性的存在,各不相同,符合社区学习共体核心要素的学共体都可以参评,具有一定的示范性就会受到肯定。

四是交流和展示。展示有平台,以展演聚人气。杭州市和各区县均搭建不同类型的社区学习共同体交流展示平台。不仅有面对面的交流展示,还有线上的交流与展示。综合借助传统媒体和网络媒介宣传报道典型学习人物与故事,提高学共体的社会影响力。通过交流联谊发挥辐射引领作用。成熟的学共体总会反哺社会的,他们自己寻找为社会、为社区服务的机会与平台。

(三)研究与指导

发挥科研先导作用,持续矢志推进。通过持续深入的理论与实践研究影响有影响力的人，通过有影响力的人影响政策，通过政策推动整体全局的工作。当研究者心中装着的是亿万人的幸福，同时深入基层，走进平民的内心世界，就有无穷的力量去战胜困难。

发挥杭州市成人教育研究室在全市科研中的引领作用。研究团队从 2008 年起，通过市级、省级、教育部重点和国家社会科学基金课题的申报和实施，培养人才，聚集力量，推进工作。

长期的研究发现，转变教育和学习方式，建立"成员即资源"的观念，社区教育的许多难题会迎刃而解。社区学习共同体有"同自觉、互为师、共作主、自评价"的本质特点，它是一种"自带动力"的学习。实践表明，好的社区教育，是学习者"我要学"，是由内而外的学习需要的满足，没有证书和学分的激励也一样能学好。

建立市、区两级"社区学习共同体研究与行动指导中心"，在街镇设立"社区学习共同体培育工作站"。市和区两级"指导中心"发挥统筹、协调、促进和指导的作用。"工作站"为本地学共体的发展提供基础性和个性化的服务。2013 年编制了《杭州市学习共同体地图册》，助力全市学习共同体的发展。2018 年起，编制并运作数字"学习地图"。

（四）政策支持与行政助力

杭州市人民政府于 2016 年 1 月，发布了《杭州市人民政府关于构建市民学习圈 大力推进终身教育工作的意见》（杭政函〔2016〕14 号）文件，明确在 2018—2020 年分三批认定 280 个杭州市示范学习共同体，要求在市民学习圈建设中，把学习共同体的培育作为提升学习活力的重要手段。在杭州市政府的文件出台后，各区、县（市）也出台了相应的配套文件，开展示范学习共同体的评比工作，并对获得市级的示范学习共同体给予不同程度的经费补助。2021 年 6 月，杭州市教育科学研究院印发《关于开展 2021 年杭州市示范社区学习共同体认定和选树活动的通知》，开展"社区学习共同体建设先进区""示范社区学习共同体""最佳学共体""最佳核心成员"的评选表彰系列活动，以此推进社区学习共同体向纵深发展。

四、努力方向与展望

教育部等部门出台的两个文件写进社区学习共同体，这是终身教育领域十分重要的突破。但两个《意见》出台后，社区学习共同体建设并非我们想象的那样——从此各省市的社区教育推进文件都写入发展社区学习共同体这一内容，受到行政官员、学术精英和实践工作者普遍重视。实际上，就全国而言，2016 年后，进入一个发展需求旺盛而阻力依然强大的艰苦探索新阶段。就杭州而言，存在的问题与挑战主要是实践推进的深度不够、理论传播的进度不够。

（一）充分认识社区学习共同体对人的发展和对社会建设重大的意义和价值，加大政府扶持的力度

瑞典的学习圈已有百余年的历史，几乎每一届政府都高度重视学习圈的建设，"与其让他们拿起枪杆子，不如让他们拿起书本子"是他们的基本思想。有三分之一的瑞典人参与到学习圈的学习中，政府委托社会组织管理全国的学习圈，并给予经费支助。我国如果能重视社区学习共同体的培育，政府可以花很少的钱，办成全世界最大规模的真正的社区教育，利国利民，在助推人的全面发展和学习型城市建设中，具有无法替代的作用。

（二）充分认识社区学习共同体在发展终身学习中的重要作用

人们美好生活的需要与满足需要的能力之间的矛盾运动，已经构成社区教育变革的强劲外部动力。基于社区学习共同体的社区教育，是完全不同于传统社区教育的生长型社区教育，这种社区教育形态必将成为未来社区教育的基本形态，在终身学习的发展中具有重要的无法替代的作用。因为，这样的社区教育具有如下三大特征。

——价值取向的生命性。基于社区学习共同体的社区教育，以人的全面自由的发展为出发点，不局限于知识和技能的增长，更多地关注精神生活的丰富和生命状态的改变，它较好地协调了教育的工具理性与价值理性，促进人的生命性价值与工具性价值的共同实现。

——学习动力的内生性。接受社区教育的动力不是来自外在的物质激励而是人的内在天性的呼唤。人的未完成性决定人是学习的动物。对于人的天性实现而言，学习是一种由内而外的过程，生命的历程即学习的过程。社区学习共同体成员的自觉行为是一种自然的过程，并不需要人为的理性匡正。

——学习资源的可再生性。教员和学员都是生活在社区的居民，学习需求是由学习者"生"出来的，不是外加的；学习资源也是由教员"生"出来的，不是外有的。学习在"教员"和"学员"身上同时发生，学员的学习过程，同时也是教者学习的过程，教师与学员的身份可随时转换，学习资源在学员与教者之间流动，自然形成了教育资源的再生和循环过程[7]。

（三）实施城市学习细胞的活化工程

助推社区学习共同体成长，彰显杭州市学习型城市建设的亮点。杭州市政

127

府今年将出台发展社区教育和老年教育两个文件,将进一步明确城乡社区学习共同体发展的目标任务、原则和措施,完善支持服务体系建设和学习公共空间建设。借力杭州市打造"新时代数字治理标杆城市"的契机,提高社区学习的数字服务能力,建设更高水平的"学习地图"。

我们在 2008 年就提出杭州学共体发展目标:每一个社区都有一组社区学习共同体;社区中的成年居民至少参加一个社区学习共同体学习。实现"两个一"目标中的第二个目标,需要作出长期艰苦的努力。也只有这样,才能把杭州打造成名副其实的学习之城、美好生活之城。

(三)深化研究,积极推广应用

建立社区学习共同体专门研究机构,推动社区教育和成人学习的一次革新。更好地发挥"杭州市社区学习共同体研究与行动指导中心"在理论实践研究、经验推广应用方面的重要作用。

我们相信社区学习共同体这一"微共同体",在中国将有更广阔的发展前景,将会像天上的星星一样,撒落在城乡的各个角落。从杭州培育社区学习共同体的效果看,从杭州经验在浙江部分地区推进的情况来看,杭州社区学习共同体培育的理念和实践经验可以在全国全面推广(图 1)。

注释:

[1][5]汪国新,项秉健.社区学习共同体,重拾共同体生活的现实载体[J].教育发展研究,2018(9).

[2]汪国新 社区学习共同体的培育策略[J].职教论坛,2012(3).

[3]王东.农村"学共体"遍地开花[N].浙江教育报,2014-12-4.

[4]应上海教委庄俭处长的邀请,笔者 2011 年在上海举办的"城市化与社区教育国际研讨会"上报告的题目。

[6]汪国新,项秉健.社区学习共同体[M].杭州:浙江大学出版社,2019.

[7]汪国新,孙艳雷.成员即资源:社区学习共同体内生发展规律探析[J].职教论坛,2013(24).

图1 2013"共同学习 让生活更美好"专题学术研讨会在余杭举行

第 二 章

合建共享:资源活化的学习圈

"杭州式"市民学习圈建设的创新与实践

杭州市教育科学研究院　林晓

建设"全民学习、终身学习的学习型社会",是当前我国教育发展的重要目标。只有更加重视和善于学习,才能使人的生活更充实、精神更丰富、生命更有意义,真正实现人的自由而全面的发展。

近几年,杭州坚持把满足人民群众的学习需求作为建设学习型城市的根本出发点和落脚点,以市民学习圈建设为抓手,整合学习资源,使人民群众的学习权益得到更好的保障。经过几年的实践和探索,杭州市基本形成了"一目标二重点 N 特色"的 30 分钟街道(乡镇)市民学习圈样式。

一、"杭州式"市民学习圈的创建背景

构建市民学习圈是满足人民日益增长的终身学习和美好生活需要的题中应有之义。作为全国首个加入联合国全球学习型城市网络的城市,杭州把市民学习圈的建设作为杭州学习型城市建设的重要组成部分,同时赋予了学习圈新的时代内涵和活力。

2016 年 1 月,《杭州市人民政府关于构建市民学习圈 大力推进终身教育工作的意见》(杭政函〔2016〕14 号)发布,旨在深入贯彻《教育法》、教育部等七部门《关于推进学习型城市建设的意见》(教职成〔2014〕10 号)和《中共杭州市委、杭州市人民政府关于推进学习型城市建设的若干意见》(市委〔2011〕1 号)等文件精神,提出了五年总体目标:深入贯彻党的十八大和十八届三中、四中、五中全会精神,弘扬社会主义核心价值观,统筹全市社区教育资源,构建市民学习圈,大力推进终身教育,着力构建全纳、开放、多样的终身教育体系,提升市民素养与生活品质,推动"人人皆学、处处可学、时时能学"的学习型城市建设。到 2020

年,完成市、区县(市)、街道(乡镇)、社区(村)四级市民学习圈的构建,建成 50 个市级示范性"街道(乡镇)30 分钟市民学习圈"。

为进一步贯彻落实市政府 14 号文件精神,杭州市教育局在 2016 年 8 月出台《杭州市教育局办公室关于开展杭州市街道(乡镇)30 分钟市民学习圈评估认定工作的通知》(杭教办成〔2016〕152 号),制定了《杭州市街道(乡镇)30 分钟市民学习圈评估指标体系》,目前已如期完成 50 个杭州市示范街道(乡镇)30 分钟市民学习圈建设和评估认定工作。

二、"杭州式"市民学习圈的内涵

随着社会的发展,市民学习需求日益增长,但传统的成人教学服务能力,市民终身学习参与率不高。为了进一步解决市民学习需求增长与传统的成人教学服务能力供给不足之间的矛盾,杭州的市民学习圈建设,以街道(乡镇)为主体,自上而下政府统筹保障和自下而上激励市民自主学习相结合,形成了具有杭城特色的社区教育经验。

1. 什么是"杭州式"市民学习圈

从字面看,市民学习圈＝"市民"＋"学习"＋"圈",通俗地说,市民学习圈是指服务市民终身学习,对区域内的成人学习资源进行整合,形成学习资源分布圈,并充分利用这些资源,开展市民学习活动。

杭州立足于历史悠久的文化、山水特色资源和产业经济优势,以及扎实的社区学习共同体实践研究基础,以街(镇)区域为范畴,以服务市民学习、满足市民对美好教育的向往为目的,以促进城镇发展为目标,充分挖掘、整合本土文化中的学习资源,围绕整合街道(乡镇)学习资源,开发组织以社区学习共同体为主要学习方式、形式内容多样的一系列主题学习项目。通过创建街道(乡镇)30 分钟市民学习圈,满足市民学习的需求,形成展现杭城终身学习独特韵味的"杭州式"市民学习圈。如图 1 所示。

在这里,市民学习圈是以市民终身学习为中心,配置教育资源形成的终身教育实践形式。杭州市创建的街道(乡镇)30 分钟市民圈是一个街道(乡镇)范围内 30 分钟左右距离的学习资源分布圈的空间概念[①],通过制度设计和政策的制定,实现自上而下的资源供给和教育供给,同时又激励自下而上的市民自主

---

① 汪国新,项秉健.实现社区教育的根本性变革:从设计型到生长型的转变[J].教育发展研究,2019(9).

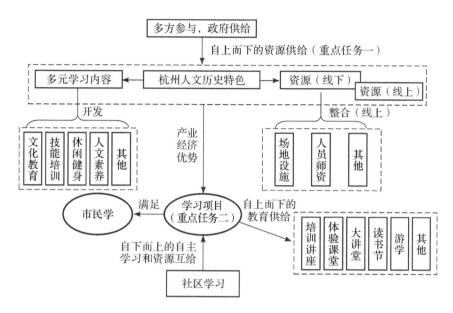

图1　"杭州式"市民学习圈内涵

学习和共同学习。市民在自主学习和共同学习中,便实现了"成员"即资源[1],丰富了社区教育资源。自上而下的资源和教育供给主要指教育机构整合辖区内线上线下的人员师资、场地设施和多元课程内容等资源,培训讲座、体验课堂、大讲堂等学习方式,对学习对象提供教育保障。社区教育作为公共产品,政府只能提供最基础性的服务,不可能像基础教育或高等教育一样大规模地投入,这种自上而下的教育服务提供[2],必然不可能满足市民日益高涨的学习需求,因此在市民学习圈的创建中,激励市民开展自下而上的自主学习,开展以社区学习共体为主要学习方式的学习活动,作为教育学习的补充。而这种基于共同的兴趣、爱好及学习需求自发形成的社区学习共体因数量众多,市民自主学习热情高,成为市民学习的一种重要学习类型和途径。杭州式市民学习圈是一个教育和学习过程的系统概念,教育者和市民在学习过程各个阶段都得到有效支持。

①　汪国新,孙艳雷.成员即资源:社区学习共同体内生发展规律探析[J].职教论坛,2013(24).
②　上海市学习型社会建设服务指导中心.上海学习型城市建设[M].上海:上海人民出版社,2017:342.

2."杭州式"市民学习圈与瑞典学习圈、社区学习共同体的比较

瑞典学习圈[①]正式产生在 1902 年,当时奥斯卡·奥尔森(Oscar Olsson)报道、撰写了第一个学习圈的内容,并发展了关于学习圈的观点和理论。瑞典学习圈有着 100 年的历史,它由政府支持,由非政府组织运作。瑞典学习圈主要几个独立的学习协会组织安排,这些学习协会的主要特点是其本身为非政府组织(NGO)。这意味着它们独立于政府,只是必须遵守获取政府补贴的条件。瑞典所有的学习协会每年会组织约 280000 个学习圈,300000 以上的文化活动(据2010 年 12 月的数据显示,瑞典人口仅略高于 940 多万)。瑞典学习圈具有三个基本特征:1. 合作学习的环境——你一直与其他人一起在交流中学习;2.学习状态下的非正式性——随和的氛围,没有压力,自由的学习方式;3.学习圈的主题是大家真正共同的兴趣——既不是为了争取高分也不是为了达到个人获取正式合格证书的目的。

汪国新及其研究团队从 2007 年开始社区学习共同体的相关研究[②],社区学习共同体是社区内的居民,基于共同的兴趣、爱好及学习需求,在平等、互助的原则下,通过心灵契约的形式自发构成的非正式团体。"社区学习共同体是生活在社区中的居民由本质意志主导的因共同学习而结成的能实现人的生命成长和建立守望相助关系的群体"[③],具有"本质意志、共同学习、守望相助、生命成长"四大基本特征,它的意义和价值在于:促成社区学习成员学习方式的革新;实现了民众的共同学习;有助于居民之间信任、守望相助的人际关系;提升居民幸福感和归属感的极佳途径。

由以上比较可以看出,杭州市民学习圈在组织运行、功能等方面,与瑞典学习圈、社区学习共同体有明显的区别。瑞典学习圈基本上是由非政府组织——学习协会运作各地的学习圈,社区学习共同体是市民自发形成,或社区或相关组织培育,而街道(乡镇)30 分钟市民学习圈是由街道(乡镇)领导统筹,以政府教育机构组织为主,结合市民自主参与进行组织运作,是自上而下与自下而上相结合的运行方式。从功能上来说,瑞典学习圈、社区学习共同体都是一种成人学习方式的变革,杭州式市民学习圈是把这种创新的成人学习方式加以充分推广并运用,更好地促进市民终身学习。杭州式市民学习圈从其功能上来说,

① 高淑婷,托瑞—珀尔森.瑞典的"学习圈"[J].中国远程教育,2005(4).
② 汪国新,余锦霞.社区学习共同体的四大支柱[M].杭州:浙江大学出版社,2016:277.
③ 汪国新,项秉健.实现社区教育的根本性变革:从设计型到生长型的转变[J].教育发展研究,2019(9).

一方面关注成人学习方式多样、学习项目丰富的特点,另一方面注重区域范围内资源的开发和利用,通过资源共建共享机制,解决成人学习的场地、设施设备、信息、师资等资源匮乏的问题,通过以共学为主的多种学习途径和现代技术手段,满足市民学习多样性、个性化的需求。

它们之间的关系和不同通过表1具体呈现:

表1 市民学习圈与瑞典学习圈、社区学习共同体的关系

	瑞典学习圈	社区学习共同体	市民学习圈
功能	合作性、非正式的学习管理方式	区域性、互助式、有归属感、非正式的学习团体	整合资源,利用资源开展成人学习
运作主导	学习协会(非正式组织的自上而下与群众自下而上相结合)	群众自发性(自下而上)	当地政府(政府教育机构的自上而下为主,群众的自下而上补充)
核心特征	有共同的兴趣、丰富的种类、较强的组织性	有较强选择性、内在凝聚力	资源利用+以社区学习共同体(自发为主)学习方式为主的学习活动
学习形式	合作学习、共同学习	合作学习、共同学习	学习方式多种:社区学习共同体、培训讲座、大讲堂等

三、"杭州式"市民学习圈建设的实践经验

(一)做好社区教育发展规划,建立"杭州式"街道(乡镇)30分钟市民学习圈创建工作机制

1.区(县、市)政府及街道(乡镇)及时贯彻落实市政府关于市民学习圈建设文件精神,制订相关配套政策文件或市民学习圈建设规划。自2016年杭州市人民政府和杭州市教育局分别出台创建市民学习圈文件,上城区人民政府和富阳区政府率先出台市民学习圈创建文件。除淳安边远区县外,西湖区、拱墅区、萧山区、临安区、滨江区、建德市、桐庐县、大江东、下沙经济开发区等陆续出台《构建市民学习圈 大力推进学习型城市建设的实施意见》等文件和配套政策,所属街道(乡镇)纷纷设立以乡镇(街道)主要领导为组长、各相关职能部门共同参与的市民学习圈建设领导小组。定期召开领导小组会议,保障学习圈建设的经费投入,对街道学习圈和社区示范性学习型社团建设进行扶持补助、经验研讨。

2. 在认真研究分析杭州市市民学习圈的内涵和特征的基础上,制订杭州市街道(乡镇)30 分钟市民学习圈评估指标。评估指标体系由 4 个一级指标、10 个二级指标、23 个三级指标组成。一级指标中,保障机制是其中的关键指标,资源利用和学习活动是核心指标,创建成效呈现了学习圈创建的价值指向。站在服务学习型城市建设的角度,该评估指标旨在突出街道、乡镇在创建工作中的主体性,努力推进学习型社团(社区学习共同体)这一适合成人学习的学习方式,整合和利用社会资源,重点针对老年人、青少年、新型农民(农民工)群体开展成人教育,推进社区教育数字化改革,凸现各街镇社区(成人)教育特色和品牌,指导各区县结合地域特色开展市民学习圈建设。

3. 围绕《杭州市教育局办公室关于开展杭州市街道(乡镇)30 分钟市民学习圈评估认定工作的通知》(杭教办成〔2016〕152 号)文件要求,积极开展街道(乡镇)自评和区(县、市)初评工作。各区县均出台市民学习圈评比文件或开展与市民学习圈建设相关的评比,纷纷开展区级"示范性学习型社团评比""社区教育实验项目""百姓学习之星"以及当地的特色评选活动。

4. 形成高效科学的评估认定工作机制。受杭州市教育局委托和领导,杭州市职业教育与成人教育研究室具体负责组织开展"杭州市街道(乡镇)30 分钟市民学习圈"评估认定工作。为确保评估认定工作的公平、公正,制订杭州市示范街道(乡镇)30 分钟市民学习圈评估认定工作方案。成立由杭州市教育局分管领导、处室、具体执行单位组成的评估工作领导小组和由省市高校、科研院所组成的评估认定专家组。整个评估认定程序由初评、汇报答辩、实地查看三个阶段组成。最后由杭州市教育局在杭州教育网进行公示,经公示无异议后,由杭州市教育局发文认定为"杭州市示范街道(乡镇)30 分钟市民学习圈"。

5. 学习、提炼、深化,科研助推实践,示范引领共创。每年定期召开杭州市专题培训和总结推进会,不断创新杭州市民学习圈建设新途径,总结特色、亮点。在组织创建街镇市民学习圈的过程中,杭州市教育局与市成人教育研究室做好再学习、再提炼、再深化工作,通过专题培训和总结推进会,结合"社区教育进文化礼堂""社区教育品牌建设"等专题,对部分示范街镇市民学习圈进行实地考察,参观学习,组织同行研讨、评议,并经专家的点评,进一步提炼总结示范街镇的经验,彰显特色,对市民学习圈创建起到更好的示范引领作用。

（二）立足区域实际条件，发挥优势资源作用，开展"杭州式"市民学习圈建设

1. 深入实践，积极探索成人学习资源合建共享的途径和措施

挖掘整合辖区内成人教育资源是市民学习圈建设的基本任务。杭州采用"市民学校标准化""文教综合体""市民学习体验点""辖区资源共建共享"等措施，通过自上而下的政府统筹，抓好学习资源的建设和利用。

富阳、滨江、大江东有序推进市民学校标准化建设。富阳把市民学校标准化建设与农村文化礼堂建设、农家书屋建设等有机地结合起来，既重视硬件达标，也重视软件优化，努力把市民学校建设成为老百姓"进得来、坐得住、学得欢、想再来"的精神家园。滨江区是最早开展市民学校标准化建设的，并在此基础上进一步开展市民学校现代化建设，高标准建设好社区学院街道分院（街道成校）。

农村"文教综合体"，围绕当地群众基本文化教育生活、职业技能培训、农业技能培训等多元学习的需要，对教育培训资源进行整合，开展多元、开放共享的教育服务，是有效整合街道（乡镇）各类教育资源的良好载体，真正使农村成校成为农民学习摇篮、精神成长家园、休闲娱乐乐园。萧山新湾成校、桐庐江南成校、临安太阳成校、余杭闲林成校、余杭镇成校率先开展了农村文教综合体的建设，桐庐、富阳也从区县层面加以推进。灵隐街道投入 1000 余万元，完成面积达 2500 平方米的集街道养老服务照料中心、街道文化活动中心、东山弄社区科普馆、东山弄社区市民学校为一体的综合教育文化中心，社区科普馆面积约 200 平方米，图书馆藏书达 1 万余册，有效满足辖区居民日常学习、休闲娱乐、健康、运动等需求。上城区紫阳街道依托社区便民惠民综合体建设，在 12 个社区建设市民学校分校，使其成为散落在各个社区的学习服务"卫星"。

各街镇结合各地独特的历史文化特点，挖掘热心公益、服务市民学习、富有特色的优质资源，建设市民学习体验点，彰显杭州终身学习的独特韵味。上城区整合区、街道、社区三级社区教育资源，探索互动式、体验式社区教育学习项目，联动打造红色港湾、湖滨家园、杭图生活主题分馆、杭州西湖国学馆、吴越人家·一新坊、小营红巷生活广场、望江睦邻驿站、南星水文低碳科普体验基地、馒头山邻里中心、中国社区建设展示中心、最天使书城、唉牛艺术教育中心等 12 个终身学习体验基地，涵盖南宋文化、邻里文化、红色文化、科学文化等内容，认定两批 21 个体验基地共开展活动 800 余场，受益 2 万余人次。余杭区塘栖镇围绕塘栖市民教育学习内容，以塘栖镇成人学校为中心，以村（社区）市民学校

为主要基地，配置现代化体验设施，设立社区学习体验点，通过体验学习，为当地居民开展阅读、厨艺、茶艺、陶艺、花艺、电子商务、护理（母婴、老人、病人）、电工、焊工、传统非物质文化遗产（茶食、米塑、蚕桑）等十大项目为主的社区学习体验。临平区南苑街道通过专业培训基地和共建基地建设，开设"书香漂流点"项目，开发南苑非遗游学线路等措施，打造"正、独、专"市民学习圈。西湖区以"资源共建共享，百场三送来助力，市民快乐学在西湖"为市民学习圈建设理念，发挥资源优势，政府统筹，单位共建。先后建立了弥陀寺文化公园、西溪湿地博物馆等300余家共建单位体验基地，"画外桐坞梦里书香"老年开放大学实践基地、杭州市西湖博物馆、浙江大学西溪社区教育基地、爱德华英语俱乐部、之江大棚蔬菜栽培培训基地等50多个社区教育基地。

立足区域实际条件，发挥优势资源作用，是杭州市建设市民学习圈的资源建设的重要举措。在拱墅区小河街道，成立了"大美小河"驿空间联盟，与远洋乐堤港、书经文化、柔之艺太极馆、方增昌酱园、拱墅区民间融资服务中心、小河直街摄影文化馆、王自力工作室、杭州市畲族文化馆、青鸿文化、张甜甜水彩画工作室、小河驿序等多家单位签订协议，搭建共建共享师资、场地、课程等学习资源的平台，成人教育学习资源不断充实丰富。① 在这里，以运河为中心轴，以东引入自由开放的单向空间，以西建起文化记忆馆、同心文化站等传统文化体验点，传统和现代在这里交相辉映……在余杭区，组团以教科研为纽带的职成教联盟、以瓶窑社教中心牵头的西部成教联盟、东部环运河成教联盟相继成立，为全面推进区域学习圈建设创造有利条件。

杭州市创建街道（乡镇）30分钟市民学民学习圈，让市民实现了在家门口便捷学习的愿望。② 原下城区社区教育倾力打造"一图一盟一空间"的下城市民学习三年行动计划。"一图"即"享学地图"，指的是基于用户视角的市民学习移动地图。"一盟"即"市民学习微联盟"，是下城市民学习点或社团组成的非正式团体。"一空间"即"下城市民学习空间"，通过线上、线下融合，整合全域学习点资源，为市民提供家门口的学习服务。

2. 因地制宜，积极推进以社区学习共同体为主要方式的团队共学

作为"杭州式"市民学习圈建设亮点之一的社区学习共同体，是深受老百姓喜爱的成人学习方式，也是杭州社区教育的金名片。近几年，在社区学习共同体的培育过程中，相继建立杭州市"公民公益类""非遗类""乡村书画学共体"社

---

① 胡梦田,李品. 打造家门口的"诗和远方"[N].浙江教育报,2021-1-8.
② 胡梦田,李品. 打造家门口的"诗和远方"[N].浙江教育报,2021-1-8.

区学习共同体联盟，设立杭州市社区学习共同体服务站，不断推进社区学习共同体的互助共学，将成员守望相助的情感体验、共学共享的学习过程、生命成长与生活质量的价值追求贯穿始终，使得共同学习成为老年人享受生命、实现价值的生活方式，成为杭州式市民学习圈最有活力的学习活动。

在杭州西湖区蒋村街道，8个社区活跃着69个学习型社团①，其中蒋村女子合唱团更是被誉为"家门口的音乐学院"；西湖风景名胜区培育"有茗堂"学习共同体，产生了75位街道"百姓学习之星"，让景区居民学习更快乐。原江干区采荷街道以"培育特色、精修内功""服务社会、我行我塑""打造精品、多轮驱动"三大策略培育学习型社团创品牌化之路，形成"365"荷香学习社群。临安太阳镇将畲族文化艺术节、十月廿四太阳庙会文化周等当地传统节会活动打造成百姓学习圈、学习型社团学习交流与成果展示平台。

老年人群是市民学习圈建设中的重点培训对象，发展老年教育，是积极应对人口老龄化、实现教育现代化、建设学习型社会的重要举措。杭州式市民学习圈建设，积极开展基于社区学习共同体的"共学养老"老年教育模式，探索出一条挖掘老年人潜在资源、激发学习活力、促进学养融合的"共学养老"之路，成为市民学习圈建设中以人为本的社区老年教育"杭州样板"。

13个区县市在中心街镇建成59个文教综合体、1075个农村文化礼堂及四级老年活动中心等开放、多样、便捷的教学场所。基于社区学习共同体，发掘培养了1500多名"土、专、精"老年社区学习共同体带头人。至2020年年底，杭州市开发了老年理财、文明礼仪、科技生活、身心保健通用类活动课程140多门。社区学习共同体作为一种民间老年教育教学组织形式蓬勃发展，全市现登记在册8000多个社区学习共同体，全年老年人参与学共体达144万人次，是常规各级老年学校培训量的15倍。

示范社区学习共同体评选也是杭州市创建市民学习圈的重要组成部分，杭州市不断发挥示范社区学习共同体评估激励作用，2010年起，每年组织一次杭州市开展示范社区学习共同体的评选工作，2017—2019年由杭州市教育局评选认定245个学习团队为杭州市社区示范性学习型社团（社区学习共同体）。

另一方面，作为社区学习共同体理论的起源地，杭州积极开展社区学习共同体的理论研讨。分别组织了"社区学习共同体的生命价值与成长机理研究"成果报告会，第一届社区共学养老良渚论坛，第一届、第二届、第三届和第四届全国社区共学养老专题研讨会等，分享了十多年来杭州基于社区学习共同体的

---

① 胡梦田，李品.打造家门口的"诗和远方"[N].浙江教育报，2021-1-8.

"共学养老"理论与实践创新。省内外全国知名社区教育专家、同行分析和肯定了"社区共学养老"对解决中国目前老龄化问题的重要作用。《中国成人教育》2019年第6期和第7期大篇幅集中探讨社区学习共同体问题,精心组织了系列专题文章9篇,中国社区教育重要的期刊《中国社区教育》和《社区教育》也均设置了社区学习共同体研究的专栏或研究专辑,持续推介社区学习共同体研究成果。

3. 立足数字化产业优势,倡导"互联网＋终身学习",让老百姓的学习更便捷

杭州数字化学习普及程度较高,使用电脑网络和手机终端等的人群比例在90％以上,有89％的杭州市民选择媒体进行数字学习或数字阅读。杭州是全国首个向公众免费开放室外无线网络的城市,网络基础和信息化水平位居全国前列。杭州在创建市民学习圈过程中立足杭州的数字化产业优势,运用先进的数字化技术手段,大力倡导"互联网＋终身学习",让老百姓的学习更便捷。

上城区持续打造"微学通"电子终身学习地图。市民可以在"微学通"平台轻松查找附近的学习地点与学习内容,让更多市民知晓和参与,打造了全民智慧学习圈。

拱墅区的"享学地图"集成于"享学下城"微信平台,基于用户地理位置的市民学习移动地图,聚集各类面向市民的学习型场馆、学共体、培训点、主题活动等学习点,采用"大众点评＋高德导航"式导学,实现全区(和部分主城区)学习资源和市民在享学地图的信息云集。

萧山区将萧山市民数字化学习平台——"萧山学习港"作为萧山全民终身学习的信息平台,平台融社区教育和自主学习、线下学习和线上学习、社区教育和社区文化于一体,上下贯通,确保当地居民步行10分钟到达社区市民学校,车行10分钟到达镇街社区教育中心[①]。

滨江区打造"智慧＋"学习圈,每个社区都建有智慧社区数字平台。西兴街道新州社区智慧课堂依托智慧体验馆,面向全体居民开放智慧教育文化服务。开发智慧手机课程,采用线上＋线下授课的方式,传递互联网时代的APP知识,用创新的方式感受文化的力量;"支付宝""微信""滴滴打车"等APP工具按照教学大纲、课程安排等一一进行课程教学。长河街道中兴社区借助QQ平台、微信学习平台,实施集便民服务、交流互动、网上学习、信息化传播为一体的

---

① 胡梦田,李品.打造家门口的"诗和远方"[N].浙江教育报,2021-1-8.

互学、互惠、互赢的全新互动学习平台。

4. 立足当地特色资源，形成与本土文化深入融合的主题学习项目

杭州市民学习圈的建设，充分挖掘并利用杭州各地独特丰厚的人文历史资源，融合城市发展的历史与现实，开发具有鲜活地方特色的主题学习项目，增强市民学习圈建设活力，形成社区教育特色品牌。

富阳扎实推进社区教育"一乡镇一品牌"建设，重点培育 26 个特色品牌项目，富春街道的"保安员培训"被评为浙江省成人教育培训品牌，渌渚镇的"孝善育人"和春江街道的"新春江人大讲堂"被评为浙江省终身学习品牌，新登镇的"一站式教育平台"和常安镇的"传承家文化"被评为杭州市终身学习品牌。

上城区充分挖掘街道特色品牌，形成"品质湖滨""文化清波""红色小营""科技望江""乐活南星""古韵紫阳"等"一街一特"学习圈建设新特色。挂牌成立"匠心工作室"，匠心课堂进社区、进企业、进学校，开展 145 场活动，受益 3796 人次。清波街道深化"漂流书屋"运作模式，打造"书香清波"特色品牌。打造线上线下一体化的家长学习互动平台星级家长执照品牌，将信息技术有效运用于家庭教育领域，形成了线上学习、线下培训、在线测试、积分累计、领取证书等一站式学习服务。

桐庐县以"书香桐庐 全民阅读"助推学习圈建设。抓好"读书驿站"工作，拓展延伸阅读触角。以"三步定位法"在县城城区和各乡镇（街道）人群集聚地、悦学体验点等打造图书漂流读书驿站。

余杭区利用不同地域的文化元素构建各具特色的市民学习圈，打造文化品牌，促进内容融合。余杭区社区学院建立铁艺工作室，由全国百姓学习之星、中国民间技艺大师厉柏海先生亲临讲学；良渚、瓶窑片组织开展良渚文化系列专题学习。此外，运河博陆火狮表演项目、仁和高头竹马表演项目、中泰竹笛技艺、塘栖丝绵制作与水乡习俗等也都在当地学习型社团建设和基层市民学习圈构建中发挥了积极的纽带与文化传递功能。

江干区丁兰街道，结合辖区地域文化特征，着力推进"四圈四学"：一是开发场馆研学圈，创设文化体验，形成文化共学；二是建设景观游学圈，开启主题游学；三是创建掌上智学圈，建设智慧"享"学；四是跨界联学圈，在"一中心、两广场、四场馆、二十四点位"的学习圈主阵地基础上，整合辖区 35 所学校，1 个消防中队、1 个卫生服务中心、2 个智慧创业园、160 家民办培训学校、社会组织 24 家进入学习圈，形成"主圈＋副圈"的学习资源布局，营造人人尚学的学习氛围，拓展学习圈的人群覆盖。

在市民学习圈创建中，各地区利用辖区资源开展社会实践活动，推动终身教育与学校教育有效衔接，为青少年健康成长提供良好的社区教育环境。上城区清波街道与西湖国学馆共同开展小小鸟公益行动、"我们的节日"公益文化活动、国学启蒙教育等活动。依托高银巷小学、杭州师范大学第一附属小学、杭州市娃哈哈小学等学校开办社区四点半学校，为中小学生提供放学后作业指导、托管等公益性服务。

西湖区翠苑街道于 2018 年投入 366 万元，打造翠苑青少年创智基地。内设星空探索、航天事业、宇宙称重、红外感应、三维空间、地震模拟等体验项目。结合街道一站式服务、科普文化、家庭教育等多样化、个性化功能，面向 4—13 岁儿童，开展 scrach 编程、三维设计、科学实验、智能造物等课程教育，还开展各种防震减灾知识传播，积极走进社区、走进学校、走进企业等场所开展各种宣传活动，为提高居民防御地震灾害意识和应急避灾能力做好教育服务。荣获杭州市唯一一家浙江省防震减灾科普教育基地。

三、"杭州式"市民学习圈建设的特色和亮点

1. 村（社）特色学习圈，丰富市民学习圈的内涵，提高了学习的吸引力

各街道（乡镇）立足街道（乡镇），深耕杭州本土历史文化，开发与当地本土文化、产业经济深入融合的学习活动，创建了数目众多、个性鲜明的以村或社区为范围的社区（村）特色学习圈，丰富了市民学习圈的内涵，提高了吸引力。

西湖区灵隐街道东山弄社区利用杭州植物园打造了最有美丽色彩学习圈，浙大玉泉社区利用浙大高校资源打造了最有学习氛围学习圈，求是社区利用黄龙体育中心体育资源打造最有运动生命学习圈，蒋村街道利用西溪湿地资源打造红学文化学习圈、龙舟文化学习圈，文新街道利用骆家庄礼堂打造文化家园学习圈，形成了一系列具有西湖文化地域特色的社区（村）分钟市民学习圈。

富阳区大源镇以"纸乡书韵、三美大源"理念为引领，以全镇 15 个村文化的传承为主要资源，围绕"仁、孝、礼、义、信"的当地传统民俗文化，开展"1＋N"村级经纬特色文化学习活动，建设"一村一品"村级特色市民学习圈，打造了赶口"书画文化"学习圈、新关"孝道文化"学习圈、大同"竹纸文化"学习圈、史家"百药山文化"学习圈、蒋家门"老台门文化"学习圈、稠溪"素居文化"学习圈、杨元坂"庭院文化"学习圈、三岭"和善文化"学习圈，构建富有大源地域特色的终身教育体系。

2. 变革社区教育的资源供给侧,促进资源的有效利用

随着经济社会不断发展,社区教育的需求呈现几何级数增长,传统的设计型社区教育的人、财、物资源配给是一种计划性的配给,不能形成资源自动供给的机制,这种供给方式只会让供需矛盾变得越来越突出。[①] 同时,传统社区教育中的学习者只能被动地接受培训,永远难以真正成为学习的主人,其学习的积极性、有效性无法得到更好的发挥。杭州市通过市民学习圈建设的实践,有效地改变了一直以来社区教育自上而下的资源供给侧方式[②],通过政府行为,共建资源圈,同时培育社区学习共同体,激励引导市民开展自下而上的资源互给和自主学习,改变了传统的统一的计划性教育资供给方式,引导各阶段的市民积极参与到社会建设和社区治理中,增强获得感和社会价值感。

3.创新社区教育发展模式,提高了社区教育自主发展能力

街道(乡镇)是中国经济社会发展中最基层的行政机构,街道(乡镇)社区学校是县(市、区)、乡镇(街道)、村(社区)三级办学网络中的中间环节,对社区教育发展,更具有主导性和主动性。杭州市开展市民学习圈建设,以街道(乡镇)为主体,进一步提高了基层政府对社区教育的认识和重视程度,通过政策法规引导,把社区教育与街镇、社区建设有机融合起来。杭州市的市民学习圈建设,紧紧抓住街道(乡镇)社区教育的这一重要环节,促使他们积极开展市民学习圈建设,自主地开展社区教育改革创新,极大地提高了基层社区教育自主发展能力。

在杭州市市民学习圈建设的评估指标体系中,街道(乡镇)政府的保障机制是其中的关键指标,资源利用和学习活动是核心指标,重也是两大重点任务。通过评估指导的引导,点破解资源供给不足的难题,倡导传统的"以一对多"的单向式成人学习方式。突出三大类重点人群,加大网络数字化学习力度,提升了杭州市市民学习圈的品质和影响力,极大地促进了社区教育创新发展能力。

经过几年实践和探索,杭州市基本形成了"一目标二重点 N 特色"30 分钟街道(乡镇)市民学习圈样式。在社区教育发展进程中,"杭州式"市民学习圈建

---

① 汪国新,项秉健.实现社区教育的根本性变革:从设计型到生长型的转变[J]. 教育发展研究,2019(9).

② 汪国新,项秉健.实现社区教育的根本性变革:从设计型到生长型的转变[J]. 教育发展研究,2019(9).

设作为社区教育新的手段新的抓手,极大地丰富了社区教育发展途径,成为一种新的发展样式和发展常态。下一阶段,杭州社区教育将对标"大杭州、高质量、共富裕"发展定位,聚力高水平建设"美好教育",在建设共同富裕示范区城市范例的征程中努力贡献社区教育的力量。

上城区:全域推进 15 分钟学习圈建设

上城区社区学院

杭州市上城区现有面积 26 平方千米,下辖湖滨、清波、小营、望江、南星、紫阳 6 个街道,54 个社区,2020 年总人口约 35.8 万。①

上城区是杭州市中心城区,作为历史文化名城的主要承载地、现代城市发展的重要平台,从古至今都是杭州教育发达、学习氛围浓郁的地区,目前正在争做四个标杆区、建设一流的国际化现代化城区。

上城区重视市民学习圈建设,这既是区域文化的传承,也是区域发展的要求。2018 年湖滨、清波、小营三个街道获评首批杭州市示范街道市民学习圈。

一、政府重视,区域建设机制完备

(一)出台文件,学习圈打造政府主导

2016 年 2 月《杭州市人民政府关于构建市民学习圈大力推进终身教育工作的意见》(杭政函〔2016〕14 号)颁布,同年 3 月,上城区人民政府出台了《杭州市上城区人民政府关于打造市民学习圈高品质推进终身教育工作的意见》(上政函〔2016〕16 号),这是杭州市最早出台的区级学习圈建设文件。

文件提出,上城区要全力打造 15 分钟市民学习圈,通过整合共享各类教育资源、推进市民学习数字化、丰富各类学习活动、推动重点人群学习、建立社区教育资源库、加强街道社区学校建设、培育学习型社团等有力措施,到 2018 年,完成 15 分钟、街道、社区三级市民学习圈的构建,2020 年 6 个街道全部建成市级示范性"市民学习圈"。

---

① 注:2011 年 4 月,根据国务院批复同意,杭州撤销上城区和江干区,设立新的上城区,以原上城区、江干区的行政区域(不含下沙街道、白杨街道)为新的上城区的行政区域。

(二)区域评比,学习圈争创区域启动

为了有效开展街道 15 分钟市民学习圈创建,上城区人民政府教育督导委员会办公室下发了《关于开展上城区街道 15 分钟"市民学习圈"评估的通知》(上政教督办〔2017〕12 号),最早进行区域评比。

2017 年 12 月 18 日区社教办组织开展了首届上城区街道 15 分钟"市民学习圈"评估会,通过参评街道汇报"市民学习圈"创建情况、专家现场提问、查看评估材料等环节对参评街道进行现场打分。小营街道、清波街道、湖滨街道获评"上城区示范街道 15 分钟市民学习圈"。2018 年,通过第二、第三届评估会,南星、紫阳、望江三个街道均通过了上城区街道 15 分钟"市民学习圈"评选。至此,示范街道 15 分钟市民学习圈在上城实现了区域全覆盖。

(三)组织保障,学习圈建设全程落实

上城区高度重视街道市民学习圈创建工作,加强对构建市民学习圈、推进终身教育工作的组织领导,建立健全了政府主导—教育牵头—部门分工—社会参与的工作机制,组织架构完善,经费投入保障。

上城区学习圈建设与区社区教育委员会工作职能整合,成立区、街道"市民学习圈"建设领导小组,下设区"市民学习圈"建设工作小组。定期召开社教委会议,保障学习圈建设的经费投入,对街道学习圈和社区示范性学习型社团建设进行扶持补助、经验研讨。

完备的机制强化了推进终身教育、构建市民学习圈的组织保障,为街道学习圈建设的上城特色奠定了基础。

(四)做强抓手,学习圈活动形式多样

上城区将学习周、终身教育券新六大工程作为都学习圈打造的有力抓手。

终身教育券是上城区社区教育的金名片,2004 年首发,为全国首创。上城区依托区、街道、社区三级网络架构,以上城区社区学院为龙头,街道社区分院为主阵地,社区市民学校为学习点,联合各成员单位,强化联动,以节点活动推动终身教育券工程有序开展,每年定期开展丰富多彩的社区教育培训和活动。

随着时代发展与内涵的拓展,2017 年,上城区推出新六大终身教育券工程——夕阳红七彩工程、双主体成长工程、筑匠心惠民工程、域文化传承工程、养教护健康工程、数字化学习工程,有序开展丰富多彩的系列活动,让老品牌焕发新活力。

每年的终身学习活动周是展示广大市民终身学习成果的舞台,各街道社区、终身学习体验基地、学习型社团等纷纷加入学习周活动的行列中,开设各类内容丰富、形式多样的学习活动,吸引广大市民的参与,营造良好的终身学习氛围,进一步推进街道市民学习圈建设。

2017年,以"智慧学·幸福家"为主题,用最时尚的手段传播最中国的文化,用最智慧的学习打造最幸福的大家与小家,通过六大板块近80个精彩纷呈的主题活动,集聚三级社区教育网络,融合终身学习体验基地,联动成员单位和一些社会组织,6428人参与活动,营造了良好的全民终身学习氛围。

2018年,以"九养上城　幸福人生"为主题,开展九大板块近百场精彩纷呈的主题活动,共10611人次参与,实现了协同参与单位的新增长、形式内容的新拓展、参与人次与满意率的新提升,营造了良好的全民终身学习氛围。

二、街道投入,一街一特全力打造

(一)完备架构,街道学习圈建设组织完善

上城区各街道高度重视15分钟学习圈打造,下发了街道学习圈建设文件,成立了学习圈建设领导小组,由街道文化站牵头,街道各科室配合,各社区、学校协作落实工作计划,达成相应目标;同时将学习圈建设相应工作列入年度工作计划和总结中;建立了学习圈建设工作例会制度,确定学习圈的发展方向,商讨解决学习圈建设中存在的问题和多次会议讨论学习圈建设相关工作,为学习圈建设提供政策和组织保障。

(二)提炼品牌,街道学习圈建设展现特色

上城区各街道社区分院围绕"市民学习圈"建设重点,秉持"重心向下、教育惠民"原则,发挥街道社教委指导功能,加强与街道及街道各部门合作,充分挖掘街道文化底蕴和地域特色,不断培育街道特色品牌,开展形式多样的学习活动,形成了品质湖滨、文化清波、红色小营、科技望江、乐活南星、古韵紫阳的"一街一特"社区教育新格局,逐步提高了居民的参与度和满意度,创出了街道学习圈建设特色。

三、基地先行,多方联动资源共享

(一)评定学习基地,创新学习圈建设路径

以实验创新为着力点,整合区、街道、社区三级社区教育资源,探索市民终身学习体验基地建设路径,为市民搭建起互动式、体验式终身学习新平台,联动打造红色港湾、湖滨家园、杭图生活主题分馆、杭州西湖国学馆、吴越人家·一新坊、小营红巷生活广场、望江睦邻驿站、南星水文低碳科普体验基地、馒头山

邻里中心、中国社区建设展示中心、最天使书城、哞牛艺术教育中心等 12 个终身学习体验基地,涵盖南宋文化、邻里文化、红色文化、科学文化等领域。

2018 年区社教办进终身学习体验基地建设,挂牌认定第二批体验基地 9 个,两批 21 个体验基地共开展活动 800 余场,受益 2 万余人次。"红色港湾"被评为浙江省市民终身学习体验基地。

通过挖掘与挂牌,发掘一批热心从事公益、服务市民学习的优质资源;通过指导与培育,以及基地的有效运维,满足了广大社区居民的学习需求,为市级示范性"市民学习圈"创建打好基础。

(二)挖掘社区好老师,储备学习圈建设师资

为了更好地建立区、街道、社区三级社区教育师资库,优化社区教育兼职教师,大力推进区域市民学习圈,上城区从 2016 年起开展社区好老师评选及招募活动,挖掘能人、具有一技之长的人纳入社区教育兼职教师队伍,共评出 24 位社区好老师。2017 年,进一步搭建"社区好老师"发挥作用机制,通过教研活动、微课研发、教学分享,制作精品课程、共享合作项目,首批社区好老师全年开展 610 场活动,服务 18527 人次。为满足需求,又启动评定第二批 20 位社区好老师;在此基础上,立足影响力、人群基础数、场地支撑力,成立首批 6 个"匠心工作室",全年共开展 145 场活动,受益 3796 人次,成为学习圈创建的一个有利抓手。"国学亲子诵读""蓝印染布技艺"被评为杭州市"终身学习品牌项目"。

2018 年评出的第三批社区好老师,呈现年龄年轻化、性别合理化、类型多元化的趋势。通过教研活动、微课研发、教学分享,全年开展活动 600 余场,受益近 2 万人次。

(三)建设匠心工作室,共享学习圈建设资源

为了更好地发挥"社区好老师"的示范引领作用,上城区在评选出首批好老师基础上,通过培育与指导,对具有一定影响力、一定人群基础、一定场地支撑的"好老师"教学点,挂牌成立首批"匠心工作室"。

"匠心工作室"以突出社区教育特色,彰显上城区域文化为主旨,通过开展匠心课堂进社区、进企业、进学校等活动,传播优良传统文化,共享学习圈建设优质资源,推进全民学习氛围。2017 年,共开展 145 场学习活动,受益 3796 人次,成为上城区学习圈创建的一个有利抓手。2018 年挂牌认定第二批"匠心工作室"6 个,两批工作室共开展活动近 200 场,受益 1 万余人次。其中匠心工作室负责人鲁立清、许峰荣获杭州市百姓学习之星,"国学亲子诵读"获评全国"终身学习品牌项目"。

"社区好老师"评选活动及"匠心工作室"的打造，做到了人群广覆盖、内容多元化、形式多样化，为上城市民提供了惠普性、公益性的教育服务，为提升幸福生活增添活力。

四、培育社区学共体，夯实全民学习基础

（一）完善社团培育，学习圈建设基础扎实

上城区以相关理论为依据，以省级课题为引领，开展了域内学习型社团（学习共同体）培育的研究与实践，积累了丰富案例，探索了发掘植入型培育、需求连结型培育、领袖成长型培育、项目引领型培育、互助联动型培训五大策略，并将学习型社团（学习共同体）的建设纳入社区教育督导范畴，制定了《区示范学习型社团（学习共同体）考核认定指标》和《区优秀学习型社团（学习共同体）考核认定指标》。

通过召开上城区社区学习型社团（学习共同体）研讨会，调研新时期学习共同体培育现状，谋求学习型社团（学习共同体）新发展。每年召开优秀居民学习型社团（学习共同体）现场展示会，考核认定示范或优秀居民学习共同体的，由区政府发文授牌表彰，并给予一定建设经费。彩嵌艺术沙龙、书山仰止读书俱乐部、春草连心手工编织服务社、浣纱书画社、在水一方俏佳人排舞队、火棒操俱乐部、彩虹文艺队、夕阳红越剧队8支团队被评为2017年杭州市社区示范性学习型社团（学习共同体）。2018年，更加注重社区学习共同体建设，8支队伍荣获"杭州市示范学习共同体"。

通过以评促育，推进社区学习共同体的健康发展，分享了培育的成效，丰富了居民的业余生活，满足了居民多元化的学习需求，营造了良好学习氛围，夯实了学习圈建设的基础。

（二）打造展示平台，学习圈活动丰富多彩

交流与展示是"社区学习共同体"的本质属性，学习共同体内部成员之间需要分享与展示，学习型社团之间也要分享与展示。上城区积极为学习共同体创造交流与展示的平台，一年一度的终身学习活动周是展示市民学习成果的重要舞台。如2013年上城区终身教育节的主题是"共同学习，让生活更美好"，来自各社区的28支社区学习共同体上台展示学习成果。

同时，上城区不断打造社区展示的平台，各类学习型社团也经常活跃在街道、社区及其区域组织的各类活动中，同时送教进学校、进企业、进敬老院、进监狱，不仅丰富了区域的学习活动，而且提升了社团成员不断学习的积极性。

交流与展示提升了展示中的团队,也同样鼓励着其他的学习型社团,吸引着新学习型社团的涌现、学习型社团新成员的加入,推进了培育的进程。

五、智慧学习,空间人群无限拓展

(一)发布学习地图,打造全民智慧学习圈

为进一步打造区域学习圈,营造优秀学习环境,让市民能就近选择、按需选择适合的学习点,2016年,上城区社教办组织召开了"市民学习圈"工作小组研讨会,对区域的学习资源进行了认真细致地调查和梳理,最后确定了第一批学习资源包括三级网络市民学校61个、活动基地48个、公共场馆44个,并将这些学习资源在上城区市民终身学习地图(纸质1.0版)上发布。

2017年继续完善近300个学习点信息,率先发布了2.0版上城电子终身学习地图。市民可以在"微学通"平台,轻松查找附近的学习地点与学习内容,让更多市民知晓和参与,打造了全民智慧学习圈。

2018年打造终身学习电子地图3.0版,内容丰富、形式多元、功能完善。新增100个学习点的信息,启用卫星定位改善网络签到功能,实现了根据用户位置进行智能推荐课程,更好地满足用户终身学习的需求。为了让更多的市民知晓参与,打造便民学习圈,策划了"我的终身学习体验基地之旅"活动,开展行之旅、美之旅、阅之旅、育之旅主题活动,提升电子学习地图知晓率和使用率,参与1千余人。各学习点开展近2千场活动,受益2万余人。

(二)打通"e+M+微",优化全域学习空间

上城区顺应"互联网+"发展趋势,充分利用现代信息技术,推动社区教育智慧发展。2009年,上城区全力打造了集十大功能模块与三大子平台于一体的网络学习门户——上城区数字化学习社区"e学网"(www.3exw.com),突破教育资源配置的"瓶颈",将区域内可开放的人力、物力、信息三大资源进行融会贯通,创造"人有所学、学有所教"的数字化学习环境。

随着移动技术的发展,2015年上城区打造了移动学习平台"微学通",集在线报名、在线学习、班级圈交流、信息发布、满意度调查等多项交互功能于一体,通过开展各类线上学习活动、推荐优秀微课在线学习,逐渐成为市民口袋里的学习圈。

2017年,上城区将原有的三大平台"e学网""微学通"与短信平台进行了有效整合,初步形成统一的学习成果认证制度、平台积分管理制度,将线上线下学习活动统一纳入积分管理;新增学习积分记录、学习行为记录、学习过程管理

等，增加个人电子学习档案，鼓励市民加强数字化学习的积极性。

2018学年共有近80万人次参与网上学习；开设课程260门，2795人次实现线上报名；每月开展主题活动，整合全区终身学习活动，定期开展线上投票、知识竞答、互动交流、在线调查等，总浏览量670772人次。

两大平台打通，实现了"e＋M＋微"全域学习空间，随时随地满足市民个性化学习、多样化学习、按需学习的需求，最大化地丰富了学习内容、扩散了学习人群，更好地推进了区域市民学习圈建设。

（三）实施星级家长执照，创新家长学习新模式

星级家长执照区域整合联动运作机制，实现资源最优化；搭建运维数字学习平台，提升教育信息化；精准支持星级家长学习，确保效用最大化；构建移动学习新型模式，实践学习自主化；建立完善家长教育体系，推进服务一体化；形成区域覆盖全国辐射，实现成果实效化。

截至2019年7月31日，星级家长执照平台已有线上资源742个，线下课程3523个。视频播放719541次，线上测试315184次，线下学习256911人次……星级家长执照平台共有注册家长79520人，已超过上城区中小幼学生总数，实现了区域全覆盖，共有35159人拿到一星级及以上证书。平台调研显示，92％以上家长认为，通过"星级家长执照"的学习，提高了对家庭教育重要性的认识，在教育理念、教育方法、教育能力方面都获得了很多有效的帮助。"明责任、乐学习、会倾听、常陪伴"好家长理念被广泛认可。

星级家长执照打造了最大的区域内家长智慧学习圈。同时平台辐射全国，除上城区外有全国各地1.6万余人注册学习，真正实现成果辐射、资源共享、平台共用，最大限度地发挥了成果的推广应用。

星级家长执照获第五届全国教育改革创新特别奖，被评为中国家庭教育知识传播激励计划家校合作优秀案例、全国家庭教育六大事件之首、浙江省成人教育品牌项目、浙江省妇女儿童发展"十三五"规划示范项目、浙江省终身学习品牌项目。各大媒体争相报道，《人民日报》《中国教育报》专刊报道，新华社、中华网、新浪网等纷纷转载。

下城区:共建共享美好下城

下城区社区学院

下城区是杭州市的中心城区之一,自 2008 年被确定全国首批社区教育示范区以来,下城区以"资源共享、多元覆盖、社会参与、创新发展"为工作目标,以构建终身教育体系和全民学习服务体系为支撑,不断夯实基础脉络,探索创新队伍培养模式,加快学习型城市建设,努力构建市民学习圈。

下城区在创建扶持学习型社区发展的基础上,深入挖掘统筹社区教育师资、场馆等各类资源,组织制订《下城区终身学习圈建设基本指标》,形成从线下到线上网络化、互动式的居民终身学习方式。以东新街道为试点,初步搭建起"品牌特色学习圈""民间草根学习圈""地域文化学习圈""名人名家工作室学习圈""青少年教育基地学习圈"等"五位一体终身学习圈"的创新框架。经过努力,到 2015 年底全区 214 个体育场所对外开放,68 所中小学、幼儿园以及 49 家民办教育机构合理分布,73 个社区市民学校网点密布,基本形成了"15 分钟文化圈、体育圈、学习圈"。

一、强化顶层设计,把握主动权,树立风向标

下城在终身学习工作建设中,立足顶层设计,系统布局,实践推进。不断深化与教育部职业教育与成人教育司、教育部社区教育研究培训中心、中国成人教育协会终身教育与学习研究中心、中国成人教育协会社区教育专业委员会的合作。2014 年,下城区政府与浙江广播电视大学签署战略合作协议,全方位推进终身教育体系和学习型城市建设工作。2015 年,在《杭州市下城区国民经济和社会发展第十三个五年规划纲要》中,把学习型城市建设提到一个新的高度,

明确提出到 2020 年,全区所有街道、社区学校基本达到省级成人(社区)教育示范学校标准,"15 分钟文化圈、体育圈、学习圈"基本形成。下城区认真学习贯彻《教育部等九部门关于进一步推进社区教育发展的意见》,落实文件提出的"发展社区教育五大任务,加快学习型社会建设"的精神,举办了"2016 中国社区教育东、西部社区学院院长论坛",共同探索社区教育发展的新模式、新机制。2018 年,发布了《下城区人民政府关于构建市民学习圈大力推进终身教育工作的实施意见》。

在 2018 年下城区 30 分钟市民学习圈创建工作中,全区 8 个街道,共有 2 个街道获得了区评估组的推荐。在 2018 年"杭州市示范街道(乡镇)30 分钟市民学习圈"和 2018 年"下城区示范街道 30 分钟市民学习圈"评选中,朝晖街道入选"杭州市示范街道 30 分钟市民学习圈""下城区示范街道 30 分钟市民学习圈",长庆街道入选"下城区 30 分钟市民学习圈"。

二、推动载体创新,开创新格局,担当新使命

创新活动载体是学习圈建设的不竭动力。十多年来,下城区通过社会资源整合,协同学前教育、义务教育和社区教育,持续开展"市民大课堂""教育超市·教育公园"全民终身学习活动周等项目,全方位推进学习型城市和学习圈建设。同时,在全区大力开展"区级优秀学习型社团"和"下城百姓学习之星"的评选活动,天水街道的"鲍大妈聊天室"等 6 个学习型社团分别获得 2014、2015 年"杭州市示范社区学习共同体"。2015 年,下城区发起了"古韵·下城"为主题的微视频大赛,得到了广大市民的积极响应;开展的以"悦读,让心灵飞翔"为主题的下城区全民终身学习活动周被全民终身学习活动周工作小组、中国成人教育协会授予"成功组织奖"。

为推动社会化大教育格局的形成,下城区重点探索社区教育资源共建共享机制,制订实施《社区教育资源全域共享方案》,由区社区教育委员会与共建单位签订协议,并通过下城社区教育标识对其进行认证,着力搭建一个能够及时更新资源,为大众广泛认可和接受的社区教育共享平台。同时,通过深入挖掘区域内社区教育资源,编印了《下城学习地图》和《下城社区教育培训指南》,方便市民查阅。

为构建线上线下学习圈,拓展载体范围,下城近年还建设了全国社区教育信息平台享学网。目前已成为社区教育领域中服务针对性强、内容涵盖全、信息更新快的专业网站,得到教育部领导的好评与肯定。社区还办起了《中国社

区教育》杂志，这是中国成人教育协会社区教育专业委员会主办的唯一社区教育专业期刊，对区域社区教育理论提升、宣传推广起到了重要的推动作用。此外，社区还设有终身教育与学习研究中心。该中心成立于 2012 年，为下城区与中国成人教育协会联合共建，旨在推进学习型社会、终身教育、学习型组织、成人教育等研究工作，也为社区教育构筑了发展平台。社区教育被纳入每年的年度测评，测评结果与年终综合考核奖励直接挂钩。同时，为全面检验、评估社区教育工作成效，充分发挥社区教育督导中心的职能，从领导管理、组织建设、培训与学习活动、成效与特色等 4 个方面对街道开展社区教育工作试点进行了综合督导评估，进而形成一套具有针对性、操作性、有效性的社区教育督导评估体系。

下城区在原有社区、企业、校园、机关、家庭五大类学习型自主创建的基础上，深化内涵，创新开展学习型党组织、学习型工会、学习型干部、学习型楼组、学习型社团等创建活动，实现"五有两创"："五有"即有组织、有载体、有体系、有机制、有保障；"两创"即创品牌、创特色。以此为依托，制订切实可行的培训计划，有重点地开展相关人群的教育培训。2015 年，全区青少年参加社区活动率达到 90％，下岗职工再就业培训率达到 85％，进城务工人员教育培训率达到 70％，老年教育的覆盖率达到 85％，特殊群体的教育培训率达到 80％。

借助市民大课堂、老年学堂、享学网等载体，根据市民的学习需求，下城区加大对优质课程的推广和综合利用，形成一批贴近市民日常生活、实用易学的课程资源，推动居民自主学习、终身学习。在新形势下，结合微博、微信、博客等信息平台，着力开发具有"时间短""内容小（聚焦）""生活化"等特点，切实适合社区居民学习方式的微课程等。通过微课程的开发、研讨和评选，宣传和推广终身学习理念，褒扬优秀学习典型。

三、扩大品牌影响，强调全整合，推进齐发展

近几年，下城区在终身教育工作中，逐渐树立起了引起广泛社会影响的特色品牌，即"1050 工程"、"一图一盟一空间"、老年教育"武林银杏"品牌。

1."1050 工程"

为积极响应 G20 杭州峰会的号召，更好地推进下城学习型城区的建设，下城区坚持"既要高位示范，又要落地生根"的发展目标，于 2016 年推出了"1050工程"，致力于打造下城百姓"家门口的学习圈"。"10"指的是 10 个"民家"工作室。"民家"即"民间的专家"，主要是指在街道、社区里的那些民间艺人、非遗传

承人、民俗文化代表人、民间组织带头人等散布在民间的教育师资资源。"50"指的是 50 个精品学习型社团，主要是挖掘成员单位中优秀的学习型社团组织。

该工程旨在挖掘出一批具有代表性的民间社区教育典范，发挥示范引领作用，带动下城学习圈建设。"民家工作室"的建设指的是挖掘民间具有代表性的人物或团体，提炼出特定的社区教育推广主题，进而建立相应的主题工作室。"精品学习型社团"指的是围绕社区教育、终身学习的目标而打造的社团组织，它是具备清晰完整的管理体系和规范高效的运行机制，并拥有较强的凝聚力和号召力的学习社团。2016 年以来通过自下而上的方式，推选产生的名家工作室和精品学习型社团，在"东西部地区社区学院院长论坛"以及下城区全民终身学习活动周上进行集中亮相和展示，一推出就反响热烈，得到了与会代表和社会各界的一致好评。因此，2016 年下城区全民终身学习活动周活动还获得了中国成人教育协会颁发的全国优秀组织奖。

随着宣传的深入，民家工作室的社会效益也不断凸显。鲍大妈聊天工作室的教育活动咨询在中央电视台播出后，前来工作室寻求心理咨询的人数明显增加，服务受众已超 3 万人次。乐明潮公益瑜伽工作室先后受到天津卫视等多家媒体的关注，越来越多的中老年人慕名加入。《杭州日报》《青年时报》等 10 多家媒体纷纷进行报道和介绍。"1050 工程"实施产生的影响力，也为下城区成功获得首批浙江省学习型城区增色加分。

为了更好地进行成果转化，从 2018 年开始，下城区社区学院协助相关的民家和社团制作、形成课程资源，并进行拍摄、录播，形成线上线下相结合的民家课程体系，并通过《学在下城》、市民学习微信号联盟等载体进行传播、推广。"1050 工程"衍生的"民家直通车"项目，挖掘整合民家和社团资源，将优秀的传统文化、传统技艺、非遗课程等送进校园、社区、企业，搭建平台，开展符合市民需求的培训活动，实现终身学习资源的科学整合，共建共赢。

2. 一图一盟一空间

"一图"就是指"享学地图"。下城的市民学习点众多，但市民与学习点之间信息不通、互不知晓等问题普遍存在。地图的推出就是为了促进市民与学习点相互了解，吸引更多的市民参与学习。"享学地图"是集成于"享学下城"微信平台、基于用户地理位置、聚集全区学习点的市民学习移动地图。"享学地图"面向市民，为市民提供学习点的检索、导航、互动、预告、报名等学习服务，是下城市民学习的重要窗口。

"一盟"是指"市民学习微联盟"。学习点之间同样也存在着信息不通、能力不一等问题。为提升学习点的服务能力、促进相互合作，我们将着力打造"下城市民学习微联盟"。微联盟是全区市民学习点在初步形成凝聚力和发展共识的基础上，跨越隶属条线形成的非正式组织。微联盟成员通过该平台逐步实现目标一致、条线独立；资源共享、优势互补；项目合作、工作协同；能力均衡、形象统一。微联盟面向学习点，是今后市民学习工作的重要抓手，也是政府职能转变的重要举措。通过挖掘、培育、扶持、引导、激励等手段，提升微联盟成员的服务能力和品质，做好市民学习的精准服务和便捷服务。

"一空间"是指"下城市民学习空间"。区社教办计划以区社区学院现有场所为基础，优选全区学习项目，引入区外优质资源，以培训、社团、体验和活动等形式服务市民，打造下城市民学习的综合体。"市民学习空间"是下城市民的专用学习场所、活态展示平台，也是全区市民学习综合体建设的示范样板。

2018年3月，享学下城云集项目入选下城区教育局人民满意教育实事项目，2018年12月，在前期工作的基础上，下城区"学习点—学习圈—学习空间"市民学习三级体系设想基本成型，并在2018年杭州市成人教育科研培训会上作宣传介绍。其中，学习点面向市民，它是项目的核心要素和立足点；街道、社区、校园、辖区企事业等单位和众多学习点一起，共商、共建、共享"片组集群化"市民终身学习服务，打造系列街道学习圈；在点、线、片、圈、云的基础上，逐步实现线上、线下融合，最终形成下城市民学习空间，它是各条线、网片、平台、资源、学习点、学习圈等学习要素的集合和协同。

3.老年教育"武林银杏"品牌建设

中国已步入老龄化社会，养老服务、老年教育自然是目前老百姓最关心的话题。下城区在推进文化养老，推广医、养、学相结合的养老服务方面也做了尝试和探索。比如东新街道积极探寻"传统养老"向"智慧养老"的革新之路；长庆街道整合资源，协同卫健局针对老年人进行隔代教育的相关专业指导。这两个街道分院的老年教育工作都受到了辖区老百姓的欢迎和好评。

配合老年医养学结合的模式，下城区推出了"流动老年学堂"，以"互助式团队"、"流动式教室"、"订单式"学科设置、"开放式课时"，将户外旅游、访谈讲座、演出展示和公益活动融入本辖区企事业退休人员及居民服务的新模式。"流动老年学堂"共开设5个学科门类，32个班级，服务了10000余名学员，获得了一致赞扬。

四、注重成效推广，打造学习圈，创建新样板

在2018年下城区30分钟市民学习圈创建工作中，经过评估，朝晖街道获

得了"杭州市街道 30 分钟市民学习圈"称号。

经过几年的整合与积累,朝晖街道的工作方法见效显著。

1. 整合场地、师资、课程资源,打造"三维学习圈"

利用西湖文化广场、社区文化综合体等场地资源,实现"一场一体全覆盖";与文化馆、学校等单位联办,充分挖掘"国家省区市多级"的师资资源;开设"点单授课""非遗讲堂""一社一品""新杭州人"等丰富、多元、特色化的课程。

2. 围绕各类学习教育主题,打造"五彩学习圈"

以理论知识培训、外出学习考察、网上平台实践、床头微党课等项目为内容,打造"红色教育"学习圈;针对外来务工、家政、失业等人群开展职业教育培训,打造"蓝领驿站"学习圈;组织老年学员开展各类学习活动,打造"银龄互助"学习圈;组织青少年、妇女、社会各界等人士,共同开展各类环保教育实践活动,打造"绿色环保"学习圈;将传统家规与廉政文化、遵纪守法与崇德重礼有机结合,创建清风廉政教育基地,打造"橙色廉政"学习圈。

另外,长庆街道也以"红湾善学、常态勤学、示范好学、向善乐学"四个学习交互圈为主题打造了"长庆 30 分钟市民学习圈"。

通过街道 30 分钟市民学习圈的创建,使全区市民对"以终身学习理念为指导,促进社区教育工作又好又快发展"这一目标,有了更明晰、更坚定的认识。30 分钟学习圈的建立,在硬环境上为百姓的文化生活提供了便利,在软环境上,进一步提高了文化服务标准,也为提高市民素质和学习意识打下了坚实的基础,在全区范围内塑造了浓厚的文化氛围。

下城区今后要做的是,以课题研究为引领,发挥社教科研驱动力。为不同的教育团队搭建合作、共享、共赢的多样化平台,为开展网格化创建和培育,提炼特色经验,做好个案研究;在区域范围内提升理论与实践相结合的软实力。

如何让创新推动发展,是接下来要思考的事。"享学下城·市民学习推进工程"是下城区近年的创新举措,目前"享学地图"的开发和"市民学习微联盟"的成立已告一段落。在今后的三年时间里,下城区将充分整合区域社区教育资源,继续完善服务体系,打造覆盖全区的"下城市民学习空间";建构市民学习"片组集群化"的创新服务管理模式,全力打造集点、线、面、圈、云的"下城市民学习空间"。

同时,充实队伍力量,建设下城"市民学习点培育三级梯队";变菜单式培训为专享定制式培训,变单一培训项目为系列培训课程,变单向提供培训为合作共商定制培训,变单一培训授课服务为全套优质服务,使"享学堂"成为下城区乃至杭州市的成人培训强势品牌。

　　贯彻落实终身学习理念是一项长期的战略任务,需要不断深化、不断提高、不断创新。下城区要在新的起点上,巩固成果,再接再厉,继续保持和发扬已经形成的良好势头,进一步巩固和扩大终身学习活动的实践成果。

大关街道:以"草根文化"为载体
构建市民学习圈

杭州市拱墅区人民政府大关街道办事处

依托特色"草根文化",遵循"有序、联动、扎实、有效"的工作策略,深入推进学习型组织、学习型社区、学习型街道建设,构建大关街道30分钟市民学习圈,大力推进终身教育,营造优质的学习环境和浓厚的学习氛围。

一、强基础,树品牌,打造市民学习生活区

1. 健全学习圈建设机制

组建由街道党政主要领导为组长,文化站、妇联、团委、派出所、社区等各相关职能部门共同参与的大关街道30分钟市民学习圈创建工作领导小组,构建分工明确、责任到人、横向到边、纵向到底的科学规范的"联合式"组织体系。街道把市民学习圈建设纳入街道(乡镇)建设发展的重要组成部分,每年专题讨论市民学习圈建设工作两次,相继制订和颁发了《大关街道30分钟市民学习圈构建规划》《大关街道30分钟市民学习圈构建重点项目实施方案》《大关街道社团等级奖励办法》等一系列规章制度和文件。截至目前,街道下拨的社区教育专项经费15.3万元,街道常住人口社区教育经费已达 4.25 元/人。规范、健全的制度建设和常年递增的经费投入,有力地确保了街道30分钟市民学习圈的有序构建。

2. 提升市民学习品牌

发挥草根文化优势,通过"一场一堂一园一会",以百姓书场、草根荟萃堂、百姓戏园、共享图书会为载体,挖掘红色经典文化学习内容,实行街道辖区学习资源共享、信息同步,大力打造社区学习品牌,并在学习网上进行宣传,不断提

升学习品牌的知名度。大关街道共享图书会从"谷雨"开市到"立冬"闭市期间每月的第三周的周五下午3点至5点,开展书友置换活动。截至目前,已拥有会员1600余人,换置图书达8000册,深受辖区居民的喜爱。同时,街道坚持将草根传统文化和街道社区学校开展的丰富多彩的学习活动相结合,如每月一场的"草根荟萃堂"演出之越剧队开展了"垃圾准分类、唱出新生活"专场演出,每月一场的"青少年草根文化沙龙"开展了"人人动手,清洁家园"文明行动。

3.拓展学习服务项目

基层学习点是社区教育的主阵地、是基层学习之根基。大关街道积极打造"草根文化公园",在大关公园、德胜公园等一批原有的公园里增设学习服务项目。结合"全民终身学习活动周""科普宣传周"等主题活动,组织开展"读书""科普""大讲堂"等专题学习活动,为文艺爱好者提供"草根文化年"演艺平台,为票友们搭建"戏剧舞台",为青少年开办"草根文化四点半课堂",周周有演出,月月有培训,实实在在地保证了优质学习产品的供给,让社区居民在轻松愉快的环境中能学、乐学。

二、建资源,优团队,满足市民学习需求

1.区域共建学习资源

自成立社区学校以来,大关街道以建设文化学习大学校为目标,联合社区、机关、企事业单位及中小学校,根据不同社区、不同行业、不同对象和不同需求,建设形成了一批实验性、一站式、多功能、数字化、标准化的"家门口"学习点。如辖区西片,有陶行知纪念馆、百姓书场、社区市民学校及城市驿站;辖区东面有幸福生活馆、文化家园、百姓戏园;辖区南面有新时代文明实践所、青少年活动中心、辖区北边有综合文化服务中心、九洲党群活动中心等,为辖区的每一位居民提供30分钟内步行可及的学习场所。在辖区8个社区配套建有标准化的"市民学校"的基础上,积极推动辖区13所大、中、小学和幼儿园与街道、社区合作,面向辖区居民开放共享学习资源,营造便利的学习环境和浓厚的学习氛围。辖区居民只要刷市民卡,即可进入学校使用学校场地和球馆,开展健身活动;可以参加学校向社会开放日活动;可以参加由学校专业老师执教的书画、唱歌、舞蹈等各类兴趣班。

2."草根荟萃堂"展风采

草根荟萃堂是辖区居民互动、学习、交流、切磋的一个重要基地,深受辖区居民喜爱。以此为阵地,从群众实际需求出发,坚持每月一场草根团队演出,打

造"无屋顶的剧场"，提供"无需票券的演出"，传承"优秀的草根文化"。活动涵盖戏曲专场、葫芦丝专场、少儿专场等，全年共有 32 支草根团队、1168 位草根艺人参加"草根荟萃堂"的演出，观众有上万人次，收到了较高的社会效益。"草根荟萃堂"不仅成为草根团队交流切磋、文化传承的平台，更成为辖区群众观赏演出的剧场，还成为政府宣传政策法规的桥梁，各类政策宣传、安全教育、技能展示等内容，纷纷借助这个平台与辖区居民互动，提高辖区和谐度。

3. 培育学习共同体

大关街道积极鼓励和引导社区居民自发组建形式多样的学习团队、活动小组等学习共同体。在学习共同体的组建过程中，街道社区学校先以孵化器的模式，选对负责人，帮助招募队员，协助制订学共体目标、制度、计划，待团队基本成型后，再由社团负责人所在社区接管，给予场地、经费等支持。至 2019 年 6 月，全街道共有各类学习共同体 80 个，平均每个社区 10 个左右，每个学共体每月开展活动达 3 次以上，参加学共体人数占常住人口比例达 12%。其中，百姓书场在 2014 年 10 月被授予杭州市第一批非遗传承基地；"钱塘剪纸"于 2014 年 5 月成功入选杭州市第五批非遗名录项目；大关实验京剧社被评为杭州市示范社区学习共同体，军缘舞蹈队被评为拱墅区示范社区学习共同体。

三、挖特色，育精品，构建市民学习圈

1. 全力打造百姓系列品牌

街道始终坚守民间文化艺术阵地，培育辖区特色草根精品，致力打造专属大关的草根文化特色风景线。百姓书场作为大关永不谢幕的学习文化阵地，十年如一日，每天下午准时开讲。2017 年 2 月，浙江省非物质文化遗产中心赴百姓书场采访拍摄杭州评话国家级传承人李自新老先生，摄像记录非遗项目。2018 年，街道新建"百姓戏园"项目，占地 500 余平方米，投入 150 万元，采用百姓书场的服务模式，为辖区居民提供一个学习、交流、传承传统文化的研习地。

2. 成功创建示范学习圈

在学习圈打造过程中，重视学习品牌的打造与培育，始终坚持"品牌引领、以点铺面"的学习圈打造模式，发挥品牌效应，彰显社会效益。2011 年街道东一社区获得"杭州市示范社区学习共同体"荣誉称号、越迷秀团获 2016 拱墅区优秀学习共同体、木铎讲堂（百姓书场）获 2017 浙江省优秀"终身学习品牌项目"、大关街道实验京剧社获 2017 杭州市示范社区学习共同体称号、大关之韵合唱团声乐老师张宝铨获得 2017 拱墅区"运河百姓学习之星"荣誉、大关之韵综合

艺术团合唱队获得2017拱墅区"示范社区学习共同体"称号、"百姓戏园"被授予拱墅区越剧传习中心。2017年,大关街道成为拱墅区级示范性"街道30分钟市民学习圈"。市民学习典型示范项目的成功创建、市民学习典范人物的涌现,彰显了街道构建30分钟市民学习圈极高的社会效益。2018年,大关街道成功获评首批杭州市级示范性"街道30分钟市民学习圈"。

四、享成果,促发展,保持学习力度不减

大关街道获评杭州市30分钟市民学习圈后,继续保持学习圈建设的力度,深化市民学习的热度,提高市民生活的幸福度。进一步提升了沿河文化长廊、文化站场馆等基础设施,修缮改造百姓书场、百姓戏园等文化新阵地,大力打造老百姓家门口的文化传习中心,让文化惠民工程有"温度",百姓幸福有"热度"。

以一街一品"印象大关"引领基层教育文化工作,开展戏剧群英会、草根文化节等基层活动,继续举办"爱在大关"草根文化艺术节和运动会,深化文化品牌建设。2018年,街道投入100万元,以街道本土非物质遗产项目"大关象戏"为原型,原创编排了大型音舞诗画剧《大关印象》,得到了省区市各级领导和辖区群众的认可。

积极发挥辖区内有活动能力、有影响力的草根达人的作用,以"一人带一社团"的模式,带动居民参与终身学习、参与社区建设与管理,全街道20%的群众积极参与到学习活动和志愿者服务中去,使辖区群众充满幸福感和获得感。

西湖区:合建共享资源成就学在西湖

杭州市西湖区社区学院　王亚萍

西湖区是浙江省委省政府的所在地,辖区总面积 312.43 平方千米,下辖 9 个街道、2 个镇,共有 159 个社区、34 个村。自 2016 年创建 30 分钟市民学习圈以来,西湖区围绕"打造首善之区,共建共享全国最美丽城区"定位,围绕"资源共建共享,'百场三送'来助力,市民快乐学在西湖"的学习圈建设理念,依靠本城区独特的历史文化资源,文化礼堂(家园)及体验基地和西湖社区教育品牌,形成了西湖区 30 分钟街道(乡镇)市民学习圈样式。

一、建设社区体验学习基地,破解学习圈难题

西湖区是著名的旅游区,辖区内人文自然资源十分丰富,有西湖、西溪湿地两个国家 5A 级景区,西山国家森林公园、西泠印社、之江国家旅游度假区、宋城等知名景区景点;是著名的文教区,拥有浙江大学、中国美院等名校和小和山高教园区等众多科研院所和高等院校;是著名的龙井茶产区,"狮峰、龙井村、五云山、虎跑、梅家坞"为"精品西湖龙井"的传统核心产区;是国家级园区集聚区,包括之江国家旅游度假区、国家高新技术开发区(江北区块)、浙大国家大学科技园、中国美院国家大学科技园、西溪国家湿地公园、西山国家森林公园;是省直机关聚集区,全省 80% 以上的省级机关设在西湖区;有丰富的互联网资源,"咪咕数媒""云栖小镇""艺创小镇"落户于此。如何充分利用这些丰厚的资源为社区教育服务,是西湖区创建市民学习圈的难点,途径如下:

(一)政府统筹保障建设,打造终身学习体验基地。各街道贯彻落实市、区两级政府关于市民学习圈建设的文件精神,将 30 分钟市民学习圈建设工作纳入 2017—2019 年街道政府工作计划中,把市民学习圈建设纳入街道建设发展

的重要组成部分。为推进全民终身学习、促进学习型城区建设,加大市民学习圈保障机制、资源整合、学习活动等的建设力度,北山、灵隐、蒋村等街道都制订并出台了相关配套文件,从政策上保障 30 分钟市民学习圈建设有序推进。

(二)组织领导分工明确,落实终身学习体验基地。街道成立了由党工委副书记和办事处主任为组长、党工委副书记和办事处副主任为副组长、各科室负责人和各社区主任(市民学校校长)为成员的市民学习圈创建领导小组,职责明确,各参与部门落实分工。市民学习圈建设有工作计划、工作总结,有工作协调机制。制订"街道 30 分钟市民学习圈建设任务分解表",分解落实各项创建任务。建立联席会议制度,协调解决相关热点和难点问题。

(三)经费充分保障运行,建设终身学习体验基地。进一步规范课程、师资队伍建设的管理,深入开展社区学习共同体创建和培育活动,挖掘整合课程资源,全面提升师资队伍的学习能力和辐射带动能力。不断完善社区教育保障激励机制,多渠道筹措社区教育经费,落实专项经费。近两年社区教育专项经费人均每年 8.34 元,其中重点用于学习圈建设的经费占 80%。如蒋村街道 2017 社区教育实际使用经费 15.26 万元,人均 4.51 元。2018 年社区教育实际使用经费 41.19 万元(比上年增长 170%),人均 12.17 元(比上年增长 167.63%)。

(四)单位共建开发资源,拓展终身学习体验基地。动员组织辖区高职院校和其他社会教育机构积极参与活动,发挥资源优势,全面实施"X+资源整合开发工程"。街镇和社区教育联合不同部门,整合跨部门的教育文化职能,共挖资源,拓展市民学习体验基地。不仅为社区教育拓展了学习场地,而且丰富了辖区居民家门口的学习圈资源。

截至目前,西湖区内的大专院校均向居民开放,所有中小学校都与街镇、社区村签订开放协议,定期向居民开放场地。先后建立了弥陀寺文化公园、西溪湿地博物馆等 300 余家共建单位体验基地,2018 年,弥陀寺文化公园被浙江省教育指导中心认定为"市民终身学习体验基地"。50 多个社区教育基地,其中优质社区教育基地 7 个,分别是"画外桐坞梦里书香"老年开放大学实践基地、杭州市西湖博物馆、北山街道金祝社区、西溪社区学院教育培训浙江大学基地、文新街道湖畔社区爱德华英语俱乐部、之江大棚蔬菜栽培培训基地、东山弄市民学习共同体活动中心。2018 年辖区单位场地开放率为 98.4%,很好地为社区居民提供公益性学习服务,营造了具有西湖特色的新型学习圈建设氛围。

二、"百场三送"学习项目进文化礼堂,创新学习圈内容

"百场"指西湖区社区学院、街道(镇)社区学校、杭州市和西湖区的示范社

区学习共同体,分别开设 37 场、33 场、30 场报告、讲座或活动。"三送"指西湖区社区学院送课程、送教材、送课堂到文化礼堂(家园)的活动。截至 2019 年 9 月,全区已经实现学习活动进文化礼堂(家园)76 场,每年参与文化礼堂学习的居民争取达到 1000 人次。近四年来,有杭州市四星级的东江嘴文化礼堂、画外桐坞文化礼堂等,共建设建成并通过验收的区级文化礼堂有 18 个,其中四星级 4 个、三星级 10 个、二星级 4 个;84 个社区西湖文化家园,其中 21 个授予"金牌家园"、22 个授予"特色家园"、22 个授予"优秀家园"。

具体实施路径如下:

(一)建立标准

保证"百场三送"助力文化礼堂(家园)建设的质量。西湖区社区学院建立了"标准+特色"社区教育进文化礼堂工作机制,建立"三统一"的标准化管理模式(制订规划、申报管理、活动流程)和"四统一"的标准化服务(服务标识、服务内容、服务形式、服务时长),开展城乡一体的社区教育进文化礼堂"百场三送"学习活动,在活动中鼓励创新,争创特色,建设品牌文化礼堂,扩大社会影响力。2019 年 6—10 月,列入 2018 年西湖区各街道(镇)文化礼堂(家园)名录的 62 家单位,共开展了 76 场讲座或讲课。

(二)组建团队

加强对"百场三送"授课人员的培训,提升师资质量水平。成立区级"百场三送"人员的教研组,组织开展教师团队的教研和培训活动,对文化礼堂(家园)管理人员进行业务培训,落实标准,规范流程,指导其联合教师团队开展适合本文化礼堂(家园)的特色课程建设。

(三)特色课程

开展区域特色课程和优秀课程建设,为文化礼堂(家园)提供更优质的内容。以西湖文化为依托,以地方特色产业为导向,重点关注新型职业农民、青少年、老年人三类人群,开发区域特色课程和建设优秀课程。课程建设是"百场三送"活动的基础工程,课程建设体现为动态的过程,建立一批区级特色课程优秀课程,比如双浦镇灵山村文化礼堂九曲红梅茶文化产销互联网特色课程,实现特色课程和优秀课程的共建共享模式。

(四)优化运作

建立全域规划分片开展定点落实的运作机制,提高"百场三送"活动开展的效率。区社区学院统一制订全域"百场三送"的规划,统一划拨经费补助,坚持硬标准,组织开展教师团队的教研和培训活动。开展区域内的师资培训、课程资源建设、案例提炼和品牌创建等工作。西湖区社区学院下设三个院区,是"百场三送"活动的具体组织单位,院区统一管理服务区内各文化礼堂(家园)三送活动。街镇社区学校制订学习活动清单,活动教师聘请、活动人员的组织、活动内容的安排、活动的宣传报道等,优化配置学习资源向街镇社区学校集聚。

（五）建立联盟

优化文化礼堂(家园)的相互联系,更好地对接"百场三送"活动。先通过在一个镇(街道)建立文化礼堂(家园)联盟的方式,探索加强文化礼堂(家园)相互联系的机制,为推进"百场三送"形成更好的合作基础。联盟单位建立"建、管、用、育"长效机制,形成共建共享发展成果的良好局面。共享师资、志愿者、地方特色课程、文化礼堂(家园)场地等软硬件资源,并对实施过程进行共同管理。

（六）服务重点

打造"三阳"齐美的市民文化礼堂(家园)。为营造时时能学、处处可学、人人皆学的社区学习氛围,街镇社区共建单位领导统筹协调,对百姓家门口的文化礼堂(家园)"土壤"深耕细作,着力打造"三阳"(朝阳、正阳、夕阳)齐美的市民学习工程。

1. 朝阳工程

关注辖区儿童阳光健康成长,扶植社会力量开办社区家庭学校和青少年校外教育,开展丰富多彩的文体活动。利用辖区内现有资源,每个社区文化礼堂(家园)开办"四点半课堂",占辖区内小学数80%以上。此举破解学校"四点半难题",而且免费弥补孩子托管"真空带",深受社会各界的好评。

2. 正阳工程

重视辖区市民就业技能培训。学习圈课程主要包括劳动力培训、技能培训、创业培训、地方特色培训、新型农民培训、企业职工培训和学历培训等提升新型职业农民与企业职工知识与技能。2019、2020年在文化礼堂(家园)开展培训学习2300余次,培训人数近88387人。类似西点烘焙、多肉种植、插花艺术、茶艺、法律知识等培训,帮助市民再就业,深受广大市民的欢迎和好评。

3. 夕阳工程

文化礼堂(家园)活动能满足辖区老人文化精神需求,老年人学习圈"主场"是社区文化礼堂(家园)。例如灵隐街道东山弄文化家园是街道"金牌特色家园",蒋村文化家园被女子合唱团誉为"家门口的音乐学院",北山街道的弥陀寺文化家园里的"北山书画院"，现有会员100余人，去年一年举办了30余场书画培训、书画走亲等活动，新春送福1500幅，创作年历画600幅送给辖区单位和困难群众，不仅实现了书画乐活养老，还实现学习圈服务反哺。

三、大力培育社区学习共同体

学习圈建设应该以人为本，只有市民的学习兴趣浓，参与率高，才会对学习圈的满意度增加。市民参与学习的形式，最主要的就是社区学习共同体，所以社区教育做好学共体建设，助力学习圈发展是核心要务。西湖区社区教育全面推进学习型家庭、社区学习共同体、学习型社区等学习型组织建设工作，全面推进学习型城市创建工作，以示范引领，以点带面，形成城乡均衡、全面覆盖的创建30分钟市民学习圈西湖新格局。

（一）建设学共体培育机制，助力学习圈标准化管理

西湖区积极打造学习型城市，广泛开展学习型组织建设，根据不同类型组织的实际情况，建立长效机制和激励机制，形成良好的区域终身学习舆论氛围，群众对建设社区学习共同体、学习型社区有较高的知晓率和参与度。

从政策层面出台相关文件，制订相应的学习型组织基本要求和标准，每年积极动员街道开展学习型社区、社团、家庭申报工作，西湖区社区学院进行评估考核，促进学共体建设工作。社团类型多样，社团活动丰富，多措并举，促进学习圈建设。

（二）培养学共体核心成员

核心成员，是学共体的灵魂。学共体能不能从娱乐型到学习型成长，最关键的就是核心成员是否成熟，能否担此大任。因此，这个时候的社区助力本质是人才助力，将学共体的核心成员塑造成一个有影响力的人、有担当的人，特别是在专业领域能够代表学共体的最高水平。社区助力必须积极加强培训，让他们具有强大影响力和丰富知识、熟练技能水平、服务意识和奉献精神，能够帮助学共体成员解决实实在在的问题；社区教育不仅要充分表彰核心成员，给予各种荣誉，而且要加强对核心成员的关怀，给予必要的鼓励，帮助他们渡过难关。十年来，学共体在西湖区获得了空前的发展，共认定了266个社区学习共同体，评选出123个"西湖区示范社区学习共同体"，20个"杭州市示范社区学习共同体"，无论从数量还是质量上来说，都达到了前所未有的水平。

四、打造特色引领经典品牌,提升学习圈品质

西湖区 30 分钟市民学习圈建设一直走在创新创特之路上,十载品质砥砺,创造了一个又一个特色经典品牌。

（一）城乡一体化,"周月节、家团社"家喻户晓

西湖区是一个典型的城郊结合城区,这一特点决定了西湖区社区教育需要一体化推进。每年五月的"社区教育宣传月"、十月的"全民终身学习活动周"、两年一届的"西湖市民读书节"等专题活动都采用城乡统一要求、统一组织、统一评估、一体推进的办法,收到了凝聚人心的良好效应,活动已成为西湖区社区教育的特色品牌。截至 2019 年,西湖区已成功举办 15 届"社区教育宣传月",15 届"全民终身学习活动周",7 届"西湖市民读书节",活动规模和参加人员分别以 1.2% 和 3.4% 的速度逐年递增。

（二）研学一体化,"十万市民品西湖"等项目蜚声国内

西湖区社区教育始终推行"教育科研和市民培训一体化"策略,特别是抓住西湖成功申遗契机,于 2011 年启动实施的杭州市重点课题"十万市民品西湖的组织与实施"研究项目,以西湖文化普及、传承为基点展开,引领市民去感受西湖文化和杭州文化的精致、和谐与典雅。一系列西湖文化主题教育活动,扎实有效地向市民宣传、普及西湖文化,从而有效提升了市民的综合素养,并使我区社区教育的知晓率、认同率、满意率进一步提升。

（三）服务一站式,"文化礼堂"成为村社精神文化坐标

2010 年,西湖区提出"一站式建设,星级考评及奖励"的文化礼堂建设规划,截至目前,共评出西湖区星级文化家园 18 个,其中四星级 4 个、三星级 10 个、二星级 4 个。2019 年,共评出西湖区社区教育进文化家园优秀组织单位 14 个,每一个文化礼堂特色鲜明,村情村史、乡风民俗、陈设展示、培训讲座、社团活动……通过寓庄于谐、寓教于乐"接地气"的一站式文化浸润活动,将文明之风播进村民心田。

（四）双创一站式,"龙坞茶乡"弥漫文化与艺术的气息

在茶乡融入艺术的元素,充满艺术气息和情调的风情小镇呼之欲出。2010 年,政府花了大量的资金、人力和物力,对外桐坞村建筑进行了整体规划和设计建设,从而打造了创新创业的经典范例。文化礼堂里的国学课堂、竹马舞非遗文化课堂、书画棋院等满足青少年和老人的文化需求。2016 年,"画外桐坞,梦

里书乡"还被确定为浙江老年开放大学学习体验基地,2017 年被评为浙江省终身学习基地。

(五)平台一站式,"咪咕阅读""一证通"打造全民阅读新生态

西湖区在搭建多元化线下学习平台的同时,不断开阔视野,与时俱进,拓展平台空间,发挥文创产业第一区的优势,打造国内最大的智能化、社交化数字阅读一站式平台——"咪咕数媒"。西湖区连续三年承办具有年度"风向标"意义的中国数字阅读大会,打造"全民阅读"新生态,让"全民阅读"真正落地惠民。

目前,西湖区内图书资源已经共享,推出了全省首创的"你点购,我买单"菜单式图书点购服务项目,每年图书馆从购书经费中列出 50%,用于读者点购、网点点购购置图书和电子读物,人们在家门口的文化礼堂(家园)可以享受全区各公共图书馆随借随还的"一证通"借阅服务。

随着西湖区 30 分钟市民学习圈建设步伐的加快,一批传播文化、促进市民学习的品牌讲堂也在城市的各个角落"生根开花",如以弘扬人文精神和科学精神为宗旨的"万松讲坛""西湖文化讲坛""文澜大讲堂",以及各类面向社会公众、集知识性与趣味性于一体的"市民大学堂""成长大学堂""西子大讲堂"等专题讲座。推动千个学习书屋进社区(农村),建设新农村的学习平台,建立农村学习实践社会主义核心价值观的理论阵地。

西湖区学习圈经过近 4 年建设,通过活化共享资源,依托文化礼堂(家园),以学共体为载体,打造经典特色品牌,引领居民生命的成长,促进社区教育的发展,促进和谐社会的形成。市民充分享受学习圈带来快乐、便捷、自由的终身学习之福。

滨江区:畅通终身学习"立交桥"

滨江区社区学院　赵国祥

杭州市滨江区致力于推进全民终身学习,建立区、街道、社区三级终身教育网络,积极打造以街道政府为主导、社区市民学校为学习阵地的 30 分钟市民学习圈,让广大市民可就近参与学习,推动构建衔接沟通全区各级各类教育、认可多种学习成果的终身学习"立交桥"。闻涛、六和、月明社区等 9 个社区先后被教育部与中国成人教育协会联合评定为全国优秀学习型社区。2018 年 10 月,长河街道被市教育局认定为"2018 年杭州市示范街道 30 分钟市民学习圈",同年 11 月,"滨江区家长学校大讲堂"获评市级终身学习品牌项目,并入选省教育厅"中职教育质量提升行动计划"。2019 年 1 月,区社区学院被评为省社区教育优秀办学单位。2021 年 1 月,长河街道成人文化技术学校被评为省现代化社区学校。

一、多方协同,夯实基层教育"桥墩"

(一)高度重视,健全管理机制

2017 年 4 月,滨江区人民政府下发《关于构建市民学习圈,大力推进终身教育工作的实施意见》(滨政〔2017〕12 号)(以下简称《实施意见》)文件,明确构建市民学习圈的总体目标、基本原则和主要任务。《实施意见》指出进一步重视老年教育,成立区老年教学讲师团,在阳光家园、各街道成校、社区市民学校建立老年教学点,实施点单式教育服务;强调高标准建设好区社区学院街道分院(街道成校),积极开展市民学校现代化建设;明确区、街道两级均按常住人口数不少于 4 元/人的标准,安排社区教育专项经费,对社区教育工作中的先进单位和个人,给予表彰奖励;明确将中小学、幼儿园参与社区教育工作纳入学校督导范畴。结合全区实际情况,建立区、街道、社区三级终身教育网络,区级层面成立终身教育协调小组,各街道设立以街道主任为组长,各相关职能部门共同参与的市民学习圈领导小组,将市民学习圈建设成绩列入社区工作年度考核指标。发布《市民30分钟学习圈建设方案》,建立社区联络员制度,制订"制定活动计划、确定组织负责人、定期组织活动"三定原则,明确职责,落实任务,保证"市民学习圈"建设有效有序进行。

(二)统筹协调,形成推进合力

建立"政府主导、教育牵头、部门分工、社会参与"的协同推进格局。建立街道学习圈建设工作协调机制,研究制订学习圈建设规划,区社区学院开展骨干师资培训工作,街道、社区广泛组织开展针对性强、本土化的教育活动,并做好总结宣传与申报评优工作。如区社区学院与多部门联合办学,与区委宣传部联合举办青少年演讲比赛;与区社发局联合开展文体活动进社区;与区应急管理局联合开展企业安全生产培训;与区民政局联合举办老年教育培训班;与区住建局联合开展建筑工地民工培训,已成为省成教品牌项目;与区人才办联合举办外籍人才汉语培训班;与区妇联联合举办家长学校大讲堂,已成为省成教品牌项目。西兴街道、长河街道被评为全国创建学习型社区示范街道,全区已有滨盛社区舞蹈队、新州民乐队、皓天书画社等市级示范学习共同体26个,温馨合唱团、闻涛越剧社等区级优秀社区学习共同体110个,滨盛社区李明被评为省百姓学习之星,新州社区薛匡时、六和社区马启煌等市级百姓学习之星7名,彩虹社区戈宝栋、马湖社区蔡雪安等区级百姓学习之星58名,形成了学习型街道、学习型社区、学习型社团、百姓学习之星等"纵横交错"的教育网络,市民学习圈骨干带动一批团队成员的"百花齐放"学习态势。

(三)设立经费,保障持续发展

2017年开始,区、街道两级均按常住人口数4元/人的标准,下拨社区教育专项经费,2018年全区社区教育专项经费达到300万元,2019年提高到320万元,2020年再提高到350万元。专项经费主要用于支持区社区学院开展教育培训活动、购买优秀培训项目、建设学习资源库,扶持补助街道学习圈和示范性社区学习共同体建设,以及对社区教育工作中的先进单位和个人给予表彰奖励。近两年,区社区教育专项经费扶持补助和奖励街道、社区达到90余万元。如2021年长河街道举行新春文艺汇演、庆祝建党100周年歌咏比赛、书画比赛、党史学习教育等15项文体教育活动,预计投入经费120万元,参与群众达到4200余人。

二、资源共享,打造立体教学"空间"

(一)谋划区师资库,构建师资空间

滨江区通过采集、汇总高等院校、科研院所、中小学校师资库信息,建立"专业化、明星型"的兼职教师队伍,汇总企事业单位的优秀人才、有一技之长的专业人士,建立"特长型"志愿者队伍。如聘请浙江中医药大学基础医学院院长、博士生导师郑红斌教授为中医养生班学员上课,聘请国家一级裁判员、杭州市百姓学习之星李明老师开设太极拳培训班进行授课。区社区学院还聘请杭州健身操金奖获得者、德籍华人公益志愿者齐中豪老师担任健身操老师,为东信社区、海创园、晶都社区的居民和外籍朋友教健身操,她懂得三国语言,为中外居民友好相处,起到了很好的纽带与桥梁作用,诠释了国际滨的开放、大气、包容。2019年9月,滨江区开展第一批"社区好老师"的评选活动,至今,三届共评出30名社区好老师,他们成为区社区教育的优秀师资力量。目前全区有专职教师23人、兼职教师358人,实现了全区教育师资共建共享。

(二)统筹学习场地,搭建教学空间

整合建立全区社区教育场地电子档案,目前全区共有教育场地8.48万平方米,其中街道文体中心7300平方米,社区市民学校活动场地2.35万平方米,成人学校教育用房6600平方米,为社区教育学校举办公益性培训、开设学习型社团、开展各类学习和体艺活动免费提供场地。2017—2020年,滨江区已经认定区现代化市民学校22所。积极鼓励浦沿街道辖区内的高等院校、科研院所、教育培训机构、青少年活动中心、图书馆、文化馆、科技馆、动漫馆、医院等发挥各自资源优势,定期开放场地设施,免费为市民提供社区教育服务,满足市民多样化的学习需求。如浦沿街道彩虹社区市民学校是该区一所现代化市民学校,社区拥有近2000平方米的教育活动中心,设有培训教室、图书阅览室、舞蹈排练室、健身房、地下篮球场等,有合唱、京剧、越剧、书画等27个学习型社团,有辣妈课堂、心缘沙龙、成长俱乐部等社交平台,每周开设11门课,供社区居民自主报名学习。同时,积极开展教育空间资源建设研究工作,2018年6月,《城市社区老年教育"1341"模式构建研究——以滨江区社区老年教育为例》荣获浙江省职成教优秀教科研成果一等奖、省社区教育优秀论文评比一等奖;2019年6月,"现代化市民学校建设的实践研究——以滨江区为例"课题被立项为2019年度浙江省职业教育与成人教育科研课题;2021年6月,《深度混合:企业安全生产"五合"培训模式的实践研究——以杭州市滨江区社区学院为例》被评为浙

江省职业教育与成人教育优秀教科研成果一等奖。长河街道成人学校被全国农村成人教育专业委员会评定为"全国农村职业教育与继续教育数字化资源共建共享研究与应用"实验基地。

(三)利用信息平台,拓展虚拟空间

借助区内高新企业的技术优势、资源优势,探索数字化、动漫化学习途径和方法,建设智慧社区服务平台。充分发挥数字化学习平台——杭州市终身学习网、智慧社区服务平台、杭州滨江社区教育微信公众号等网络资源,积极宣传、推广数字化、动漫化学习,引导市民利用数字化平台的优势和便利,进行终身学习,满足广大学习者的个性化学习需求。全区在学习平台注册人数达5.4万余人,年均点击率14万人次,初步取得良好学习效果。发挥区域研发优势,推出"中老年人防骗"动漫化课程,编撰"中老年学电脑""中老年防火灾""应急救护培训""西兴灯笼亮起来""滨江印象""市民垃圾分类知识读本""手机摄影""支付宝挂号"等系列教程,数字化学习资源进一步优化升级。

三、特色打造,设计终身学习"通道"

(一)打造"智慧+"学习圈

每个社区都建有智慧社区数字平台,不仅方便社区管理,也利于市民学习交流,市民学习内容广泛,涉及智慧生活、科技文化、休闲娱乐等。西兴街道新州社区智慧课堂依托智慧体验馆,结合社区一站式服务、科普文化、家庭教育、健康医疗等多样化、个性化功能,与社区"五个一"建设相结合,一起面向全体居民开放智慧教育文化服务。开展智慧手机课程,采用线上+线下授课的方式,传递互联网时代的 APP 知识,用创新的方式感受文化的力量;网络购物、支付宝理财、微信、滴滴打车等 APP 工具按照教学大纲、课程安排等一一进行课程教学。长河街道中兴社区借助 QQ 微平台、微信学习平台,实施以便民服务、交流互动、网上学习、信息化传播为一体的互学、互惠、互赢的全新互动学习平台。"智慧+"学习手段,逐渐被市民广泛接受,终身学习理念在市民中不断深入,市民素质有了较大提高。省成教品牌项目——新市民教育品牌"白马湖市民大讲堂",涉及政治、经济、文化、教育、卫生、法律等主题,自 2009 年创办以来,共授课 3650 余次,市民参与人数达 34.5 万人次。该区还根据高新区人才集聚和发展要求,积极开展"硅谷创新论坛",邀请国内外知名学者、专家、企业家到论坛讲学、交流、讨论。内容涉及"文化创意产业发展""创新改变世界""大数据:商业和科学革命""互联网金融""物联网产业发展""国际金融危机发展的趋势"等等,至 2018 年共举办 61 期,参与人数达 1.2 万余人次。"硅谷创新论坛"的举办为高新区创新、创业人才提供了学习、交流、发展的平台。2020 年,全区终身学习参与人数达到 14.5 万人,占常住人口的 32.2%,社区教育参与度、认同度、满意度均达到 92% 以上,终身学习理念在市民中得到普及,公民素质有了较大提高。

(二)推动"互助+"学习圈

浦沿街道之江社区以社区党员、群众、青少年等为对象,以社区居民满意为目标,依托社区老年协会、之江社区艺术团下设各支文体骨干队伍,有之江社区之音合唱团、之江社区排舞队、之江社区舞蹈队、之江社区民乐队、之江社区柔力球队等十余支教育文体队伍,积极开展文化志愿者"互助+"教育服务公益活动,受到了社区居民群众的拥护和称赞。长河街道流动人口服务中心开展"社区四点半学校",开办"小蒲公英"俱乐部,以书法绘画、诗歌朗诵比赛等活动为载体,为青少年校外教育提供服务。创办至今已开办培训班 21 期,服务学员960 余人,被评为杭州市基层共青团"十佳百优"创新创优项目之一。此外,为空巢老人、新手妈妈等群体提供点单式专业服务,在撤村建居社区建立老年教学点,开展"大手拉小手"等早教专家讲座,近两年来,全区举办老年教育培训班 76期,参与人数达 2890 人,早教专家讲座 25 期,共计授课 1872 人次。

(三)构建"文化+"学习圈

一方面,通过"一社一品"创建活动,挖掘区域特色文化,推动小区老年人群学习。如长河街道天官社区挖掘长河古镇明清时期的大头娃娃舞蹈文化,自发组建舞蹈队,统一开展培训研究,并将"迎会""调龙灯"等元素融入其中,目前已有上百人参与。浦沿街道滨盛社区剪纸艺术社,每个月都会开展各种剪纸活动,提高学员参加学习剪纸的兴趣。如走出去参观剪纸展,请来省级剪纸大师宋佑林老师指导,开展评比交流、办作品展览、参加非遗项目的展示等。剪纸就像一道无形的纽带,拉近了中老年邻居们的距离。社区居民袁惠贞阿姨,她原来是一家医院的护士长,刚退休就不幸丧偶,她一度情绪低落。接触剪纸后,她真正喜欢上了这门独特的艺术,如痴如醉。人也变得开朗、活泼,逐渐成为社区的文体活跃分子。另一方面,以社区教育为平台,宣传、推广西兴灯笼、西兴盘扣、共联刺绣、汤家桥太极剑、中兴茶艺等传统工艺和文化,编印杭州市重点实验项目成果《西兴灯笼传统工艺与民俗文化传承》,作为中小学、成人培训的乡土教材。2019 年 3 月,西兴街道成校(分院)编写的《让西兴灯笼亮起来》获全国优秀乡土课程教材。

（四）创设"阅读＋"学习圈

为推进"倡导全民阅读，推进学习型社会建设"，每年开展全民阅读活动。2015 年，滨江区图书馆建成。2018 年，滨江区图书馆又成功创建国家一级公共图书馆。2020 年区图书馆共开展了文化活动 281 场，参与读者 43621 人次。开馆至 2021 年 8 月，已累计吸引读者 193 万人次。区政府为市民提供良好的阅读场所，2016 年，杭州"最梦幻书店"钟书阁在滨江开业；2017 年，中国网络文学作家村安家白马湖；2018 年，网易蜗牛读书馆在互联网小镇开门迎客。2019 年上半年开始，滨江区中小学向家长、市民免费开放学校图书馆。在滨江，已有 45 个社区的文化场馆里设置了图书室、舞蹈室、书画室等，其中 38 个社区文化场馆还被评为杭州市基层文化示范点，7 个被认定为区市民终身学习体验基地。社区里的阅读，不局限于小小的图书室，也有自己的创新。在西兴街道滨和社区，一个个小巧的"共享书屋"放置在小区的花园中、单元门口，既能让居民们在花园散步时、在回家途中方便借阅书，又能营造浓厚的阅读氛围……每一次借阅，不仅是汲取知识，更是居民之间的和谐交流。在高新企业内设立漂流图书馆，让员工在休息时阅读。在西兴街道温馨社区的楼廊改造中，原本停在门厅里的电瓶车停到了正确位置，依托"亲子阅读进楼廊"，楼道门厅变成了宽敞、整洁的阅读空间……这样的"阅读角"，让楼道真正成了"居民们共同的家"。阅读已经成为滨江一道随处可见的文化风景。

萧山区:构建新市民教育的10分钟学习圈

杭州市萧山社区学院　黄美初

随着城市化进程的不断推进,作为东部发达地区的杭州市萧山区,城市化率已经达到70%以上,百万传统农民转身成为新市民。为了服务城市化发展需要,帮助农民适应这一巨大的变化,萧山区以"10分钟学习圈"为载体,组织丰富的教育培训,引导新市民学礼仪、学公德、学艺术、学环保、学技能,通过学习这些新知识,拥有积极的心态和进取的精神,在思想上走向开放,感情上更富理性,以不断适应农民市民化的内在要求。

一、案例呈现

(一)"10分钟学习圈":让新市民处处可学

为了让萧山新市民"学有其校",通过政府投资新建、布局调整和整合改造等三项措施,建立了区级社区学院1所、镇街社区分院(社区学校)9所、村(社区)市民学校509所,基本形成以社区学院为龙头、以社区分院为骨干、以市民(社区)学校为基础的三级社区教育基地。同时,整合全区各类公共教育、文化、科技资源,形成资源共享、优势互补、免费开放、方便市民的社区教育资源体系。

学习圈激发了新市民的学习热情。陈国权大爷是北干街道绿茵园社区的居民,每天到市民学校转转,是他雷打不动的习惯。他顺便看看有没有讲座,有讲座的话就坐下来听听,阳光心态、低碳生活、萧山文史都是他喜欢听的专题。没有讲座,就到阅览室坐坐,看看书、读读报。陈大爷说,社区办市民学校好,不用穿过马路,不用坐汽车,走走几分钟就到。听讲座、看报纸,既丰富晚年生活,又长了见识。

地处南部半山区的浦阳镇灵山,一个精心设计的集会场、戏台、图书阅览室和农村现代化教育于一体的综合楼，一个用心修缮的陈列着当年"刀耕火种"年代农具的旧祠堂，一个汇合了篮球场、健身广场的文体公园，组成了别具特色的村市民学校。在市民学校，村民可以坐在窗明几净的阅览室看书读报，可以走进多媒体教室收看远程教育节目，也可以登上古色古香的戏台一秀歌喉，或者到祠堂，听老一辈讲那些古老农具的故事。许国华是村里的葡萄大王，晚上，他最喜欢到这儿来上农民信箱，他说："不出村就能向大学、农科院的教授专家请教问题，既节省时间，又能及时解决问题，市民学校是农民的好老师。"

（二）1234610 教育服务支持体系：让新市民人人爱学

为了吸引并方便新市民学习，萧山区着力构建了新市民教育 1234610 教育服务支持体系，具体包括以下内容。

1. 建立一个课程体系

课程体系的读本由六大模块组成，分别以新市民城市社会生活、新市民城市日常生活、新市民城市政治生活、新市民城市经济生活、新市民城市闲暇生活和新市民城市健康生活为主题，突出生活情景再现与行为诱导。每个板块，又通过小故事的形式，引出新市民在城市生活中遇到的问题，然后根据问题引出话题，以拉家常的方式，讨论问题的解决方案。该读本在第二届全国社区教育课程资源评选中荣获一等奖。

2. 打造两个讲堂

一是打造湘湖大讲堂，这是萧山区打造的一个全民教育新品牌，每年分别开课百场为领导干部讲授思想理论知识的发展讲堂、千场为城乡劳动人口讲授创业技能培训的创业讲堂、万场为市民群众讲授社科文化知识的市民讲堂。湘湖大讲堂自 2006 年 5 月份开办以来，仅其中的市民讲堂在全区就有 500 余处。每年有 130 余万人次的干部群众在湘湖大讲堂直接得到了学习教育。二是道德讲堂，以中华民族的传统美德为主要内容，通过"身边人讲身边事、身边人讲自己事、身边人教身边人"的形式，促使每一个参与者都能有所感、有所悟进而有所为，从而营造"积小善为大善，积小德为大德"的社会新风尚。萧山区在各村、社区和企事业单位建立了 80 多个道德讲堂，每年组织 1000 多个专场讲座。特别是十九大后，道德讲堂把向广大新市民进行社会主义核心价值观宣讲作为核心内容，广泛开展社会主义核心价值观教育，仅由萧山社区学院组织的宣讲活动就达到 80 余场，听众 13000 多人。

3. 开展三个进村项目

一是连锁图书馆进村。以萧山图书馆为龙头，建立镇街分馆，在村（社区）

建立支馆,作为农家书屋,并且以一个季度为一个周期,在全区范围内进行图书流转。目前已经建立农家书屋 551 家,平均每家书屋拥有图书 3000 册以上,每周开放 35 个小时,使农民、市民不出村(社区)就能读到自己想读的图书。二是远程教育平台进村,萧山区在解决网络最后一千米的基础上,在每个村都建立了每套价值 2 万多元的远程教育接收、播放设备,使农民真正实现在家门口上大学。不仅每周组织社区居民、干部集体收看,平时也根据群众需要,播放各类视频课件。三是品牌文化艺术团进村,全区建立了 30 个镇街品牌文化艺术团,还在村(社区)或企事业单位建立了 1000 多个分团,拥有草根演员 5600 多人,每年演出 1000 多场,观众超过 30 万人。

4. 开展四个建设

一是美德档案建设工程,通过搜集、宣讲身边的美德人物、美德故事,开展市民能接受的道德教育。二是农民"种文化"建设工程,通过建立农民文化辅导员队伍,引导、帮助农民自编、自导、自演自己的生活,让文化的种子在农村大地生根发芽、开花结果。三是特色课程建设工程,萧山区在各镇街都以社区教育研究项目的形式,开展本土化特色课程建设。目前,已经形成教材的特色课程达到 15 门,正在开发的特色课程 12 门,实现了至少每个镇(街)一门的建设目标。四是数字化学习港建设工程,一期投入 385 万,建设了具有 10 万小时的多媒体学习资源和具有学分银行功能的萧山数字化学习港。

5. 实施六个培训项目

一是农民大学生培养项目,萧山社区学院会同区农办,依托中央电大"一村一"计划,面向农村实用人才开展免费大专学历教学,每年招收 150 名左右的农民大学生,加上萧山电大的各类成人高等学历教育,萧山社区学院每年新增农民大学毕业生约 3000 人。二是双证制培训项目,主要是面向高中以下学历的社区居民开展的"成人高中学历+职业技能"的教育培训项目,萧山区每年利用教育消费券,培训双证制学员约 3000 人。三是新市民创业培训项目,由镇(街)成校引进国际劳工组织品牌培训项目——"SYB"创业指导培训,面向失地农民开展创业培训,培训考核合格后,通过一系列的后续服务,帮助农民就业。四是一户一岗培训项目,面向低收入、低学历人群的就业援助培训,使这些农户至少有一人通过培训后获得就业岗位。五是科普进农家培训项目,由社区学院、社区分院与区科协联合,组建 120 多人的科普团,在各村、社区组织科普讲座,每年参加讲座的农民超过 20 万人。六是镇(街)特色培训项目,结合镇(街)特色课程建设项目,各镇(街)成校都建立了具有本土化色彩的特色培训,像新街镇的花木培训、戴村镇的生态培训、所前镇的茶果培训、浦阳镇的"草根119"培训项目初步形成了自己的品牌。

6.打造"十分钟学习圈"

借助创建全国社区教育示范区的东风,萧山区通过投资新建、布局调整和整合改造等三项措施,使每位萧山区市民一出家门,步行十分钟就能到达一所市民学校,车行十分钟能到镇(街)成人文化技术学校(社区学校),初步建成了处处能学的"十分钟学习圈"。

(三)四大保障体系:让新市民人人享学

1.构建强有力的组织保障体系

除了建立健全各级新市民教育的组织领导体系外,还建立了完善的组织网络,形成"区级政策主导、镇街统筹实施、村落实到人"的三级网络系统,完善"农办—镇街—社区教育组织"三位一体的组织管理模式。

——政策。镇街党委、政府强有力的政策支持与引导,是保证这一模式运行的最大保证。

——资源。农办的行政资源、权力资源,社区教育机构的教育资源、智力资源,镇街的人力资源、信息资源,都是各自拥有的优势资源,通过合作,实现整合,使资源得到最优化利用。

——经费。区本级由区农办根据规定政策,从区财政预算中获取农民素质培训专项资金,以向社区教育机构购买教育服务的形式,为新市民教育提供资金支持,同时镇街一级,根据本级成校新市民教育项目预算,足额提供新市民教育经费支持。

——利益。三方都必须在合作框架中得到自己所需的利益,否则合作不可能持续。

——实体。社区教育网络组织是"农办—镇街—学校"三位一体的组织管理模式的承载实体。

2.构建全方位制度保障体系

一是把新市民教育列入民生工程,纳入镇(街)、村(社区)两级干部政绩考核的指标体系,使之成为镇(街)、村(社区)干部的分内工作。二是强化新市民教育各项管理制度的完善,如培训项目管理制度、培训质量评估制度、培训资金使用管理制度等。三是完善政府"教育消费券"资助培训项目,目前萧山确定的政府资助培训项目涵盖学历教育、技能培训、农民公民教育等,主要的项目有

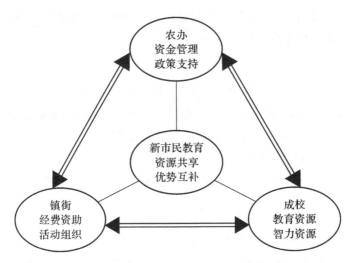

图1 "农办—镇街—学校"三位一体的组织管理模式

"双证制"学历教育、扫盲教育（针对年过六旬的文盲老人）、文明素质培训（主要是公民教育）、失土农民转移培训、一户一岗技能培训、SYB创业培训、湘湖大讲堂、夕阳红大讲堂等（图1）。

3.构建多元化的经费保障体系

主要是突破了以前仅靠财政投入的单一机制，实现了教育投入的多元化，建立了三大投入渠道：一是政府财政投入，萧山区级财政每年安排的专项资金达到1500万元以上，同时，各镇街也都根据不同情况，把农民教育的经费纳入预算；二是学校自筹，许多成校（社区学校）创造了"长班养短班"的经费自筹模式，即用学历教育（所谓的"长班"）的学费收入，补贴短期培训（所谓的"短班"）所需经费的不足；三是企业赞助，主要是通过企业向成校购买培训的方式，获得新市民教育的经费。

4.构建多层次的人员保障体系

一是专职教师的管理人员队伍建设，重点是抓专业化发展，通过专题培训、绩效考核、独立编制等手段，把专职人员培养成为农民教育的"土专家"；另一支队伍是兼职教师队伍，重点抓结构优化，通过培训、考核、激励和建立专门档案等方式，提高兼职教师队伍的规范化建设水平，从而形成了一支人数足够、专业分布合理、随请随到的兼职教师队伍。

二、工作成效

(一)促进了农民向市民的有效转化

1.提高了新市民对城市(城镇)生活的认同与向往

通过城市文化的专题讲座、城市文化体验,农民对城镇化不再恐惧,也不再拒绝。从对新市民对城市生活、城市文化情感和态度的调查结果看,新市民对城市文化和城市生活的正面评价呈现比较高的比例,说明新市民对城市文化的认同度较高。

从研究小组组织的三次对新市民的访谈情况看,绝大部分的新市民表现出对未来城市生活的乐观情绪。他们认为,城市生活让他们的生活状况发生很大的变化,比较集中地有以下方面:

——闲暇时间多了,生活更惬意了。

——文明程度高了,粗话、脏话少了。

——以前几乎没有旅游,现在每年都要出去走走看看,眼界更加开阔了。

——以前有点钞票就知道造房子,现在除了旅游,还会去健身、看戏、打扮自己。

……

2.改变了新市民的就业方式

创业培训激发了农民的创业意识,提高了农民的创业能力,使许多农民都争当老板。萧山目前拥有各类创业实体65000多个,平均18个人就有一家企业。近几年,主要开展机械加工、司炉工、开车工、电焊工、营销、服装、家政等各类企业所需工种的培训,引导农民向第二、第三产业转移,为各业经济发展提供对口的人力资源支持。

3.传统农民逐渐转化为"文化人"

萧山社区学院以电大为依托,组织大规模的成人本、专科学历教育,实施了农民大学生培养项目,对农民参加大专学习提供经费补助。这几年,全区每年参加学历教育的农民达到5400人左右,2020年达到11000余人。参加学习强化了萧山农民的自主学习意识和需求,教育消费在萧山农民消费总额中的比例不断提高,许多农民已经成为名副其实的"文化人"。

（二）促进了社会治理体系的优化

1. 新市民的素质日益提升

各镇街成校（社区学校）充分利用市民学校组织开展了法律常识、文明礼仪、健身营养等培训，这些培训，都极大地提高了农民综合素质和现代文明意识，使他们能较快地适应城市化带来的变化和冲击，成为既具有农民身份又具有市民素质的新公民。过马路要看红绿灯，购物、乘车要排队，有纠纷用法律解决——一个个的变化，显示出我们的新市民素质越来越高。

2. 新市民的主人翁意识日益增强

随着新市民教育的开展，公民意识的逐步建立，他们参与社会治理的意识也日益增强。许多新市民都十分愿意参与社会管理工作，以服务 G20 杭州峰会的平安保障为例，萧山区共有 21 万市民报名争当"平安志愿者"。他们分布于各村、社区的大街小巷，头戴小红帽，臂佩红袖章，寻找卫生死角，查看安全隐患，为平安萧山建设作出了积极的贡献。

（三）新市民教育的机制和方法有创新

新市民教育是萧山社区教育的重要特色与品牌，多年坚持创新驱动、品牌引领、项目推进的策略，取得了一系列的创新成果。

1. 机制创新

完善的制度安排是新市民教育建立长效机制的关键。新市民教育培训要建立以政府为主导、全社会共同参与的多元化教育培训机制。通过建立政府督导、社会监督、专项审计等制度，保证农民培训的权利不受损害、培训质量不打折扣；建立多元经费筹措机制，保证新市民教育有足够的投入；建立专业化的新市民教育工作者队伍，为新市民教育建立人员保障。

2. 方法创新

根据成人的生活规律和心理特点，创新教学形式和教学方式，积极采用现场观摩、情境演示、案例分析、文化超市等深受新市民欢迎的教学形式；积极引导农民自主学习，利用民间社团等非正式群体，建立社区学习共同体，倡导互助学习、团体学习；引导农民远程学习，建立农民数字化学习平台，整合农村党员干部现代远程教育平台、农民信箱、社区教育网等网络资源，为新市民提供更为方便的学习资源和更为高效的信息服务。

新市民教育是萧山社区教育的特色与品牌，从萧山区的实践看，互联网和移动互联网技术丰富新市民教育的手段，是新市民教育的战略性选择。在我国建设学习型社会的背景下,要通过构建区域性新市民教育数字化学习公共服务平台,为政府部门和科研、教育、培训、推广等单位提供一个直接通向农村的枢纽,形成强大的教育培训力量。

余杭区:30 分钟市民学习圈建设的余杭实践

余杭区社区学院　朱慧明　倪贵忠　朱晓燕

余杭区"30 分钟市民学习圈"建设,立足余杭经济发展和社会进步需求,弘扬社会主义核心价值观,推动物质文明和精神文明协调发展,以"发展全民终身学习、推进创新余杭建设"为导向,统筹全区社区教育资源,构建市民学习圈,着力构建全纳、开放、多样的终身教育体系,提升全区人民科学文化素养与生活幸福指数,推动"人人皆学、处处可学、时时能学"的学习型城区建设。2016 年至2020 年,余杭区 20 个乡镇有 6 个乡镇被评为"市级示范性街道(乡镇)30 分钟市民学习圈"。

一、立足"三合",彰显区域特色

(一)资源整合

余杭区目前常住人口 122.7 万(第七次全国人口普查),体量大,分布广,居民学习需求多样化。全区以各街道、乡镇为单位,根据"全面铺开、特色引领"的发展要求,着力区域三类社教资源的融通整合,积极开展面向市民的各类学习圈建设。目前,西南由闲林职高牵头以科研为纽带的"职成教"融通型联盟、西北由瓶窑社教中心牵头的"1+N"帮扶型联盟、东部以临平与塘栖两大社教中心牵头的"环运河"互补型联盟相继成立,为全面推进区域学习圈建设创造有利条件。同时,在余杭区社区教育委员会、余杭区教育局职成教发展中心的统筹下,各部门协同协调,充分利用全区社区教育机构、民办培训机构、各类学习场馆等提供丰富的教育资源,为满足市民个性化学习需求服务。

(二)内容融合

余杭是"中华文明曙光"——良渚文化的发祥地,素称"鱼米之乡、丝绸之府、花果之地、文化之邦",历史文化源远流长,非物质文化遗产尤为丰富,为学习圈建设提供了宝贵的文化资源。余杭区在建设"30分钟市民学习圈"的过程中积极谋划,有意识地输入自身文化基因,利用不同地域的文化元素构建各具特色的市民学习圈,打响文化品牌,促进内容融合。如余杭区社区学院建立"铁艺工作室",由全国百姓学习之星、中国民间技艺大师厉柏海先生讲学授徒传艺;良渚、瓶窑片组织开展"良渚文化"系列专题学习;以享誉奥运的地方特色表演项目"余杭滚灯"为内容的滚灯巡展活动在全区广泛铺开;瓶窑结合竹制加工技艺助推竹产业发展,形成了与产业融合经济发展紧密结合的竹产业培训及竹制技艺文化。此外,运河博陆火狮表演项目、仁和高头竹马表演项目、中泰竹笛技艺、塘栖丝绵制作与水乡习俗等也都在当地学习共同体建设和基层市民学习圈构建中发挥了积极的纽带与文化传递功能。

（三）人气聚合

围绕重点人群,如劳动再就业人员、老年人、退役士兵、服刑人员、新农民、青少年等,拓展平台,优化载体,丰富内容,改善服务。几年来的实践,广大市民尝到了学习的甜头,终身学习的热情高涨,全民学习人气旺、氛围浓。同时,全民终身学习的能力、品位均有效提升。成人教育综合体的建设,把成人学校建成当地老百姓"技能提升基地、地方文化的高地、精神成长的园地",成为社区学习共同体的孵化基地,自主参与学共体学习的居民,让往日门前罗雀的校园到了人满为患的地步,社区教育人气大增。农村文化礼堂,也因为有了学共体的常规性的活动,让农村成人教育的人气在这里聚合,成为农村文化中心、村民的乐园。可以说,"30分钟市民学习圈"建设工作从启动到现在,有效助推全区全民终身学习掀起一个又一个高潮。

二、多点开花,镇街精彩各异

（一）以南苑街道为代表的东部:围绕"独、正、专、全"做文章

余杭区南苑街道位于临平副城核心区块,区域总面积为28.03平方千米,街道下辖26个社区,总人口22.5万,其中常住人口7.8万人,流动人口14.7万,2018年财政总收入11.73亿元。近年来各项事业发展势头良好,2018年全省乡镇综合竞争力排名60位。南苑街道区位优势明显,地铁一号线、沪杭高铁、沪杭高速、杭浦高速经过,交通十分便利;区域内教育资源丰富,现有建成各类学校资源(含公民办小学、初中、高中、社区学院、教育学院、成校等)20余所;区域内文体资源丰富,有软硬件一流的余杭大剧院,有时尚产业特色小镇艺尚

小镇,有藏书过百万的余杭图书馆,有具有水乡特色的江南水乡博物馆。

在学习圈的具体创建过程中,南苑街道立足实际,统筹辖区资源,做好创建加法,通过做好三道加法,充分发挥加法的叠加效应,强化学习的参与度和融入度,街道围绕"独、正、专、全"做好特色亮点文章。

1. 做好三道加法

第一道加法"1+1+1",即1个领导小组、1套创建方案、1批主题活动,以加强顶层设计;第二道加法"1+1+1",即1个成校基地、1批共建基地、1批市民学校,以强化基地建设;第三道加法"1+1+1",即1支南苑师资、1批南苑教材、1批学习之星,以拓展创建资源。

2. 围绕"独、正、专、全"做好特色亮点文章

"独":以南苑街道各类型社区文化底蕴和学习内涵为基础,在学习圈创建过程中,突出社区独有的文化符号和独家的资源力量。如钱塘社区有着传承400多年的"元帅庙会",西安社区是余杭滚灯的发源地。

"正":弘扬社会正气,积极组织开展群众喜闻乐见、广泛参与的文体活动,不断提升群众的文体生活质量和幸福指数,有力推动文化体育事业健康、持续、快速发展,使街道群众文体活动呈现一派百花齐放、生机勃勃的繁荣景象。

"专":学习内容力求专业实用。充分发挥临平成校优势,开展学历+技能培训,举办电子商务、网络营销、维修电工、杭帮菜制作、母婴护理等技能培训,开展以成人高中为主的学历教育,为市民转移就业提供条件;以社区学校为阵地组织开展文明礼仪、道德法规、家风家规、健康养身、科普知识等培训活动,丰富生活,有效提升市民科学文明素养;依托校企合作,举办职工岗前培训和技能提升,提高职工职业素养。

"全":辖区内社区教育资源丰富,有公民办学校20所,区级医院4家,图书馆、新华书店、博物馆、体育馆、大小广场若干,这些优质资源为30分市民学习圈的创建提供良好、全面的条件,同时南苑街道充分挖掘学共体资源,给予各方面支持,推动"人人皆学、处处可学、时时能学"氛围的形成。

(二)以良渚街道为代表的中部:以五有保障措施推进五类学习圈建设

良渚,历史悠久,人杰地灵,良渚文化是环太湖流域分布的以黑陶和磨光玉器为代表的新石器时代晚期文化。良渚街道位于杭州主城北部,是余杭区中部中心城镇,与杭州主城区无缝接轨,地理位置得天独厚,交通优势明显,是杭州北部的交通枢纽。新城区域面积101.69平方千米,村23个,社区19个,常住人口 10.6 万,其中老年人口数量占总人口比例 22%。良渚街道办事处各个部门与学校通力合作,联手组建"30 分钟市民学习圈",为全体居民提供最广阔的学习载体。

1. 提供五有保障措施

即有地点固定、设施完善、资金稳定、人员齐备的学习场地;有精准细分、规模显著的学习人员;有项目多元、自主性强、有效落实的学习计划;有内容丰富多彩、理论与实践相结合、特色显著的学习活动;有文明、健康、积极向上的学习氛围。

2. 推进五类学习圈建设

即注入传统文化和特色文体活动的青少年学习圈;强调实操技能和通俗式讲学的农民学习圈;突出市场需求和校企合作的企业职工学习圈;重在休闲愉悦的社区居民学习圈;追求自主学习和文化养老的老年人学习圈。

(三)以余杭街道为代表的西部:注重科研、转变视角

余杭街道位于杭嘉湖平原腹地,距杭州市中心约 23 千米,历来是商贸繁华之地、文化鼎盛之邦。2011 年 8 月撤镇建街,现下辖 14 个建制村,7 个社区,截至 2018 年 5 月户籍人口 7.993 万人(其中劳动力人口 4.8732 万人,老年人人口1.4776 万人),在册流动人口 10.214 万人,区域面积 100.38 平方千米。余杭街道是文化古邑,大禹谷、天地双塔、通济桥、安乐寺、杨乃武与小白菜史迹陈列馆等众多自然和人文历史景观交相辉映。余杭街道也是宜居福地,近年来文一、文二西路的贯通,未来科技城的日趋繁荣,本地区第二、第三产业得到了迅猛发展,余杭街道必将成为余杭区西部工业、农业、旅游业重镇。

1. 注重科研:持续打造成人教育综合体

余杭街道成人教育综合体于 2015 年 5 月被评为杭州市示范成人教育综合体,浙江省教育厅朱鑫杰副厅长一行实地考察后,给予了高度评价。在升级打造综合体的过程中,余杭成校一直借助科研的力量,以课题为抓手,深入分析街道在新的发展背景下,如何以成人教育综合体为核心,创新构建 30 分钟市民学习圈;以及在制度、保障机制层面上延伸政府、相关利益者参与社区教育推进与完善的思考。在这样的指导思想下,综合体建设着重抓资源整合和课程创新,余杭街道 30 分钟学习圈建设逐步形成了一体两翼的格局:"一体"是以街道为主体,提供政策扶持和经费保障;"两翼"的一翼为各企事业单位、村社组织形成的学习圈,另一翼为市民自发组成的草根学习团队。

2. 转变视角：创新培训方式内容

一是持续不断地抓好村民小组长培训。2014年以来，余杭街道一直非常重视村一级中层管理人员的培训，每年都会组织一到两个村的村民小组长、妇女组长、网格书记和村里班子成员参加培训，理论培训和实践考察相结合，用五年的时间对全街道所有的村民小组长进行一次轮训，以提高全街道村民小组长的政策理论水平，进而带动城乡"30分钟市民学习圈"的建设。二是开拓创新做好学校中层干部培训。2017年初，街道教卫科、中心学校与成校构思，要打响"创业在科技城，读书到老余杭"的品牌，学校的中层干部是一支非常关键的力量，他们是学校工作的组织者、推动者和执行者，在学校管理工作中发挥着核心纽带作用。余杭街道在创新人力资源管理培训上取得了不少的实效和经验，以后还将在企业、商场等继续推进中层干部的培训，有针对性地为本街道学习圈注入活力，进而带动全街道经济社会的发展。

三、共享乐学，成效初步显现

全区以创建浙江省学习型城市、全国社区教育实验区为契机，优化顶层设计，优化策略举措，努力提升各项工作实效。同时，依托数字化平台，全方位开展好宣传工作，在全社会积极营造勤学乐学、善学优学的良好氛围，推进30分钟市民学习圈建设等系列工作的不断发展。

一是机制完善，进一步促进了"合建"。在规划引领、政策护航的基础上，以各属地镇街为创建单位，由政府主导，各单位联动配合，各地社教中心、成校履行建设主力军的职能。完善的机制为后续建设不断推进夯实了基础，服务"五大余杭"系统建设，确保各类资源的整合、优化与融通。在全区范围内，以"三大联盟"为载体，联动整合、共建共享。

二是特色发展，精准定位于"育人"。余杭区在建设"30分钟市民学习圈"的过程中，主动学习杭州市主城区及周边兄弟区县的宝贵经验，结合区域实际，明确了余杭建设的思路、举措与特色追求方向。坚持特色发展方向，以创促建、以评促改，近两年涌现出了许多耳熟能详的全国、省、市级和区级"百姓学习之星"，近年来创建的杭州市示范社区学习共同体、杭州市30分钟市民学习圈，有情怀，有特色，示范效应显著。

三是共同发展，知晓率、认同率显著提高。学习圈建设促进了社会经济文化的繁荣，营造了余杭区全民学习、终身学习氛围。当你行走在村社里，无论是在村社的广场上，还是在小区的公园里，或是在成校的教室内，随处可见锻炼健身、文艺表演、读书吟诗人的身影。

　　学习圈建设促进了综合体的升级打造，有力地推动了社区教育发展，取得了良好的实践效果。学习圈建设促进了居民的终身学习，市民对社区教育和老年教育的知晓率、认同率显著提高，各个层面的学习圈为社区居民提供了更多的选择来提升素养、陶冶情操，还培育了大量的社区学习共同体。现在很多城乡居民积极参与学习活动，甚至有的是全家老少三代人都参与"学习圈"活动。"30分钟市民学习圈"正在成为市民技能提高基地、精神成长家园、休闲健身乐园。

富阳区：三级联动与三位一体
的市民学习圈建设路径

杭州市富阳区社区学院　胡春才　盛征军

市民学习圈建设是一个系统性的成人教育工程，需要统筹整合教育系统内和教育系统外的各类成人教育资源，实现各类学习资源的整合、学习内容的融合和学习人气的聚合，构建起互联互通的市民学习资源圈、活动圈和文化圈。

在实施过程中，杭州市富阳区做好顶层设计、明确目标任务、建立工作机制、完善操作策略、落实建设举措，通过建好终身教育师资库、场地库和课程库等途径，让市民有地方学、有内容学、有老师教；通过开展内容丰富、形式多样、灵活便捷的学习活动，让市民方便学、愿意学、乐于学，让"时时处处人人"学习成为现实。

一、三级联动，建构"区县、乡镇、村社"建设机制

杭州市富阳区建立健全"区、乡镇（街道）、村（社区）"三级联动的市民学习圈建设工作机制，形成"政府主导、部门联动、社会支持、市民参与"的市民学习圈建设组织架构。

（一）顶层设计，建构"区县级学习圈"组织保障机制

富阳区立足本地实际，在出台《关于构建市民学校圈大力推进终身教育工作的实施意见》基础上，以推进乡镇（街道）文教综合体建设、市民学校标准化建设和社区教育特色品牌项目建设等为抓手，出台《关于开展乡镇（街道）文教综合体建设创建全国社区教育示范街镇的指导意见》《关于开展社区教育（成人教育）特色品牌项目建设的实施办法》《关于印发〈富阳区市民（村民）学校标准化建设实施方案〉的通知》三个配套的操作性文件，明确了区县、乡镇（街道）、村

（社区）三级市民学习圈的建设目标、任务和措施，明确了乡镇（街道）政府、区教育局、社区学院、乡镇（街道）社区学校、村（社区）市民学校等单位的职责、任务、重点、完成时限和责任主体，形成建设合力，着力破解"有人办事、有地办事、有钱办事"的社区教育瓶颈。《实施意见》还明确设立"社区教育开放日"，规定每年11月第三周的周五，全区公办中小学校、幼儿园（含普惠型民办幼儿园）必须单独或联合举办面向社区居民的讲座和活动，提供社区教育服务，共同推进市民学习圈建设。

（二）合建共享，建构"街镇级学习圈"资源整合机制

长期以来，乡镇（街道）成人教育资源普遍分散在农业线、科技线、卫生线、妇联线等不同线块，乡镇（街道）社区学校往往存在着场地不足、师资短缺、资源分散等现实问题。因此，乡镇（街道）成人教育资源的整合机制是市民学习圈建设的关键环节。本着"资源共享，合作共赢"的理念，富阳区出台《关于开展乡镇（街道）文教综合体建设创建全国社区教育示范街镇的指导意见》，要求以乡镇（街道）人民政府为建设责任主体，乡镇（街道）成人文化技术学校为牵头单位，各有关部门协同配合，积极推进乡镇（街道）社区学校、成校与文化站、图书馆、体育场馆等文化、教育、体育等公益设施的合建共享，建设乡镇（街道）文教综合体，从而推动了乡镇（街道）农业、科技、卫生、妇联等非教育系统培训资源的共建共享，实现成教资源的整合、学习内容的融合、学习人气的聚合，提高资源的利用率，起到花较少的钱达到"有场地办事""有人员办事"的目的。

（三）聚焦核心，建构"村社级学习圈"人气集聚机制

市民学校既是居民学习的场所，也是居民休闲娱乐、健身怡情、感受社区关怀的场所。富阳区"1＋3文件"，明确了市民学校标准化建设目标，提出"到2020年，全区社区（村）标准化市民学校覆盖率达到60％以上，其中示范性市民学校达到20％以上"，"全体市民社区教育知晓度达到80％以上，参与度和满意度均达到70％以上"。通过标准化市民学校建设，进一步加强市民学校办学软件硬件建设，完善社区（村）"一把手"负总责，社区（村）专职干部具体负责，乡镇（街道）社区教育中心（社区学校）业务指导的市民学校标准化建设管理体制，增强市民学校的办学能力，丰富市民教育活动内容，形成"年年有计划，月月有主题，周周有活动，天天有人学"的良好氛围，发挥市民学校的学习人气集聚效应，努力把市民学校建成群众文化中心、社区学习中心，让"时时处处人人"学习成为一种可能。

（四）夯实基础，建构"社区学习共同体"培育养护机制

社区学习共同体通过合作、学习、交流、活动，促进市民身心健康发展、提高文化素质、提升操作技能，团队成员之间形成一种相互影响、相互促进的良好的人际关系，提高生活幸福指数。乡镇（街道）社区学校精心培育养护社区学共体，做好辖区内各类社区学共体的协调和统筹工作，从社区教育经费中安排一定的补助经费，资助社区学共体建设，指导社区学共体制订学习计划，规范开展活动。社区学院有计划地开展社区学共体核心成员培训，定期开展示范性社区学习共同体的评估、认定工作，组织指导社区学共体进行交流和展示活动，有序推进社区学共体建设，让市民便学、愿学、乐学。

二、三位一体，实施"管理、指导、评估"建设策略

杭州市富阳区明确目标任务、落实工作职责、强化保障措施，实施"目标管理、任务驱动""分层培训、分类指导""以创建促发展、以考评促提升"等三位一体策略，使"时时处处人人"学习成为现实。

（一）目标管理，纳入教育督导

富阳区加强对市民学习圈建设的管理，依托原有社区教育领导小组，调整成立区市民学习圈建设领导小组和各乡镇（街道）市民学习圈建设领导小组，落实"1＋3"文件举措，明确创建目标和建设任务，包括国家级、省级、市级、区级等4个级别21个项目（表1略），并将这21个项目的建设任务按年度分解到全区24个乡镇（街道），目标达成情况纳入对乡镇（街道）教育工作年度目标督导考核，以目标考核、任务驱动的方式强化过程管理。为加强过程管理，富阳区每年举办乡镇（街道）分管教育领导干部培训班，总结上一年度目标达成情况，研讨下一阶段工作要求，使乡镇（街道）分管领导形成市民学习圈建设共识。并以片区为单位，每半年召开一次市民学习圈建设工作推进会、现场会，总结回顾市民学习圈建设实施进程，反馈建设情况，部署下阶段工作，压实建设任务。

（二）分类指导，树学习圈样式

乡镇（街道）成教专干、村（社区）妇女主任和文化员、学共体核心成员等三支队伍是市民学习圈建设的骨干力量。富阳区加强对骨干队伍的分层培训和分类指导，通过举办乡镇（街道）社区学校成教专干培训会，明确市民学习圈建设的职责和任务，落实工作举措；举办全区社区教育特色品牌项目建设推进会，聘请专家与建设项目"一对一"结对指导；举行市民学校标准化建设推进会、现场会，加强对村（社区）妇女主任和文化员队伍的业务培训与指导。乡镇（街道）

成校成教专干则主动下沉，深入辖区内村（社区）进行针对性指导，从市民学校活动计划拟订、学习内容选择、学习活动组织、教学师资聘请、活动场地协调、活动台账整理等方面，进行一对一的帮扶指导；举办社区学共体核心成员培训班，搭建学共体表演展示平台，引领市民学习。分层培训、分类指导，使市民学习圈建设目标任务逐项落地开花，形成富有区域特点的学习圈建设样式。

例如，被认定为杭州市首批示范性乡镇（街道）30分钟市民学习圈的富阳区新登镇，初步形成了"三纵四横"市民学习圈建设样式。其"三纵"重在构建市民学习圈的学习平台，即创建全国社区教育示范街镇、建设富阳区标准化市民学校、培育富阳示范性学习共同体；"四横"重在建构市民学习圈的学习资源，形成针对党员干部的"红色阵地学习圈"、企业职工的"蓝领驿站学习圈"、新型农民的"金色家园学习圈"和老年人群的"银色乐园学习圈"，做到"圈圈相扣，圈圈联动，圈圈融合"，提升片区市民的获得感和幸福感。

富阳区大源镇则结合区域地理特点（东经120度、北纬30度正交点所在地）构建"经纬文化"市民学习圈样式。该镇把15个村的村级文化传承作经线、村级文化发展作纬线，人的生命周期为经线、各部门的教育资源为纬线，百姓的学习内容为经线、百姓的学习活动为纬线，经纬串联，连点成线，连线成圈，构建富有地域特色的终身教育体系。该镇以村市民学校标准化建设为载体，重点培育"一村一品"特色主题文化学习圈，初步形成了新关村的"孝道文化学习圈"、大同村的"竹纸文化学习圈"、三岭村的"和善文化学习圈"、尪口村的"书画文化学习圈"、稠溪村的"素居文化学习圈"、蒋家门村的"老台门文化学习圈"、杨元坎村的"庭院文化学习圈"、史家村的"百药山文化学习圈"等10余个村级特色文化学习圈，构建起大源镇30分钟"经纬文化"市民学习圈。

（三）以评促建，整体有序推进

以创建促发展，以考评促提升，富阳区分别制订"乡镇（街道）30分钟市民学习圈评估指标""乡镇（街道）文教综合体评估基本要素""市民（村民）学校标准化建设考核评估标准""示范性社区学习共同体评选表"等系列考评指标，在全区范围内分别开展乡镇（街道）文教综合体创建申报与评估、示范性社区学习共同体评选表彰与展示、标准化市民学校创建申报与评估。在先行试点的基础上，通过创建和评估，做到达标一个，认定一个，率先树立一批示范性村（社区）市民学习圈和乡镇（街道）市民学习圈，进行展示推广，然后逐年申报、评估和认定，实现区域整体推进市民学习圈建设。

三、实施成效

自 2016 年以来，杭州市富阳区市民学习圈建设工作取得了阶段性成果。截至 2020 年 6 月，富阳区成为浙江省学习型城市；新登镇和银湖街道成为全国社区教育示范街（镇）；全区有 6 个乡镇（街道）成为杭州市示范性乡镇（街道）30 分钟市民学习圈。

（一）乡镇（街道）成教资源得到有效整合

富阳区积极鼓励有条件的乡镇（街道）通过"新建"和"改建"等途径，建设文教综合体，整合共享成人教育资源。例如，富阳区新登镇充分挖掘成人教育资源，通过改建镇老年大学的方式，建成了新登镇文教综合体；场口镇则抓住场口新区建设契机，新建了场口镇文教综合体。目前，新登镇、场口镇、鹿山街道、渌渚镇等四个"乡镇（街道）文教综合体"已建成并投入使用，实现了乡镇（街道）社区学校、成校、综合文化站、老年大学、党性锻炼服务中心、图书馆和体育场馆等社会资源的整合共享，极大地提高了成人教育资源的利用率，使文教综合体真正成为当地百姓创业致富的基地、地方文化的高地、健身休闲的乐园和精神生活的家园。此外，灵桥镇、洞桥镇等 10 余个乡镇（街道）文教综合体建设工作正在积极谋划建设中。

（二）"一街镇（街道）一品牌"项目建设扎实推进

富阳区扎实推进社区教育"一乡镇一品牌"项目建设，重点培育 26 个特色品牌项目。2016 年和 2017 年，全区分两批进行了特色品牌建设项目的申报、评审和建设工作，公布认定了 12 个重点建设项目和 14 个一般建设项目，每批项目建设时间 3 年，实现了全区社区教育品牌项目建设的全覆盖。经过 5 年时间的努力，品牌项目建设成效已初步显现，全区累计建成社区教育特色品牌项目31 个，其中有浙江省级成教培训品牌项目 4 个、浙江省级终身学习品牌项目 4个、杭州市级终身学习品牌 2 个和富阳区级优秀品牌项目 4 个。社区学院的"企业安全生产培训"和"富阳经理人大讲堂"项目、富春街道的"保安员培训"项目、新登镇的"'贤明嫂'家政服务培训"项目分别被评为浙江省成教培训品牌；渌渚镇的"孝善育人"、春江街道的"新春江人大讲堂"以及社区学院的"百场健康知识宣讲"和"农民大学生'学习创业共同体'"项目分别被评为浙江省终身学习品牌项目；新登镇的"一站式教育平台"和常安镇的"传承家文化"被评为杭州市终身学习品牌项目。"一乡镇（街道）一品牌"项目建设，促进了成校的发展，提升了成校的办学水平，推进了乡镇（街道）30 分钟市民学习圈建设。

（三）市民学校标准化建设有序推进

富阳区有序推进社区（村）市民学校标准化建设。全区 303 所市民学校已有 249 所先后完成了标准化建设工作，其中有 87 所已创建成为区级示范性市民学校。在市民学校标准化创建过程中，各乡镇（街道）纷纷出台"市民学校标准化建设实施方案"，建立健全组织机构，重新调整任命市民学校校长、教务主任和办公室主任，落实创建奖励措施，并且把市民学校标准化建设与农村文化礼堂建设、农家书屋建设等有机地结合起来，既重视硬件达标，更重视软件优化。在硬件达标的基础上，重点抓好市民学校的制度建设和载体建设，做到教育内容主题化、教育活动日常化、教育手段多样化、教育管理规范化，使市民学校真正成为老百姓"进得来、坐得住、学得欢、想再来"的精神家园，成为市民学习圈建设的核心支点。

（四）社区学习共同体成为百姓学习的主阵地

在物质富裕、精神富有的背景下，老百姓对美好生活的向往越来越迫切。社区学院联合各乡镇（街道）成校以市民学校为阵地、以现有学共体为基础、以学共体核心成员培训为纽带、以良好的激励机制为动力，精心培育社区学习共同体，满足农村居民的学习需要。据不完全统计，全区通过备案登记、较为规范成熟的学共体有 261 个，成员超过 1 万人，其中每周固定活动在 3 次及以上的学共体有 215 个。近 5 年来，有 135 个团队被评为富阳区级示范性学习共同体，有 26 个团队被评为杭州市级示范性学习共同体，涌现出走出国门到意大利演出的"尚香女子合唱团"这样优秀的学共体，高品质的社团活动让学共体成员的幸福感、获得感不断增强。学共体成为农村文化建设的有效载体，成为老百姓融入学习的主阵地，成为市民学习圈建设的重要基础。

（五）市民讲堂引领百姓走进学习殿堂

富阳整合中小学、幼儿园等教育系统资源和团委、妇联、卫生、农办、人社、科协等非教育系统资源，重点关注新型职业农民、老年人和青少年等三类人群学习，多渠道、多层次、多形式地开展市民大讲堂活动。开辟"春江论坛""回乡讲一课""走读富阳""科普宣传周""四点半课堂""安全生产知识宣讲""百场健康知识宣讲""电视健康专题栏目《健康 121》"等多个市民讲堂，市民年参与各类教育培训活动达 56.77 万人次，参与率达 77.1%。以 2020 年为例，全区参与百场健康知识培训达 6780 人次，企业员工安全知识培训达 23400 人次，老年教育注册学员数达 13734 人，农村文化礼堂常态化文化活动 2690 余场，受众达 33.18 万人次，约占全区农村人口的 61.35%。市民讲堂正在引领老百姓走进学习殿堂,让学习成为老百姓的一种生活习惯,成为一种社会风尚,涌现出一大批百姓学习典型,其中全国百姓学习之星 1 名、浙江省百姓学习之星 1 名、杭州市级百姓学习之星 9 名。

四、实践反思

(一)学习圈建设的均衡化发展

全区 24 个乡镇(街道)在推进 30 分钟市民学习圈建设的力度上不均衡,主要表现在部分乡镇(街道)分管领导的重视程度有待提高,乡镇(街道)配套的政策文件不够完善,少数乡镇(街道)常住人口人均 2 元的社区教育专项经费有待落实,文教综合体建设推进困难。部分成校成教专干工作积极性、主动性有待加强,对市民学校标准化建设指导力度不够,工作流于形式、浮于表面,对"一乡镇(街镇)一品牌"项目建设不够深入,项目实质性建设力度不大。

(二)学习圈建设的全过程管理

学习圈建设既要重视过程创建更要重视创建后的管理。市民学习圈建设是一个长期的过程,通过一个阶段的创建,乡镇(街道)各村(社区)市民学校的办学能力有了显著提升,市民的学习氛围逐渐浓厚。但是,要让草根的社区学习共同体不断规范、活跃、壮大,让市民学校和农村文化礼堂真正成为老百姓的文化中心、活动中心、学习中心,需要建立和完善创建后的管理机制,特别是要研究出台市民学校的长效管理机制,才能赋予市民学习圈以更强的生命力。

太阳镇:画出最大同心圆,
汇聚更多同行者

杭州市临安区於潜成校　陈国勇

杭州市临安区太阳镇区域面积 205.3 平方千米,下辖 18 个村(2 个少数民族畲族村),户籍人口 2.8 万,其中老年人口数 7128 人,先后获得全国环境优美乡镇、省卫生镇、省教育强镇、省文化强镇、省体育强镇及杭州市文明镇、杭州市新农村建设示范镇等称号,具有浓厚的庙会文化、畲族文化、民间文化、老年文化等群众文化底蕴,形成了以五金工具、生态农业为代表的特色产业。近年来,於潜成校太阳校区坚持服务百姓,紧紧围绕建"特色产业之乡、生态宜居之地、文明和谐之镇"的发展目标,注重统筹整合,有机融合各类文化教育资源,努力做好学习圈的培育,画出最大同心圆,汇聚更多同行者,推进全镇社区教育和全民终身教育。

一、合力合拍,打造三大市民学习圈培育平台

近年来,太阳镇先后以浙江省文化强镇、省教育强镇、省现代化成校、杭州市首批乡镇成教综合体、市规范化文化站、市全民科学素质先进镇、临安区语言文字示范镇、区科普示范镇、区社区教育品牌项目"五金工具学习圈培训项目培育"等一系列创建工作为抓手,以政府为主导,合力合拍,围绕学习圈的建设,整合文教资源、融合学习内容、聚合学习者,有力促进社区文化教育的发展,积极推进终身教育,努力建设"学习型太阳镇"。

1.发挥太阳镇文教综合体功能,打造成学习圈的培育引领平台。2015 年太阳镇以镇成校为核心,协同镇文体中心、镇老年大学、镇科协等单位共同对全镇的成人教育资源进行有机整合,创建了杭州市首批示范性成人教育综合体。几

年来,以社区学校为主体,继续开展文教综合体建设,不断完善综合体设施,发挥综合体功能,广泛开展各类学习圈的扶持、培育活动,把综合体打造成百姓学习乐园、学习圈活动主阵地。通过几年的实践,培育了"五凤朝阳学共体""枫树岭畲族歌舞队""太阳老年大学""上太阳山里人艺术队"等一批精品学习型团队,给其他团队以示范,引领其他学习圈的发展,大力推动了全镇学习圈建设与社区教育发展。

2.发挥乡村文化礼堂、村民学校功能,打造成学习圈的学习活动平台。借各村美丽乡村建设良机,统筹做好村文化礼堂、村民学校建设,努力建成"老百姓家门口的学校"。截至2020年,全镇18个村都建成了"村民学校"和村文化礼堂。这些村民学校、文化礼堂成为村民学习的"市民学堂",为学习圈学习活动的开展提供了很好的场地,方便村民就近学习。2019年起,着力开展村民学校与文化礼堂的标准化建设与管理,完善各类管理制度,进一步发挥村民学校与文化礼堂的潜在功能,使之成为村民学习的"乐土",学习圈活动的"根据地"。通过两年的努力,上太阳、鹤里两所村民学校被评为临安区示范性村民学校;双庙、锦坑桥、大地、横路、登村、太源六所村民学校被评定临安区标准化村民学校。

3.发挥太阳传统节会活动功能,打造成学习圈的交流展示平台。畲族文化艺术节、十月廿四太阳庙会文化周以及两年一届的太阳镇全民运动会等都是太阳镇传统的节会活动,其中"太阳庙会"文化更是太阳文化的头牌。"太阳庙会文化周"成了太阳人的"春晚"。太阳镇充分利用好这些活动载体,提前介入活动内容与节目的安排之中,注重融入终身学习宣传元素,突出当地各类学习团队成果展示,将节会活动打造成百姓学习圈、学习共同体学习交流与成果展示平台。如2017年太阳庙会文化周期间,专门安排了"百姓舞台,群星璀璨"太阳镇第三届群众舞蹈大赛暨太阳镇文艺社团展示专场,全镇18个村的文艺团队自编自演《太阳花灯》《彩带情丝》《张灯结彩》等舞蹈,尽情展现了本村的民俗特色,展现了当代农民乐观、积极、实干、创新的精神面貌。尽管当天细雨绵绵,气温寒冷,都没有抵挡住台上演员和台下百姓观众的热情。再如2019年的太阳镇"经典咏流,声动中国"合唱比赛,全镇18个村的合唱队演绎了《爱我中华》《我的祖国》《我们走在大路上》等经典歌曲,尽显学习成效,彰显学习自信。类似这样的活动,不仅丰富了广大村民文化生活,打造群众文化原创精品节目和品牌活动,也推动了太阳镇群众文化的发展,更是给了这些参与者一个展示的平台,激发了参与成员的学习积极性与能动性,也激发了其他村民参与学习活动的欲望，激励更多的村民参与到各类学习共同体中来。

二、有机融合，"五彩行动"衍生"五彩学习圈"

太阳镇自 2015 年起推出了活力乡镇"五彩行动"，极大地凝聚了百姓人心，聚集了人气。在此基础上，积极做好融合文章，因势利导将"五彩行动"组建成"五彩学习圈"，形成了覆盖全镇的"五彩学习圈"网，既深化了"五彩行动"，又助力了百姓的终身学习。

1. 红色教育行动，即"红太阳学堂"行动。"红太阳学堂"最先是太阳镇政府机关人员集中学习的一个载体，现已延伸到各村的党员干部、村民教育学习中，并与党员主题活动日、美丽乡村建设相结合，已成为常态化的村民学习教育活动载体，我们加以引导，顺利建成"红色教育学习圈"。例如 2019 年 8 月 24 日，太阳镇就将垃圾分类搬进"红太阳学堂"，利用"红太阳学堂"时间对各村两委干部进行了一次以学习《杭州市生活垃圾管理条例》为主要内容的垃圾分类的教育培训，并现场进行了一次正确进行垃圾分类的测试。

2. 绿色助力行动，即"垃圾分类教育"活动。在美丽庭院创建活动中，以成校与妇联、团委为主力军的各类垃圾分类教育培训活动、实践活动持续开展，并因势利导建成了"绿色教育学习圈"。在垃圾分类教育过程中，村民互帮互学，共同提高。"学垃圾分类知识，践行垃圾分类行动"成为村民的日常行为，成了村民学习教育活动的新载体。

3. 橙色温馨行动，即"传承好家训、建设好家风"活动。充分挖掘太阳传统文化和良好家风，通过"好家风家训寻访"活动、"我的好家风家训"征文与演讲比赛、"立家训、晒家风、家训上墙"、"好家训、好家风"评选与褒奖等系列学习教育活动，在活动中组建成"橙色教育学习圈"，积极传播向上向善的正能量，在全镇营造出家风好、民风纯的良好氛围，推进"美丽太阳"建设。橙色教育学习圈一系列的"好家风"活动成为村民礼仪学习、道德提升的良好载体。

4. 蓝色平安行动，即"平安太阳创建"活动。蓝色平安行动圈重在利用农闲、节假日和人口比较集中的时间、地点，开展有关创建活动的宣传；充分利用广播电视、墙报和板报等各种宣传工具和舆论阵地，并通过动员会、报告会、讲座、致村民居民公开信等各种形式，宣传法律法规和先进典型，弘扬社会正气，使村民知道怎样守法，引导村民参与到各类有意义的"蓝色教育学习圈"中来。

5. 金色纽带行动，即"红太阳志愿服务"活动。"我家门前这一里""清洁河道""清洁庭院""助力拆违"等主题突出的志愿服务活动，树立了太阳镇党员干部、志愿者的良好形象,吸引了许多村民自发参与到"金色教育学习圈"中,还自发组建了太阳志愿服务突击队——狼行益队微信群,随时关注身边需要援助的事与人,及时传递信息,及时出发援助。由金色教育学习圈主导的关爱老人的"温暖晚秋行动"、关爱留守儿童的"候鸟行动"等各项志愿服务和社会公益活动已在各村行自发行动起来,推进了"和谐太阳、美丽太阳"的建设。

三、传承创新,六大类市民学习圈显特色

1.五金工具学习圈。太阳镇是国家级五金工具产业基地,为助力五金产业转型升级,与临安区五金工具协会合作,通过建五金圈(即建立太阳镇"五金文化学习圈",开展主题集中、内容系列化的培训)、建"五金库"(即开发了 3 个系列 9 本培训校本教材,使学习内容课程化)、造五金坊(即在企业内建设"五金文化技能传授坊",坊内师徒结对,开展"比学识、比技艺、比作为"的"三比"活动)等方式打造了五金工具联盟培训基地和五金行业学习共同体,大力培育行业技能和行业班组长等 6 个学习圈,为职工提供了更多的学习机会与载体,促进学习圈成员自我发展,从而更好地服务了企业。

2.畲族文化学习圈。自 2012 年成校独立建制以来就一直重视做好畲族文化的传承工作,2014 年申报的《畲族文化学习圈的培育》立为杭州市规划课题,主要在枫树岭、浪山两个少数民族村进行畲族文化学习圈培育的实践研究,引导村民自发结合成畲族语言、畲族山歌、畲族舞蹈、畲族服饰、畲族民俗、畲族餐饮、畲族编织、畲族婚嫁等 16 个社团进行学习、传承。依托节会活动的展示,畲族的金粿酿酒、编织彩带、织草鞋等纯手工工艺及自编自演的富有畲族风情的民间歌舞蹈《彩带情丝》《畲水秋歌》《枫树岭红起来》等也随之更多地展现在了全镇乃至全区百姓面前,畲族文化已融合于太阳文化之中,成为太阳文化的一个名片,畲族歌舞《枫树岭红起来》《畲水秋歌》名声在外。枫树岭畲族歌舞队被评为 2018 年杭州市示范社区学习共同体。

3.民间文化(非遗文化)学习圈。太阳镇历史悠久,具有独特的民间文化,有十月廿四太阳庙会非遗传承项目、典型的民间灯舞《五凤朝阳》《太阳花灯》及民间锣鼓等,合力做好这些民间文艺团队的培育,致力于民间文化与非遗文化的保护与传承。到 2015 年,村村成立民间文化学习圈,全部组建了歌舞队。各个学习圈平时学习活动频繁,其中五凤朝阳学习共同体三队传承,现有固定学员 100 多人,灯舞《五凤朝阳》也成为太阳非遗文化的金名片,"五凤朝阳"学共体被评为 2017 年杭州市示范社区学习共同体。

4.老年大学学习圈。太阳镇老年大学学习圈前身为太阳镇老年电视大学教学班,创办于2005年,最初只有32名学员,到2020年秋季发展到太阳、上太阳、横路、鹤里四个教学班,共有注册学员2265人,主要有民乐、戏曲、合唱、腰鼓、舞蹈、科普知识等8类社团,每周定期开展学习活动。十余年来,老年学员不忘初心,始终怀抱终身学习理念,自觉参与、自我教育、自我管理、自我提高,形成了良好的"活到老,学到老"的学习氛围,带动了全镇老年人的终身学习。老年大学学习圈于2016年被评为临安第一届示范性学习共同体;以太阳老年大学为主体的太阳老年学习共同体于2020年被评为浙江省老年教育优秀社团。

5.养生保健学习圈。为提高村民健康综合素质,自2016年起,采用整村推进的方式进行建圈培训。不仅每年都对老年教育学习圈负责人进行专门培训,指导他们开展老年教育,还分村开展老年养生保健知识建圈培训,引领村民进行养生保健知识的自主学习。到2018年全镇18个村做到了全覆盖,截至2020年累计到村开展老年养生保健知识专题培训50余次,累计培训4884人次。

6.农村电商学习圈。依托杭州大湾电商企业的雄厚师资,以培训、指导与帮扶相结合,构建与培育全镇农村电商学习圈。为引领村民学习电商知识,2016—2020年镇科协与成校共同举办了电商基础、网店运营、微商、直播带货等培训10期,累计培训电商学习圈骨干成员444人次,促进了太阳镇农村电商的发展和乡村经济发展。

四、开花结实,学习圈建设出成效

几年来,太阳镇学习圈的建设者在学习圈建设的探索道路上,边学习边前行,艰难而幸福、辛苦并快乐。

1.学习圈建设,方便了百姓学习,活跃了草根团队,提升了社区居民的生活幸福指数。通过30分钟市民学习圈的建设,镇文教综合体、18个村民学校(文化礼堂)、五金协会联盟培训基地等成了村民家门口的学校,方便了村民的学习,村民学习兴趣高涨了,学习氛围更浓了。随着学习圈的建设,太阳镇各类学习共同体遍地开花,除了重点扶持的六大类学习圈所属的学习团队外,全镇村村都成立了文艺队、合唱队、老年排舞队等以及体育类社团,平时活动有声有色。日常在村广场、廊桥、礼堂舞台总能见到三五成群在练习、学习的百姓身影。这些民间草根社团能做到随时拉得出、随时上得了台,极大地丰富了老百姓的业余生活,活跃了太阳镇群众文化,提升了社区居民的幸福指数。

2.学习圈建设，培养了一批新农村建设的领军人才，促进了美丽乡村建设。在农村产业结构调整和新时期百姓对职业技能、文化艺术、科技知识、保健养生等多元需求的实际背景下，大力办好社区学校与市民学校，通过大力开展学习圈建设，有力地促进了企业职工素养、农民种植养殖技能（适用技术）、百姓科学文化知识和文明礼仪等整体素养的提高，培养了一批新农村建设领军型人才。杭州市"百姓学习之星"陈梅芳开创了以生态种植为基础、种养结合、产销一体、"一二三产"融合的"太阳粮食生产模式"，不仅仅是太阳镇、临安区生态农业的领军人，也成为杭州市乃至浙江省屈指可数的粮食产业"花木兰"。电商学习圈骨干成员开设的田河在线、"楚小组"农产品直销、赵氏年糕、爱芳陶宝等网店，销售的农特产品深受客户认可，生意红火，带动了全镇电商发展。

3.学习圈建设，扩大了社区教育的辐射面，提高了社区教育影响力。学习圈的建设改变了原先社区教育"被学习""人员少"的现象，聚集了人气，大大扩大了社区教育辐射面，不仅更好地满足了百姓对美好生活的需求，也提高了太阳镇社区教育的声誉和影响力，赢得了百姓的认可，也赢得了相关部门的肯定，还吸引了周边富阳、桐庐、建德等区（县市）以及湖州、江苏常州同行前来交流、学习。

学习圈的壮大、学习共同体的培育，不仅满足了市民个性化、多样化的学习需求，推动了当地经济文化建设，促进了美丽乡村、和谐社会建设，为"美丽幸福新太阳"建设增光添彩。同时它也是一个持久性的民生工程与民心工程，需要我们继续创建条件，不断探索，不断完善学习圈各要素，构建长效机制，推动学习圈的良性运行，引领更多村民自觉入圈、自发建圈，形成圈圈相连、圈圈相套的态势，让学习圈焕发出更大的活力和生机。

富春江镇：
"五共"学习助推"五圈"文化

杭州市桐庐县富春江成人文化技术学校　王晓群

2017 年 6 月，富春江镇正式启动 30 分钟市民学习圈的创建工作。学习圈建设总体目标是：以"五共"学习模式为引领，以"五圈"文化为核心（休闲文化、诗词文化、廉洁文化、体艺文化、机械文化），打造"最美富春江 幸福富春江"，以"一村一品"市民学校标准化建设为载体，以镇级特色品牌和社区学习共同体培育为抓手，努力构建富春江镇 30 分钟市民学习圈。

一、主要做法

（一）创新农村成校"五共"学习模式

"五共"学习模式，是指在乡镇和相关部门的领导下，成校对接辖区内的村社和企事业单位及市民，对有服务需求的对象签订学习契约，以"学习契约"为载体，实现"共塑愿景、共建组织、共同开发、共谋运作、共享成果"多方互惠共赢的目标。

"共塑愿景"是各方深度融合的前提，是激发合作的催化剂；"共建组织"是各方深度融合的有力保障，是理想转化为现实的有力基石；"共同开发"是各方深度融合升华的结晶；"共谋运作"是各方深度融合的关键，厘清各方的责任和义务，运作更加流畅高效；"共享成果"是各方深度融合核心价值，各方追求的终极目标。通过"五共模式"，使得学校与村社、企业、部门之间的合作达到深度无缝对接的程度，实现多方互惠共赢。

（二）依托草根，培育创建队伍

一是管理层面，富春江镇成立了以镇党委书记为组长、以人大主席为副组长的创建领导小组,领导小组下设创建办公室,由各村社书记兼职 17 所市民学校校长,使创建工作有了政策和经费保障;二是工作层面,主要培育两支社区教育骨干师资队伍:镇成校专兼职教师队伍和镇文化员及"富春文化大讲堂讲师团"成员队伍,他们是"富春江学习圈"建设的活动宣传员、课程设计师、讲堂教学者。

(三)借势创建平台,整合场地资源

根据桐庐县政府关于社区教育的文件精神,富春江镇结合自身实际,积极搭建创建三个平台:一是整合镇文体中心。镇文体中心有四层,共有 6000 余平方米,地理位置优越,整合学习资源,优化运行机制,美化学习环境;二是建设标准化市民学校。富春江镇下辖的 17 所市民学校标准化建设工作于 2019 年 6月完成创建,其中 2 个社区和 3 个村(孝门、俞赵、芝厦村)创建成富春江镇示范性市民学校,标准化市民学校达到全覆盖;三是搭建数字化学习服务平台。富春江镇依托桐庐党校对接杭州市市民数字化学习服务平台所打造的终身学习网,积极引导广大市民开展线上数字化学习,学习效果比较理想。

(四)以评促建,强化示范引领

在"五圈文化"的建设过程中,富春江镇以年度为单位开展了学习之星、学习型家庭、社区学习共同体和社区教育工作先进个人四项评优评先活动。其中2019 年,共评选富春江镇级学习之星 17 名、学习型家庭 17 户、示范社区学习共同体 11 个、示范性市民学校 5 所、标准化市民学校 12 所。2020 年市民胡家成被评为杭州市"学习之星",以评促建,以奖代补,评育共抓。

(五)主题活动,点亮文化之魂

丰富多彩、形式多样的创建系列主题活动是创建之魂,主要开展 5 个方面的活动。

1.社区学习共同体培育活动

通过几年的摸索,在学共体培养和扶持上探究了五大路径:构建组织框架,完善评估机制,开展基地建设,提升队伍水平,增强服务平台,《共学养老 助推学习——乡镇成校开展社区书画院学同体建设的路径探究》文章发表刊登在《智库时代》第 163 期上。为充分展示社区学共体的建设成果,营造浓厚文化氛围,富春江成校每年邀请学共体组织在镇文体中心隆重举行"丰收学共体 幸福富春江——暨富春江镇学共体跨年爱心体验活动"。目前,成校有"杭州市示范学共体"4 个、"桐庐县示范学共体"5 个,镇级的学共体组织有 47 个,学员陈大器的心得体会荣获杭州市一等奖,健身球、秧歌、柔力球、持杖走(操)是该县老年基层教练员培训基地,2018 年还承办了杭州市老年门球比赛,富春江镇代表队取得优秀奖。

2.村级特色品牌文化主题活动

深入挖掘富春江镇 17 个村社优良的特色文化,以"1＋N"主题活动为创建抓手打造村级学习圈。"1"为村级特色文化主题,"N"为丰富多彩的村级特色文化群众活动,以活动诠释、丰富、拓展主题,引领方向,指导行为,深化创建,培育特色。至 2018 年 12 月底,已有 8 个村创建村级文化特色品牌。

如俞赵村的廉洁文化,大洋坪社区的勤政文化,渡济村的庭院文化,石舍村的旅游文化,芝厦村的体艺文化,黄坡岭社区的文艺文化,芦茨村的诗词文化,孝门村的孝义文化,逐渐形成了以村社为主的二级文化学习圈,在二级文化学习的基础上,我们提炼了富春江镇的一级文化学习圈,即五圈文化,见图 1。

图 1 五圈文化

3.镇文化节活动

自 2012 年起举办的一年一度的富春江镇文化节活动,是富春江镇全民终身学习活动周的启动仪式,也是五圈文化创建成果展示的盛会。其中 2018 年镇文化节的主题是 30 分钟市民学习圈创建启动仪式,通过镇领导宣读创建倡议书,授予市民学校校牌,免费向市民赠书等活动,发动创建工作,营造了良好的创建氛围;2019 年镇文化节的内容之一是 30 分钟市民学习圈创建成果表彰,不仅隆重表彰了镇级百姓学习之星、学习型家庭、社区学习共同体和优秀社区教育工作者,还以图片、视频等形式现场展示了社区学习共同体和学习之星的学习成果和学习心得。

4.“富春市民大讲堂”活动

本着贴近居民、贴近生活、贴近实际的原则,根据老百姓的兴趣、需求、爱好,广泛开展“富春市民大讲堂”主题活动,通过知识讲座、技能培训、闲暇教育,组织老百姓学知识、习技能、拓兴趣、展爱好、提素质,讲堂内容包括老年教育、青少年校外教育、新型职业农民培训等,年总培训量占常住人口的40%以上。

5.社区教育开放日活动

“社区教育开放日”定为每年11月的第三周周五,以富春江镇小、富春江初中、镇幼儿园为活动基地,为本镇居民提供篮球场、操场、健身房、多媒体教室、图书室、师资等学习资源,积极组织教育开放日主题活动,以活动提升理念,以活动促进创建。

二、实践成效

目前,富春江镇五圈文化基本形成,百姓想学、乐学、善学,形成了良好的终身学习氛围,促进了精神文明建设的和谐发展,取得了理想的效果。

1.创建农村成校的“五共”学习模式机制

经过近三年的实践摸索,成校逐渐总结提炼出一套规范运作机制,即“十步运作法”。以开展职业技能鉴定培训为例:①需求调研(成校);②制订菜单(成校);③招生(村社、企事业);④培训师资(学校、人社、协会);⑤理论培训(成校);⑥实践培训(基地);⑦学员评价(培训满意度测评);⑧技能鉴定(人社局);⑨企业评价(成校);⑩螺旋提升(学校、村社、企事业)。通过“十步程序”厘清了各方的责任和义务,使培训运作更加流畅高效。

2.文化育人,促进经济社会的和谐发展

富春江镇五圈文化建设,对全镇经济社会发展发挥了较大的促进作用。社会综合治理能力不断提高,没有发生社会综合治理案件。文化教育事业发展有突破,俞赵村、芝厦村文化礼堂为浙江省五星级文化礼堂;孝门村文化礼堂为浙江省四星级文化礼堂;石舍村农家书屋被评为浙江省五星级农家书屋、杭州市“示范农家书屋”;富春江镇慢生活体验区民宿经营户主动积极配合垃圾分类和庭院美化创建工作,游客不绝,振兴乡村经济。

3.宣传推介,扩大学习圈建设的社会影响力

创建工作要吸引老百姓实实在在地参与进来,需要广为宣传。采用张挂横

幅、滚动播出宣传片、学习需求问卷调查、举办启动仪式等举措进行宣传发动,不断提升市民的知晓率和参与率。据不完全统计,富春江镇市民对五圈文化建设的知晓率和认同率分别达 81.6％和 73.5％。同时,五圈文化以其草根性大众化的独特魅力吸引了当地文化名人的关注和参与。

富春江镇政府很重视五圈文化创建的宣传工作,通过举办通讯员培训,聘请专家指导,提高新闻报道撰写水平;同时镇政府还出台相关奖励机制,鼓励行政村积极开展文化活动,鼓励文化员踊跃撰写宣传报道。近三年来,共计撰写文化类新闻报道 100 多篇,在《今日桐庐》《杭州日报》《钱江晚报》等新闻媒体刊发的有近 30 篇,对富春江镇五圈文化建设的宣传推介发挥了很大作用。

4.以创促建,积极打造创建特色

依据本镇文化事业发展的特点,提出了以创建村特色文化品牌项目为主要抓手的创建模式。富春江镇 15 个村有不同的文化积淀,内涵丰富,各具特色,深入挖掘其优良的特色文化元素,镇级层面以五圈文化建设为核心,村级层面以"1＋N"主题活动为创建抓手打造村级学习圈,成效初显。已经培育发展成为富春江镇学习圈内的特色内圈,同时有力地向周边辐射扩展。

5.以评促建,不断优化创建队伍

富春江镇通过制订一系列激励措施不断推进"五圈"文化的创建工作,除了经费保障和评优评先等举措,从 2019 年开始,还把村级学习圈建设工作列入镇政府对村一级的年度考评内容中,以量化考核的方式来促进村级创建工作持之以恒地开展,体现了刚性管理的严谨和重视程度,以不断培养壮大创建工作的管理队伍。

6.以研促建,促进区域品牌效益

"创建工作课题化"是富春江镇学习圈建设的一大亮点。富春江成校的《产教融合背景下农村成校"五共"学习模式的实践探索》为 2019 年杭州市职成教规划课题,农村成校品牌建设是成校适应新时代发展的必然趋势。在成校品牌项目建设中应统筹当地政府、村社、企业等多方资源,以品牌项目建设为突破口,设计并运用"五共模式",即从"共塑愿景、共建组织、共同开发、共谋运作、共享成果"进行科学设计,构建课程,规范运作。"五共模式"的设计与应用其研究过程从 2016 年 8 月到 2019 年 3 月已历经了三年的实践研究,现已形成了一套较为完整且富有实效的培训操作范式,有力地促进了当地区域经济的快速发展,也形成了成校的品牌。富春江镇五圈文化内涵日趋饱满,实施路径日趋成熟。

淳安县:跑赢"30分" 牵手"学习圈"

淳安县教育局

　　10年来随着城镇化的脚步不断地加快,淳安城乡的人口格局发生了很大的变化。一方面千岛湖镇作为集聚中心,体量上呈现出面包发酵式的增长,从原来的8个社区居委会增长为10个社区、1个居民区,人口由6.5万左右增长到10万多;另一方面,其他以农村为特征的乡镇户籍人口减少,人口分布由面到点,表现为向集镇"据点"收缩的态势。再加上候鸟式的人口流动,乡镇"空心化"的特征明显。

　　"古之教者,家有塾,党有庠,术有序,国有学。"我们可以感受到从古代开始,在人口集聚的"社区"都会出现共同学习的形态,既有草根自发生成的,也有政府主导的。一脉传承,即使到了今天,整个社会的民众"共同学习"的组织形式仍有这样的特征。基于人口集聚的特点,淳安县的学习圈更多地表现出两大特征:一方面,在政治功能汇聚、经济功能集聚、文化功能团聚、人口集聚的基础上,淳安县学习圈呈现出"团状"特征;另一方面,随着人口分布点状特征出现,淳安县农村乡镇的学习圈更多地呈现出由乡镇成校与学校社团主导的"点状"特征。

　　由点到面、由面到圈、由小圈到大圈、圈圈相融,一个学共体成就一个学习圈,学习圈引领了成人学习、容纳了成人教育。在杭州市创建"30分钟市民学习圈"的时代潮流中,千岛湖以"湖环境、湖文化"为县情主特征的社区居民学在学习圈、乐在学习圈,发挥人的优势、资源的优势与向外借力,以新的机制、新的活力,与时俱进、开拓创新,定能在时代的春风里跑赢"30分"。

一、牵手"自发与自觉":领头雁引领学习圈提速增效

　　随着经济发展、人民生活水平不断提升,社区教育也逐渐成为淳安县城乡

社区居民的"必需品"。"学而时习之，不亦说乎？"物质生活得到较大改善的居民，"学习"需求也日益成为他们对品质生活追求的内容。"老有所学，老有所为。"老年人群体逐渐成为"学习"的一支大军。在提升职业技能、适应激烈竞争就业形势的大潮中，农村剩余劳动力、有求职就业转岗需求的劳动者，更是把职业"学习"内化为一种自觉行为。社区居民的种种"学习兴趣"，自然也成就了"人人皆学、处处可学、时时能学"市民学习圈的诞生与发展。

火车开得快不快，全靠火车头来带。在淳安县社区学习共同体的产生与发展中，自发型与自觉型的"领头雁"都在快速增长与茁壮成长。千岛湖一湖秀水养育湖畔10万人群，得天独厚的秀水环境发酵了一群引领诗词、书画、戏剧、摄影、健身、阅读、工艺、技培等领域学习的领头雁，他们"学在有志、学在有为"，以"独学不如众学、独乐乐不如众乐乐"的学习态度，组织起志趣相投、气味相投的学习同伴，共同学习、研讨、交流，既挖掘自身的学习潜能，也推进学习共同体的成长、进步。

这群领头雁，一类是自发型的，有退休了"老有所为"想发挥余热更好地提升老年生活质量，就积极组建书画、戏剧、健身、文艺等方面的社团，他们归社区管理，引领社区居民共同活动、共同学习、共同进步。淳安县西园社区青花瓷旗袍队的队长，从银行退休，对旗袍文化情有独钟，于是就牵头成立了一个100余人的旗袍走秀学习、表演团队，以学习交流为形式，通过活动走秀来展示她们学习的成果，收获学习的意义；自发型中还有一种属于培训类的，他们基于书画、工艺、技培等的特长，以培训机构的形式，培训"技有所求、技有所用"的一批受众，通过学习、培训提升这些学员的技能，让他们更好地走向成长、走向工作。

另一类自觉型的，他们基于业务需要以及兴趣特长而组建了相关的协会、专门的机构，以此引领推动学习共同体的发展。比如淳诗苑作为淳安的诗词楹联协会，由退居二线的淳安县宣传部副部长牵头，下设组织处、宣传处、学术处、综合处与乡镇社区相配套的十个分会，现有成员150余人，通过采风、吟诵、讲座、展示等形式开展学习。由学术处做好活动记录、台账整理与诗词集编撰发放，现已编辑出刊了三期，赢得了良好的社会声誉。

二、牵手"公益与合作"：新机制引领学习圈提速增效

学习需要场所，科学配置学习场所，才能推动学习圈提速增效。拥有场、馆、园、校、室等场所的主体，既有政府机关、单位，也有社会力量，科学地配置好这些场馆资源，定能推动学习共同体学习效益的优质发展和快速提升。

淳安县各个乡镇既有政府主管的图书馆、体育馆、文化馆、展览馆、博物馆、学校、公园、文艺角、文化礼堂,也有企业主管的博物馆、文化室,还有社会力量主办的活动室、培训机构。它们共同构成了社区居民参与学习共同体学习的活动场所。但是这些资源的科学配置与有效统筹,却需要有一种新的机制。学习既是个人的生存需要,也是国家的文化职能所在。因而,要实现学习型社会建设与学习圈提速增效,只有把"公益与合作"有机统合,才能真正达成这一目的。

淳安县图书馆新馆落成,为广大市民提供了一个风景优美的阅览胜地,但由于新馆地处珍珠半岛,离城区较远,为了更方便市民借阅图书,在千岛湖城区规划了图书免费借阅点,这也是淳安十大实事工程之一。该实事工程在千岛湖镇城区以及部分条件适合的乡镇,建成了一批布局科学合理、方便群众及游客阅读、政府和社会力量共同参与建设的"新安书屋"。

新安书屋主要分为公益类和合作类两种类型。公益类书屋,即由政府负责投资建设的无人自助图书馆(含 24 小时无人自助图书馆);合作类书屋,按照"你建(设)我供(书)"方式,由政府和社会力量共同建设。合作类书屋按服务性质分为服务点(供读者现场阅读并可实现图书借还功能)、流通点(仅供读者现场阅读)及挂牌点(仅挂新安书屋标志)三种类型。

新安书屋面积不少于 80 平方米,拥有一定的图书量,配备书架、阅览桌椅及图书借还等必备设备,环境舒适温馨,向公众免费开放。图书内容涉及少儿、历史、文学、生活、旅游、实用技术等多方面。

千岛湖镇上人流量较大的公共场所新安书屋以公益类为主,人流量较少的公共场所、营业场所、休闲场所则更多地鼓励合作类模式。部分乡镇的旅游景点、农家乐、精品酒店、民宿民居点,则与乡镇图书室合作,让新安书屋的书香吹到乡镇村民的案头以及到千岛湖游玩的游客身边。更让新安书屋融化到千岛湖的湖光山色里,美化环境、助力"阅读",成为千岛湖的一道别样风景。

三、牵手"升级与引进":向外借力引领学习圈提速增效

"互联网+"以与传统行业融合的强大优势,造就了无所不在的创新,也引领了创新驱动发展的新常态。

借助"互联网+"的理念、技术与方法,传统的实体学习圈也可以快步走向互联网学习圈的升级版,线上与线下的有机融合,让学习资源的获取更方便、学习形式更多元、学习管理更高效、学习评价更真实。比如新安书屋借助"互联网+"让图书的借阅范围扩展到了遥远的乡镇与城市边缘,也扫清了市民借阅图

书的盲区与死角；解决了人力与时间限制，能"全天候"借阅与归还；也让更多的社会力量参与到图书公益服务中来，让更多的市民得到书香的滋润。

"引进来"才能更好地"走出去"，借力外来的"师傅"快速提升淳安的本土文化，才能让淳安的文化在更短的时间里成长、走向外面更宽广的平台，在展示自身价值中取得更大的进步。淳安睦剧是外来传入、融合淳安民间曲调而发展起来的一种新的富有地方特色的剧种。在老一辈淳安人当中它是一种精神生活，在青少年一代淳安人那里它是乡土文化传承的使命。但在千岛湖大移民之后，受淳安经济发展滞后的影响，很多睦剧人才、精英逐渐流失，这对当前很多乡镇成校、学校社团开展睦剧文化传承与推动社区教育产生了不利影响。

如何克服这些不足，令淳安睦剧学习圈更快更好地得到发展呢？屏门乡成校成立了睦剧学习共同体，以睦剧学校的形式，在屏门乡政府的支持下，聘请了杭州戏剧家协会王姝苹、周燕、付竹君、王杭娟、何养红、唐吉晶等10位老师，采用短期培训与暑期培训相结合，通过身教言教、外出考察等形式，排演了《牧牛》《采桑》《喜游千岛湖》《雪兰花（观花灯片段）》《十九大精神放光彩》等睦剧节目。并通过文艺汇演、文化艺术节演出、村晚演出、敬老院慰问、睦剧专场汇报演出、节庆演出、电视台节目制作演出、结对活动与联谊剧团联袂汇报演出等方式，汇报学习成果，扩展学习范围，吸纳更多的学习成员加入，让睦剧学习圈在社区教育中发挥更大的学习作用。

淳安县的社区教育呈现了良好的发展态势，30分钟市民学习圈的形式、内涵也在不断丰富，在融入大都市、接轨长三角的大潮中，真正建成"人人皆学、处处可学、时时能学"的学习型城镇，完成县、乡镇、社区（村）三级市民学习圈的构建，与千岛湖5A级旅游景区相匹配，淳安县学习圈创建任重道远，但大有可为。

建德市:根植地域特色文化,
打造立体特色项目

建德市社区学院　朱忠平

建德,地处杭州市西部,钱塘江上游,常年 17℃ 恒温的新安江水,孕育了独特的地域小气候,被评为首个"中国气候宜居城市"。面积 2314.19 平方千米,下辖 3 个街道,12 个镇,1 个乡,常住人口 44.6 万。本着接轨大都市、立足本土的原则,围绕"宜居建德,幸福共享"的学习型城市建设,打造"17 度宜居建德,传古学拥古镇"品牌,深挖建德"宜居"文化和"农家"故事,建德市以"八大学习品牌"为引领的一系列"30 分钟市民学习圈"活动赋予了古镇类学习型城市建设的时代内涵和新鲜活力。

一、德文化:构筑新时代文明文化新高地

建德不仅有山水灵秀之美,更有历史人文之美,建功立德,自古就是千年古府的古老传承。2017 年,建德市提出打造"德文化"地域品牌,并在全市上下开展了建功立德大讨论,结合"市民学习圈"的打造,推出了系列基层实践,建立了一批示范校园、示范村、社区文化家园、美德驿站等"德文化"示范点,并在德行实践的基础上推进"德文化"标准化项目试点,制定了属于建德的文化标准。

2018 年 12 月 21 日,在以"得天独厚"为主题的宜居建德城市品牌杭州推介会上,浙江省标准化研究院对外发布了"德文化系列标准",涵盖了"德文化"村、"德文化"学校、"德文化"志愿服务和美德家庭四大领域的县域地方标准,以及杭州市地方标准《爱心服务站建设管理规范》。"德文化系列标准"是全省首个以地方文化为内容编制的标准体系,为建德打造"德文化"县域样本注入新的内涵,推动传统文化的创造性转化和发展,培育和践行社会主义核心价值观。

二、农村文化礼堂：乡村文化"火"起来

2017 年以来，建德市结合"德文化"地域品牌打造，以建设乡村振兴"文化综合体"为目标，制订了"农村文化礼堂三年行动方案"，创建了"二四六"工作模式。"二"指"建设全覆盖、管理全星级"；"四"指"四驻堂"的礼堂管理模式，即理事驻堂、乡贤驻堂、干部驻堂、协会驻堂；"六"指打造文化娱乐惠民堂、党建理论宣讲堂、乡风文明育德堂、民俗文化传承堂、和谐乡村议事堂、产业发展展示堂等"六品堂"。

能人志士下乡让文化礼堂更精彩。建德市组建了乡村振兴特派员、市委讲师团、"德文化讲师团"等宣讲团，重点打造"德文化乡音讲习堂"，围绕社会主义核心价值观、美丽乡村等建设内容，用建德方言、群众语言传递主流声音。在点亮建设礼堂过程中，建德市尤其注重礼堂和产业、乡村旅游相结合，通过充分挖掘自身的资源要素，把文化礼堂建设与产业发展一起谋划、一起布局，形成"文化礼堂＋"的产业链。

走心设计多道把关，乡村文化礼堂美出新高度。在建德乡村，文化礼堂的"颜值"越来越高了。文化礼堂讲求设计，理清村史文脉，挖掘"活态"文化资源，形成"一村一品、一村一韵"的礼堂新格局。巧思之下，富塘村的百年祠堂，成了村民喜闻乐见的文化礼堂。富塘村的故事，只是建德文化礼堂的一个缩影。在牌楼村，这里的冻米糖远近闻名，"舌尖上的嘎嘣"打响了当地农特产品；丰畈村喊出了"拉长的记忆"口号，丰畈童氏拉面深受村民和游客的喜爱；伊村以"闻香采茱萸、登高望伊村"为特色，打造礼堂新形象。

招募"礼堂经理人"，美丽乡村德文化"火"起来。盛夏时节，热浪滚滚，但阻挡不了大家来建德当"礼堂经理人"的热情。这是建德市推出的一项创新举措。首批"礼堂经理人"候选人走访了胥江村、镇头村、三江口村等 5 个农村文化礼堂。乡村之悦目、乡民之热情、乡风之淳朴，令大家眼前一亮。建设文化礼堂，"建德经验"日趋成熟。文化坚守，彰显着农村文化礼堂的特色和魅力。文化礼堂成为村民茶余饭后的好去处，美丽乡村德文化也"火"了起来。

"礼堂＋"开启新路径，乡村振兴有了"文化综合体"。文化如水，浸润心田；文化如根，凝魂聚气。建德突破惯常思维，谋划出了一条"礼堂＋"的新路径。绿水青山间，走进镇头村，巷子两侧"小人书式"的墙画，直通到百米开外的文化礼堂，连成一段村庄往事。短短半年，镇头村从平淡无奇的小乡村，变成了有故事、有文化、有产业的"三有村"。通过建设文化礼堂，农村旅游开辟出了新阵

地。在三江口村,建起了九姓渔民展陈馆,让游客了解九姓渔村的风土人情,每天还定点演出省级非遗"水上婚礼"。

未来五年内,学习圈建设将在礼堂建设、活动运营、文化下乡等方面持续深入实践探讨,为推动农旅文融合战略、乡村振兴战略提供智力支持。

三、严州文化:重现梅城古府千年芳华

建德梅城是古严州府的所在地,有着近1200多年的州府历史。建德在"市民学习圈"打造中,挖掘严州文化,重视城市精神、发展活力、文明素质等内在品质的提升。坚持突出特色原则,提炼建德地域人文精神和行业道德标准,共同打造地域品牌。全面加强农村文化阵地建设,深度打造建德特色文化精品。如"千人进建德·一起过端午"民俗文化活动,邀请游客看严州虾灯,尝严州小吃,品严州五黄宴,赏半朵梅花旗袍秀等等。2018年,组织开展了中国州府文化(严州·梅城)保护与发展论坛暨钱塘江诗词之路——严州古城·梅城诗词大会。一场以"千年古府拥江发展美丽城镇"为主题的论坛,集聚学术界和古城代表们共同开启一场"头脑风暴"。杭州市拥江发展领导小组办公室和浙江省诗词与楹联学会授予建德梅城镇"浙江省诗词之乡"的称号。

四、仁善寿昌:仁善文化展古城新形象

"仁者寿,善者昌",1700多年历史的千年古镇仁善,地处建德市西南,文化底蕴深厚。镇上有浙江省重点文物保护单位,有婺剧、越剧、睦剧、清唱等多种戏曲为镇上居民所熟知,有天罡拳、洪拳等非遗项目……

寿昌利用多种形式对市民进行《弟子规》《群书治要》《孝道三层次》《论语》《道德经》《三字经》等经典的讲座;在党团小组中开展党风廉政教育,常设国学大讲堂、书法国画展览;通过各村社老年大学举办"品国学·诵经典""传承国学文化·感悟国学经典"等主题活动,感悟传统文化魅力;开展仁善文化进社区、进旅游景区,书画学共体巡回展览、书法绘画现场演示,在重点旅游区书写对联、中堂、立轴;组织以"仁者寿"为核心的教育专场,通过系列活动耳濡目染,感知仁善文化。组织开展能反映农民精神面貌的民俗文化活动,使优秀民间文化活起来、传下去,让新风尚浸润在日常文化活动之中。如结合周宣灵王庙——孝文化基地,开展品读《百孝篇》与《百笑篇》会,鉴赏古代孝故事、学习《新24孝》,评选寿昌新孝24人等活动。传承并发扬传统民俗活动,利用各种活动展示并选拔精品学共体,如2月(农历正月)灯会、3月3日庙会(农历二月)经典诵

读比赛、5 月红歌会、旗袍秀比赛、6 月天罡拳会等，为这些民俗活动逐步注入新元素并将新时代新风俗固定下来。

五、子胥乾潭：为"三农"搭建文化平台

多年来，乾潭镇坚持"城乡统筹，镇村互动"；坚持"送文化"与"种文化"相结合，实行政府向基层文化配送。每年坚持送书下乡，为群众写春联，组织文艺团队下村演出等 12 次以上。免费为各村、社区、学校放映电影 420 多场。参加文化活动的有 11000 多人次。文化活动的覆盖面达到全镇常住人口的 60% 以上。镇政府招聘了 25 名村级宣传文化员，创建 25 个农家书屋、11 支文体团队、25支村一级文体表演队伍。这些文化队伍常年活跃在乾潭农村的广阔天地，每年文体活动都在 200 次以上。

六、建德家风馆：新时代家风体验的教育基地

建德家风馆有个富有诗意的名字"流芳人家"，坐落于已有 640 余年历史的大慈岩镇上吴方村。村庄背靠玉华山，三条水系绕穿整个村庄，七个主要池塘宛如绿宝石镶嵌其中，至今保存着完整的明清建筑 65 幢、厅堂 6 幢，被列入中国传统村落名录。

"乐善方正，流芳人家"，正是上吴方村的文化品牌。上吴方村建村于明朝洪武初年，以"方正"命名宗祠，以"光明正大"族规训诫子民，乡俗传统留存完好，文风盛行，被列入中国传统村落名录。今年 3 月，依托大慈岩镇古村落深厚文化底蕴和优秀族规族训，整合利用上吴方村 6 处古祠，民居约 3000 平方米，开始筹建聚集全市家风文化精髓的建德家风馆。"正大见天地之情，方圆如规矩而至"，建德家风馆依托上吴方村古建筑群特色，整理还原族人在人生各个阶段的家风训导礼仪，固化引导百姓生活习惯，成为新时代家风体验的教育基地。

"流芳人家"注重体验交互，图书、遗迹、农具、多媒体设备等，可视听可触摸，利用村中古祠堂分别打造成礼仪馆、议事馆、民间茶馆、民俗馆、土酒馆、祭祖厅这 6 个主题馆。礼仪馆里的《建德家训分布地图》，收录了建德市 98 个村的姓氏家谱。

除了上吴方村的"流芳人家"，建德家风馆还有新叶古村家风馆，在文昌阁、双美堂、西山祠堂、进士弟、有序堂融入新叶的家规家训。下一步建德还将深入挖掘里叶村和李村的传统家规家训，串点成线，编织建德家风地图。

七、共学体：共享共乐共同成长

社区学校做好辖区内各学习共同体学习活动时间、场地、内容的协调、统筹工作，帮助学习共同体确定学习主题，指导制订学习计划、开展活动。鼓励和引导市民自发组建形式多样的学习型社团，实现自我组织、自我教育、自我管理、自我服务，不断增强学习共同体的凝聚力和创新力。要求各镇街从社区教育经费中安排学习共同体建设补助经费，资助学习共同体开展活动。鼓励各社区学习共同体以成果展示或文艺晚会等形式，扩大社区学习共同体成果的影响。社区学院组织开展社团负责人培训，组织指导学习共同体开展交流与合作，并定期开展示范性学习共同体的评估、认定工作。目前我市认定的各类社区学习共同体有400多个，涉及文化艺术、生活休闲、健康娱乐、公民公益、科学技术等类型。建德市杨村桥农民军乐队、梅城镇摄影爱好之家、新安江街道医疗志愿服务队、"爱心雨"服务队、老法官工作室、白沙社区二春民乐队、严州古城民乐队、建德市爱乐民族乐团被评为杭州市社区示范性社区学习共同体。

近年来，建德坚持立足市情，以扩大老年学习教育供给为重点，以满足老年人多样化学习需求为导向，以培育发展社区学习共同体为抓手，整合利用"社区服务"和"成人教育"两个体系、两大阵地、两种资源，走出了一条"上下联动、优势互补、资源共享"的共学养老社区建设的新路子。2018年7月，全国社区学习共同体发展暨共学养老社区建设研讨会在建德市召开。来自国家教育发展研究中心、中国教育战略学会、中国成人教育协会等全国各地近200位专家学者齐聚新安江，共同交流社区学习共同体发展和共学养老社区建设的思想与实践，探索我国老龄化背景下老年教育和社区建设的新路径。2019年第二届全国社区共学养老专题研讨会在建德举行，以此机会向来自全国各地的代表展示了建德市在社区共学养老方面的新成果。

八、新安夜学：富有建德特色的干部学习品牌

"新安夜学"活动是建德建立学习型机关和学习型党组织的重要举措，通过持续深化"两学一做"学习教育，提高领导干部解放思想、服务发展、推动发展的能力，打造绝对忠诚、实干担当、勤政务实、充满活力、干净干事的建德铁军，为建德谋求跨越赶超提供坚实保障。"新安夜学"的学习重点是习近平总书记系列重要讲话精神，中国特色社会主义理论体系，党的路线方针政策和浙江省委、杭州市委决策部署，党章、党规、党纪等根本行为规范以及干部岗位履职必备的

各方面知识等。

"新安夜学"活动以"新安夜讲堂"为主平台,各乡镇(街道)、市级机关各单位联动,按每周组织一次干部夜学,每月组织一次"新安夜讲堂",每两月邀请一次上级领导或者专家学者作专题讲座,每年组织一次全市性的评课活动。市级"新安夜学"活动主要安排在每月第一周的周一晚上,采取集中学习和自学两种形式,其中单月通过举办"新安夜讲堂"开展集中学习;各单位的"新安夜学"活动则以"月学"和"周学"相结合,每月第一周的周一晚上集中"月学",其余三周的周一晚上结合工作开展集中学习或自学,学习形式包括专题讲座、观看教育片、学习研讨、交流发言等。

"新安夜学"已成了党员干部开拓视野、登高望远的平台,开拓思维、开启思路的平台,开阔胸襟、提升修养的平台,成为富有建德特色的干部学习品牌。

白杨街道:"移民型"城区建设市民学习圈的实践样式

杭州钱塘新区社区学院　刘大洋

杭州钱塘新区白杨街道　韩翠华 郭宇广

杭州钱塘区白杨街道成立于 2002 年 4 月,南邻钱塘江,有长达 13.6 千米的杭州"最美东部湾",管辖总面积 54.9 平方千米,下辖 25 个社区,68 个居民小区,驻有 14 所高等院校。辖区内总人口约 52 万,其中户籍人口约 11 万,大学生约 21.8 万,外来人口约 19.2 万,市民大多非原住民,是一个典型的以外来人口为主的年轻的"移民型"街道。

如何让这些带着梦想来到城市的异乡人"日久他乡是故乡",更快更好地服务当地城市的经济社会建设,白杨街道通过发挥政策导向优势,深入融合共享各类教育资源,积极打造共建共享学习平台,大力培育社区教育品牌特色等措施的实施,成功创建了杭州市示范街道 30 分钟市民学习圈,为"移民型"街道创建市民学习圈提供了值得借鉴的实践样式。

一、基于街情,推进"3334"创建实践

(一)建立"三项机制",确保市民学习工程落地

坚持以习近平新时代中国特色社会主义思想为指导,以促进全民终身学习、打造学习型街道为目标,高度重视 30 分钟市民学习圈建设工作,营造"早部署、早动员、早建设、早落实"的创建氛围,为辖区市民构建起全民学习、终身教育的各项保障。

系列化政策保障机制。把学习圈建设纳入街道经济社会发展规划,制订《白杨街道 30 分钟市民学习圈创建工作方案》,理清市民学习圈的内涵及创建

原则、总体目标,明确创建路径和工作步骤。出台《关于白杨街道大力推进终身教育的通知》,大力宣传市民学习圈的重要意义,制订《白杨街道特色文教工作推进实施办法》《白杨街道"百姓学习之星"奖励办法》《白杨街道社区学习共同体(学习型社团)管理办法》等六项文件,积极整合社区、中小学和幼儿园、企业资源,推动学习资源共享共建,激发市民的学习热情,营造全民学习氛围。

联动式组织保障机制。成立以街道党工委书记为组长,各相关科室、社区共同参与的终身教育工作及 30 分钟市民学习圈创建工作领导小组,领导小组每周召开学习圈创建联席工作会议,实时掌握创建进度,协调解决困难问题。制订《白杨街道创建杭州市示范街道(乡镇)30 分钟市民学习圈工作实施细则》,明确各科室、社区、中小学、幼儿园、卫生服务站的创建职责,将学习圈创建工作融入日常工作中,切实做到分工明确、沟通顺畅、联动有方、落实有力。

递增式经费保障机制。为推进学习圈创建工作,街道给予充分的资金保障,2018、2019 年,累计投入 320 万用于新社区的文化教育场地建设,投入 310万用于老社区的文化教育场地升级改造,投入 60 余万对辖区特色队伍、特色人才、特色阵地、特色项目等进行扶持和奖励。另外,街道连续 9 年举办文化艺术节系列活动,累计投入经费 900 万元,数十万人次参与文体教育交流活动,营造了崇尚学习、尊重知识、尊重人才的良好氛围。

(二)整合"三区资源",夯实系统工程建设基础

在健全的保障机制下,从地域优势和人员结构等方面入手,积极整合资源,挖掘区域优势,为市民学习圈建设创造条件。

占据"高教园区高地",发挥高层次人才优势。辖区教育资源丰富,有 14 所高校、17 所公民办中小学、28 所公办幼儿园。此外,75 家世界 500 强企业在这里设有分公司,高新技术产业和高层次人才集聚。街道积极与学校、企业对接沟通,建立社区教育专兼职师资库,打造品牌课程。目前街道师资库已有成员121 名,特长包括手工、写作、摄影、音乐、舞蹈等 46 项,建立了小词大雅、国学大讲堂、话剧艺术等 42 个精品课程,"道路示意图""兔兔小屋"等 13 门课程被选送为市、区优秀课程。同时,街道积极推荐 8 名优秀教师至杭州市(开发区)师资库,平均每年选送 5 名师资库教师赴贵州及杭州各城区进行授课教学。

借助"城市新区动力",发挥高标准建设优势。依托钱塘区的坚实产业基础,发挥新城区优势,高起点高标准开展城市建设。投入 300 余万建立社区学校,室内总面积 2000㎡,设有展览室、排练室、多功能剧场、培训室、乒乓球室等功能区块,室外有篮球场、网球场、健身小径、全媒体远程小广场等活动场所。

2018、2019年共开设国画、葫芦丝、古筝、法律、医学知识等各类培训讲座80余场。2016年学校阅览室被挂牌为全国文化信息资源共享工程电子阅览室。此外,20个社区分别建立市民学校,市民步行10分钟即可到达。市民学校平均每年开展培训教育活动近200场,市民总参与数达5.3万多人次。同时,社区学校加强对市民学校的服务和指导,免费向市民学校开放场地,每年组织教育工作人员、辖区居民开展业务技能、健康教育、文化艺术等专题培训,实现场地、师资、课程等资源的共享。

助推"企事业园区共享",发挥多阵地共建优势。辖区内有企事业单位2600余家,社区教育资源丰富。为了给市民提供更广阔的学习教育空间,近年来,街道与高校、中小学幼儿园、教育培训机构、丘比、万事利、可口可乐等校企达成共建,图书馆、体育馆、艺术馆、操场、企业文化体验馆等100多处场地纳入街道教育场地资源库,开放给市民参观、学习,并且平均每年举办活动100余场。公办中小学、幼儿园参与"社区教育开放日"活动达100%,此外,各中小学、幼儿园每年还面向市民开展讲座超过35场,全面激活了学校场地资源和教师资源的有效利用。

(三)拓展"三度空间",搭建立体学习服务平台

学习活动是促进全民学习的最有效最直接的方式,街道积极搭建平台,广泛吸纳社会力量积极参与辖区市民终身学习服务平台建设。

搭建丰富的活动平台,拓展学习圈广度。统筹安排辖区各类学习活动,每年面向市民开展学习需求调研,打造学习品牌,提升社会影响力。每年定期举办"文化艺术节""全民阅读节""科普""大讲堂"等学习活动,2018、2019年共开展文化艺术节系列活动700余场,"全民阅读节"系列活动12场,"道德讲堂"24次,国学大讲堂系列讲座20次,承办经典诵读大赛两次。街道年均参加学习活动总人次26600以上。实施"一社一品"工程,定期组织和开展形式多样、寓教于乐、自成特色的学习活动,各社区为老龄居民、"小候鸟"、"新杭州人"量身定做学习交流项目,提升其工作技能和生活质量。针对辖区3224名常住老年人,开设老年电大教学点14个,组织开展老年人手工制作、健康讲座、生活知识培训等学习活动220余场,年人均参与2次以上。针对青少年群体,构建学校、家庭、社会"三位一体"的未成年人思想道德教育体系,下辖13个社区启动"四点半"学校建设,累计共开展活动110余场,助力青少年安全、健康、茁壮成长。针对20多万"新杭州人",2018、2019年共开展创业指导、职业规划、消防安全、垃圾分类、彩妆培训等大型培训20场,进一步增进了市民之间的融合和交流。

搭建学习共同体交流平台，挖掘学习圈深度。在"市民自发、社区指导、政府引领"的培育格局下，目前辖区有合唱团、舞蹈队、戏曲社、手工艺社等社区学习共同体130余个，成员人数8200余人，占户籍人口的10.14％，年开展活动1000余次，极大地丰富了居民的业余文化生活。加强社区学习共同体的扶持和管理，为社区学习共同体保障了19处的活动场地和121名师资力量。加强对社区学习共同体建设的指导，并出台扶持奖励措施，给予街道社区示范性学习共同体每个3000元补助。同时，定期举办针对社区学习共同体核心成员的专题培训，邀请城区兄弟社区互动交流，提升其专业化程度。辖区景泰蓝工作室、东江民乐团、朗琴合唱队、雨霁舞蹈社、衣缘工作室5个社区学习共同体获得杭州市示范学习共同体荣誉。衣缘工作室先后被《社区》《钱江晚报》《杭州日报》等媒体宣传报道。

搭建数字化学习平台，拓宽学习圈广度。积极发动辖区各社区、中小学、幼儿园等单位，向广大市民宣传杭州市民数字化学习服务平台，鼓励市民注册登录、参与线上学习，享受丰富的学习和教育资源。积极向开发区社区学院提交以微课程、专题讲座、系列讲座、情景活动为表现形式的学习视频课件，为平台提供课程线上资源和学习信息。利用现代先进信息技术和辖区资源，建立"数字化校园""微型图书馆"等学习便民设施，提供线上学习资源，并在人流密集的商场内设置24小时微型图书馆，每周平均借书量约600本，读者群体满意度达98％。在社区学校一楼设立浙江省图书馆公共文化一体机，市民扫描二维码即可免费下载千余本电子图书。

（四）做好"四学服务"，促进民生社会发展共荣

针对以外来人员为主要人员构成的街道，通过政府统筹、部门联动、教育牵头、责任落实的原则，重点做好以提升居民归属感、融入度、奉献力、价值感、幸福感等为目标的学习内容。

"融和"学。如邻里社区推出的"故乡再造"计划，以提升新杭州人归属感为目标，以新杭州人中的老、青、幼为服务对象，积极培育社区学习共同体，为老年人提供丰富的业余文化活动，重新构建邻里关系；为年轻人搭建婚恋交友、培训学习等平台，扩大他们的线下朋友圈；为孩子们提供愉快的课外生活和暑期活动。

"公益"学。倡导"因学而爱，因爱而善"的理念，通过学习推动，让更多居民加入志愿奉献的行列中来。对志愿者队伍按特长进行分类，打造专长特色志愿者、义务巡逻志愿者、邻里互助志愿者、和谐促安志愿者四大类，从点至面打造

志愿者团队，计划在三年内各社区均成立超过百余人的志愿者团队，扎根于和谐社区建设中。

"我能"学。每年安排两三次专业技能交流会，一方面将企业请到社区，一方面给居民提供去企业参观学习的机会，教学相长，共同发展。同时，街道通过工会、共青团等组织，引"服务进企业"，通过相亲会、读书会等方式，让辖区企业职工的学习、生活更加丰富，更加全面。

"美乐"学。依托各个社区，建立起最具社区学习特色的阵地，如书香社区、廉文化教育基地、垃圾分类展示厅等，开展系列人美、家美、社区美的主题教育活动。积极承办、参与书香东部湾、女子马拉松比赛、老年书画大赛、邻里节等大型活动，全面提升辖区文化氛围。

二、成效显著，和谐社区已然形成

社区教育是我国教育事业的重要组成部分，是社区建设的重要内容。几年来，白杨街道因地施策，通过市民学习圈的创建，发挥了社区教育在弘扬社会主义核心价值观、推动社会治理体系建设、传承中华优秀传统文化、形成科学文明生活消费方式、服务人的全面发展等方面的作用。

一是提升了各类教育资源的共建共享力度，居民参与学习的热情显著提高。推出以社区学校为圆心、20个市民学校和辖区共建单位为半径的"1+20+X"的资源共享圈，保证了市民学习的便捷性，丰富了市民学习的内容。特别绘制学习圈地图折页，把各个资源点以更简洁、更直观的方式呈现给辖区市民，让市民能够在最短时间内，以最便捷的方式找到自己想要学的内容，提高市民学习的积极性。老年电大课程达到37节/周，学习人数超过1400人次/周。2018年以来，社区学习共同体从50个增加至130个，类型从单一的文体类到现在涵盖文化与艺术、生活与休闲、健康与娱乐、公民与公益、科学技术等五大类，全面开花。根据调查统计，市民对于学习圈的知晓率从71%提高至82.5%，认同率从62%提高至76.25%。

二是做强了系列市民教育品牌项目，教育服务品质显著提升。近几年，先后成立学习共建基地100多处，培育社区学习共同体130余个，参加人数有8200余人，其中5个被评为杭州市社区示范性学习共同体。此外，辖区涌现出了一大批学习模范，2016—2017年共有14位市民被评为开发区"百姓学习之星"，1位市民被评为杭州市"百姓学习之星"，1位被评为全国"百姓学习之星"。该项目受到新市民的广泛好评。另如，居民自发组织的"聿德学堂"，每周日开课讲授国学知识,成立三年来已吸引大批知名文化学者、大学教授、企业高管参与,有义工60余人,累计授课150余次。该项目形成了一定的社会影响力,许多居民慕名前来学习,累计学员达到1000余人,300余人通过收听学堂广播进行学习。

三是提高了外来人口社区融入度,社会影响力和谐度显著增强。随着学习圈的创建,越来越多的市民通过学习圈交到了好友,他们虽然来自五湖四海,但因为共同的学习兴趣与需求走到了一起,分享中增长了见识,成长中丰富了生活。如观澜社区居民刘瑾,从"宅女"到雨霁舞蹈社骨干,活出了最美夕阳红;东郡社区居民芦桂珍,从"种菜帮""遛娃班"到文艺活动积极分子,越来越有文化;邻里社区居民吴流铭,工作之余潜心钻研自己喜欢的心理学,并运用所学知识开展公益活动"悦读会",和其他妈妈分享育儿经验,传递正能量……同时,公益奉献思想潜移默化,深入人心。2018年市民参加公益志愿服务活动的人数占40.5%,2019年占78.54%,公益活动参与率显著提高。辖区治安情况良好,没有发生重大社会综合治理案件,居民满意度调查逐年提升,从2015年的89%跃升至2018年的95%。2016年辖区举行全国城乡社区学习共同体区域发展研讨会,全国各地的成人教育协会社区教育研究员50余人相聚在白杨。《社区教育》《社区》等全国性刊物多次宣传报道街道文化教育工作经验与成效。

在创建前后,辖区内22个市民家庭被评为区级"书香家庭",2个市民家庭获评浙江省"书香家庭",2个市民家庭入选全国"书香之家";邻里社区获评浙江省"书香村落(社区)";街道还先后荣获浙江省文化强镇、浙江省示范街道行政服务中心、杭州市文明街道、杭州市特色文化街道、杭州市G20服务保障先进单位等多项荣誉,下辖社区荣获全国和谐社区建设示范社区、浙江省民主法治社区、浙江省先进体育社区等多项国家、省、市级荣誉称号。

三、继续前行,打造美好市民教育

市民学习圈创建工作不仅是对街道社区教育工作的一次全面总结和提升,也是对和谐社区建设工作重点、难点的一次全面分析和梳理。下一步,白杨街道将用"大情怀、大视野、大担当"的服务理念,促进街道全民学习、终身教育的"大教育"格局的形成,提升居民综合素质和幸福指数,促进和谐社会建设。

(一)强化两支教学队伍建设,进一步夯实工作基础

进一步加强社区学习共同体、社区学习志愿者以及社区学习师资等队伍建设。一是在社区学习共同体队伍建设上,继续强化"居民自发、社区培育、政府

引领"的模式,发挥街道"阳光雨露"的有效作用,加大资金投入和政策扶持力度,计划在三年内从现在的130余支发展至200支,进一步实现居民的幸福感和获得感。二是在社区学习志愿者队伍建设上,分类打造,加强扶持。三是在社区学习师资队伍建设上,开展多元化对接,大力挖掘辖区内优秀人才,计划三年内实现街道人才库人才数量突破300人。加强现有人才库的利用和共享,为人才资源搭建更多活动平台,让他们在这片热土上发光发热、一展才华。

(二)打造街道终身学习综合体,进一步强化阵地打造

以居民需求为导向,紧跟时代脉搏,继续强化阵地建设,打造街道终身学习综合体,提升学习活动质量。已投入约3000万元,建成了街道辖区东南西北区块总面积达19000平方米的学习阵地,打造终身学习综合体。重点突出社会组织、社区学习共同体、学习志愿者培育、文化艺术等基地建设,为居民提供更为便捷与丰富的学习教育场所。

(三)提升辖区市民教育品质,进一步强化品牌培育

加大品牌培育创新力度,计划三年内打造市级以上终身学习品牌3个,区级品牌5~6个,提升学习圈影响力和知名度。一是引入专家团队,为品牌建设把关。计划每年年初和年终召开两次评审会,邀请高校教师以及各界专家对社区品牌进行预先评估,在方向性、可行性、有效性上进行确定,年终时进行评定,使有价值和社会效益的品牌能够进一步成长。二是积极探索并完善社区学习共同体培育政策和路径,为品牌发展助力。继续做好"文化金名片"——文化艺术节的打造。三是注重精准化服务,为品牌效益奠定基础。重点针对60岁以上老年人群体,结合当前正在推进的社区居家养老照料中心、街道养老机构建设,打造"共学养老"社区建设模式。

西湖街道:打造"有茗堂"学习圈

西湖风景名胜区西湖街道

西湖街道地处世界遗产杭州西湖旅游核心景区,是西湖龙井茶原产地一级保护区,临湖靠山,总面积 48 平方千米,下辖 6 个社区、9 个村,常住人口 1.8 万。西湖街道围绕"教育惠民快,乐学习,弘扬特色,创新发展",通过"街道协调、社会协助、学院主导、社区主动",整合社区教育资,注重品牌建设,打造"有茗堂"学习圈。

一、顶层设计:构建"1十N"式的组织架构

构建市民学习圈是一项系统工程,要保证其有效落地,西湖街道建立起一个由街道一把手主抓,跨部门、跨界别人士共同组成的学习圈创建组织,并结合景区实际制订出台了一系列文件,从顶层设计方面构建了一个组织网络,从而为学习圈构建工作制定目标愿景及实施路径奠定基础。

自 2017 年西湖街道创建杭州市"30 分钟市民学习圈"示范街道以来,西湖街道领导非常重视,为此召开党工委会议,根据市、区有关文件精神,专门制定了《西湖街道关于开展"构建市民学习圈、大力推进终身教育"工作的通知》《关于推进 30 分钟市民学习圈创建工作的通知》《关于推荐专业人士加入西湖街道社区教育工作师资库的通知》等相关文件。

2017 年街道成立了"西湖街道构建市民学习圈大力推进终身教育"专项工作领导小组,2018 年成立了杭州市"30 分钟市民学习圈"示范性街道创建工作领导小组,由街道党委书记、办事处主任分别任创建工作领导小组组长和常务组长,办事处副主任、党工委委员、综合服务中心主任分别任副组长,成员由各村、社区、学校、幼儿园、卫生院、茶楼协会、民宿协会、机关各科室的主要负责人

组成。相关领导支持学习圈建设工作,带头免费担任指导老师。

二、开放多元:建立"多维一体"式的资源网络

市民学习圈建立的目标是让更多的老百姓享受到更多元、更丰富、更便捷的学习教育服务。而各类学习资源能够有效地供给是构建市民学习圈的前提。西湖街道辖区内有国家、省、市级机关企事业单位 100 余家,社会知名人士、专家学者云集。近年来,景区依托街道政府力量,有效整合各方面的资源,融合名胜区的老年电大、老年人体育协会、农家茶楼、民宿协会、博物馆、街道文化站等,形成了场地、课程、师资等多方面的开放共享式的学习资源圈。

围绕"全面小康、全域美丽、全民幸福"的目标,2017 年以来街道共举办各类培训 759 期,共计 39598 人次;成立了 65 个学习共同体;与辖区单位签订教育资源共享协议 38 份;完成《西湖街道市民学习需求调查问卷》750 份,对学习圈创建工作的知晓率达 95% 以上、认同率达 80% 以上。

三、保驾护航:设立"系统化"的保障机制

西湖街道为保障 30 分钟市民学习圈建设顺利运行,让街道市民在家门口就能找到"家人"共同学习,专门设立"系统化"的机制。

(一)联席会议制度

领导小组每年召开两次以上工作会议,成立领导小组,制订文件方案,分解落实任务。

(二)经费保障机制

西湖街道社区教育专项经费从 2017 年的 10 万增加到目前的 15 万。全街常住人口 18596 人,人均 6.45 元,超过标准 4.06 元。

(三)激励机制

每年都出台扶持、奖励的文件,其中 2017、2018 年,就表彰了净寺社区 9 个"学习型先进单位","满陇瑜伽队"等 12 个"示范学习共同体","龙井骑行队"等 19 个"优秀学习共同体",夏杭生等 48 位同志为西湖街道"百姓学习之星"。

四、品质学习:打造"有茗堂"品牌学习圈

西湖街道全面整合社区教育资源,构建全方位的教育网络体系,打造特色市民学习圈。

（一）"有茗堂"学习进社区（村）活动，让景区居民学习更便捷

为落实杭州市委、市政府《关于推进学习型城市建设的若干意见》，提高西湖街道居（村）民思想道德素质和科学文化素质，构建西湖街道终身教育体系和服务体系，营造终身学习氛围，整体推进西湖街道社区教育，加强社区教育资源整合，变具体办班为倡导理念，点面结合为整体推进，形成社区教育合力最大化，使"人人学习，时时学习，处处学习"的理念逐步深入人心。西湖街道充分挖掘辖区卫生、教育、公安、消防、文化等单位的教育资源，把社区教育与社区服务相结合，采取无偿、低偿、有偿的形式，开展学习进社区（村）活动。

每年的年初，西湖街道举办社区教育工作者座谈会。会上，各（村）社区文教干部、农培信息员、电大辅导员们充分挖掘辖区卫生、教育、公安、消防、文化等单位的教育资源，充分整合社区教育，就课程设置、授课形式、授课时间等进行了探讨，大家畅所欲言，积极发表意见，制订了《西湖街道"学习进社区（村）"活动方案》草案。年中，一切工作准备就绪后，西湖街道"学习进社区（村）"活动正式启动。

1. 挖掘丰富地方课程内涵，打造"学习进社区（村）"品牌

为了能够真正开发出"接地气、受欢迎"的地方课程，社区学院积极探索适合景区社区教育的新机制，充分挖掘各村（社区）的特色，在此基础上，基于地方化、特色化的学习主题，开发了一系列地方课程（活动），同时，加强对各教学点的建设和业务指导。几年来，学校组织骨干教师深入各教学点开展"学习进社区（村）活动"，这一活动已经渐渐成为景区社区教育的亮点与品牌。

2. 成立专业队伍开展培训，树立"学习进社区（村）"品牌

通过签订社区教育共建协议，推荐骨干，聘请社会优秀人士，成立兼职教师队伍。还聘请街道辖区内责任心强、乐于奉献、富有爱心的人士，成立志愿者队伍。每年进行两次兼职教师和志愿者队伍培训座谈会，社区学院根据西湖街道工作重点制订学院的工作计划，做到每年有重点，每月有安排。月底定时收集整理教育台账资料，及时联络各教学点辅导员交流沟通，保证计划的落实，加强对社区教育的统筹安排。

3. 学习培训送入基层，深化"学习进社区（村）"品牌

围绕西湖街道中心工作和广大市民多样化培训需求，以提升市民素质为目标，精心安排社区教育培训课程，创新培训方式，做精做细各类教育培训。

两年共计为各村、社区开展70余次高质量的社区教育服务。学习内容有

茶文化传承、法制道德、时事教育、环保创业、文化养生等。发放环保书袋 5720 个、教材 5375 本、免费学习资料 5720 份、各类宣传资料 18600 余份，既提升了西湖街道社区教育的品牌，也让社区教育成为社会各单位教育的延伸和拓展。

(二)"有茗堂"学习共同体，让景区居民学习更快乐

挖掘社区基层的学习共同体优质资源，逐步扩大优秀学习共同体的阵营，提升其影响力。开展了西湖街道"优秀学共体"和"百姓学习之星"评选活动。街道共评出龙井村"激流勇进"足球队等 40 家西湖街道优秀学习共同体，郑国裕等 75 位西湖街道"百姓学习之星"。通过"优秀学共体"和"百姓学习之星"的评选、展示和表彰活动，进一步加强了对已有社区学习共同体的扶植。

街道培训后组建的门球队、太极导引功队、可乐球操队、经络操队等队伍在杭州市各类比赛、表演赛中均获得可喜成绩。其中"健身太极棒""门球队""地掷球队"在杭州市老年人体育比赛中分别获得第三名和第六名的好成绩；金沙港社区的"京剧实验社"、栖霞岭社区的"别样红"健身队、三台山社区的"书画社团"、西湖街道的"有茗堂"茶艺队被评为"杭州市示范学习共同体"。

(三)"有茗堂"茶文化培训，让景区居民学习更高效

西湖街道特色民宿、农家茶楼已经成为杭州农业旅游休闲的"金名片"。西湖街道的居民世世代代以茶为生，茶文化俯拾皆是。他们茶忙时探讨茶叶采摘、手工炒制技术；茶闲时研究茶园管理、生态保护、茶叶营销、唱茶歌、跳茶舞、学礼仪、献茶艺等等，特色学习圈广、亮、精，居民经济收入不断增加，家家讲究生活品质，幸福指数直线拉升。

街道紧紧围绕"茶"字深入，从种茶—炒茶—泡茶—卖茶—农家乐着手，提供培训服务，搭建交流平台，给予展示机会。举办"无公害生态茶园养护知识培训""名宿好管家培训""农家茶楼庭院设计培训"等一系列培训，近两年参训人员有 9800 多人次，占常住人口的 54%，提高了西湖街道农民的致富能力，有力提升了西湖街道景中村农民的综合素质。

(四)"有茗堂"大讲堂，让景区老年人学习更幸福

"幸福养老"大课堂开办至今已有 12 年，教学点已全覆盖。第一课堂"体质与养生""四季花卉"等课程深受街道居民欢迎。第二课堂活动丰富，歌咏、智能手机等培训，深受欢迎。第三课堂"扮靓西湖"垃圾分类宣传活动、"杭州话说西湖"等活动精彩纷呈。"幸福养老"大课堂获得杭州市、浙江省的老年电大示范教学点荣誉，1 人被评为杭州市最美辅导员。

（五）"有茗堂"学园,让街道青少年学习更进步

"茶芽儿课堂"学习圈深受家长和孩子们的欢迎,既解决了家长的后顾之忧,又能让孩子安全度过放学后将近两个小时"管理真空"。假日第二课堂成了孩子们的快乐学习圈。利用暑期,街道积极开展以"五水共治"为主题的征文比赛,"红心向党"的歌唱比赛等,培养孩子们的组织能力、动手能力、分析能力、创造能力、社交能力和适应能力。

五、学习圈创建成效

通过学习圈的创建,西湖街道被评为浙江省党的十九大维稳安保工作先进集体、浙江省老年电大办学先进单位、杭州市社区教育实验单位、杭州市终身学习品牌项目、杭州市农民素质培训先进集体、杭州市农民素质培训示范基地、杭州市优秀市民学校,9个社团获杭州市示范学习型社团(学共体)称号。《浙江日报》《杭州日报》《都市快报》、杭州电视台多次采访报道西湖街道市民学习圈相关案例。同时,注重从实践中提炼理论。《农家茶楼经理人素质开发研究——基于胜任特征模型视角》荣获杭州市教育科研论文一等奖,《景区老年教育地方课程的开发实践》荣获杭州市教育科研论文二等奖,《"一体两翼式"老年教育共同体的建设研究》荣获杭州市教育科研论文三等奖。

（一）学习更有品质

农培显品牌:街道围绕"茶"字做文章,提供培训服务,搭建交流平台,给予展示机会。通过举办"西湖龙井茶叶加工技能理论""西湖龙井茶手工炒制技艺"等一系列培训,提高了景中村农民的致富能力,提升了景中村农民的综合素质。

培训出人才:在浙江省首届农民技能大赛——炒茶比赛中,翁家山茶农张培青荣获省二等奖;在"杭州市茶叶加工工技能竞赛"中,双峰村茶农王金凤等六人分别获奖,梅家坞茶农孙琦还夺得了大赛的冠军。

传承茶文化:西湖街道的高级茶艺师和炒茶师、评茶师等每年都在递增,在历届杭州西湖国际茶文化博览会开幕式暨西湖龙井开茶节上,茶艺师们为来自五湖四海的中外游客表演茶艺,献上清茶;炒茶技师们则为游客展示闻名全世界的西湖龙井茶手工炒制过程,极大地增强了西湖街道社区教育的活力,扩大了西湖街道社区教育的影响力,特色明显,很好地提升了西湖街道居民的人文素质。

(二)发展更有活力

"走出健康来"等户外宣传活动传活力;与呼伦贝尔市体育文化交流活动显活力;"杭州·开封两宋菊花艺术节"的志愿服务献活力;全民终身学习宣传周,举办社区教育成果活动展活力;每次送课到村和社区时,积极宣传终身学习理念,鼓励居民积极利用杭州市民数字化学习创活力。

(三)社区更加和谐

家庭安全用药学习、智能手机知识运用、公共文明礼仪知识讲座……西湖街道各村社区,活跃着各种"学习圈",在这里,居民们共同学习,互相交流经验,营造出和谐的社区氛围。

引导居民积极参与到"学习圈"中来,引导形成"人人爱学习、爱交流"的良好氛围。通过开展社区教育,在各村、社区探索建立志趣相投型、区域特色型和资源辐射型三大"学习圈",目前已初具规模,正成为市民实现自身价值的舞台。

(四)居民学习更加幸福

"家附近就可以学书法、听养生讲座,再也不用到处跑了。"家住九溪社区的林阿姨开心地表示,自从社区开展"5分钟学习圈"后,小区内新增了很多活动项目,居民们学习的参与度大大提高了。

在各村、社区5分钟学习圈带动下,全街共打造了"有茗堂茶艺队""手拉手志愿者服务队""金沙京剧实验社""栖霞岭别样红健身队"等60个学共体,合计3448人,占西湖街道常住人口比例达15.4%。

第 三 章

乐学享学:学习成就美好人生

金德意:爬藤植物这束光
照亮我和更多人的生活

张向瑜

走进拱墅区半山街道田园社区,从居民楼外墙、小区围墙再到单元楼道口,整片整片的绿藤扑面而来,有常春藤、凌霄等,让人赏心悦目。"我们这里的墙都是四季有绿、半年有花!"居民们高兴地说,自豪之情溢于言表。

这美好的社区景致,离不开一个人——金德意,杭州民间最早提出"垂直绿化"概念并付诸行动的人,被大家尊称为"藤司令"。从 2007 年开始,他和他的"绿色田园环保小分队",坚持"见缝插绿",向空中要绿,把各种光秃秃的外墙打造成一道道绿色藤墙,改善了住宅区的生态环境,提升了居民的生活品质。

在金德意和团队的不断传播下,现在垂直绿化的理念在杭州已深入人心,他们经常受邀到社区、学校等介绍如何种植垂直绿化。如今,杭州市已建立 12 个垂直绿化示范点。不仅如此,金德意还应邀前往重庆等地指导垂直绿化种植。尤其值得一说的是,在 2012 年 10 月的世界屋顶绿化大会上,他还荣获"世界立体绿化杰出贡献奖"。

无心插柳柳成荫
从凌霄花开始的"垂直绿化"理念

金德意最早"迷"上的藤类植物是凌霄。当时一位朋友送了几株给他,那橘红色的花朵从 5 月一直延续到了 10 月,开得特别热闹。"花朵喜庆,又特别好养。"于是,第二年开春,他就剪了几株凌霄藤,试探性地插在了社区后面的山坡上，结果繁殖得非常好。

这下，他可来劲了，把山上繁殖出来的凌霄藤一段段剪下来，种到家附近的路边墙角，连垃圾房也不放过。几个月后，一片片浓荫在围墙上蔓延，一串串红花在枝头绽放，居民们喜出望外，都对金德意竖起了大拇指。

"绿植是净化空气的重要帮手，可城市土地寸土寸金，要想种树有点难，如果改用像凌霄这样的垂直植物，土地就能被集约利用起来。"2007年3月，积累了多年种植心得的金德意，向社区提出开展垂直绿化的建议。社区非常支持，经过商量策划，当年就开展了一个"植藤节"活动，向大家赠送凌霄藤。

本以为活动的影响范围就在社区，谁知在杭州引起了很大反响，很多人闻讯而来领取凌霄藤，学习种植方法。于是，2008年10月在金德意的带领下，一群志同道合的人成立了"绿色田园环保小分队"。

连续举办十多届"植藤节"
每年赠送群众一万多棵凌霄藤苗

到第二届"植藤节"时，参加活动的绿色志愿者人数是第一届的10倍，种植藤本搞垂直绿化的理念得到进一步推广。

2009年金德意退休，他把所有时间和精力都投入"藤事业"上。随着每年一届的"植藤节"活动持续开展，他和团队的知名度也越来越响，来讨要和学习凌霄种植的队伍不断扩大。在田园社区的大力支持下，金德意和队友们在社区后面的山上繁殖了两亩多凌霄藤，每年一开春就免费赠送给大家。

尽管植株是栽培的，但各种肥料、农具还是要购买，金德意把退休金都用在了这个上面。他还受邀去各个单位，春天播种、冬季修剪，无偿帮人种花藤，到过的社区、学校和幼儿园等已经有五六十个。

如今，田园社区已连续举办了十多届颇具创意的"植藤节"，为杭州推广垂直绿化做出了富有探索性的表率。金德意长期带领绿色田园环保小分队，每年免费赠送给群众一万多棵凌霄藤苗。

爬藤植物就像一道亮光
照亮很多人的生活

每天清晨,金德意都会早早地起床,跑到凌霄藤下去看凌霄花开(图1)。

当含着露珠的花瓣慢慢绽放,老金的心花也会随之怒放,情不自禁地唱起那首《冰山上的来客》:"花儿为什么这样红?为什么这样红?哎——红得使人不忍离去……"金德意说,这首歌就是他对凌霄满腔热爱的最好写照。

金德意在积极推广凌霄的同时,还热心于公益绿化事业。他经常组织志愿者开展各种植绿护绿活动,并积极向有关部门提出意见建议。2006年9月,他在自费考察钱塘江水源环境保护时,看到大片因开矿而遭到破坏的山体,联想到凌霄超强的吸附攀爬能力,就萌发了在矿山复绿中推广凌霄的想法。

有人不理解他,觉得他老是东奔西走,又不图名利,就是个"傻子"。金德意却说:"把每一件简单的事情做好,就是不简单。如果我们大家都来做好事,社会将变得更和谐。"

"竹有高风亮节,藤有冲天之气。"这是金德意经常挂在嘴边的话,爬藤植物就像一道亮丽的光,照亮了他的生活,同时也照亮了很多人的生活。

图1　金德意

应慧鸣:旗袍织就最美夕阳红

刘园园

作为女性,你所能想象的 60 岁以后的生活是怎样的?

旗袍、茶艺、舞蹈、公益、抖音……在美丽的新安江畔,有一位 60 多岁的"美人",带着一帮姐妹,不仅将老年生活过得活色生香,还捧回了全国旗袍大赛的金奖。

尤为可贵的是,在德云旗袍社这样一个学习共同体平台上,队员们一起学习成长、交流、做公益,不仅改善了多位身患癌症队员的身体、精神状态,还持续向周围输出着爱与美,书写了一幅幅鼓舞人心的晚年生活画卷……她们实实在在地成为美丽乡村里一道亮丽的风景。

这位在学共体中书写人生精彩的"美人",就是建德市新安江镇德云旗袍社社长应慧鸣。

接下"重任"组建队伍
旗袍文化丰富生活

玲珑的剪裁,精致的盘扣,民国的韵味……作为一种美丽的传统服饰,旗袍,无疑是很多女人衣橱里的锦绣梦想。

2017 年,随着杭州市 149 个小城镇环境综合整治深入推动,一股旗袍热随之在广大人民群众中间流行起来,当一行行热爱生活的女性身着优雅的旗袍、化着精致的妆容,娉婷行走在焕然新妆的江南小镇,俨然一道道最动人的风景。

也正是在这一热潮下,建德市新安江街道成人学校校长葛金芳有了组建旗

238

袍社以充实学员文艺生活的想法。此时,应慧鸣成为葛校长最先想到的"能做这件事"的人。

作为建德当地供销社的一名职工,应慧鸣在退休前就是单位的文艺骨干,退休后一直任小区党支部书记,同时又是社区舞蹈队队长。

爱美是女人的天性,旗袍社既能输出美的文化享受,也能带领姐妹们充实晚年生活。这个邀请让一向爱美的应慧鸣非常兴奋,当即就接下了组建旗袍社的"重任"。

在应慧鸣的号召下,许多原先舞蹈队的姐妹踊跃加入旗袍社。同时,应慧鸣也用心地为旗袍社挑选合适的人选。那段时间,即使是出门逛街,看到觉得合适的人,她也会上去主动向对方抛出橄榄枝。

很快,旗袍社的队员就突破了50人。

三顾茅庐寻觅教练
勤奋汗水成就蜕变

队伍顺利地组起来了,应慧鸣兴奋地找了旗袍秀的光碟进行排练,还兴致勃勃地报了镇里的文艺汇演大赛。

但很快大家就发现,一切并不像跳广场舞那么简单。

"旗袍虽然看着就是一件衣服,但想要穿得美,它对人的身材、气质、仪态、举止都是有很高要求的。"应慧鸣说,为了能够打造一支专业的旗袍队,在比赛中不至于"丢脸",应慧鸣开始四处为大家寻觅"教练",听闻闺蜜的弟弟王国光在退伍前曾导演策划过许多大型演出,而且就跟自己住一个社区,她便三顾茅庐将王国光请了来。

没想到刚见到旗袍社队员的第一眼,就让整天跟专业舞蹈演员打交道的王导打起了退堂鼓。

新安江镇是典型的城乡接合部,从50多岁的退休大姐到最长的80岁奶奶,从农村妇女到小镇潮妈,应慧鸣的旗袍社对队员基本不设门槛,王导看着毫无基本功的大妈们直摇头,心里不禁犯嘀咕:"这怎么教呢?"

顶不住应慧鸣的"软磨硬泡",王国光还是同意了担任她们的"教练"。但在当地文艺界有着一定名声的他不得不事前跟应慧鸣"约法三章":你们拿了奖才可以出去跟人讲是我带出来的,没有拿奖就不要跟人讲是我带的。

然而令王国光意外的是,就是这群城乡接合部的"大妈",以执着刻苦的努力,给他捧回了当地演出一等奖,并且在随后的厦门旗袍大赛中捧回了全国金奖!

善良奉献浇灌美丽
学习分享滋养生命

2018年盛夏的厦门,一场国际化的社区旗袍赛事落下帷幕,建德新安旗袍社捧回金奖的新闻不胫而走,也让王国光的名气更响了。

虽然对于新安旗袍社斩获全国金奖很意外,但王导随后意识到这样的结果其实"很合理"。

"应大姐来找我的时候,队员们底子都很差。但在随后的排练中她们都异常认真、刻苦。敬业精神丝毫不输专业演员,每个人都非常用心地学习、排练。"王国光说,当他越是了解应大姐和她所带领的这帮姐妹淘,便越为她们每个人对旗袍的热爱以及团队的凝聚力感动。

"一位队员,白天要照顾家里的老人,承担家务,但每天晚上她一定会准时参加排练,我是后来才知道,她每晚骑电动车回家都要经过一片野地。"王导说,那位队员告诉大家,虽然也会害怕,但与大家一起排练的时光,成为她每天生活中最幸福、快乐的时刻。

与大家们一起排练的日子,也的确令那位队员的生活有了新的色彩。

"一开始,我是有点自卑的,但在应大姐的鼓励下、在姐妹们的关爱下,我的动作越来越标准了。"这位队员由衷地说,渐渐地,大家发现她自信了,穿衣谈吐都更有品位了,丈夫、家人都开始用欣赏的眼光来看她。

而这也和应慧鸣极强的组织力、号召力、影响力分不开,"应大姐不仅把家里顾得好,旗袍社的每个人都很得她的鼓舞和照顾"。一位队员说,在旗袍社排练出成绩后,队长应慧鸣经常带着大家去福利院公益演出,把爱与美带给更多人。

也有几位队员,在术后恢复期情绪低落,但大家在参加旗袍社以后,身心愉悦,最近进行全面体检,身体各项指标均显示正常。其中一位说:"应大姐会带着大家一起排练、演出、品茶、插花,学习和感受美好的事物,一起向美而生,带着我们在汗水与奉献中发现生活的充实与多姿多彩,我想我的病情这几年逐渐稳定,也主要是旗袍队的功劳。"

而队员们提到队长应慧鸣,欣赏的话语更是说不完:"她真的是很好很好的人,不仅自己爱学习、爱生活,也非常有爱心。""我们聚会她总会打包吃的给社区的孤寡老人,看到队员们生活上有难题一定会伸出援手。""应大姐带给大家非常多正能量,旗袍社有今天的成绩,她的贡献无疑最大。"……

以善良、奉献打底,美人之美才有了更让人动容的风韵;以学习、分享为精神滋养,美人之美才有了更加鲜活的魅力。

应慧鸣,以新安旗袍社的学共体为舞台,实践着人生因学而丰富,因助人同行而精彩(图1)!

图1　应慧鸣(右1)

鲍倩：专注"聊天"15 年，创建街坊邻里的"心灵港湾"

王厚明

铁红色毛线帽，新潮的古铜色头发，依然那么潮，那么酷。

一不留神，她轻松地在地上劈了个叉，摆出剪刀手，露出灿烂的笑容。

你绝对想不到，这是一位 88 岁的老人。她叫鲍倩，是天水街道灯芯巷社区的居民，更是闻名遐迩的鲍大妈聊天室的创办人。鲍大妈聊天室至今已经走过 17 个年头，聊天室的成员也从 1 个变成了 19 个，这个学习共同体已经成为街坊邻居的心灵港湾。

她比年轻人还潮

生命不息，学习不止。这句话在鲍大妈身上体现得尤为明显。

虽然上了年纪，但她学逻辑、学文学、学五笔输入法、学编程；因为一趟出国旅行，她又开始学外语；临近 70 岁，她还考出了驾照……

时常蹦出英文单词，在 QQ、微信上如鱼得水，鲍大妈充满了活力。

2005 年，社区让她开个聊天室，丰富老人的晚年生活。

"一开始我觉得我干不了。"鲍大妈笑着说，参军 10 年，她学的是舞蹈"甩甩水袖子"。退伍后，她从事的是"文艺宣传工作和调查工作"，那个是"动动笔杆子"。聊天室则是"耍耍嘴皮子"的事，风马牛不相及。

然而，鲍大妈接下了这活儿，"在部队里学的，就是一种不服输的精神"。

15 年来聊天室服务了约 48000 人

2005 年初夏，在一间不足十平方米的办公房里，一张桌子、两三把椅子、一个人，鲍大妈聊天室就这样开张了。谁也没有想到，一路走来已经 17 年。

"刚开始，大家都不认识，怎么可能跟我聊天，怎么办呢？我就上街'拉客'。"鲍大妈豁出去了。当然，这是需要智慧的，她就站在门口，笑嘻嘻地，"哎呀，买菜刚回来呀？今天什么菜比较好呀？""要去接伢儿啦？""伢儿都这么高了，很可爱的呀！"都是平常的寒暄，一来二去，越来越熟悉了，也就有人愿意走进聊天室了。

渐渐地，越来越多的居民找她聊天、说心事、解决问题。每周二上午 8：00－10：10，从鲍大妈聊天室里总能传出笑声。

2007 年，鲍大妈又干了一桩了不起的事：她开始每天走访一户居民，然后写随笔。最让她有成就感的一次，是一个四年级的小姑娘跟鲍大妈敞开心扉，原来她的父母重男轻女，在教育上比较激进，经常打骂她，以至于她有了轻生的念头。鲍大妈了解情况后立马和孩子父母联系上进行了调节疏导，亲子间的关系得到了缓和。当年的孩子现在已经上大学了，但依旧跟鲍大妈保持着联系，时不时说说心里话。后来，鲍大妈写了一本《触摸近邻 365》，把邻里间遇到的问题，进行了很好的总结。

17 年时间，聊天室有记录的总服务人数达到了约 48000 人次。"看着邻里间心情舒畅、关系亲近，我特别开心。"鲍大妈说。

让聊天室一直陪伴大家

名气越来越大，业务也在渐渐扩展，除了聊天，还有专项咨询服务、特色服务、和谐幸福大讲堂、聊天小分队、楼道主题座谈会、社区文化屋、美化社区小卫士等。

鲍大妈一个人可忙活不过来。随着热心人的加入，聊天室已经已建成一支 19 人的大团队。这当中，既有儿童文学作家这样的名人，也有老法官、老校长、主任医师、高级心理保健师、注册心理咨询师这样的专家，更有心怀热忱、乐善好施的普通在职和退休职工,平均年龄近 70 岁。他们就是一个学习共同体,用自己的学识和热心,去帮助温暖社区的街坊邻里。这两年,聊天室还在临安天目山和西湖区开了分部,都是聊天室的成员义务开设的,辐射服务的范围更大更远了。

"其实,我一直在找接班人。"鲍大妈非常开明,"我已经到这个年纪了,虽然身体还好,但仍然逃不过自然规律,想找个同样热心的人,先跟着我熟悉工作流程,要带一段时间,我才放心。"经过社区筛选,目前已经有一位"徒弟"跟着鲍大妈在熟悉"业务"。

"鲍大妈聊天室不是我个人的,而是大家的。"鲍大妈说,如果哪一天她干不动了,聊天室永远都在,可以一直成为大家的心灵港湾,为大家排忧解难,让社区总是其乐融融,充满欢声笑语(图 1)。

图 1　鲍倩(中间手拿笔记本者)

胡新人：让"全民太极"成为新文化标签

王泽英

临安区清凉峰镇素有"森林氧吧"的美称。每天清晨,清新的空气中仿佛带着一丝香甜,这里的老百姓,也丝毫没"辜负"这沁人心脾的空气。晨曦微露之时,各个角落遍布早起晨练的市民,徒步、慢跑、舞剑弄棒,花样不一,但个个容光焕发,精神饱满。

在健身的人群中,有一道风景线十分亮眼。他们起得最早,人群也最庞大,举手投足间,沉着大方、悠然自在、潇洒自得,他们都在习练同一种拳法——太极拳。队伍里,既有白发苍苍的老者,也有朝气蓬勃的年轻人,春夏秋冬、酷暑严寒,每日坚持"打卡"已然成为习惯。

每每看到大家乐享其中的场景,清凉峰镇太极拳分会会长胡新人总是很欣慰。从当初的"上无片瓦遮雨,下无立锥之地",到现在清凉峰镇被冠以"太极之乡"的美誉,"多年来的学习、奔波、坚持,一切都很值得!"

"因祸得福"遇见太极拳
带领伙伴共同走上健康路

"说起学练太极拳的初衷,算是因祸得福。"

2011年10月,由于多年来工作过度劳累积下了病根,胡新人的肝脏上长了一颗肿瘤,在成功完成右肝五分之一切除手术后,逃离死亡线的他倍感生命的可贵,他决定在日常生活中养成多运动的好习惯来增强体质。

一次偶然的机会,胡新人接触了太极拳,埋藏在心中的"磁铁"好像突然找到了"另一半"。从此，他一发不可收地爱上了这项运动。

起初，他只是每天自学二十四式太极拳，一招一式反复摸索。学了一个多月，还是没有完全学会。静下心来想想，他觉得还是需要请师父"领进门"。恰好身边患了癌症或慢性病的病友，也想通过打太极来辅助缓解病痛，一拍即合的他们在2012年创办了清凉峰镇太极拳俱乐部。

请来了专业老师后，30多个拳友正式踏上了太极拳学习之旅，首先练习的是八式太极拳。俗话说万事开头难，由于成员们大多是没有基础的村民，从零起步接触新事物，困难重重，慢慢地成员中有些人出现了畏难情绪。俱乐部成立约一年时，成员从30多人减少到只剩七八人。

胡新人有一股咬定青山不放松的劲头，只要他认准的事就不会回头。尽管身边的伙伴在减少，但胡新人仍每天坚持练习八式太极拳。

2013年12月，在打了太极拳一年多后，他到医院复查。"医生说我的病情得到了很好的控制，各类指标都很正常。和我一起坚持下来的拳友，他们的病情也有了很大的改善，这让我信心大增，更坚定了把太极拳这条路走到底的决心！"

痴迷太极拳几乎"走火入魔"
从业余俱乐部晋级到专门协会

随着胡新人的身体状况不断好转，俱乐部的情况也"柳暗花明又一村"。

在胡新人的执着带队下，在拳友们的交口称赞中，俱乐部又一步步壮大到三四十人的规模。"跟着一起学的人又多了起来，我就想把我们这个俱乐部变得更正规一些，给所有想学、愿意学、坚持学的人提供更好的平台。"

行事果断的胡新人立即行动起来。他积极与临安区体育总会取得联系，四处奔波、多方争取，终于在2014年12月促成了临安区健身协会的成立。在上级有关部门的关心支持下，第二年，临安区清凉峰镇太极拳分会也紧跟着成立，不仅有了名号，还落实了练习场地，胡新人众望所归地成为分会会长（图1）。

有了名号后，成员们学练太极拳的劲头比以往更足了。每周二、四、六是分会的集中练习时间，成员们从压腿、站桩、走猫步等基本功练起，再到一招一式的拳法动作学习。就这样，一段时间后，杨氏太极拳的八式、十六式、二十四式，大家都基本学会了。

图 1　胡新人(右 1)

　　与此同时，领头人胡新人更加积极进取，除了正常生活，学练太极拳几乎占据了他的全部休闲时间。每天天才蒙蒙亮，他就早早起床默练太极拳基本功，等到训练时间，他再前往集体练功场所，带领大家打拳。

　　"每招每式，我都不厌其烦地多次练习，力求完美到位，就快到达'走火入魔'的境界了。"胡新人开心地自嘲。

送文化到区内各地
"全民太极"成新文化标签

日复一日中,每天清晨一起打太极的老伙计们"噌噌噌"地多了起来,越来越多的中老年朋友尝到了坚持练习太极拳的"甜头":血压、血糖不高了,精神头儿更好了,邻里关系更和睦了,几乎每个亲身体验过的人都为这项运动点赞。

胡新人心里盘算的是,应该让更多人体会到太极拳的魅力,把太极文化传播到临安的每个地方,"让家家户户都有人学太极"。

他是这么想的,也是这么做的。几年下来,胡新人带领太极拳分会走访了全区 15 个养老服务中心,共开展了 50 余次慰问演出活动,还在於潜镇方元村、太阳镇横路村、龙岗镇、河桥镇、岛石镇分别组建了太极拳队伍,培训学员 160 余人。

作为"太极之乡","太极之花"在清凉峰镇"扎根"得更深——全镇 17 个行政自然村中有 15 个组建了太极拳队伍。2018 年,为了鼓励拳友们精进拳法、提升拳艺,清凉峰镇太极拳分会开启了每年一届的太极拳比赛。2020 年是大赛举办的第三年,参赛人数从第一届的几十人扩大到了 325 人,在不知不觉中"全民太极"成为清凉峰镇的新文化标签。

"太极拳已经成为我终身学习的'必需品',也成为我想要奋斗终身的一项事业。"对于未来,胡新人立志让"太极之花"花开满城,把这项国粹进一步发扬光大。

洪立萍:"西溪小花篮"
把杭州民间工艺推向世界

张向瑜

40岁以上的杭州人,童年记忆中少不了西溪小花篮的身影。

小花篮,是西湖区蒋村一带的民间工艺品,相传已有150多年的历史。尤其是在20世纪七八十年代,巴掌大小的精美小竹篮,里面放点蚕豆、糖果之类,是很多孩子珍爱的玩具。

如今,西溪湿地国家公园的河渚街上,有一家西溪竹编铺,应该是杭城唯一能看到各种小花篮的地方,五角星篮、发财篮、帽子篮等12个品种,颜色有纯黄、红绿相间、红黄相间,琳琅满目。

铺子的主人正是"西溪小花篮"浙江省非物质文化遗产代表性传承人——洪立萍。

渊源:
6岁开始跟随奶奶学编小花篮

洪立萍的竹编故事,从6岁开始。那时候,奶奶手把手地教她编织小花篮,每道工序、每个环节,洪立萍都学得一丝不苟。

"刚学时,都是拿大人做剩下的废材,把花篮的底搭起来。"她回忆说,奶奶和妈妈带头编织,加上自己和两个姐姐,几乎每晚都忙到深夜。当时,小花篮是大家的重要经济来源,不仅她家,全村家家户户都在编。

原来,20世纪70年代,西湖边的香市很热闹,小花篮很吃香,各地香客尤其

249

是上海来的客人,特别喜欢。"那是小花篮市场最兴旺的时候,凌晨三点多,我妈妈背着几十个小花篮出门,走到西湖边,天才刚放亮,卖完后再赶回来。"她说,当时的价格是一毛钱 3 个,卖出几块钱回来,全家都很高兴。

到了 80 年代,随着村里经济收入的增加和村民生活水平的提高,全手工制作、工艺复杂、利润微薄的竹编小花篮,渐渐被人们遗忘,到最后甚至不见踪迹。洪立萍也进了工厂,做过纺织工等,离小花篮越来越远。

转折发生在 2006 年。当时,西溪湿地国家公园开放,园区对地域特色文化项目很重视,专门设立编织部,开发和保护小花篮这项手工技艺。当消息传到洪立萍这儿时,双方一拍即合。已经 20 多年没编小花篮的她,重新又捡起了这门手艺,开起了西溪竹编铺。

传承:
这几年跟她学过的人至少上千

别看花篮这么小,工序却极其复杂:选材、撕篾、上色、搭底、编织、别口、收边、插篾等,需要 12 道工序。

就以选材为例,小花篮的材料是苦竹,一定要山南向阳面的竹子,节距长、韧性好。而且,最好是冬天选回来的材料,这样放置十几年都没问题。为此,每年冬天,洪立萍都要亲自跑到余杭山里买竹子,一买就是 200 多斤。

各种辛苦难不倒洪立萍。让她担心的,还是小花篮技艺的传承。小花篮编织全需手工,三个篮才卖十块钱,耗时又利薄,年轻人都不愿再做这个活。村里会编小花篮的,目前只有十来个上了年纪的人。洪立萍将她们组成西溪小花篮编织队,作为技艺的核心人员,继续从事着这件事。

"小花篮技艺不能在我们这代人中失传,一定要传承下去。"这是洪立萍最大的心愿。小花篮的传承方式一般由母亲传给女儿,或者婆婆传给媳妇。洪立萍先从家里做起,她的儿媳妇已学两三年,手艺越来越好,读小学的孙女也开始入门。

仅靠这几个人远远不够。近些年来,在街道和社区的支持下,她不仅开设兴趣班教成年人学小花篮编织,而且走进蒋村区块的西溪实验学校、竞舟小学、文溪中学等多所中小学,开出社团课,专门教中小学生做西溪小花篮。

"这几年下来,我教过的学生,少说也有上千人,虽然学得不一定精,但基本都入门了。"说到这里,洪立萍特别欣慰。她抚摸着奶奶留下的篾刀,这把刀一辈辈传下来已有百年,她要让它继续传下去。

传播:
让西溪小花篮走向更广阔的天地

洪立萍不但传承西溪小花篮的编织技艺,还不断创新西溪小花篮的种类。她经过刻苦练习,反复琢磨,小花篮不仅在编制工艺上比原先精细,而且在式样上有创新,品种有了增加。

她还从几百位传承人中脱颖而出,进入同济大学竹编技艺培训班学习,并在学习中表现优异,被评为优秀学员。

这些年,只要是能传播西溪小花篮的活动,她都积极去参加,西溪龙舟节、西湖国际博览会、中国杭州市民休闲节等,每年类似这样省、区、市的交流展示,不下数十场。

不仅如此,作为浙江省"优秀民间文艺人才",她还曾到法国进行编织技艺的交流,让西溪小花篮走出蒋村、走向世界!

如今,小花篮对于洪立萍来说,早已不是一门纯粹的手艺,而是生活中不可缺少的陪伴。在西溪小花篮的传承和传播道路上,她一直在不断地努力和探索,她要把奶奶留下来的这门手艺焕发出新的生命力(图1)。

图1 洪立萍

韩家礼:抗癌"新老汉"十年磨"三剑"

王泽英

在余杭区临平街道星火社区,有一位很多人熟知的"老玩童",他永葆童心、爱好广泛,虽年过八十却"玩"劲十足,摄影、书法、绘画,样样乐在其中,还玩出了"名堂"。

老有所教、老有所学、老有所为、老有所乐,是他的真实写照。这个可爱可敬的"老玩童",就是星火社区冠名党员服务站成员韩家礼。

"学习是我的终身大事,年龄慢慢变大后,别人想的可能是'我能学什么',但对我来说,我一直思考的是'我要学什么'。"在韩家礼的认知里,学习不仅是生活、工作的需要,更是自我的需要。

"新老汉"重拾昔日爱好
和大自然来一场"每日约拍"

"要与时俱进地学习,争做'新老汉'。"这是韩家礼经常挂在嘴边的话,也是他一直以来的"行动方针"。

2002年,韩家礼离开工作岗位正式步入退休生活。忙碌了大半辈子,按理说,这时候该享享清福了,但他显然"志不在此"。

"人生不到头,学习也就不能止步。"他这样告诉身边人,也这样提醒自己。他想到了年轻时热爱摄影,由于工作繁忙,平时他只能偶尔拿出相机摆弄一下。他决定趁着退休后大把的闲暇时光,把这项落下的爱好重拾起来。

韩家礼有着很强的自学能力,读书、上网,他会利用身边所有可利用的工具来帮助自己学习，再通过慢慢摸索来研究相机的功能、摄影的技艺。

当然，他更知道"闭门造车"不是学习的好方法。在他的学途上，"见贤思齐"才是座右铭。他向老师学，向周围的人学，不以资历、地位、年龄作为标准，只要在摄影上有长处，他都虚心求学，取长补短。

"学习要理论联系实际，真正学懂不仅要动脑想，还要动手。"韩家礼说，摄影来源于生活，所以他几乎每天清晨骑车到家附近，和大自然来一场"每日约拍"，鸟儿展翅飞翔的身姿，花草迎风摇曳的舞姿，都是他中意的拍摄对象。

身患癌症乐观面对
与病魔抗争中好学之心不减

和大部分年轻人一样，韩家礼也追求生活的多姿多彩。重拾摄影爱好后，他同时把多余时间投入书法和绘画中，进一步拓宽自己的学习面。在没有系统学习、缺乏专业辅导情况下，他先自己琢磨了起来。

时间一晃到了2007年。这一年韩家礼经历了人生中的一大坎坷：在体检中他被确诊了癌症。他没有悲痛欲绝，得知患病后，他一直保持着乐观积极的心态面对所有困难。

"怕没用，急无益。有病了就治，还是要过好每一天。"韩家礼积极治疗，再加上乐观的心态、顽强的意志以及合理的锻炼，他最终战胜了癌症。

尽管疾病对身体的打击很大，但韩家礼热爱学习的心一直"沸腾"着。2012年，刚搬到余杭区临平街道星火社区不久，他得知沿山路上有一所余杭区老年大学，自己喜爱的摄影、书法、绘画，老年大学里都开设了相关课程，正愁没老师教的他，立马兴冲冲地去报了班。

专家传道授业解惑，让他少走了不少弯路。特别是书法和绘画，在专业老师的教授下，在与班里老同学们的交流中，韩家礼的兴趣愈发浓厚。为了让纸上功夫扎得更深，这么多年来，他一直坚持每天练习或创作书法、绘画作品数小时，研磨得多了，他的创作水平也日益提高。

钻研在摄影、书画第一线
知识共享让他无比快乐

"我自己在进步，同时我也很乐意把所学所悟分享给他人。"韩家礼说。

在星火社区，韩家礼是"星火书法绘画摄影学共体"的主要成员，也担任着书画摄影兴趣班辅导员。平时，社区里的"老伙计"们都愿意来找韩家礼帮忙，每每遇到难题，韩家礼都是"不解决誓不罢休"，自己琢磨透了或请教老师后再与他人交流。

在韩家礼的微信里，有一个由50多个人组成的"星火摄影交流群"。"这个群里有我老年大学的同学，也有社区兴趣班的成员。"韩家礼说，平时会约大家一起出去拍照，也会在群里分享交流摄影心得。

韩家礼还很热心公益。多年来社区的各项摄影、书画活动中，都少不了他的身影。逢年过节，他还为社区、街道书写近百副对联。有一次，刚改建好的临平街道派出所希望星火社区能提供一批书画作品用来装饰办公室，韩家礼知道后，积极参加遴选活动并捐献了20余幅精美作品。

年龄一点点增大，但近几年来，韩家礼仍坚持在三个领域的第一线，还玩出了不少成绩：他的作品入选2017年余杭区文化馆视觉艺术辅导成果展，在水利部纪念抗战胜利70周年书画比赛、省高校教职工书画作品展览等比赛活动中斩获大小奖项无数，本人还曾获评"余杭区百姓学习之星"称号。

"如果要对我多年来的学习作个总结，'万金油'是怎样炼成的，这句话是最合适的标题。"韩家礼笑着说(图1)。

图 1　韩家礼

厉柏海：退役军人的"铁艺"人生

史　洁

家中这间不到 10 平方米的工作室，囊括了厉柏海"干活"的物件儿——一张小矮凳、一个小矮柜、一台小磨轮，外加数十件自制小工具，还有一些白铁皮、未完成的作品。工作室的墙面上，挂的都是他的铁艺作品，一幅幅自然灵动。

白铁皮和颜料在他敲敲打打下，有了丰富的变化。光看那些作品，很多人都想不到是由铁皮做成的。从一个铁画"小白"成长为如今小有名气的"大家"，一幅幅赏心悦目的铁艺画作品在他手中诞生，这到底是如何实现的？

自己学习钻研
成为中国铁艺画第一人

厉柏海是新中国的同龄人，原籍萧山，曾经是一名军人。他 1969 年应征入伍，在上海警备区某团服役，后调任某军事院校任教，1986 年转业回余杭工作，2009 年退休。

从小，厉柏海的动手能力就很强，喜欢敲敲打打、写写画画，捣鼓各种手工玩意儿。在军事院校任教时，他从战友处得知了"芜湖铁画"这一民间工艺，并开始学习钻研，越来越爱上了这一民间工艺形式。20 世纪 80 年代初，他又看到了一部专门讲铁画的电视剧《铁画传奇》，对这项"化腐朽为神奇"的民间艺术产生了浓厚兴趣。后来，他专程赶赴铁画之乡安徽芜湖，四处走访铁画艺人，学习他们的技法。

从此，他与铁画结下了不解之缘，并且在多年的学习钻研基础上，通过描

256

图、剪裁、敲打、上漆、组装等十几道工序,摸索出一套独特的制作方法,并独创了"铁艺画"这一特殊的工艺画种,厉柏海也被誉为"中国铁艺画第一人"。

如今,他已是余杭非物质文化遗产代表性传承人。2008 年,北京奥运会吉祥物"福娃"让厉柏海的手艺走进了大众的视野。历时 4 个月,每天 12 小时埋首其中,厉柏海将福娃与北京奥运会 38 个项目完美结合,一组《奥运福娃兵团》在他手中诞生。这组铁艺画作品获得了中国农民艺术展精品奖,并多次在各地展出,其中十幅作品被中国农业博物馆收藏,厉柏海也因此被推选成为奥运火炬手。

从铁画"小白"到"大咖",他始终没有放下手中的工具,并且日益激发出强烈的创作欲望。现在,他的工作室里还摆放着一台电脑,他从网络获得灵感,看到感兴趣的图案,他就打印并描摹出来,一步步变成精美的铁艺画作品。

亚运作品出炉
后续将推出更多迎亚运主题铁艺画

2020 年 9 月,"共享小康·喜迎亚运"——厉柏海铁艺画展在余杭区展出。从亚运会、奥运会等体育赛事主题,到伟人肖像、手迹系列,还有各类传统书画、生肖、脸谱专题,这场展出集中呈现了厉柏海倾注了无数心血完成的 158 幅作品,几乎囊括了他 40 载铁艺人生的"高光"作品,饱含了这位民间手艺人对祖国和人民的深情厚爱。

他说,要把自己最好的作品呈现给观众,表达对全面建成小康社会、实现第一个百年奋斗目标的自豪与喜悦之情,表达杭州人对举办亚运会的兴奋与期盼之情。

体育一直是厉柏海颇为中意的题材。2015 年,杭州 2022 年第 19 届亚运会(下简称杭州亚运会)在紧张的申办过程中。为给家乡助力,厉柏海尝试用自己的方式表达心意。

他一遍遍在网络上搜索与亚运会有关的资料,当看到三潭印月的图片时,他突发奇想,决定把杭州三潭印月这一地标化为卡通人物形象,想法渐渐落于铁皮之上,第一幅关于亚运的精美铁艺作品就此诞生。

2015 年 9 月 16 日,杭州成功获得 2022 年亚运会主办权,厉柏海与杭州同欢喜、共庆祝。为向杭州亚运会献礼,厉柏海挑战更具难度的作品——绘制从

1951 年至 2018 年共 18 届亚运会的会徽。

实际操作过程中,难度是非常大的。因为会徽涉及英文字母、阿拉伯数字,还有曲线和渐变色,油漆上色最为费时费力。单一颜色的作品相对容易,但像亚运会会徽这样的作品,不仅有多重颜色,而且是渐变色,油漆涂抹不理想就要擦掉重做。为了完成这些作品,他凌晨 5 点便起床制作,一坐就是十几个小时,历时 18 天终于完成了这组作品。

接下去,他还将继续寻找与杭州亚运会相关的资料,继续创作更多的亚运系列作品。目前,他的多幅作品已被杭州亚组委宣传部收藏。

非遗需要传承
开课收徒让铁艺画越走越远

厉柏海今年已 74 岁了,创作之余,他仍不忘非遗传承和社会帮扶。在余杭区社区学院,有一个柏海铁艺工作室,他免费为感兴趣的铁艺画爱好者授课,还拍摄了教学视频。在余杭商贸职高,他的铁画技艺已进入学校课程,专门出了教材讲授铁艺技法,带领一批又一批的学生走入铁画世界。

学生中,有两位特别爱好铁画的青年,动手能力也很强,厉柏海正式收这两人为徒。现在他的许多作品,都有徒弟帮忙打下手,一些简单的工序,他经常让徒弟参与,多看多学多练,徒弟们也渐入佳境。厉柏海希望日后徒弟可以独当一面,真正掌握铁画技艺,做出属于自己的作品。

有一年春节,厉柏海与徒弟共同制作了"福""寿"字样的铁画作品,让两位徒弟带回老家送给家中长辈,长辈们非常高兴,也惊叹于这项技艺。两位徒弟深受感动,决心要跟着厉柏海好好学习铁艺画,今后能创作出更多优秀的作品。

如今,铁艺画被列入杭州市余杭区的非物质文化遗产保护项目,厉柏海被认定为余杭区的非物质文化遗产(铁艺画)代表性传承人、杭州市民间工艺大师,开始接触并学习铁艺画的人也日益增多。同时,他还以钱塘老年摄影协会会长的身份积极参与社会活动,帮助社区 70 岁老人拍摄全家福和个人照等,用自己的力量回报社会,传承传统民间工艺(图 1)。

图 1　厉柏海

宓银娥:87 岁"博士后"
以文化力量服务居民

王泽英

提起"冠名党员服务站",很多余杭人都不陌生。这种以党员个人姓名命名的服务站模式,犹如星星之火,"燎"遍整个余杭。冠名党员服务站的服务类型各式各样,其中临平街道星火社区的银娥党员服务站独树一帜。

"群众有所呼,服务站不仅要有所应,还要应得到位、应得出彩!"在银娥党员服务站创建后的十余年里,这始终是站长宓银娥的行动指南。

如何才能"应得出彩"?从跨进老年大学开启晚年的丰富学途,到携手 23 名成员用书画、摄影装扮社区,宓银娥一直坚定地走在学习的路上,"只有一直学、不断学、终身学,才能用更多的'新花样'为社区添彩"。

退休后开启美好学习时光
因意外受伤求学暂时中断

2000 年,64 岁的宓银娥婉拒了单位返聘邀请,因为对于即将到来的退休生活,她有着自己的"小九九"。"终于有时间为自己多花点儿'心思'了,剩下的时间我要多接触、多学习所有年轻时想学但没时间学的新事物。"

宓银娥是个绝对的"行动派"。她重新背上书包,进入余杭区老年大学开始了崭新的学习之旅。英语、摄影、书法、国画、花卉……她每天都遨游在丰富多彩的知识海洋里,充实、新鲜而又愉快。"当时有种发自内心的感觉,我的人生迎来了第二个春天!"

然而，一场横祸的降临打断了宓银娥美好的学习生活。

2006年5月的一个傍晚，她在骑自行车去学校接孙女的路上，意外发生了交通事故，造成左腿、左手骨折。在医院治疗时，命运又再次和她开了个玩笑——医疗事故致使她的左手畸形，使用功能基本完全丧失。

接二连三的打击，让宓银娥原本安稳、美满的生活一下子跌入了谷底。

在那段最艰难、最绝望的岁月里，善解人意的老伴儿一直陪在她身边，安慰她、开导她说："家里还有我，往后家务事我全包了，你只要开开心心地去做、去学你自己喜欢的事情就好了。"

十几年过去了，当时老伴儿的这段话，仍深深地刻在宓银娥的心里。

在党员服务站服务更多居民
带领七八十岁的"老同学"一起成长

在老伴儿和家人的耐心陪伴和开导下，宓银娥渐渐走出了伤病的阴影。

休养4个多月后，她再次踏入老年大学的大门，开始了新一轮的校园生活。"想通了以后，我其实更感恩，我还有一只完好的右手，能继续写写画画。"

在余杭区老年大学的多年学习中，宓银娥学得最多、成长最快的专业要数摄影，从机械相机到数码相机，她紧跟时代潮流，不断自我摸索，理论实践并进，摄影技术突飞猛进。2007年，一次偶然的机会，她参加了余杭区天工杯摄影大赛，拍摄的作品《欧式花园》荣获二等奖。社区工作人员知道这个喜讯后，特地赶到她家中，借了她的作品放在社区宣传橱窗中展示。自此以后，她的照片、画作就成了宣传橱窗的"常客"。

2008年8月，为了充分发挥党员先锋模范作用，临平街道开始探索以党员个人姓名命名的冠名党员服务站建设，星火社区立马"瞄"上了多才多艺且有担当的宓银娥。宓银娥得知后，一口应下来。银娥党员服务站正式成立，她立即走马上任。

与其他帮助居民修伞、磨刀、缝纫的服务站不同，银娥党员服务站的服务类型更有文艺范儿——书法、绘画、摄影是服务站服务社区、居民的主要内容。对于站里23位志趣相投的老伙计来说，相聚于此，在服务大众的同时，他们也拥有了一个互相学习、交流的新平台——星火社区书画摄影学共体。

"在宓老师的热情召唤下，我也加入了社区学共体中，从老年大学里的班长到现在的站长，宓老师一直在带领身边的同伴们一起学习。"作为和宓银娥认识五六年的"老同学"，韩家礼回忆道。除了两人，服务站成立后，还陆续加入了10多位70多岁、80多岁的老友。

"打铁必须自身硬，要想服务得好，学习的底子必须打得厚。"内部交流、外部取经是宓银娥带领成员们共同学习的方法。考虑到队伍里有不少上了年纪的老党员，请专业老师远程教学成为一个省时省力的妙招。当有成员缺课时，宓银娥第一时间主动了解情况，甚至在腿脚行动不便的情况下，仍然上门关心慰问，给担心落下学习进度的老友吃下"定心丸"。

星火社区书画摄影学共体的一大特色是在实践中不断学习。多年来，每当新春佳节来临之际，社区都会组织迎新年、送祝福活动，这时，宓银娥都会积极带队，和23位老伙计一同上街写春联、刻窗花，为了营造温馨祥和的节日氛围，他们花足了心思、动足了脑筋，把平时所学的书法、绘画的技艺都投入其中，还不时给身边的伙计提提新主意，互学互鉴、比学赶超蔚然成风。

文化助力社区发展
87岁的"博士后"孜孜不倦

"文艺范儿"是银娥党员服务站的最大亮点。"要么不做，做就要做到最好、做到最美。"活跃在社区文化宣传工作中，宓银娥和成员们总会有许多新奇的金点子。北京奥运会期间，服务站摄影组每天都及时地把当天的奥运金牌资料收集起来，和绘画组一起在宣传窗内设计惟妙惟肖、图文并茂的板报，十多天不重样，得到社区居民们的一致好评。

老旧小区改造前，为了鼓励涉及危旧房改造的家庭配合政府完成工程，站里的志愿者们不辞辛苦奔波，用照片和视频记录了老房子的旧貌、整改过程以及新颜，一幅幅作品的直观对比，让居民们真切感受到了政府民心工程带来的好处，为后续的整治改造打下了良好的基础。

作为服务站领头羊，多年来宓银娥一直在用自己的所学、所长为社区发展作贡献。有一年的邻里节活动中，星火社区举办"倡孝家庭大比拼"活动，她为居民家庭拍摄的媳妇为婆婆洗脚的照片，在余杭区一馆四中心中展示，向更多居民传播尊老倡孝的美德。

在服务站第一线的十余年里，宓银娥一直把学习视为精神坐标。2020年是她跨进余杭区老年大学学习的第 20 个年头，就像海绵吸水一样，她一直在不断汲取知识的养分。她开心地说："身边的老友们还给我冠了一个'博士后'的称呼，看来要达到大家的期许，我必须得终身学习了！"

今年已经 87 岁的宓银娥，对自己的未来充满了希冀："在有限的生命里，我希望学得更多更久，让学习之树长青、奉献之花常开。"（图 1）

图 1　宓银娥

周华松:山村里建"第二课堂"
圆了自己的桑榆梦

刘园园

等退休,你想去做什么?

"去旅游""去找个院子养花种菜""什么也不做,每天就跳跳广场舞,听听戏……"谈起退休后的生活,不少人都会有类似的畅想,总之要将"享清福"作为退休生活的主旋律。

但在桐庐有一个人,自 2010 年从教师岗位上退休后,他选择回到家乡环溪村,在自己家里办起了一家专门讲授国学经典的公益书院,希望给村里的孩子们的心田播下一颗中国传统文化的种子。

"我相信,等来我这里上过课的一批批孩子们长大了,曾经耳濡目染的这些国学经典,会对他们的人生产生积极影响。"

这个人,就是桐庐县江南镇环溪村白鹤书院创始人周华松。

国学情怀开启桑榆之梦
自办书院惠及家乡老小

"花木清香庭草绿,琴书雅趣画堂幽。"环溪村,北宋理学鼻祖周敦颐后裔的聚集地,全村"崇文尚志读书明理"的文化家训,如同村间潺潺环抱的溪水,长久以来绵延滋养着村民。

周华松作为周敦颐第 30 代裔孙,从小便钟情于中国传统文化,像《易经》《道德经》《三字经》等这些中国传统文化经典,都是他手不释卷的案头书。

264

周华松大学主修的是英文，却始终钟情于中国传统文化。2010年，周华松结束了30余年的教坛生涯。和其他人"终于可以好好休息一下了"的想法截然不同，"为发扬中国传统文化，我要做点什么"成为他此时的退休宣言。

"我家老房子所在的位置，以前就是我的先祖协助村里建起的书楼，后来被大火毁掉了。"自从知道这个信息，周华松的心头就萌生了一个强烈的愿望：我要在自己家中办一家书院，每年利用寒暑假的时间给村里的孩子们教授国学经典。

念念不忘，必有回响。

周华松为书院精心编写了《国学启蒙读本》，包含《弟子规》、《中国历史概述》、《史记》、《四书五经》、《论语》、《蒙童声律启蒙》、节日古诗词选学等内容节选，每一章的文章都经过他精心筛选。

2014年暑假，周华松的白鹤书院如愿"开张"了，他一人兼任院长、老师，一个布置简单的教室，从第一年开始书院里便坐满了从村里各个角落赶来的孩子。

融合自身几十年的人生感悟，以及他自己对传统经典的理解，周华松将许多晦涩难懂的经典语句，转换成身边信手拈来的生活案例，自从第一节课开始，孩子们就听得入迷，不少隔壁村的孩子也加入了进来……

环溪村有部分孩子是留守儿童，书院纯属公益性质，因此周华松的书院在某种程度上成为村里孩子们在寒暑假里的"第二课堂"，也成为帮家长们"分担"教育重任的地方。

许多孩子听了几节周华松的课以后，家长渐渐感受到了自家孩子的变化："见人更有礼貌了""有时候会说出一些大人听着很新奇很有道理的句子""更爱读书了"……

后来，每次临书院新一期课程开班还有一段时间，家长们都会提早跟周华松"预订"，要让自家孩子来听课。

"周老师讲的有些内容，在课堂上老师是讲不到的，村里也很少有大人知道这么多知识。"其中一个学生，现在已经在湖南读大学，受周华松的影响，他深深爱上了国学，每次寒暑假回来都要到周华松家里坐坐，跟他探讨自己关于国学经典的感悟。

办成年人的"第二课堂"
他指点开导过的人数过万

从白鹤书院首期开班授课至今,已有一两百名孩子在周华松这里受到了中国传统经典的熏陶和滋养。

近几年,随着环溪村美丽乡村的招牌进一步打响,越来越多的游客涌入了这个集太极文化、莲文化与迷人的自然风光于一身的村子,不少游客怀着好奇的心情,踏进了周华松的白鹤书院。

感动于书院满墙的文学经典词句,以及周华松亲笔写下的追忆母亲的诗词,不少人主动与书院主人周华松攀谈起来,这一开口,常常会成为一场精神交流的大餐。

周华松渊博的文史哲知识,常常令很多素未相识的人敞开心扉,忍不住向他倾诉生活的难题,其中包含了对事业发展的迷茫、对家庭纠纷的烦恼、对人际关系的困扰等等。

"人们出来旅游有时候是为了放松休闲,有时候也想通过旅行寻找到一些生活中问题的答案。其实很多答案就在我们的传统文化里,许多经典都能给我们的生活带来一些启示。"怀着这样的人生洞察,每一次,面对陌生人的信任和倾诉,周华松都会像一名慷慨的导师,用他丰富的人生经验和深厚的文化功底,为人们答疑解惑。

"如老子《道德经》讲'夫唯不争,故莫能与之争',有德的人,因为他不去争,所以没有人能与他争……""如古人讲'百善孝为先',你孝敬老人,大人是最好的老师,孩子学习主要是模仿大人,他以后也会来会孝敬你……"

一些教育领域的创业人士,也因仰慕于周华松的学识,频频向他"取经":桐庐当地一家教育培训机构,从开办之初创始人就邀请了周华松协助,该公司如今已在筹办上市事宜;环溪村附近村子的年轻人想要办一家乡村书社,主动向周华松请教,书社现已正常运转……面对种种,周华松总是在慷慨传授经验,从不计较收获。

莫道桑榆晚,为霞尚满天。

以白鹤书院学共体为平台,心怀对中国传统文化的赤子之心,一年年,周华松始终秉持着教师本色,如同一盏明灯,以自身的学识照亮他人的生活,为更多人的人送去中国传统经典文化之光(图1)。

图1　周华松

翟彩琴:从全职奶奶到携团"唱响"杭州

王泽英

"夕阳无限好,只是近黄昏。"李商隐这句即景抒情的诗句,是人到暮年最真实的写照:美事美景依旧美丽,但一切将渐行渐远。

然而凡事都有例外,钱塘新区白杨街道的翟彩琴就是这个幸福的"例外"之一。古稀之年的翟彩琴,是远近闻名的钱江韵合唱团的领头人。这个合唱团创办之初,团里只有朗琴社区的居民活跃其中,但在翟彩琴满腔热情地经营下,合唱团先后被授予区级、市级"社区示范学习共同体"称号,还汇聚了海天、多蓝水岸、云水、伊萨卡等附近六七个社区的"老顽童"们加入。

以歌汇友是翟彩琴的初衷,不断学"乐"是合唱团的理想。多年来,志同道合的他们,成为亲密无间的兄弟姐妹,用翟彩琴的话说就是——"终身学习,成就了我们的幸福"。

从一次临时"唱搭子"开启新生活

时间拉回到 2009 年的夏天。

"为了照顾孙子,刚退休我就离开了老家安徽泾县,来到美丽的杭州当起了'全职奶奶'。"刚开始,忙于家务和照顾宝宝,翟彩琴每天忙忙碌碌的像在"打仗"。时间长了,当她可以驾轻就熟地应付一切时,含饴弄孙的生活渐渐掩盖不住"独在异乡为异客"的寂寞感。

2011 年春天,孙子入托儿班后,原本白天闹腾的家一下子变得悄然无声,无所事事的闲暇生活有点让她焦虑。作为一名新杭州老人,对杭州的闲暇游玩好

268

去处，她知之甚少，只能靠看电视、跟老家朋友煲电话粥打发时间。

一次偶然的机会，翟彩琴来到小区公园的亭子里闲逛，恰巧看到两位拉琴的大伯正为无人跟唱曲调而"犯愁"。一直喜爱唱歌的翟彩琴在旁边听着听着，竟不由自主地跟着哼起了小曲儿。

自然而然地，翟彩琴成了两位大伯的"新搭档"。每天早上送孙子入托班、买过菜后，她就到亭子里来"凑凑热闹"。余音袅袅的琴声、悦耳动听的歌声，"三人组"的配合越来越默契。渐渐地，亭子里聚集了小区里越来越多的大伯大妈，他们有的静静聆听，有的哼着哼着就加入了这个合唱小分队。

转眼半年过去了。"三人组"发展成了一支"大部队"，小容量的亭子再也满足不了大家的需求。社区分管文体的工作人员注意到之后，就向领导反映了有关情况。随后，专属于"大部队"的练习场所、音响设备等都一一被安排上。

"终于有了我们自己的活动场地，当时大家高兴得像小孩儿得了一罐糖一样，心里甜蜜蜜的。"翟彩琴笑着说，"趁热打铁，我们的钱江韵合唱团也正式成立了。"

草根出身的他们首唱"大获全胜"

组建了正式的合唱团，作为领队，翟彩琴觉得，平时练习时不能再像以前一样"小打小闹"，"要多向专业老师学习、多向外界学习、多互相学习，这是我们达成的一致目标"。

2012年春，为了丰富老年人的文化生活，白杨街道举办了各类培训班，声乐班也位列其中，课程由专业的声乐老师执教。一听到这个好消息，合唱团成员们纷纷踊跃报名。"我们全体成员都参与了那次培训，那也是我们钱江韵合唱团组建以来接受的第一次正规学习。"

平时，虽然没有专业老师指导，但合唱团成员们会自发地"以能者为师"。每周一、周四上午9点到11点是合唱团的活动日，每次大家不是学乐理知识，就是学唱歌、学拉琴，对于未曾了解过的新鲜事物，大家也都一股脑儿地参与，乐在其中。这期间，合唱团的水平也有了显著的进步，还吸引了周边多个社区志同道合的老伙伴加入。

2012年8月14日，对于钱江韵合唱团来说是个"大喜之日"。时值"送文化进社区"文艺演出来到朗琴社区，趁此机会合唱团在围垦广场首次登台亮相，虽然只合唱了一曲短短的《革命人永远是年轻》,却获得了沿江各社区居民朋友们热烈的掌声。

"巡回演唱会"响彻杭州各地

自首唱"大获全胜"后,在翟彩琴的带领下,合唱团开始了不间断的"巡回演唱会",在耀眼的舞台上他们开始尽显光芒。

2015年10月,合唱团作为开发区艺术团声乐队的主力军,参加了艺术团汇报演出,一曲《祝福祖国》博得了全场观众持久热烈的掌声,得到了评委们的一致认可,他们荣获了那次演出唯一的一等奖。

合唱团还积极参加一年一度的"草根艺术节"和"邻里节"文艺汇演,先后参与了20余场次。"唱得真不错,和专业水准的合唱不相上下!"每次演出后,这样的夸赞总是在耳畔响起。

"其实,我们合唱团的大部分人是来自五湖四海的'新杭州人',亲戚朋友也都远在故乡。因为合唱,让素不相识的我们相识、相知、相伴。"深知在异乡的寂寞,翟彩琴时常组织合唱团成员一起出门参与踏青、赏秋等艺术沙龙活动,几年下来,城市阳台、湘湖、柳浪闻莺等地都留下了他们携手并肩的身影,他们热情洋溢的歌声也刻进了人们心里。

现在,只要翟彩琴在微信群里喊一声:"周末,大家伙儿想一起出去练练嗓吗?"不一会儿,一连串"叮咚叮咚"的微信提示音就会传来。她知道,又一次美好的结伴出游在等着大家了。

从无法满足于全职奶奶的新生活,到携手兄弟姐妹们唱响全杭州,在钱江韵合唱团这个学共体平台上,翟彩琴深深体会到了"夕阳是晚开的花,夕阳是陈年的酒"那久违的幸福感(图1)。

图1　翟彩琴

毛金凤：从一个人到一群人，
杭州有位剪纸"摩西奶奶"

刘园园

76 岁拿起画笔、80 岁举办个展，90 岁风靡欧洲……作为美国最励志、最治愈、最多产的原始派画家，摩西奶奶被认为是自学成才、大器晚成的代表，关于她的故事如今已经风靡全世界。

在杭州市桐庐县圆通社区，也有一位 60 岁才开始学习剪纸艺术的老人，如今已 80 多岁高龄的她不仅是桐庐县非物质文化遗产传承人，斩获过全国各类剪纸比赛大奖，更与当地圆通社区创建了"君山红"剪纸社团，堪称杭州剪纸领域的"摩西奶奶"。

这位可敬可佩的老人，就是剪纸艺术家毛金凤。通过"君山红"剪纸社团这个学共体平台，毛金凤将桐庐民间剪纸艺术持续发扬光大，也以"活到老、学到老"的精神鼓舞着无数人。

"人生没有太晚的开始"
60 岁开始学习剪纸

1995 年，毛金凤正式结束了自己的人民教师生涯。退休后，她从乡村搬到县城，每天去附近的老年大学学习诗词、书法、绘画、跳舞……生活得快乐而充实。

2000 年，一次偶然的机会，毛金凤听到当时的桐庐县文化馆馆长楼一层谈起对桐庐剪纸这项非物质文化遗产后继无人的担忧："剪纸已经在桐庐流传了

1700多年，是居民红白喜事、节日都离不开的艺术品，为人们深深喜爱，现在却面临着技艺失传的风险。"

听到这里，她心里不禁陷入和楼馆长一样的焦急，"不能让这项艺术失传啊"。想到这，已经60岁的她毅然决定跟随楼馆长加入抢救剪纸艺术的队伍，一点点从打板到设计，认真学习剪纸技艺。

剪纸入门容易，学员照着既有的样本就能剪出漂亮的花样，但难的是自主创意，在心中设计出作品样子，并且胸有成竹、流畅地一刀刀剪出来。

在日复一日的努力钻研下，毛金凤在剪纸创作上显示了超过其他人的优势。学习剪纸的第五个年头，她独立创作的一幅作品，在当地"三八"妇女节活动上斩获创意奖。

学习的过程是需要肯定和鼓励的。这次获奖，极大地鼓舞了毛金凤创作的热情，使得她每天花更多的时间投入剪纸中。

2008年，她创作的奥运主题作品《福娃》被选送到北京，并获得了全国剪纸协会颁发的优秀作品奖。随后创作的《中国文化名茶——雪水云绿》等茶系列作品，被选送到韩国展览，她的剪纸技艺也在这几年得到了集大成的绽放：一批批精彩的作品连连出炉，越来越多的机构邀请她参赛，不少人来向她取经。她的家也成为她个人作品的"展厅"，作品还被收录成册，出版了一本精美的《毛金凤剪纸作品集》。

2013年，当地电视台关注到毛金凤的作品，相关节目播出后，吸引了瑶琳仙境附近旅游景点红灯笼外婆家前来，请她作为该景点的特邀艺术家，在节庆期间坐镇景区，和来自各地的游客进行互动，展示传播桐庐的剪纸艺术。

"许多国际游客，看了我的剪纸，都会惊奇地竖起大拇指，有些还会买一些带回去，虽然我听不懂他们说什么，但是能够感受到他们对这些作品的由衷的喜爱。"在景区展示剪纸艺术，让毛金凤的作品和桐庐的剪纸艺术进一步发扬光大。

"学剪纸带给我朋友、快乐和慰藉"
从自己学到经营一个社团

2016年，出于进一步丰富社区文化生活的需要，毛金凤所在的圆通社区打算组建一个剪纸社团，社区领导思来想去，社长的最佳人选无疑是已成当地非遗传承人的毛金凤。

"作为社团带头人,既需要有能够服人的技艺水准,更需要奉献精神,此时的毛老师已经76岁了,身体状况也不太好。"圆通社区负责人说,令大家没有想到的是,毛金凤不仅积极为社团忙碌奔走,更毫无保留地把剪纸技艺传授给社员们。她还常常自费帮社团购买剪纸工具、纸张等材料,并利用自己的休息时间为学员们收集剪纸学习资料。

在毛金凤的带领下,居民们热情参与剪纸社团,社团从开办至今一直保持着20人左右的规模,年纪最大的成员80多岁,最年轻的则是90后,在她的精心指导下,成员创作的作品也屡屡在全国的各类比赛上斩获大奖。社团还不时走出去、请进来,为当地幼儿园和小学的小朋友、消防队战士指导剪纸,持续将桐庐剪纸技艺送到更多人当中。

2019年,在社区组织庆祝新中国成立70周年纪念活动期间,毛金凤不慎摔了一跤,导致锁骨和肋骨骨折,同时又动手术摘掉了左肾。"她在自己身体非常不好的时候,还记挂着社团的事情,通过远程指导帮我们把纪念活动搞得有声有色。"当地社区党委书记动情地说,毛老师不计较一分报酬,始终为社团的活跃发展以及剪纸艺术的发扬光大默默付出的精神,已经成为温暖整个社区的宝贵财富,鼓舞着许多社区工作者。

身体刚有好转后,毛金凤又恢复了每周给大家上课、组织活动的忙碌节奏,在2020农历春节前夕,她再一次带领社团成员们送"福"字进社区,几年下来,累计为居民们免费送出了几千幅"福"字、窗花等应景剪纸,受到了居民的热烈欢迎。

"工作可以退休,但人不可以退休。"这是毛金凤常讲的一句话。于她而言,自从20年前开始学剪纸,不仅是她在为这项民间非物质文化遗产的传承不懈努力,剪纸艺术也同样在滋养着她,"我老伴去世前住院的五年,是剪纸陪伴了我在医院守护的那段时光,也丰富了我的老年生活,我生病住院期间,通过剪纸结识的朋友们一拨一拨来看我,带给了我很多慰藉和快乐"。

老有所乐、老有所学、老有所为,毛金凤老人用自己的亲身经历向世人讲述:终身的学习、忘我的奉献,不仅可以充实退休后的人生,点亮他人的生活,还能延展生命的宽度、领略不一样的精彩!(图1)

图 1 毛金凤

冯益民："草根"乐团走在"文化拾荒"的道路上

王泽英

2009 年,在临安区有这样一支管乐团,成员清一色都是农民,绝大多数人只有初中文化程度。彼时的他们,还没有接触过任何乐器。

如今,站在耀眼的大舞台上,他们已经能够与国家专业乐团合作,吹奏 60 多首难度系数在 3 级及以上的中外交响管乐名曲,带给观众独特的音乐享受。

13 年,这支从土地里走出来的草根管乐团华丽"变身"。这支非典型管乐团的名字就是青山管乐团。

筚路蓝缕一路走来,作为青山管乐团的创始人,冯益民投入了自己十余年的心血,见证了乐团每一步的成长。他说:"把乐团当作哺育文化种子的温床,让这些种子在农村生根、开花、结果,就是我最大的心愿。"

从小在音乐世家耳濡目染
骨子里藏着对音乐的爱

虽然从小生长在山村,但冯益民算是在音乐世家熏陶中成长的,骨子里对音乐的热爱,孩提时就悄悄埋下了。

冯益民的父亲会拉京胡,可以演奏 3 种以上民间乐器,是村里远近闻名的"后台师父"。在各式各样的小曲小调中耳濡目染,冯益民渐渐长大。17 岁初中毕业后,他回家劳动。因为姐夫会吹口琴,于是他天天缠着姐夫学,后来家里买了单音、重音好几种口琴,对于它们,冯益民爱不释手,外出代课时也当成"宝

276

贝"一样携带着。

1989年,冯益民工作地的青山镇文化站获得了省特级文化站称号,为此省里奖励了文化站一些"物件儿",其中一样就是一把百灵牌的小号。"自从看了美国电影《出水芙蓉》里的小号演奏,我就被小号'迷住了',终于有机会学一下,当时可把我高兴坏了!"回想起当年的场景,冯益民不禁眉开眼笑。他说,有了心仪的小号后,自己就开始千方百计地想办法、挤时间从书本上学习如何吹奏。

有一回,文化站举办大型文艺活动,演出中途一位演员迟到,引起了台下的一阵骚动。冯益民灵机一动,抄起身边的小号火速上台"救场"。一曲国歌独奏完毕后,台下观众爆发出久久不息的掌声。

除了喜欢学习各类乐器,冯益民还非常喜爱变化复杂、色彩绚丽的交响乐,只要有机会,他就会收听广播里演奏的交响曲。一次偶然的机会,当他听到浙江经济广播电台播出的《贝多芬降B大调钢琴三重奏》时,一下子就被激昂交错的旋律吸引住了。他迅速用磁带录制下来,有空时就反复听,至今那盘磁带仍完好无损地保存着。

创办省内唯一的纯农民管乐团
带团队实现演奏水平"破零"

1993年2月,冯益民担任青山镇文化站站长。自从工作以来,青山这块热土已经把冯益民培养成了一个纯粹的文化人,基层文化工作千头万绪,小到写标语,大到管理地方非物质文化遗产,简单的、复杂的、琐碎的,他把自己的一腔热血满满注入其中。

2002年,青山开始了省级经济开发区建设,有近2万名农民不再从事传统农业。"我第一时间就想到了平时一起活动的业余文艺爱好者,作为文化站站长,我觉得可以趁这个时候,为他们打造一个全新的文艺活动空间。"创办农民管乐团的想法,自打那时起就在冯益民的心中萌生。

几年后,在冯益民心中埋下的这颗种子终于"发芽"——2009年11月,由40名农民和零基础队员组成的青山管乐团正式成立,成为浙江省内唯一的纯农民业余乐团。

如何让乐团团员的水平"破零",成为第一个摆在冯益民和大家眼前的难题。在各级领导的支持和帮助下,乐团请来了多位专业老师指导成员乐器演奏。于是，每周二、五晚上，"怪异而笨拙"的乐器声总是能准时从文化站的教室里传出。学习的路途虽然艰涩，但此起彼伏的声响，成了团队成员惺惺相惜的鼓励。

与此同时，倾情音乐、热爱学习的冯益民又有了学习"新技能"的机会，他逐渐开始学练萨克斯吹奏、指挥。

大家的进步"肉眼可见"
成功与专业乐团同台演出

不断学习的过程中，团队每个人都非常努力，也非常珍惜学习的机会，他们的水平以"肉眼可见"的速度显著进步着。

天寒地冻的冬天，瑟瑟寒风把空旷的排练场变得十分寒冷，铜管乐器拿在手上如同拿着一个"冰坨"，没有取暖设备，大家就把红色大幕拉拢，把一个个聚光灯转到头顶上来取暖。

奋斗的路上，也有一些突发的"小事故"。长号声部部长沈小英，一次不小心在办公室门口滑倒，造成脚部骨折。出院后本该好好静养的她，拄着拐杖来参加排练。"大家聚在一起排练很不容易，每错过一次，我都感觉很可惜。"沈小英坚持带病"上阵"，团队成员们看在眼里，也都很受鼓舞，劲头比以往更足了。

慢慢地，青山管乐团的整体水平有了质的飞跃。此时，冯益民又有了新的小目标："希望能有幸带领团里的农民乐手跟专业乐团一道登台演出。这是我建团后的第一个梦想，也一直在期盼。"

念念不忘，必有回响。2012年5月，杭州爱乐乐团派出8位专家，来青山管乐团考察合作。"我们终于有机会'攀'上一门'高亲'了，在向杭州爱乐乐团的专业音乐家学习的同时，我也在寻求机会策划一场'携手'音乐会。"

2015年1月5日，时值青山管乐团建团5周年，携手杭州爱乐乐团，他们创办了临安第一届新年音乐会。在上千名观众的掌声和欢呼声中，音乐会落下帷幕，取得了巨大的成功。

有了第一次成功的经验，青山管乐团和杭州爱乐乐团在"比翼齐飞"的道路上越走越远。自2015年起，两个乐团携手举办了六届临安区"钱王故里"新年音乐会。同时，荣誉和奖项也纷至沓来：青山管乐团先后获得浙江省乡镇优秀业余团队器乐比赛金奖、浙江省首届非职业管乐比赛二等奖、上海长三角打击乐邀请赛铜奖等多项荣誉。

如果从在青山工作算起，兜兜转转几十年，冯益民始终没有离开文化圈。"我是一个'文化拾荒者'，没有纯粹的热爱走不上这条路，没有真挚的情怀想不了那么多，没有不断的学习走不了那么远。"冯益民感慨道，"大半辈子学了不少，但我还不满足，要一直学到老。"（图1）

图1　冯益民

谢英华："土专家"开创农业休闲产业新模式

王泽英

临安区潜川镇沙门坞山湾,山清水秀间、云烟缭绕中,依山而建了一排排整齐的灰色瓦房。远远看去,可能有些"其貌不扬",但里面可藏着大宝藏。

这座占地 420 余亩的建筑,是一个集养殖、种植、休闲、观光、体验、居住、餐饮、购物于一体的低碳农业示范园区。2016 年它被浙江省农业厅评为"生态美丽牧场",2017 年被临安区评为"区十佳美丽牧场"。

可能很多人不知晓的是,这个集好评于一身的农业示范园区,20 多年前只是一片杂草、林地、荒山"杂糅"在一起的"组合体"。直到 1999 年,年仅 27 岁的谢英华承包了这片荒芜的林地改做农庄后,一切才开始有了改变。

1999 年,谢英华还是半个家庭妇女、农业新兵。通过 20 多年的兢兢业业、不断学习,她成长为一名农村养殖技术的"土专家",成为人人夸赞、家家学习的"标兵"。

从垦荒山开始的艰苦创业
"趟"出一条农业循环新路

"我从 1996 年开始接触笼养蛋鸡,那时村里场地有限,我们的养殖没法'大展拳脚'。慎重考虑后,我一咬牙带着家人住进了沙门坞山湾,开始了艰苦的创业路。"回首往事,历历在目。

搭建简易鸡舍和猪舍,养了 1 万余只放养土鸡后,谢英华已经投入了 30 多万元。为了降低养殖成本,她一边养殖一边种植,栽种了竹笋、果树和牧草等农作物,用愚公移山的精神开垦荒山 100 余亩,"趟"出了一条独树一帜的农业循环新路子。

经过几年努力,农庄的规模初现,谢英华获得了较好的经济效益,积累了一定的创业资本。但就在此时,养殖畜禽的排泄物对环境污染的影响开始不断出现。"要想把农庄做大、做好,不能只顾眼前而不顾将来。"她意识到,要逐渐从传统的养殖方式向绿色、环保的生态农庄转型。

在农业、科技部门的支持下,2009 年,谢英华学习了"畜禽生态养殖循环经济模式"体系。对于谢英华来说,农庄就是她的宝贝,而学到的所有新知识、新办法,她都会用于装扮和优化它。

在她的努力下,农庄的生态循环流程实现了"华丽"转身。特别值得称道的是,她将猪粪培育蚯蚓、用蚯蚓养鸡产蛋的构思收获奇效,"畜禽粪—蚯蚓—畜禽"的生态循环模式,在养殖业圈内引起了强烈的反响。这种循环模式下生产的"蚯蚓蛋"备受市场追捧,供不应求。2012 年,"蚯蚓蛋"被认定为浙江省名牌产品。

在忙碌中"逼迫"自己学习
实现生态农庄向美丽牧场蝶变

农庄一天天变大,持续"升级"。谢英华只争朝夕,不断努力"充电"。

白天,农庄里有干不完的农活,管不完的事。即使这样,她依然"逼迫"自己挤出时间来学习。

"虽然大家都觉得我懂得很多,叫我一声'土专家',但其实我只有高中学历。想一想,我算是典型的'勤能补拙'了。"

闲暇时间,当村里的伙伴在打麻将、跳广场舞时,谢英华还泡在农庄里四处检查、钻研"动物福利"知识。比如,如何为动物栖息提供更优质、舒适的生态环境,如何预防动物的疫病,如何让动物免遭精神痛苦等等,寻找解决这些问题的方法都是她的学习目标。

对谢英华来说,"昼耕夜诵"也是常有的事。她有个习惯:时刻关注国家农业的形势变化、国内外农业科技的进展,遇到不懂的问题她就查阅各种资料自学专业知识。在谢英华看来,只有困知勉行,才能对农业文化拳不离手、了如指掌。

2016年，浙江省开始"美丽牧场"创建工作。谢英华抓住这个契机，对农庄又进行了一番改造。她努力学习互联网知识，积极参加农产品质量安全与追溯体系的培训，对农庄实施"互联网＋"创新管理，全面提高农庄的标准化、安全化、生态化水平，打造出一个花园式、智慧型、生态化的美丽牧场。同年，谢英华的农庄被浙江省农业厅评为"生态美丽牧场"。

二十多年间不断学以致用
开创农业休闲新产业模式

创建"美丽牧场"的目标达成以后，谢英华又盯准了打造新型业态这个全新的方向。

开挖建成1800米游步道、沿途搭建观景平台和休闲景点、种植上万棵景观树木、观光路线实现无线网络全覆盖……完善基础设施是她发展新业态的第一步。

"新"事物一定包含"亮眼"的成果。人们走遍山坞后发现，最"吸睛"的就是那12个精心打造的养鸡小木屋，离地半米多、人字顶设计、防风又防雨的实木小屋，在青山绿水间格外"养眼"。

而供游客观赏只是养鸡小木屋的一个小功能，它最大的作用是可以实现互联网认养，认养后"主人"可以通过"藏"在林地中的60个摄像头，随时随地见证小鸡成长至下蛋的全过程。

一步一个脚印，步履清晰而坚定。从"生态农庄"升级为"美丽牧场"，再进化成为"农业休闲观光新产业"，如今"一个家庭、一只山坞、一家农庄"的新型产业模式已被谢英华成功打响，她的创业模式还成为"山区农民就地创业"的典型。

荣誉和夸奖接踵而至。2016年，谢英华获得临安区"三八红旗手"荣誉称号；2018年，她被评为杭州市级"百姓学习之星"。没有一种成功是一蹴而就的，回首20多年在农业道路上的"跋涉"，谢英华说："不断学习、学以致用，让我终有所成。"（图1）

图 1　谢英华

乐明潮："男神"以瑜伽开启"第二人生"

王厚明

瑜伽是年轻人的运动？如果你还有这样想法，那就落伍啦！

在杭州，越来越多的中老年人喜欢上了瑜伽，被大家称为"乐叔"的乐明潮也因瑜伽成了社区网红。

他最多时在街道、社区、老年大学开了 10 个班。2020 年突发新冠肺炎疫情，不能线下上课，他就开起了在线课堂，带领大家一起练习。真的是生命不息、瑜伽不止。

退休后开始接触瑜伽
练起来已有 18 个年头

乐叔是宁波人，今年 78 岁，家住杭州拱墅区长庆街道，他是人们眼中的"瑜伽男神"，圈粉无数。不过，这样的退休生活，乐叔以前从来没想到过。

乐叔接触瑜伽是 2005 年退休以后的事。他上班时因为工作关系，时常在外吃饭喝酒，又几乎不运动，长年累月就患了高血脂、高血压等慢性病。等到退休后，他开始认真投身到全民健身的行列。

"最初选择的是每天跑西湖。但跑步受天气影响较大，一到下雨下雪冰冻天，就没办法继续。后来，女儿给我办了张健身卡，于是开始天天泡健身房。"乐叔笑着说，像器械、搏击、拉丁舞……但凡健身中心里有的课都去尝试过，当然也包括瑜伽。

"当时第一节瑜伽课就是冥想 5 分钟，看上去很简单的课我上得全身骨头都痛,而且整个班大都是女的,就我一个男人,还是个老头,感觉有点不好意思。教练跟我说,虽然国内练瑜伽的人女性居多,但在国外是各占一半,而且练到大师一级的都是男的。"在乐叔看来,相比于其他运动时间长了伤关节,还受场地器材的限制,瑜伽哪都能练,慢慢地气息也练通了,身体就很舒服。从此以后,乐叔的瑜伽就停不下来了。

70 岁考出瑜伽教练资格证
5 年来带出了 300 多位徒弟

8 年瑜伽练下来,乐叔在杭州瑜伽圈里小有名气,还成为杭州市瑜伽协会会员。2014 年,70 岁的他考出了高级瑜伽教练资格证。"有了这张证,我就想办个班,免费教市民瑜伽,让大家老有所乐。"

这个想法很快得到了社区的大力支持,社区特意腾出一个教室让他给大家上课。第一年开了两个班,每个班一周两次课。随着名气越来越大,学员也越来越多,其他社区以及老年大学也邀请他去上课,最多时开了十个班。

有一次乐叔去西溪湿地教课,家住附近的一位 80 多岁的老人看到了,就上前问:"我这把年纪也能做瑜伽吗?""可以呀,瑜伽不分年龄,只要你肯坚持。"乐叔笑言。其实西溪湿地不是乐叔的常驻授课点,但这位老人没有放弃,每天转好几班公交来乐叔的工作室练习,一练就是两年,乐此不疲。有一次,这位老人对乐叔说:"我以前身子骨弱,上了年纪后走路就跟踩棉花一样,坚持了两年瑜伽后,人精神多了,感觉又变年轻了。"

几年来,前前后后跟乐叔练瑜伽的学员有 300 多位,大多数都是退休老人。大家通过瑜伽这根纽带,结成了一个学习共同体。

乐叔说,他的这些徒弟里,已经有 2 位也拿到了瑜伽教练资格证,开始教授身边志同道合的人,越来越多的中老年人因瑜伽结缘,瑜伽正在改变他们的退休生活。

疫情也不能阻止他们练瑜伽
让大家老有所乐辛苦也值得

"瑜伽是一种生活的态度,是一种生命的觉知。不仅在教室里练瑜伽,还要融入你的生活中。"每天,乐叔早上一边刷牙,一边单腿站立练平衡;在厨房烧菜的间隙,顺便练个拉伸;在外面走路健身时,时不时练练打开肩的动作;骑自行车时玩玩绷脚勾脚;看电视时,他会任意选择几个瑜伽姿势……"这些动作开始时是有意识地做做,后来就习惯成自然,走到哪里,把瑜伽做到哪里。"

2020 年初遇到了新冠肺炎疫情,但乐叔和他的学员们也没闲着。他们建立了一个微信群,每天乐叔都上传一些自己瑜伽动作的照片,让学员们在家里学。"疫情过去后,我还检查他们的'作业'呢。"乐叔笑着说。

"与年轻人比,中老年人更注重养生和健康。瑜伽动作舒缓,比较适合。我想尽可能带动更多人动起来,让大家老有所乐、生活充实、身体健朗,自己辛苦一点也是值得的。"乐叔不仅自己锻炼,还把瑜伽和健康的理念传给更多的人,这种人生态度实在令人敬佩!(图 1)

图 1　乐明潮

张桂英：不屈服于命运，
用景泰蓝焕发人生"第二春"

王厚明

东新园社区服务大厅里，有一间张桂英景泰蓝工作室，里面挂满了各种各样的景泰蓝工艺画。

工作室领衔人叫张桂英，十九年前张桂英生了一场大病，因病下岗的她成为杭州"春风行动"的帮扶对象。而如今的她不仅拥有了自己的工作室，这个工作室还成为一个学习共同体，吸纳了不少"病友"一起钻研景泰蓝，不少学员因此焕发了人生的"第二春"。

疾病没有压垮柔弱的她
从"零基础"到作品在意大利展出

2005 年，对于张桂英来说是人生的一个大坎，她被查出患有癌症。原本一个幸福的小家，因疾病被压得喘不过气来。"我老公是普通的工薪阶层，儿子还小，我又一直养病在家，让他肩上的担子重了不少。"张桂英坦言，那段时间真有点自暴自弃，感觉人生都是灰色的。

第二年，社区里正在搞景泰蓝公益培训，她就去报了名："那时候觉得我得找件事情做，一方面是希望把注意力从焦虑中转移开，另一方面也是想学门手艺。"在学景泰蓝的前几年，张桂英一门心思地钻研，从单种颜色的填充到多种颜色的相互演变；从单一的承载物木板到丰富多样的瓷器、灯笼、葫芦、杯子，她都做得得心应手。同时还经常去和翰湘书院的书画前辈们讨教，到山海星画廊、西泠印社和各大博物馆参观学习,她对美术的理解也日渐深刻。

"做景泰蓝必须专注,有时候一做就是一整天,因为一旦停下来,创作的感觉就很难续上。"正因为心静了下来,无意中也助推了病情的好转,此时好运也接踵而至。

2010年,浙江省文化和旅游厅举办的浙江省"民间巧女"手工技艺大赛,张桂英抱着试试看的态度参加,没想到一举拿下银奖。一年之后,她还作为文化使者,带着作品,随杭州市政府代表团赴意大利,参加"中国文化旅游名城海外巡展"。

这次意大利之旅让张桂英印象深刻,当时的景泰蓝摊位前围满了参观者。意大利人难以想象,这种用景泰蓝制作的工艺品,竟然和他们教堂上的壁画一样华丽夺目。有位意大利官员,当场掏出700欧元,想买下其中一幅作品。"这次展出,也坚定了我继续钻研景泰蓝的信心。"

学员都曾受到身体或心灵创伤
在她的带领下重新积极面对生活

"先在画板或画盘上打好草稿,再用纤细的铜丝拗、剪、折、粘,布局出精致而绵密的图形,然后上色。"在张桂英景泰蓝工作室,张桂英正在耐心地教学员们。

这间工作室是2010年社区里特地为她建的。张桂英说,来她工作室学手艺的很大一部分人都和她一样,遭受过身体或是心灵上的打击,需要耐心和细心的景泰蓝工艺画,能够让他们在作画的过程中回归平静,放松心情,重燃对生活的希望。所以张桂英不仅扮演着专业导师的角色,同时也担当着心理导师的角色。"我经常会跟他们讲我对抗病魔的经历,学员们听了觉得'张老师行,我一定也可以',一个个都变得开朗了。"张桂英说,这些学员都不容易,所以凡是来她这边学习的,都不收学费,社区也很支持,还提供了专项经费用于工作室的运转。

这些年,来张桂英这儿的学员越来越多,不少人的人生发生了一些变化。张桂英有一个徒弟,原本是一位医生,也因为生了场大病从岗位上退了下来,就来她这学手艺。大半年学下来,基本掌握了制作工艺。现在他也在自己社区开起了工作室,教大家景泰蓝。

"毕竟景泰蓝对人的细心程度、动手能力还是有一定要求的，并不一定适合所有人。而来我工作室的各种人都有，所以我考虑开发一些其他相对简单的教学类别。"张桂英说，就有不少有智力缺陷的孩子来当学徒，他们做不了很细的活儿，我就教他们剪纸、串珠。现在这些孩子们已经可以售卖自己做的小工艺品挣钱了，家长们也为孩子能掌握一门手艺而高兴（图1）。

"我现在就两个愿望，一是能把民族传统工艺景泰蓝更好地发扬光大，二是希望通过我的工作室，帮助身边的人继续学习，积极面对生活，促进就业和创新创业。"张桂英说。

图 1　张桂英

289

董利民:用艺术丰富居民的精神世界

章　翌

沿着上城区五安路上的采荷中学一路向西,是被一片绿意包裹的采荷文化园,采荷街道数个文化标识集聚于此,这也是周边居民休闲娱乐的胜地。

以此为中心,在采荷街道下辖的数个社区共同组成的"文化同心圆"中,洁莲社区的文化氛围尤为浓厚,这里不仅连续多年成为"杭州市品质生活体验点",还创办了全国首家"西泠印社书画篆刻学院(校)社区教育点",以"双点"为"基点",这里的金石篆刻工坊学共体正开办得如火如荼,成为这个"同心圆"上的一抹亮色。

一次偶然的机会
"敲"开社区学共体大门

从一个位居采荷街道中部的小型社区,到衍生出人人好学、乐学的学共体,洁莲社区多年来的变化,董利民是关键人物。

原洁莲社区党委书记董利民,母校是杭州师范大学美术学院,他喜好篆刻,是金石篆刻工艺美术师,洁莲社区全国首家西泠印社书画篆刻学院(校)社区教育点以及社区金石篆刻工坊学共体就由其一手打造。

一提到董利民,有件事在不少社区居民中口耳相传。他曾为原中央政治局常委、中央精神文明建设指导委员会主任李长春治印刻章。提起那一天,董利民记忆颇为深刻,"我还记得是 2009 年 6 月 5 日下午 3 点,首长专门来视察采荷街道的文化建设。"在现场,为鼓励采荷街道社区文化建设工作,李长春挥毫写下一幅字，但缺一方章，当时董利民已在杭州篆刻圈子里小有名气，他主动请缨，10分钟内刻好了一枚印章，这也成为洁莲社区金石篆刻学共体成立的"催化剂"。

"其实之前我就作为社区文化志愿者，在小范围内教授篆刻，有正式的场地，最高峰时大概有40来个人，还举办了好几次活动。"2007年，董利民成为洁莲社区党委书记，"那时洁莲社区就比较有名了，不管是社区服务还是社区环境营造的都很好，还是全国绿色社区，党建也做得很好"。

在此基础上，董利民决定主打文化牌，"根据老年人精神需求，补齐社区的这块板子"。于是，2009年下半年，金石篆刻学共体的前身——金石篆刻工作室应势而生。

引进西泠印社高端资源
擦亮金石篆刻金字招牌

工作室成立后，很快遇到了难题。

在很大程度上，新成立的工作室与原本董利民志愿教学的篆刻班别无二致，如何提升工作室水平，吸引更多人参与？"要做好，就找西泠印社这块金字招牌，成为他们下沉基层的一个示范点。"2010年夏天，董利民走访多次，联系上西泠印社，双方一拍即合，"多亏之前工作室的建设，西泠印社来考察时，这里的文化氛围打动了他们"。于是"西泠印社书画篆刻学院（校）社区教育点"在洁莲社区正式挂牌。

西泠印社免费为洁莲社区提供辅导老师，还有宣纸、印材、刻刀等工具，像乔中石、方国梁、陈默等篆刻、书法大咖也造访过学共体，为居民带来文化盛宴。居民也可以足不出户接受名家指导。很快，这张金名片在洁莲社区彻底打响，还吸引了不少社区外的居民。除了教学，学共体的活动层次也逐渐丰富，"每周四举办沙龙，交流互动，每年谷雨有品茶日，还会搞讲座和大型书画展"。

经过十多年耕耘，西泠印社已在洁莲社区生根开花，如今双方已成为党建共建结对单位，正筹划打造党群服务中心。在洁莲社区还成立了西泠印社名家工作室，社员定期驻点，随时随地指导，进一步深化双方合作。

社区里有这个"铁三角"
老年人的精神面貌改变了

从引进资源到形成品牌,洁莲社区金石篆刻学共体已经从蹒跚学步的孩子成长起来,"越来越多的辅导老师都出身于我们自己的金石篆刻班,很多人有七八十岁,水平很高,还可以参加一些老年大学的展览"。传统艺术已经成为这些学员们生活的重要组成部分。

其中不乏明星学员,比如杭州"金牌和事佬"杭肇峰曾经就是金石篆刻班班长,前前后后学了5年。还有不少年过八旬的学员,从零开始学篆刻,"我的学生都是零基础,到后面都能刻得很好,我们还出过作品集"。

除了老人,金石篆刻学共体还开办面向孩子的公益夏令营,只设20席的篆刻书法班,每年几乎都爆满,常常要增设名额,孩子们从认识印章到体验篆刻,还可以到西泠印社、中国工艺美术博物馆等地接受艺术熏陶。同时与采荷二小合作,学生寒暑期的社会实践活动可以选择来这学篆刻,8年时间,有200多名小学生通过金石篆刻学共体爱上传统艺术。街道还与浙江旅游学院结为共建单位,不少外国留学生也来这学习,小小学共体成了弘扬中华文化的桥梁。

引进优质资源,充实精神世界,已成为洁莲社区打造社区文化的哲学。借成为西泠印社传统文化传承基地的契机,洁莲社区同时引进南宋官窑博物馆展示点、杭州扇艺两个项目,与金石篆刻一道成为非遗文化"铁三角",与社区文化建设结合起来。对董利民来说,这件事仍要"小火慢熬","金石篆刻是个小众文化,要通过品牌建设,建立居民的归属感、荣誉感,有个抓手来宣传我们社区,慢慢推出去,慢慢打响,文化氛围就是这样营造起来的"。十几年一直致力于此的董利民说,社区里的老人们的精神面貌,因为金石篆刻确实在慢慢改变(图1)。

图 1　董利民

侯航雪:"小侯阿姨"
用非遗文化让社区居民生活更出彩

章 翌

世纪之交,经历国有企业的关停并转,侯航雪从市铝制品厂技术工人岗位上退下,成为采荷街道红菱社区首届社工。中途转行的她没有想到,这份工作会一直干到退休,也没有想到,退休后区里专门为她成立了一个文化工作室,非遗传承将成为她最大的爱好和事业。

而回归侯航雪的"初心",她最初筹办的红菱社区剪纸社团——创意剪纸线,如今正推向江干区优秀、杭州市优秀学习型社团,并由杭州市非物质文化遗产项目进一步提升到浙江省非遗文化体验基地。

侯航雪被居民们亲切地称为"小侯阿姨"。而让她最骄傲的是,这些由她创办的社团正极大地丰富着采荷街道居民们的生活,成为幸福杭州的缩影。

一次意外的"亮相"过后
她成了居民们的"小侯阿姨"

在很多人的观念中,社工更多地扮演着"保姆"的角色,特别是在老旧社区里,居住者两极分化很严重:上至七八十岁的老人,下至还未上学的幼儿,都是需要经常看护的群体。

对侯航雪来说,她所担任的文教社工,负责社区文教卫体工作,是充实居民精神需求的领路人。甫一上任,她便把工作重心放在认识居民上,"做社区工作,一定要和居民打成一片,那时我负责 250 户家庭,3 个月时间每家我都跑遍了"。

高中毕业就进厂工作，侯航雪觉得，做文教社工，自己还要提高素质，要学不少东西，"每天至少1小时、每周至少8小时，当时就是这么学过来的，这是我自己对终身学习的体会和实践"。

侯航雪提起一件事，"也算是我在大家面前正式亮了个相"。一天，小区有户人家失火，这家的孩子蹲在地上哭，她发现后先把孩子安顿下来，立马冲上事发单元查看情况，随后又到广播站播报火情，一系列操作下来避免了人员伤亡。从安抚到报警，再到召集志愿者、协助救火、找出安全隐患，还在社工实习期的侯航雪迅速妥当的处置获得了不少居民的赞赏，"一下子收获了大家的信任。这之后，特别是孩子，路过看到我时一定会到我这边转一下，叫我'小侯阿姨'"。有了大家的肯定，侯航雪打心底里觉得社区居民和自己成了"一家人"。

万事俱备，在社区工作上继续钻下去的念头开始萌发。

从兴趣入手营造学习氛围
助推学习型社团开花结果

采荷街道内学校密布，暑假一到，孩子爸妈顾不上带娃，这个现象非常普遍。从另一面看，像青少年父母这样的社会中坚，无法保证完整的家庭亲子生活，也更难有时间参与社区生活。

正是他们在社区生活中的缺位，凸显出了社区治理的不少问题。敏感的侯航雪很快就注意到了这一点，她把突破口放在了孩子身上。她一手创办的纳凉晚会，现在已成为采荷街道每年的保留项目。"第一届的时候我一家一家跑，让孩子参加，家长们也自然地参与进来。"晚会中的一些节目，后来单独参加省市比赛还获了奖，有的还上了央视，"第一届我们准备了9个节目，大家一起排练，找老师教跳舞、唱歌，已经有了一些学习型社团的雏形"。像这样的事，侯航雪平时没少琢磨，持之以恒，社区形成了良好氛围，为红菱社区学习型社团的推广铺平了道路。

"兴趣是最好的导师。我经常到居民中间去，了解他们想学什么。"如今，开办得如火如荼的创意剪纸线，就源自居民们的兴趣，侯航雪的思路类似于企业的孵化器，"社团从无到有，就是一个孵化过程，先要把'窝'做起来，然后再让'老母鸡'下蛋"。侯航雪口中的"老母鸡"指的是活动场地、教学方式，还有最重要的教师资源（图1）。

做好一道"乘法题"
让社团发展收获"溢出效应"

"老母鸡"如何发挥作用?

采荷街道内有多种公共文化教育设施网络,侯航雪调动区内各种教育资源优势,协助街道和社区,组织大家开展非物质文化遗产传承教育活动,先后开设了中国结艺、剪纸、衍纸、活字印刷、古法造纸等一系列指尖上的"非遗"课程,摸索出复式教学方式,因类施教、因人施教。

让创意剪纸线一炮打响的,是第三批杭州非遗项目"杭州剪纸"传承人、人称"江南神一刀"的宋胜林的加入。回忆起这段经历,侯航雪打趣说也是一种缘分,"宋大师刚好在我们社区,有一次他向我们反映情况,我到他家沟通,看到很多剪纸书和作品,后来才知道他是国画老师,又是剪纸大师,在不少学校里教学生"。了解情况后,侯航雪就邀请宋胜林来剪纸社上课,双方一拍即合。随着合作深入,宋胜林教课频率越来越高,还出资购买奖品奖励学生,整个剪纸社被带动起来,一批剪纸老师从宋大师的学生中产生,又成为社团队长,带动其他学员学习。在这个过程中,越来越多大师也加入进来,如杭州盘纸艺术第四代传人严美娟,把学共体的涉及面扩大再扩大,"指尖非遗"的内容越来越丰富。

随着创意剪纸线发展,学共体的制度保障也愈加完善,采荷街道制定了《学习型社团公约》,制作了学员花名册、签到表,学员有随笔体会、作品集,每学期末都有学习总结和学习表彰会。此外,还制订《创意剪纸线活动展示计划》明确团队的成果展示方式,开展"优秀剪纸"评比活动。如今"航雪文化工作室"也成立起来,"我这个工作室就是要做传帮带,把社区文教社工带动起来,建一支学共体团队,做到人无我有、人有我精,这是大家共同的目标"。

时至今日,侯航雪仍然坚持教授剪纸,"这件事不需要很高深的理论,只要有一种热爱的精神状态,做个有心人就会乐在其中,事情自然而然就做好了"。在侯航雪的课堂上,还有不少外国学生,一有空就去小侯阿姨的课堂上学剪纸,成了社团的忠实粉丝。

图 1 侯航雪

王云良：彭埠"老故事"在学共体中"发新芽"

章翌

彭埠，旧名彭家埠，多年来扮演着杭州的东大门角色。

十几年前，从"高速彭埠口"公交站往前走 500 米，左拐，就是彭埠老街。而现在，在元宝塘公园里，一条下沉式的彭埠老街给曾经的岁月留下了一段印记。老彭埠人常说："虽然没有原先那么大，但总给我们留了个念想。"

就在这小小的一方公园旁，彭埠街道文化站坐落其中，原文化站站长王云良，多年来深入老彭埠街头巷尾，用一个又一个有趣的民间故事，将彭埠文化的"老底子"延续至今并广为流传。

走遍钱塘江沿岸
把嘴边的老故事写在纸上

王云良是彭埠五堡人，打小生活在钱塘江边上。"小时候我对读书不感兴趣，却对长辈们讲的民间故事非常喜爱。"王云良喜欢把听到的民间故事讲给别人听，为了讲得不走样，他常常把听来的故事仔细记录下来。渐渐地，他走上了一条民间文学创作之路，顺理成章成为一名基层文化工作者，并开始有意识地收集整理与钱塘江有关的传说。

"在历史上，彭埠的百姓吃尽了钱塘江的苦，江北塌江了搬到江南，江南塌江了搬到江北，正因为如此，有关钱塘江的传说特别丰富。但随着生活节奏的加快，太阳下老的给小的讲故事的场景已不多见，很多传说因为少了传承人而濒临消逝。"王云良说，许多过去能说善道的讲述者如今都年事已高，记忆开始模糊，好多故事只剩只言片语，甚至于很多传说早就随着讲述者的驾鹤西去而不复存在，这种"人亡歌歇、人去艺失"的现象已经造成了不可弥补的损失。

为了编《钱塘江传说》，从南源开化到北源休宁，王云良几乎走遍钱塘江沿岸，每到一个地方，他都会挑一个茶馆，在那里打听当地最会讲故事的人，然后登门求故事。听来的故事，被他默默记下，整理成文字，而且一个故事，前前后后要走访多个老人求证。近30年积累，汇成了那本故事集《钱塘江传说》，钱塘江传说申遗，这本故事集成了重要的申报材料。如今，《钱塘江传说》已成为人们了解钱塘江沿岸风物人情的百科全书，具有不可替代的价值。

办杂志、搞展览、推精品课
文化传承的形式不断创新

王云良对出版物情有独钟，在彭埠文化站任职期间，他一手组建的小白菜文学社，让一大群喜爱民间文学的"泥腿子"走上了搜集整理民间文学的路，成为杭州小有名气的泥腿子作家。这些作家们也成了继续搜集钱塘江故事的主力，在王云良的带领下，目前搜集到的钱塘江传说已有200多篇，其中100多篇由他逐字整理。

文学社也有自己的出版物——《小白菜》，内容都很接地气，让人想继续读下去，比如"彭埠这一地名中有个'彭'字，可彭埠没有一家姓彭的，这是为什么呢？""唐朝大诗人白居易写过一首诗，其中有两句'涛声夜入伍员庙，柳色春藏苏小家'，这里的'伍员庙'和彭埠的'五堰庙'又有什么关系呢？"作为浙江省乡镇群众文化二等奖刊物，《小白菜》目前已编辑60多期，每期发行2000册。这上面讲述着彭埠的历史与传承，除了非遗专辑，还有廉政教育、城市化宣传、钱塘江传说、文明礼仪等，丰富着彭埠百姓茶余饭后的生活。

王云良的办公室里全都是书，这是他一直在做的事——学习、出书，而在办公室外的小阁楼上，则堆满了锄头、钉耙、菜篮子等一系列农具，王云良说，这是他现在正在干的事。

彭埠地区学校学生都知道，寒暑假里，彭埠文化的展览会不定期开办，阁楼上堆放的这些工具就是展品，是王云良一件件淘来的，都是过去彭埠居民的生活用品。

除了办展，彭埠街道还在夏衍小学设立了钱塘江传说传承基地，开设课程，让学生用彭埠话讲钱塘江传说。同时开展"钱塘江传说"剪纸培训辅导班、"钱塘江传说"绘画比赛等活动，把"钱塘江传说"用视觉方法来展现。

在大舞台上，已有 6 部改编自钱塘江传说的越剧上台演出，包括《秋生》《龙珠》《泥马渡康王》《苦竹坞》《回龙庵》等，让大家在听越剧的过程中了解钱塘江传说。

王云良还从"泥腿子"作家群中精选 16 人，成立钱塘江传说演讲团，不定期到社区、学校宣讲钱塘江传说故事；在茶亭苑社区开办钱塘文化说书馆，每周一次开讲钱塘江传说故事。

"目前，我们正在普福邻里中心打造一个以钱塘江传说为主的非遗馆，里面有一个演艺厅，还设置了钱塘江传说讲台，将钱塘江传说继续传承下去。"王云良说，该非遗馆完工后，会让大家看到不一样的"钱塘江传说"（图 1）。

图 1　王云良（右 1）

卢简明:带领一群人透过镜头享受品质生活

张向瑜

现在,看到美好场景,拿起手机"咔嚓"一下,已成为很多人的习惯。

但对卢简明来说,摄影不止是一种习惯,更是一种生活方式。今年 60 岁的他,这些年来扛着相机几乎跑遍中国的东南西北,拍摄的美照不计其数。

尤为可贵的是,在摄影这条道路上,卢简明从一个人走向一群人——牵头成立拱墅区摄影家协会,开展各类丰富多彩的摄影培训和采风活动。"要让更多的人通过摄影享受品质生活。"他是这么说的,更是这么做的。

每天的生活
因摄影而充满活力和乐趣

卢简明从事的是广告设计工作,一直以来,他都挺喜欢摄影。但用他自己的话来说,正儿八经"玩"摄影,还是从七八年前开始,配了专业相机和镜头,进行一些有主题的拍摄。

作为一名"土生土长"的拱墅人,卢简明对家门口的一草一木有着特殊的感情,拱宸桥、大运河一直是他镜头里的"主角"。这些年来,他相继参与拍摄各种主题摄影,如拱墅城中村改造、杭钢记忆和华丰记忆工业遗存等,每一张照片都是对岁月最好的记录。

当然,更多的照片是平时的"生活偶得"。比如 2018 年秋天,他在虎山公园的水库边看到一棵大樟树,树干伸向水面,姿态别致,就顺手拍了下来。之后每个季节,他都会持续"跟踪"这棵大树,终于在今年春天,完成了自己满意的"一

301

棵树的春夏秋冬"。

这些年来,他的摄影天地从拱墅不断向外辐射,到杭州到浙江到全国各地,最远跑到非洲的肯尼亚。他的微信朋友圈,就是作品的最佳展示地,窗口的晚霞、雷电交加的天气、春天的花、树上的鸟……每一幅都是那么生动,让人看后印象深刻。"摄影最关键的不是技术,而是感情,只有投入感情去拍,你的照片才能打动人。"

这些年来,卢简明的照片频频发表在各种网站、报纸和杂志等平台,也获得了各级摄影比赛的大奖。但这些并不是他最看重的,让他特别开心的是,摄影丰富了生活,让他每天都充满活力和乐趣。"抓拍到一个好的瞬间,或者想到一个好的拍摄主题,我就特别激动。"他笑得很爽朗。

"独乐乐不如众乐乐"
牵头成立区摄影家协会

在日常的接触中,卢简明发现,身边喜欢摄影的人不少,"有些人也挺喜欢摄影,但觉得自己技术不好,不敢拍;有些人平时已经在拍,但一个人比较孤单,素材来源不够丰富"。

何不把大家团结起来,让更多的人通过摄影享受品质生活!卢简明说干就干,开始联系发动,最后在拱墅区相关部门的支持下,拱墅区摄影家协会隆重成立。协会就设在草营巷,地方宽敞,作为平时的活动场地,卢简明从设计到布置,亲力亲为,给大家创造一个舒适的环境。

从成立到现在三年多来,协会基本上每个月都会有一场专题讲座,合计四五十场,每次听课学员济济一堂。目前,正式会员已经从最初的 70 多人发展到 193 人。除正式会员外,有摄影爱好的编外人员也在不断扩充,大家加入了几个微信群,有 500 多人。

"受新冠肺炎疫情影响,大家不能经常出门,很多人说闷在家里无聊。我们这群人呢,每天在家也可以拍拍照片,在微信群内晒晒照片,大家再探讨下,很热闹。"卢简明说,他还制作了几个照片处理技巧的视频,在群内分享,很受欢迎,真是"独乐乐不如众乐乐"。

深入基层开展公益讲座
让更多居民的生活精彩起来

因共同的爱好而相聚的团队，总是充满欢声笑语。卢简明说，这几年来，大家一起学习交流，一起出门采风，都特别开心。他们活动不仅在拱墅在杭州在浙江，还前往江西、安徽等地。因为活动开展得有声有色，还被杭州市摄影家协会评为先进团队。

说起近年来开展过的几次专题活动，卢简明如数家珍：

2019年10月，为庆祝新中国成立七十周年暨中国大运河申遗成功五周年，拱墅区举办"千年大运河美好新家园"摄影作品展，共展出700多幅优秀作品，很多社员的作品都在其中，受到广泛好评；

同年，拱墅区开展了"寻找共和国同龄人"摄影活动，一共寻访100位70岁的老人，协会很多会员都参与拍摄。其中一张百人大合照，还被拱墅区档案馆收藏。"类似的活动很多。我们这些会员，积极性都非常高，比如大家一听说康桥花海很美，马上就有人开车过去拍，然后群内分享。"他为大家点赞。

难能可贵的是，协会的辐射范围不仅仅是协会的几百人。卢简明介绍，根据大家的需要，拱墅区摄影家协会还特别成立了"名人名家摄影讲师团"，聘请省、市乃至中国摄影界的大咖，深入社区、企业，以公益讲座的形式开展摄影知识培训，让更多的百姓受惠。

"我们有专题的拍摄，也有专题的影展，每次都很受欢迎。可以说，很多人的生活因为这些活动不断丰富。"卢简明自豪地说。让更多的人通过摄影享受品质生活，卢简明和他周围的这群摄影爱好者，正在实现这一目标(图1)。

图 1　卢简明

倪爱仁："文化义工"
让人生在退休后得到升华

张向瑜

从杭丝联退休至今，20多年，倪爱仁几乎就是和半山（又名皋亭山）幸福地"纠缠"在一起。

他牵头成立杭州市拱墅区皋亭文化研究会，带着一群志同道合的"文化义工"，从事挖掘、传承半山的历史文化工作，先后把半山泥猫、半山立夏习俗等传统民俗文化在濒临失传的状态下挖掘、恢复起来，并传承给青年一代。

如今，半山立夏习俗入选联合国人类非遗名录，半山泥猫习俗入选浙江省非物质文化遗产名录。

退休工人带头当"文化义工"
志同道合的他们踏遍半山每寸土地

时间回到2000年，倪爱仁刚退休。作为土生土长的半山人，半山面貌的变化，他看在眼里、喜在心里。但唯一遗憾的是，随着城市发展，半山曾经的文化风俗渐渐消失。

"再不挖掘保护，下一辈都不知道这些事了。"倪爱仁着急，一退休就"转换"身份，一心一意投入挖掘半山文化这件大事中。

做大事，需要团队合力。倪爱仁牵头成立皋亭文化研究会，在他的号召下，志同道合者一下就来了20多人，大家年龄不同、本职工作不同，但目标却一致：当一名挖掘和保护半山文化的义工！十多年来，为了保护各项文化遗存，在倪爱仁的带领下，他们踏遍了半山的山山水水。

"发现和保护的宝贝真是不少！道光十九年重建半山娘娘庙山门的石碑，东皋心越古琴墓址中塔部分，马岭山理学大师马一浮的先茔碑和墓址。"说起这些，倪爱仁如数家珍。他和伙伴们，还挖掘了半山泥猫、东皋心越古琴艺术、半山灶头画等非遗技艺。

如今，皋亭文化研究会会员从 20 多人增加到 50 多人，他们不拿一分钱工资，连交通费、通信费都是自掏腰包，但大家一个个干得不亦乐乎，经常聚在一起讨论研究，成了半山地区名副其实的"文化义工"。

传承创新"半山立夏节"
成为杭州走向世界的一张金名片

细数这些年的收获，倪爱仁最为得意的是对"半山立夏节"的传承和创新。

在拱墅区各部门的支持下，皋亭文化研究会负责组织落实，让一年一度的"半山立夏节"成为当地最热闹、最受欢迎的传统节日之一，非物质文化遗产在当代社会文化生活中焕发出新的活力。

这十多年，每年立夏这一天，倪爱仁总是特别激动。小时候经历的画面仿佛又回来了：半山人聚集在娘娘庙前，一起举行传统的煮乌米饭、煮蚕豆豌豆、大秤称人、登高等民俗活动，炎炎夏日即将到来，大家用这个方法祈愿祛暑明目、身体健康。

这些风俗中，重头戏要数煮乌米饭。"乌米饭怎么煮？很多人都不知道，其实是加入了乌饭树的叶子。乌饭树是什么样的？很多人也不知道，它学名是南烛，和香樟树有点像，但矮小一些，烧饭用的就是它春天的新叶子……"说起这些事，倪爱仁神采飞扬。

这几年，为了让更多人认识乌饭树，倪爱仁陆陆续续移植了几十棵乌饭树苗到半山娘娘庙附近，经过悉心照看，树苗都已成活，每年都能采摘新叶子，用来给周边居民煮乌米饭。

让所有半山人自豪的是，"半山立夏习俗"作为中国"二十四节气"的重要组成部分，已经列入联合国教科文组织人类非物质文化遗产代表作名录，成为杭州文化走向世界的又一张金名片。倪爱仁和他的团队劳苦功高。

人生因退休后的事业得以升华
希望半山文化一辈辈传承下去

别人的退休生活是含饴弄孙，倪爱仁却是和半山文化"纠缠"在一起，他乐呵呵地称之为"幸福的纠缠"。

这几年来，倪爱仁先后获评各级各类优秀文化工作者，还被评为杭州市非物质文化遗产代表性传承人，多次代表杭州到全国各地进行非遗文化项目交流。

"我的人生，在退休之后得到了升华!"倪爱仁毫不掩饰这份成就感。他感慨地说，自己的父亲就是半山文化的爱好者，正是受到父亲的影响，他退休后带着子承父业的责任感和使命感，全身心投入这份事业中，20多年来的每一天，都过得很充实。

如今，已经75岁的倪爱仁，考虑最多的是怎么把这根接力棒更好地传承下去。就在不久前，他卸任皋亭研究会会长，只担任荣誉会长一职。

与此同时，作为半山泥猫习俗的市级传承人，倪爱仁还带出了多位徒弟，传统习俗技艺不断延续。"一代代、一辈辈、一茬茬，把我们的半山文化传承下去。"倪爱仁的话语中充满了激情和坚定(图1)。

图1　倪爱仁(中间)

李静波:时尚的模特团队
让老年人更自信更美丽

张向瑜

说到模特,很多人肯定就会想到 20 多岁的姑娘。其实,模特可不是年轻人"垄断"的行业。

"只要足够自信,无论是生活中还是舞台上,我们也可以很美丽!"这是西溪街道求智社区老年时装模特队队长李静波的话,她说出的是近 20 位队员的共同心声。

这支成立于 2003 年的队伍,队员年龄基本在 55 岁到 65 岁之间,平均身高超过 168 厘米。对她们来说,模特是爱好,是事业,也是年轻的秘诀。

在菜场与模特队长偶遇
她被盛情邀约加入队伍

李静波与模特结缘,还得从 2007 年说起。当时她刚退休,生活清闲了不少。

"那天我正在菜场买菜,突然一位大姐热情地叫住我,说你来参加我们社区的模特队吧。"李静波说,当时她连连拒绝,多年从事统计工作,她性格安静,退休前几乎就在家和单位之间"两点一线"跑,其他活动参加的不多,更何况自己没舞蹈底子,肯定不适合。

事后李静波才知道,邀请她的正是求智社区老年时装模特队创始人兼队长叶蓓蕾。叶大姐没有就此"罢休",又请来社区工作人员发邀请。架不住大家的热情，李静波就正式加入进来。

要么不做，既然做了，就要好好做。考虑到自己没有相关模特和表演基础，李静波一边跟着模特队的老队员学习，一边又在省老年活动中心报了一个模特班，两边一起学，进步得很快，生活节奏一下子又充实起来。

这一参加就是七八年，她和队友们除了参加各级各类活动，还多次应邀到电视台参加演出。李静波的责任感和好学精神，被叶大姐看在眼中。当叶大姐卸任队长时，就把模特队的这副担子信任地交给了李静波。

"十多个人的一支队伍，组织起来不容易，我们都很珍惜。"担任队长后，李静波更忙了，带着大家一起排节目、参加活动，一刻都不敢松懈。记得有一次，她上吐下泻一晚，第二天一大早还是坚持去吴山广场参加演出，顺利完成各种演出。

因为共同的爱好走到一起
自信起来老年人可以更美

每周三上午，是模特队的固定排练时间。

这两年，她们把地点固定在马塍路上的西溪街道文化站，这群平均身高超过 168 厘米的老姐妹，个个身材高挑，举手投足间透着优雅的气质。看背影，你绝对不会想到，她们的平均年龄已超过 55 岁。

李静波介绍说，老年模特队和年轻人的不同，除了要练习步伐，还要与舞蹈等结合，是有明确主题的，为此要花很多时间去排练。近年来，她们先后排过"共圆中国梦""女兵""天堂最美是杭州""蓝天白云"等各类主题的节目，演出后反响很好。这几年下来，模特队在周边也是小有名气，经常受到各种邀约。

"我们平时都在讨论策划，怎么样才能让节目更加时尚，受大众喜爱。"李静波笑着说，队员们都很团结，队里有专门管后勤、财务的成员，分工之余又一起出谋划策，想一些好的主题。比如在服装和妆容上，大家都会跟上潮流，旗袍、晚礼服、高跟鞋，有些统一购买，有些自备。

一年算下来，模特队排练节目、外出活动等，在服装、交通等方面有一定的开销。而这些费用，基本上都是队员们自掏腰包解决。

会不会舍不得？

对于这个问题，这群老有所乐的模特们都笑了：模特是我们的兴趣，也是我们的事业,更是我们年轻的秘诀,怎么会舍不得,我们觉得太值得了!

"退休以后,最主要是过得开心一点,在老年模特队我交到了不少朋友,平时出去演出,感觉特别自信,为了保持身材,现在我开始注重饮食和养生。"俞阿姨,60岁出头,现在她习惯给自己化点淡妆,整个人看起来十分精神。

队员们住得比较近,除了排练,平时经常在一起聊聊家常。天气好的时节,大家还一起相约出去踏春、聚餐,生活得有滋有味。

让李静波印象深刻的是,每次街道和社区有活动,需要志愿者来帮忙,只要她在微信群里一吆喝,大家马上积极响应,每个人都尽量抽出时间。"我们这个团队向心力很强,大家因为有共同的兴趣爱好走到一起。"(图1)

说起模特,很多人都想起20来岁的姑娘,年轻美丽。但这支老年模特队每位队员都用自己的故事告诉你:美丽和年龄无关,只要足够自信,老年人也可以很漂亮,生活得丰富多彩!

图1　李静波

施红光："红色讲师"的年轻秘诀

张向瑜

讲座结束，掌声响起，听课学员边鼓掌边夸赞："他的党课好听，有收获！"

他，就是施红光，浙江省新四军历史研究会宣讲团副团长、杭州市百姓学习之星、黄龙商圈"红色讲师团"首席讲师。

从 2011 年 5 月退休至今，他主讲的各类党建讲座合计近千场，规模大的上千人，规模小的十几人。他的课堂生动有趣，充满互动，给广大党员带来了全新的学习体验，越来越多的团体和组织向他发出邀请信。

以党建引领企业发展
在十年做了近千场讲座

2021 年是中国共产党建党 100 周年。施红光为"建党百年 走进百校"主题讲座活动的事忙得不亦乐乎。

根据活动安排，三四个月时间里，他先后走进全省几十家中小学，给校内的思政课老师开展讲座。"如何上好每一堂思政课？如何在新一代中塑造红色品格？"这是施红光在讲座中紧紧围绕的两大话题，给听讲座的学员带来很多启迪和思考。

类似这样的党建讲座，施红光已经上了近十年近千场。他从机关单位退休后，开始在黄龙商圈的非公企业帮助开展党建工作。他用党建文化引领企业文化建设，把正确的价值观渗透到企业管理的全过程，努力培养企业良好的团队精神，促进企业健康发展。

比如,对企业文化的建设,他会结合社会主义文化强国建设的大背景。"对于企业来说,文化不是买来挂在墙上的那幅昂贵的油画,而是发源于企业自身,别人买不去也抢不走的独特精神特质。"台下掌声响起,他接地气的话语,总能让企业党员们感同身受。

一传十、十传百,越来越多的企业知道,黄龙商圈有一位优秀的"红色讲师",纷纷请他去上党课,有些甚至还是外地企业。施红光乐此不疲,他中气十足地说:"浙江是民营企业大省,为党建全覆盖做一点力所能及的事,我很自豪!"

丰富经历+三个"最爱"
让他的讲座特别好听

施红光的讲座为什么这么好听? 因为有独到的见解、生动的案例。

这和他丰富的经历有关。施红光当过知青、当过兵,先后在广播电台、工商系统等工作过多年。而最重要的,他不断学习,与时俱进。

年轻时,他从专科读到本科,再到研究生,汉语言文学、马克思主义哲学、经济学都是他的攻读领域。退休后这几年,他的学习劲头不减反增,围绕着"做一名体制外的党建工作者"这一定位,坚持学习钻研马克思主义党建学说和党的路线方针政策,深入学习各类文件精神,努力做到干什么学什么、学什么钻什么。

"我最爱逛的商店是书店,最爱买的商品是图书,最喜欢的生活方式是读书。"施红光笑着总结自己的三个"最爱"。正是依靠这三大招,他将人生经历和所学新知识,不断融会贯通,以生动的语言、贴近实际的案例,把自身学习的体会,和一拨拨的党员们分享交流。

在施红光的课堂上,听课学员可以随时打断他的讲话。"我喜欢互动,大家有问题,可以随时提出来,都非常活跃,笑声也很多。"

他说,大家的提问经常会给他很多启发,也让他不断调整讲课内容,聚焦社会关注的一些话题。

为啥退休多年却不显老？
不断学习让生命之树常青

这些年来，施红光的讲课范围越来越广，从企业、社区到学校以及各类专业市场，他大力宣传党的理论，辅导基层党建，成为一名党性的捍卫者、群众的知心人、工作的实干家。

他也因此获得西湖区优秀共产党员等多项荣誉称号，2020 年又受邀成为浙江大学的一名客座教师。

"一些老同事看到我，说你退休这么多年，怎么外貌没有变化？"他开心地透露年轻的秘诀就是：学习使人年轻，革命者永远年轻！"即使是很熟悉的内容，我每次讲课前，还是会认真备课，做好 PPT，根据不同的对象做相应的调整，图文并茂。"施红光自豪地说，像他这样的年纪，会做 PPT 的人应该不多。

他几次提到，他们这代人经历太多社会变化，学习的欲望特别强烈，学习始终是心中的一个梦想。"我给那么多人上课做讲座，这个过程，对我来说就是一个学习的过程，这是保持生命之树常青的关键。"（图1）

图 1　施红光

李明:给别人带来快乐是她最大的快乐

张向瑜

一个人有些才艺不稀奇,但像她这样多才多艺的真不多见。从武术到剪纸,从合唱到跳舞,从书法到写作……她不仅自己乐在其中,还带着大家一起"玩",享受美好生活。她说:"给别人带来快乐,是我最大的快乐!"

她就是滨江区浦沿街道滨盛社区的李明。已过七旬的她,近年来先后被评为省优秀民间文艺人才、省武术理论工作先进个人、省千名群众文艺骨干等,她的家庭也被评为省五好文明家庭、市优秀读书家庭等。

发现老人们生活没归属感
她振臂一呼:"跟着我!"

说起李明,在滨盛社区,可是大名鼎鼎,大家都亲热地称她"李老师"。

这个称呼,始于 2013 年。当时,退休后的她从淳安来到滨江的儿子家,帮着带孙辈。小区里带孙辈的老人有不少,可一段时间相处下来,她发现一个问题:因为语言、地域文化差异等因素,不少老人生活在这里没有归属感,不适应。

"跟着我,我来带大家一起玩、一起热闹!"古道热肠的李明,点子很多。她先从自己的特长开始,作为一位武术爱好者,她坚持学习和锻炼 20 多年,是中国武术六段和功勋级武术教练。

"跟着我学,全都免费,对锻炼身体很有用。"消息一出,老人们的积极性都很高,队伍一下就拉起来了。

武术只是一个开始。在李明的带领下,大家开始了丰富多彩的活动,一起走出家门游山玩水。"我们不仅游遍了杭州,还组队去国内外旅游,大家热热闹闹,可开心了!"李明自豪地说。

不仅老年人,社区里的年轻人也特别感谢李明。"老人跟着李老师,我们特别放心。她还教大家使用智能手机,可比我们这些当子女的耐心多了!"他们说,现在老人们安心生活在杭州,家庭变得更和睦。

武术、剪纸、书法、唱歌、舞蹈
她样样精通带出好团队

李明擅长的不仅仅是武术。退休后这几年,利用原有基础,勤奋好学的她,先后把剪纸、书法、唱歌和舞蹈等技艺重新"捡"起来。在街道和社区的帮助下,武术社、剪纸社、合唱社、书法社、灯谜研究会等陆续成立,越来越多的社区居民有机会聚到一起。

"这么多年算下来,跟着我一起学的人,三四千人肯定有。"这些老伙伴们学有所成,生活过得更加丰富多彩,是李明最开心的事。

2020年受疫情影响,大家宅在家中。李明和伙伴们心系疫情防控,她组织剪纸社的老姐妹们拿起剪刀,创作抗疫主题作品,通过网络进行分享,为战胜疫情加油打气。剪纸社还被评为滨江区抗疫优秀团队。

如果说一起学习、交流是"主业",那么李明还带着大家把"业余"时间安排得相当有意义。"我们去做志愿者,开展各类公益活动。"李明扳着手指说,交通劝导员、垃圾分类宣传员、图书馆志愿者……只要哪里有需要,说一声,我们马上就到。

能"动"亦能"静"
就这样快乐地享受下去

忙,的确是忙!

但在李明和伙伴们心里,这种忙,不是累,而是自豪、是收获、是开心。人生有夕阳,事业无黄昏。李明的举手投足间,都充满着活力。

这些年,李明陆续获得多项省、区、市各类荣誉称号。让她印象最深的是

2018 年的一次登台活动。当时,体育嘉年华《奔跑吧,新时代》在国家奥林匹克中心录制,这是由国家体育总局主办的中国首届体育春晚。李明和另外一位同伴作为浙江代表参与节目演出。

"全国各地选派的 25 人,全都是知名老运动员、老教练员和体育工作者,我是作为老年体育达人的代表,当时真是激动啊!"李明的话语中充满自豪。

更让人佩服的是,这些年来,李明还忙里偷闲,只要有一点点安静下来的时间,她就会坐在书桌前,提笔创作,小说、散文、诗歌都有(图 1)。

她忙着对自己的作品进行整理,有 200 多篇散文随笔和 100 多首诗歌,计划精选一部分结集出版。"生活丰富多彩,写作素材源源不断。"她信心十足地说,动静结合、相辅相成,她会一直这么快乐地享受下去。

图 1 李明(左 3)

薛匡时：和左邻右舍一起创造有滋味的晚年

张向瑜

在滨江区的新州社区，说起薛匡时，小区里的邻居们无不竖起大拇指："老薛这个人啊，特别积极乐观，很有感染力，他的这份劲头也影响了我们很多人。"

2009年从单位退休后，作为一名老党员，薛匡时"退而不休"，活跃在社区的各个岗位上，从首批志愿者、资深楼道长到居民代表，他热情开朗、热爱学习，带动一拨又一拨的居民创造有滋有味的晚年生活。

"学习让人焕发生命力"
老顽童年纪越大越积极

随着年龄的增大，对"学习"二字，薛匡时有更深的理解，"学习能让人焕发生命力，一定要不断学习"。

作为一名"老三届"，当年因"上山下乡"失去深造学习的机会，但多年来，他在生活中养成了坚持学习的习惯。退休前，他一边刻苦钻研业务知识，积极报名参加各种岗位培训，工作之余又报名电大，取得大专文凭。

"退休以后，有了更多可自由支配的时间，按自己的兴趣爱好学习，多好的事啊！"薛匡时说起来就激动。就拿智能手机来说，薛匡时花了一段时间好好研究，现在用得特别溜，各种微信公众号、APP软件为他的学习开辟了全新的渠道。

他每天早起坚持收听新华社的《早知天下事》，晚上临睡前再听一下精选的《夜读》栏目。"清晨醒来，聆听天下大事；入睡前，聆听名人夜读，在美文中入眠，真乃天下乐事一桩。"薛匡时一再说，通过这样的积累，陶冶情操，充实自我，永远跟得上时代的步伐。

与此同时，他还积极走出家门，只要有空就前往各种博物馆、纪念馆，走走看看拍拍记记。他笑着说，就像小孩子一样充满好奇心，打开了眼界，收获很大。

实地考察搜集资料
通过互联网与他人分享

这些年，薛匡时所做的事，可不仅仅是自己热爱学习，关键还在于，带动了一大拨人加入学习的队伍中来。

和很多老年人一样，他喜欢拍照，每到一个地方或场馆参观，他都留心观察，拍下各种照片，回家后第一件事就是通过手机软件做成合集，以图文并茂的形式，分享到社区各种微信群。群里居民一看到，为他点赞的同时，纷纷向他请教软件的用法。薛匡时耐心地一个个教，直到大家都掌握。

像他这样的年纪还能这么"折腾"的居民可不多，社区也"闻讯而来"。原来，新州社区打造了小区互动网络平台"连线"，正需要薛匡时这样的热心居民。于是，他先后在平台开辟了《杭州的桥》《一日一菜》《一日一诗》等栏目，每天更新内容，成了"连线"平台上的主力军。

为了让大家对杭州风土人情有更深入的了解，薛匡时在更新栏目过程中，从来不是简单地上网搜集资料，而是实地考察拍下图片，然后通过软件制作成各种文章或者视频，分享给大家。比如为了介绍杭州的桥，他认真记录下每座桥的历史和现状，确保真实无误后在平台上向居民传播。"每天一早一晚，我都会登录上去，一一回复，大家再一起讨论。"薛匡时做事很认真。

在他的带动下，越来越多的人加入平台。每年年底，平台会统计居民的推送条数，前几年薛匡时稳居第一，到 2020 年底他已被其他人超越，薛匡时很高兴："这说明大家劲头都很高，凝聚力也就强了！"

从"小家"到"大家"
他说这是"良性循环"

平时，只要有空，薛匡时还积极参加公益活动当志愿者，平安巡逻、文明劝导等，都能看到他活跃的身影。

很多人以为，像他这样热心公益事业的人，家务事肯定是"甩手掌柜"。不是！薛匡时的爱人几年前就身患癌症，手术之后在家休养。往返医院和家里、平时陪护照看以及家里一日三餐，几乎都是薛匡时一手包揽、细致安排。

周围人知道后，对他更是佩服有加，为他竖起大拇指。但他摆摆手，爽朗地说："病情已经在了，我们就要正视，不能被它搞得垂头丧气，更要积极生活、劲头十足，这样才能战胜病魔。"他很欣慰，爱人身体恢复得不错，他经常会把外面的趣事讲给她听，家里笑声不断。

薛匡时经常说，照顾妻子是他作为丈夫应尽的义务，服务居民是他作为党员应尽的职责。家人全力支持他，走出小家服务大家。而在服务大家的过程中，薛匡时不断收获快乐和信心，而后他再把这些正能量带回家里。"这就是一个良性循环啊！"薛匡时说着又笑了（图1）。

图1　薛匡时

施一伟:用镜头记录时代变迁和美好生活

王厚明

家住萧山区广德小区的施一伟,今年已经 69 岁,但他越来越活得像个年轻人。

每天,他都会背起心爱的相机,去捕捉这座城市的美好瞬间。一张张照片,一个个瞬间,见证城市发展的同时,也留下了他不断学习挑战自己的生命印记。

退休后圆了年轻时的梦
从爱好开始越来越专业

2014 年,施一伟正式从萧山不锈钢制品总厂退休。

习惯了忙碌的施一伟,一下子闲了下来,他开始寻思学点东西,来充实自己的老年生活。这时候,自然而然想到了摄影。因为年轻时,闲暇时间他喜欢到照相馆租一个相机,到处拍照。

"改革开放 40 周年的时候,北干街道办了一个影展,我就把当年拍的老照片拿去参展。不少人都感叹,这么有年代感的萧山老照片都有啊!"施一伟笑着说,年轻时其实也不懂多少摄影技术,就是拿着相机走走看看,退休了想好好学一学,所以报了老年大学的摄影沙龙,一学就是 5 年。

"老年大学的老师教我们,摄影是一门重实操的科目,学了理论知识外,要多实践。"于是,施一伟一有空就会去萧山的一些乡镇拍照写生。渐渐地,老施的摄影技术越来越好,也出了不少好作品。

比如,2015年他参加萧山首届古建筑摄影比赛获得了一等奖;2016年参加杭州市首届非遗大赛获优秀奖;同年,北干街道迎 G20 摄影大赛中他获得了三等奖;介绍萧山国门第一路的照片《大地冲天》,还刊登在《萧山日报》头版上。

施一伟一边拍照,一边见证着家乡日新月异的变化。"我已经连续在楼塔、河上镇拍了很多年,现在的新农村真是发展得越来越好,老百姓的生活也越来越滋润幸福。我的很多作品,还成为当地旅游的推荐照片,真让我高兴。"

组建学共体一起玩摄影
给老年人免费拍金婚照回馈社会

随着拍照技术的日渐成熟,施一伟也认识了一些志同道合的朋友。大家凑在一块儿合计,成立了一个民间组织老年摄影沙龙,设在萧山区老干部活动中心。每周二、三上午,大家聚在一起,分享自己的摄影心得。

"我们这个学习共同体,没有领导,谁在某些方面擅长,谁就是大家的老师,传授经验。"施一伟笑言,这个老年摄影沙龙目前已经发展到约50人,连他的夫人也加入了。"我夫人现在的生活特别充实,她还自学了 photoshop,现在她是我们中间做图技术最好的,大家拍的照片都会叫她做图。"

因为擅长摄影,施一伟和老年摄影沙龙的成员们,成为周边社区的摄影达人,在社区大大小小的活动中,总能看到他和成员们的身影。只要社区有需要,施一伟必定来帮忙,还会提前来了解详细的拍摄需要和场地布置,为活动记录准备好专业设备。

有段时间,施一伟和团队成员们在做一个公益项目——为周边社区的老年人免费拍婚纱照,现拍现取。"我们这一辈的很多老年人,过去结婚的时候都没有穿过婚纱,现在大家日子越来越好了,年纪也越来越大了,拍一套婚纱照,一来可以庆祝金婚,二来也可以弥补当年留下的遗憾。"施一伟说,能把学到的东西回馈给社会,这是件非常有意义的事(图1)。

图 1　施一伟

陈国泉：以"两弹一星"精神感召身边人

史　洁

1942年，陈国泉出生于杭州一个工人家庭。早产的他身体很弱，但他从小个性非常要强，学习总是班里的第一名。

1964年7月，他从浙江大学物理系核物理专业毕业后，国防部将其分配到中国人民解放军核武器研究院工作，当年被选拔去的浙大毕业生只有两人。自此，他踏上了17年的"两弹一星"研制道路，追随着邓稼先等知名专家，奋战在祖国的戈壁滩。

蘑菇云升起的刹那
他决心将自己奉献给"两弹一星"事业

1964年我国第一颗原子弹爆炸成功时，陈国泉就在发射现场。当时，他刚刚加入"两弹一星"的研制队伍，第一次看到壮丽的蘑菇云，内心受到了极大的震撼。

第一次见到导师邓稼先，陈国泉印象很深。由邓老带领新入职的年轻人举起右手庄严宣誓，这也是一次非同寻常的保密宣誓，要一生忠于事业，为事业献青春。

因为核试验对身体的影响很大，陈国泉身上留下了不少后遗症，30岁就掉光牙齿、眼睛几乎失明、手抖、脚痛、失去听力用人造鼓膜替代。这些身体上的病痛却从未让他有一丝一毫的后悔，他始终谨记并实践着"特别能吃苦、特别能战斗、特别能奉献、特别能创新"的"两弹一星"精神。

1968年，陈国泉与妻子结婚。办婚礼的当天下午，他才从天津赶回北京。到了晚上就接到了新任务——到内蒙古、青海、甘肃、新疆、四川等地工作，可能需要一年多时间。去执行什么任务，去多长时间，到什么地方去，这些都是保密的，即使是自己的妻子，陈国泉也不能提半句，留下"任务"两个字，在结婚的第二天早晨，他就出发了，工作回来已经是1969年。

当时匆忙得连张结婚照也没有拍，回来后，他与妻子到单位旁边的照相馆照了结婚照。在1964—1981年，夫妻二人见面的机会非常少，他大部分时间都在全国各地跑，先后跟随邓稼先、于敏、王淦昌、周光召等参与了原子弹、氢弹小型化、中子弹的研制、试验和开发等工作。

"两弹一星"的研制没有经验可循，完全是在实践中摸索、试验了无数次。陈国泉和同事们不断学习，才取得了一次次的成功。他说，邓老在每次开会研究事情的时候，都会要求在场的每位同事必须发表自己的观点，而不是一味地赞同他。邓老反复强调："我们的人生事业和每一个项目最后必须经受实践和时间的考验。"这也一直激励着他向前。在邓老的指导下，他参加与主要参加的重大国家和国防科研项目获得了国家自然科学奖、国家科技进步奖、国防科技成果奖等等。

1981年，陈国泉因家中四位老人病重，需要回杭照顾老人。邓稼先特批他回杭。临行前，邓老嘱托他："回去后，你要继续讲真话、实话，要真正为党、为国家、为人民做事。"陈国泉牢牢记在了心里。

学习精神一以贯之
改行后他继续孜孜不倦地学和教

1981年，陈国泉回杭后在新的工作岗位上继续发扬"两弹一星"四个特别精神，为党和国家、人民作出新的贡献。

回杭后，首先面临的就是改行后难以想象的困难，他先后在统计部门和金融系统工作，进入的是自己完全陌生的领域。

但40多年来，他克服诸多困难，发表了90余篇论文，参加编写了关于金融、经济、社会、统计、教育等方面的十余本书，获得各级科研和教育荣誉证书70余本。

这正是在极端困难的条件下，以世界最快的速度、最好的质量完成了中国

"两弹一星"的任务留给他的宝贵学习经验。他实践着"三种学习方式"：一是向书本学习，即普通意义上的学习；二是向他人学习；三是通过自己的实践去学习。他利用一切可以利用的时间，不断学习更多其他行业的知识。

对陈国泉而言，学习就是最快乐的事。他不仅学以致用，还倾囊而出，教授给其他学生，多年来，他培养了数万名学生，他们中既有高复班的学生，也有下岗工人，还有自考生、大学生等。

20世纪八九十年代，周一到周五的晚上，他基本上都在电大、高复班、高校等课堂授课。哪里需要他去上课，他总是欣然应允，最多时一个人上30多门课。

有一次，他骑车在上课途中被车撞了，满脸是血地出现在课堂上："这门课很难，我不希望因为我的原因，学生们落下了学习。"学生们非常感动，专门写信给他，表达感谢之情。当时这门"国民经济统计概论"课，全国合格率一般只有10%—20%，但陈国泉教的班合格率达到80%。给下岗工人、困难学生讲课，他不收费。他常常鼓励学生，做人要有"三心"：做事要专心、学习有恒心、对人有爱心。自己就是从小先天不足，但因为学习上的专心和恒心，才最终取得了事业上的成绩。

爱国主义教育入人心、感人心
永远"克服自己、挑战自己、解放自己"

如今，陈国泉积极参与社会公益活动，对10多家单位和30多所学校开展"两弹一星"爱国主义教育，人数过万，教育效果得到了各界的高度评价和赞扬。

陈国泉已在学军小学、杭二中、保俶塔实验学校、文一街小学、公益中学等学校开讲座，他始终保持着清晰的思路和抖擞的精神，令坐在台下的学生和老师们深感佩服。

他既讲自己九死一生的"两弹一星"历程，也讲自己的学习、理想。他经常说，自己就是在不断克服自己、挑战自己、解放自己的过程中获得了成长。他勉励学生们，在学校要培养自己的兴趣爱好，打好基础，将自己的梦与中国梦结合，要不断创新，壮大国家，实现中国梦。

勤勉、扎实、不断的努力，让他先后获得最美浙江人、浙江人民身边的活雷锋、杭州市百姓学习之星、良渚新城十大人物、拱墅区先进个人等荣誉称号。

也许"两弹一星"离普通人很远，但陈国泉所代表的"两弹一星"精神和永不停步的学习态度却不断地感召着当代学子：唯有努力学习，才能实现人生价值（图1）。

图1　陈国泉

丰国需:与故事"白头到老"

史　洁

1955 年出生在余杭良渚的丰国需是个名副其实的"故事大王",他从 1974 年在塘栖下乡期间开始从事故事创作,从此,写故事、讲故事,一直乐此不疲。

四十余年来,他发表了 300 多篇故事,带了上百个学生,并为余杭赢得了两块响当当的国字号文艺品牌——"中国故事之乡""中国新故事创作基地"。

欲与故事"白头到老",让更多人爱上写故事、讲故事,他一直在行动。

从小就喜欢听故事
"江南故事大王"是这么来的

在余杭区塘栖镇,只要说起写故事、讲故事,大家自然就想到丰国需。他从小就喜欢听故事,与故事的不解之缘早就结下了。

小时候到了夏天,邻居们坐在一起乘凉,小朋友最喜欢听大人讲故事了。丰国需回忆说,自己就是在这样的环境中长大的:"那些民间故事、民间传说,一直吸引着我,等我上了小学开始识字了,就喜欢看书。"

当时的中心小学图书馆只有一个书架,没多久,他就把书全看完了。后来,他就跟着小伙伴一起捡拾废铜烂铁,卖了赚钱买书。丰国需阅读的习惯一直保留下来,虽然初中毕业就下乡,但阅读从未中断。

到了余杭区水产养殖场工作后,丰国需用自己的工资订了一份《杭州日报》,一边阅读一边开始写作。当时的报纸送不到他工作的一线,每周他去场部取一次报纸，看的都是好几天以前的报纸了。

1975 年，他发表故事处女作《渔场新苗》，自此，丰国需开始了漫长的写故事、讲故事生涯，成为国内文学界知名的作家，被誉为"江南故事大王"。《丰国需故事选》获浙江省民间文学成果一等奖，故事作品《看一眼一百万》获得民间文艺最高奖——中国民间文艺山花奖·民间文学作品奖。

塘栖故事沙龙成立
一大批故事创作人才诞生

1991 年，为更好地挖掘塘栖古镇文化，创作更好的故事作品，丰国需成立了国内第一个民间故事创作社团——塘栖故事沙龙社团，在塘栖书场讲故事、讲余杭老古话。

最初的塘栖故事沙龙只有五个人，每月逢 8 日、18 日、28 日，在丰国需的家中举办活动，大家一起喝茶、聊天、谈故事，还因此出了一本沙龙的油印刊物——《水乡故事》。到了 1994 年，沙龙日益壮大，有 12 个人。这时丰国需家里已经坐不下这么多人，活动开始转到文化站举办。

1996 年，中国民间文艺家协会得知塘栖还有这样一个民间故事沙龙，同时具有相当高的创作水平，《民间文学杂志》的编辑特地给丰国需写信，邀请塘栖故事沙龙派代表参加 1997 年在重庆举办的中国故事理论研讨会。

2002 年 5 月，丰国需与时俱进，和朋友合作，创建全国第一家故事专业网站——故事派对网，将故事讲到了互联网上。同年 10 月，丰国需依托故事派对网，创办了国内第一家新故事创作网络培训学校，免费在网上教学，培养了一大批故事创作人才。

免费培训一共办了 29 期，持续多年，有 600 余位故事爱好者参加了培训。有不少参加培训的作者至今都活跃在故事创作上，获得中国民间文艺山花奖的部分故事作者碰到丰国需时，都说自己曾经是他在网上的学生。正是丰国需的带领，使他们走进了故事的大千世界，并获得了成功。

如今，他还成立了故事宣讲团，带领 40 多位社团成员将"乡村故事会"走进学校、社区，走进农村文化礼堂，每年演出场数达 30 余场，小故事，大道理，一个个乡土味很浓的故事，让听众在笑声中得到启示，成了活跃在余杭农村文化礼堂中的一支主要宣讲骨干力量，获得了余杭区宣传创新奖。

　　宣讲团每月两次走进区图书馆，举办"美丽洲故事会"，通过故事不断培养新人，培养出许多故事人才。该社团核心成员已在全国、省、市级讲故事比赛中获得各种奖项，2017年塘栖故事沙龙社团获得"全国终身学习活动品牌"称号。

感恩自己获得的帮助
在给予中获得创作的成长和进步

　　搞沙龙，办网校，但有许多丰国需的老朋友并不支持他。认为国内写故事的人就这么多，他的所作所为是在给自己培养对手。

　　"我并不这么认为。我觉得一个人一定要学会感恩，懂得感恩的人才能获得幸福。我在写故事的成长过程中，有许多老作者、老师们在帮助我。我将这一切回报给年轻的作者们，这是我的一种感恩方式。"丰国需坦言，在帮助别人时他也收获良多。

　　学生们对他的尊重，给予了他极大的满足感。同时，在这个过程中，他不断总结经验，并形成了故事写作的教材——《推开新故事创作之门》，在全国反响热烈，"没有对年轻作者的培训，就不可能有这本书"。

　　在与新老作者们的交流中，他感觉到，自己在创作上不断有进步。故事创作与其他写作不同，需要集思广益。新作者在写作上可能略有生疏，但丰国需的一句话，或许就能给他一些启发，让他在创作中有新的思路和视角。"记住你的人多了，会感恩的人多了，对自己来说，活得很幸福、很轻松。而他因为感恩也会帮助其他更多人。"

　　从2007年起，丰国需让余杭塘栖故事之乡这块牌子擦得更亮，他开始讲故事。自己登台讲，带着学生讲，为故事之乡添上了浓墨重彩的一笔，并得到了中国民间文艺家协会肯定（图1）。

　　如今，塘栖故事沙龙分两条线发展：一是创作故事，大家在微信群里畅谈创作思路，加强沟通交流；二是讲故事，涌现了一批爱讲故事、讲好故事的演讲者，他们中还有不少80、90后的中青年，让故事拥有了越来越年轻的魅力。

图 1　丰国需

程雁飞：让志愿服务成为快乐的源泉

方秀芬

"我可以叫你妈妈吗？"一个 17 岁的女孩怯生生地问。

这个女孩躲在家，足不出户，谁也无法开启她的心扉……

"可以啊，有好几百个孩子都叫我妈妈呢！"程妈妈眼里噙着泪水，紧紧地把女孩抱进怀里。这一抱之后，就是程妈妈长达三年的跟踪服务，努力帮助女孩走出混沌的世界。

孩子们嘴里的"程妈妈"，是富阳区登云社区的程雁飞。她有一颗平凡的心，却做出了不平凡的事——从乡村中学退休后，她发挥心理辅导的专长，把休息时间都奉献给了关怀社会弱势群体和公益事业，温暖了一个又一个需要帮助的孩子，挽救了一个又一个有缺憾的家庭。

帮助一个孩子，就是挽救一个家庭

一说起自己帮助过的孩子，程雁飞脸上满是欣慰的笑容。

有个女孩园园（化名）自我封闭，不肯与家长交流，万般无奈的园园妈妈找到程雁飞，拉着她的手，眼泪如决堤的水流个不停，她恳请程老师给孩子做疏导。"帮助一个孩子，就是挽救一个家庭。"程雁飞答应了家长的请求，于是她开始了漫长的辅导路。功夫不负有心人，现在这个孩子已开始工作了，迈入了生活的正轨。

一直以来，程雁飞被孩子们亲切地唤为"程妈妈"，不管哪个孩子有什么烦心事，只要找"程妈妈"，她都会热情接待，耐心指导。

331

有一次，程雁飞做完大手术才 7 天，突然接到一个求助电话，有个孩子想不开，已经写好了遗书，但她还想和"程妈妈"说说心里话。考虑到情况紧急，程雁飞立即答应了她的请求，躺在病床上用微弱的声音与对方沟通交流……就这样，一个如花般的生命被挽救了回来。

"我非常喜爱孩子。"程雁飞说，自己唯一的女儿乖巧、懂事，一直让她很省心，她的丈夫则是她坚持公益的最强后盾。虽然先后做过三次全麻手术，但程雁飞并没有退缩。为了服务更多孩子，2012 年，程雁飞在登云社区成立了青少年心理服务中心——"程妈妈工作室"，开通了求助热线，为青少年提供心理援助，通过现场指导和家庭教育讲座，已经让 8000 多个家庭受益，引导一个个濒临辍学的孩子重树信心，获得健康的人生。

帮助别人、快乐自己

"帮助别人、快乐自己，这样的人生，活得才更有价值。"这是程雁飞的人生信条。

11 年前，程雁飞牵头组建了"程妈妈公益团"。多年来，每次活动的物资都是程雁飞牵头组织爱心人士购买的，因此也带动了社会爱心人士共同参与。

程雁飞参加过多次临终关怀活动。一位赵姓空巢老人，是在她经常的聊天、陪伴读报的安慰中，带着满足的微笑走的。敬老院是她常去的地方，元宵节的汤圆、母亲节的拖鞋、中秋节的月饼、重阳节的暖袜，都跟她和志愿者们一起留下的欢声笑语交织在一起。

"她啊，很会哄老人的。"一说起程雁飞，董大妈就赞不绝口。董大妈是"程妈妈公益团"的志愿者，跟着程雁飞经常往敬老院跑，一年要跑十几趟。程雁飞尊重爱护老人，又懂得老人的心理，每次去敬老院前，她都会带上精心准备的礼物，敬老院有 82 位老人，第一次她就给他们带去了拖鞋和袜子。

董大妈说，自己不会跳舞，本以为当不了志愿者。没想到，程雁飞不断鼓励她，盛情邀请她加盟公益团。每次去养老院，董大妈穿上红马甲，陪老人聊天，感觉身上充满了力量："能帮助别人，真的特别开心！"

在程雁飞的鼓励下，社团的公益活动从未停止，志愿者已经发展了 200 多位。很多志愿者说，这项志愿服务带给了她们满满的快乐和成就感。

做个"精神上的富翁"

退休后的程雁飞比工作时更忙。她放弃休息时间，不计报酬，走入更多需要帮助的家庭。她先后两次到丽水支教，为当地学校新建心理辅导室。从选址到设备，她亲力亲为，并在当地开展家庭教育讲座，指导老师个案辅导。

第二年回访支教，她欣喜地看到当地的心理辅导室很健全，并有30多位教师取得了心理健康辅导资格证书。现在，程雁飞的"业务"已经推广到萧山、义乌等地，慕名来访者络绎不绝，她更是"来者不拒"，先后开设了三个程妈妈工作室，以帮助更多迷茫的孩子走向坦途。

"活到老，学到老。"程雁飞说，做公益事业的同时，她还学会了旗袍秀，学成归来后再一批批地教姐妹们，旗袍队的队员从10多个人发展到200多人。

"或许我在物质上不是富翁，但绝对是精神上的富翁。"程雁飞用手指着身上的全棉连衣裙，莞尔一笑，这件衣服是花了50多元买来的。

因为热爱，因为执着，程妈妈的公益事业像花朵一样绽放。20个年头走来，程雁飞以她的慈爱唤醒孩子沉睡的心灵，以她的善良温暖着他人孤冷的胸膛，以她的奉献激发起社会的正能量。

逢年过节，她总能接到来自天南海北的问候和喜讯——"程妈妈，我毕业了！""程妈妈，我找到工作了……"这一刻的程雁飞，不再是62岁的退休老人，开心得像个孩子（图1）。

图1　程雁飞（右）

何建强：一颗桃子撬动一方经济

方秀芬

从 21 岁白手起家，到打造"矮子鲜桃"这一名片；从自己种桃子，到带领 30 余家合作社打造水果产业品牌，何建强一路创造出的成绩全凭坚持不懈的学习和奋斗。

个头不高，肤色黝黑，脸上时常露出憨憨的笑容。在不断学习和进步中，何建强不仅成了果树种植的土专家，还带动周边农户大力发展种植业，成为远近闻名的致富奔小康的"领头雁"。

勤学第一阶：大胆自学研究新技术
"矮子鲜桃"成为响当当的品牌

何建强种桃，今年已经是第 37 个年头。"刚开始种桃那会儿，什么都不懂，技术不懂，品种也不懂，卖得不好。"何建强牵动嘴角，苦笑了一下。1997 年，他承包了村里名叫大雷山的荒山，搞起了鲜桃种植。由于没有经验，种下去的果树成活的不多。

望着树上一颗颗桃子，何建强的心就像悬着一块块石头。"技术，我可以自己去学！"何建强跑到成人学校参加相关课程的学习，汲取专业知识和技术，通宵达旦看书成了家常便饭。经过几年时间的艰苦、勤奋学习，何建强把知识融入实践，他家的桃园成功收获了品种优良、肉质鲜美的桃子。至此，他成了远近闻名的种桃专家，还一手起草富阳鲜桃的种植标准，获得了专业人士的认可。

最令何建强自豪的是，在他的努力下，合作社日渐壮大。2009 年他在山东考察中发现了桃树一边倒种植技术。回到富阳后，他就在自家的桃园里开始试验，为此他曾连续三个月吃住在桃园里，发现问题就立即向镇、区里的农技专家咨询，通过一年多反复实验对比，他的桃树高密度一边倒种植技术终于试验成功，并在合作社社员中间推广。当年，合作社桃园产量较往年翻两番，他研究出的"矮子鲜桃"也成为响当当的品牌。

"矮子鲜桃"颜色鲜亮、个大皮薄、爽脆香甜。目前，"矮子鲜桃"共有 37 个鲜桃品种，年销量 1600 余吨，年产值 3000 万元以上。

勤学第二阶：广收徒弟传经送宝
带领身边更多的人富起来

"一个人富不算富，看到大家都富了，我心里才高兴，很有成就感。"何建强"嘿嘿"地笑了两声。在他心里，带领大伙共同致富，这也是在为子孙后代做好事。

何建强所在的合作社有 28 户家庭，每户最少有七亩地，多的有五十多亩地，按照一亩地净利润 1 万元算，村民的年收入是相当可观的。在当地，他广收徒弟，总共收了 38 个徒弟。有个叫康康（化名）的徒弟，先前家里一贫如洗，无房无妻，唯一的财产是两头小黄牛。康康找到何建强，想借 10 万元创业。刚开始，何建强有点犹豫，实地考察过后，不仅借了康康 5 万元，还亲自陪康康去贵州买回小牛，这让腼腆的康康感动得红了眼眶。之后，康康把全部精力都放在养殖小牛上，每年都给师傅何建强报告好消息。现在，康康的牛棚里已经有 100 多头牛，他自己也早就娶妻生子了，生活过得很幸福。

这些被带动的家庭中，有不少曾经是问题户、贫困户。他们都在何建强无私、耐心的帮助和指导下实现了创收，成功致富。

现在的何建强有着多重身份：联合社理事长、富阳区水果产业协会会长、区农业农村局水果专家、农林大学博士生导师……荣誉满身的他，依然喜欢下到园地中考察、指导培训。有一次，上山诊断桃树，他不小心摔断腿，在家休息了两个月。何建强的妻子看着伤口，心痛得直掉眼泪，当场说气话："以后不要回来了，干脆去别人家吧！"何建强只得好言好语安慰妻子。但等伤口好了，遇到有困惑的农户求助，他又顶着大太阳，跑到田间地头。

何建强把自己生产实践中的宝贵经验带进了家乡的合作社，让合作社桃园的产量和收成均有了大幅提升。几年下来,合作社规模不断扩大,目前已经是有3800余户参与、32家合作社组成的联合社,有效推动了富阳地区水果产业的扩大与发展。

勤学第三阶:在大数据时代
摸索现代农业新模式

9年前,杭州富阳山居农产品专业合作社联合社成立,这是杭州地区首家农民专业合作社联合社。几年后,联合社利用杭州市资金互助试点单位优势,正式成立杭州市富阳区山居农产品专业合作社联合社资金互助会,入股资金1022万,拥有会员1602户。

何建强当起了资金互助会会长。别小看了这个会长,需要很多专业知识。从未接触过金融领域的何建强,再一次挑战自己,迈开新的学习征程。银行金融管理、小额信贷服务、三位一体管理模式等新概念、新知识,都被何建强快速地吸收、消化、转为实践,从而也衍生出了杭州富阳山居农产品专业合作社联合社资金互助会运营模式。

信息化、大数据时代已经到来,何建强计划与浙江农林大学、浙江省农科院等科研机构合作,发挥联合社的平台作用,引进物联网、智能温控大棚等现代化农业生产设施和技术,在富阳区建设一个具备全国领先水平的现代农业科技示范园区,让更多农民知道科技给农业带来的好处。同时,他还想利用互联网,树立"富春山居"品牌的富阳地区特色农产品产销体系,结合本地实际,分析、整理、预测市场需求动态,向农户及时发布消息,起到指导生产、促进农产品销售流通的作用。

"结合本地资源,今后要精心打造休闲农业、旅游农业、现代农业的品牌。"何建强是个有远大理想和很强的社会责任感的人,在他心里,要让联合社不断发展壮大,为当地农户带来更多的利益和机遇,让新农村成为城里人心向往之的"世外桃源"(图1)。

图1　何建强

庄全娟:太极拳女教头带领乡亲爱上健身

方秀芬

在空旷的广场上,一位身着白衣的老太太正带领一群人认真练着陈式太极拳。虽已年逾古稀,但老人家打起拳来虎虎生风,步法灵活,丝毫不输年轻人。

从 20 世纪 90 年代学拳开始,每天打太极拳成了她的必修课。只是万没料到,练着练着,她一不小心变成了总教头,跟在她身后的徒弟队伍越来越庞大,一直发展到 500 多人,还顺势诞生了一个太极俱乐部。

她是来自富阳区鹿山街道的庄全娟。在当地小有名气的她,今年已经 79 岁。有人曾评价,鹿山街道太极拳的发展与庄全娟的努力与坚持是分不开的。

最初的队伍只有8人
现在影响力辐射全街道

鹿山街道面朝江,后靠山,千顷良田在中间,是个风光秀丽的风水宝地。农村土地开发后,劳动力剩余,各村出现了腰鼓、排舞、篮球等文娱活动,唯独没有太极活动群体,这让当地太极爱好者方一心很忧心。方一心一直想在村里组建一支太极拳队伍,但总感觉"势单力薄"。街道老体协也非常重视这件事,几年间曾多次鼓励发展太极,甚至还下发了表格发动群众报名,但始终收效甚微。

这时,退休后的庄全娟和老伴回到了鹿山街道江滨村。

得知庄全娟为人热心,又会打太极拳后,方一心心中一喜:这不正是他心目中的最佳人选吗? 于是,方一心托人多次找到庄全娟,希望她能一起推动此事。

几次交流后,庄全娟被说动了,于是她下定决心一起干。这之后,他们上下奔走,与村里老年协会协调、发动,与区老年体协、太极拳俱乐部、街道老体协等相关负责人联系协商,终于组建起本地区第一支8人的太极拳队伍。

紧接着,太极团队开始聘请教练,潜心学拳。2007年,这支平均年龄超过60岁的太极队伍,首先学习了太极拳24式、40式,掌握技巧,打好基础。"充分发挥老年干部的作用,带头打太极。"在庄全娟的带领下,不知不觉中,太极队伍在慢慢壮大。

从最初的8人发展到今天,江滨村已经形成了136人的规模,由江滨村牵头将太极文化逐步推广,街道其他8个村先后加入了这个大家庭,整个鹿山街道559位会员中有103位通过了测试和审批,获得了不同等级的太极教练资格证书。俱乐部成员的年龄从45岁到80岁不等,平均年龄在65岁左右。

倔强的教头上下奔走
让国粹走进了文化礼堂

鹿山街道江滨村有一幢崭新的建筑,楼高四五米,是当地的文化礼堂。在礼堂门墙上挂着"太极俱乐部"的招牌。礼堂内,两排木柜中存放着太极器械:刀、枪、棍、棒……角落的玻璃柜中摆满了太极俱乐部成立以来斩获的各种荣誉。走入里面的讲堂,庄全娟和十几位会员代表热情地迎了上来。

作为富阳首个民间太极馆,也是鹿山太极拳的起源地,这里为太极拳爱好者们提供了数百平方米的练习场地。"太极拳与文化礼堂相结合,在传承优秀传统文化的同时,更显鹿山特色。"庄全娟说,太极是国粹,拳理心法、套路动作、技击等方面,都完全符合中国传统文化的文化内涵。

现在,能在400多平方米的太极馆里打拳是何等幸福。想当初,太极俱乐部刚成立时,连个像样的场地都没有,大家都是看天练拳,一旦下雨下雪,一群人只好收拾刀剑回家。"遇到困难不怕,创造条件也要上。"庄全娟身上的那股倔强再次显露出来,她和伙伴们积极与当地相关部门多次沟通协商,终于获得了支持,争取到了这块舒适的场地。

"队伍发展到今天的规模,多亏有庄大姐。"王福娟加入太极俱乐部已有好多年了,她沉醉于太极,每日早晚赶来太极馆,和姐妹们一起练习。"有了太极,心里就有了一份牵挂。"王福娟说,团队凝聚力很强,上下一股劲,拧成一股绳。

"太极有一定的门槛,需要练习者打好功底。"庄全娟总是跟姐妹们说,不同于普及程度较广的广场舞，太极是一种"下沉式"运动，更能修炼一个人平心静气的气质和修养。

在太极拳的学练中，庄全娟采取竞赛和传统两条腿走路的方式，效果不错。目前，大家基本掌握了拳、剑、刀、棍等 15 个套路，从赤手空拳到刀枪棍棒，都有模有样。

太极风吹遍鹿山大地
为美丽乡村增添一抹亮色

近年来，美丽乡村建设成为热词，各乡镇结合本地特色与传统文化推出自己的"美丽方案"。眼下，"鹿山新风、太极之气"俨然成为鹿山的一张新名片。

"内练一口气，外练筋骨皮，师傅领进门，修行在个人。"在庄全娟看来，拳要打得好，教练是关键。鹿山太极发展很快，和聘请有资质教练、帮助举办各种拳（械）培训分不开。十多年来，采取请进来、走出去的方法，多次邀请富阳武馆资深教练，开展各种拳式套路教学和培训，手把手地进行指导，相互切磋拳技。这在一定程度上助推了鹿山"太极之风"的盛行，形成全民太极的良好势头。

"愉悦身心、修身养性、陶冶情操，打太极好处多着呢。"庄全娟说，原本以为退休后没事可干，直到组建太极俱乐部，日子过得充实饱满，让自己的晚年生活变得意义非凡（图 1）。

她有很强的组织协调能力，曾经把队伍拉到场口、新登、洞桥、东洲、大源等地去交流，会同区武馆、区俱乐部选拔优秀团队赴台州、舟山等地去比赛，获得了优异成绩，拿到不少金牌和奖杯。庄全娟一家更是全家参与，在她带队外出表演和比赛时，她的老伴就负责摄影，记录下鹿山太极成长发展的每个难忘时刻。

随着知名度的提升，太极俱乐部时常受邀出席各大活动进行表演。在一次次的交流和比赛中，俱乐部的专业度、凝聚力不断提升，其向外传播和弘扬的"太极健身文化"，也成为富阳一张独特的文化名片。

图1 庄全娟(右2)

江涌贵:阅读润泽我的生命

刘园园

耕读传家久,诗书继世长。

在中国传统文人的理想中,最美好的生活无疑是"晴耕雨读""有余力,则学文"。无数家庭都将"耕读传家"作为家训。

如今已年逾八旬的江涌贵老人,同样从小深受"耕读传家"思想影响,这让他从小便结交到了"书"这位与他相伴一生的挚友,并通过读书学习改变人生,通过读书面对生活中的艰难纷扰,收获了"不足为外人道"的"富足"人生。

用勤奋和学习开出一条坦途
从贫寒青年成长为"论文专业户"

1940 年 9 月,江涌贵出生在淳安威坪镇的一个小乡村。贫寒的家境、繁重的农活,既压弯了父母亲的脊背,也暗淡了江涌贵的童年。

尽管父母亲没有多少文化,他们朴素的认知中却始终坚信一条:一定要让孩子读书、明理,通过知识改变命运。

受时代影响,江涌贵直到 1950 年才开始读书识字,"尽管家里农活很重,但我不干农活父母是不会责备的,而当我不好好读书时,爸爸是会打我的"。追忆往事,江涌贵欣慰地笑着说,是父母的坚持与引导,令他从小认定"万般皆下品,唯有读书高",将读书这件事视为生命中最为重要的事。

江涌贵至今记得,1956 年,学校组织同学们从威坪镇到县城秋游,当时他的身上只有几角钱,用来买了一本《新华字典》,便没钱买午饭了。于是,他只能饿

342

着肚子回学校，"但我的心里却乐开了花"。

由于勤奋刻苦地学习，江涌贵初中升高中、高中升大学，均以优异成绩被学校推荐保送。

再后来，中国古典名著、马列和毛泽东著作、现当代文艺作品……大量阅读中外名家作品，为江涌贵打开了一个精彩纷呈的世界，使他更加沉醉于知识的海洋。

20 世纪 60 年代中期，从武汉空军雷达学院毕业后，江涌贵先后进入四川省成都军区空军雷达兵部队、西昌市政府机关工作。当时，正处社会物质匮乏的时期，许多人眼里最看重的都是生活物资，而江涌贵则会尽自己所能去买书。西昌新华书店的工作人员也因此成了他的好朋友，为他打开了与新书、好书无缝衔接的"便捷通道"。

扎实勤恳的学习、广泛深厚的阅读，为江涌贵在工作中的出色表现奠定了基础，他先后在部队连队和机关宣传部门，在淳安县委党校、县委办、县委党史研究室、县人大办公室任职，每到一处，都成为单位的"笔杆子"。

在周恩来总理诞生 95 周年和 100 周年时，他撰写的两篇论文经过严格评审后，入选全国学术讨论会，并获得浙江省二等奖（一等奖缺）和杭州市"五个一工程"奖。他写的论文曾被《人民日报》《解放军报》刊发，浙江省内一些党史领域的同仁还给他取了个"论文专业户"的雅号。

书香冲淡纷扰 文字照亮生活

"读书不仅给我的工作注入了源源不断的动力，也让我在生活中遇到挫折的时候，给我诸多启发。"江涌贵说，愈是到了老年，这样的认知和体会愈深。

参加工作后，江涌贵先后辗转福建、江西、湖北、四川等地，最后才回到淳安老家。长期在异乡，没有亲人好友在身边，每当辛苦忙完一天，江涌贵最大的享受就是在灯下摊开一卷书，每每读到有感触的地方，便奋笔疾书，写下自己的一些感悟。

"闲暇时常常醉心于一本好书，不为别的，只为给尘世里一颗浮心找寻一处栖息的净土。阅读中，以文字洗心静心，仿若炎炎炙夏，水殿清风送来的一抹清凉……"在自己的文章中，江涌贵这样描述文字带给他的慰藉。无数个在异乡度过的清苦夜晚，是书和文字为他披上了一层温暖的棉被，安抚了他孤寂的心灵。

一年年,江涌贵从阅读到产出,从输入到输出,源源才情经由他的笔尖潺潺流出,化为一篇篇精彩的文章,成为一部部他与书相伴相随的结晶。目前,江涌贵已公开出版个人文学艺术和理论专著 24 部,还有作为主要作者或主编的党史类专著和地方志著作 20 部,包括《闪光的足迹》《血铸的丰碑》《红色的故土》《淳安县人大志》《王家源村志》等,作品合计 1000 余万字。

书始终像良师益友一样启发着他,"尤其当遇到家庭变故、身体上的疾病不适、生活中的烦恼,总是书中的智慧为我身心带来开导,让我很快就能走出阴霾"。江涌贵说。

他热爱读书的习惯也影响了身边的家人和朋友,小外孙女每当看到外公在读书,便拿出一本画册在旁边静静地翻阅;平时与江涌贵往来最多的也是一些热爱文字的朋友,大家常常打趣说,"别人家里,一走进去可能是现代化的家电、富丽堂皇的装修,但老江家一走进去便是满满的藏书,有种别样的清雅气息,让人喜欢"。他那不大的家中,有两个书房,珍藏着各类图书 6000 余册,他家先后被评为杭州市"学习型家庭""书香之家"。他的日常,也真正称得上是"谈笑有鸿儒,往来无白丁"。

"夕阳红透诗卷里,径草黄深雨声中。学中至乐留雅兴,把酒言欢享淳风。"

如今,如他诗文中的意境一般,江涌贵仍然笔耕不辍,每天都在持续地阅读、书写,久久享受着读书写作带来的精神滋养,同时也持续用自己的文字作品鼓舞、丰富着身边的"朋友圈"(图1)。

图 1　江涌贵

汪国云：书院"学共体"
点亮乡村孩子的童年

刘园园

10000，80000，400，30000……

这是一个人用 9 年时间在建德市大同镇写下的一串数字，分别代表着他捐给大同书院的 10000 册藏书，他每周从家中驱车往来书院累计创下的 80000 千米路程，他在书院举办的 400 余场活动，以及总计服务的 30000 余名读者……这些数字的背后，都有一个共同的标签：公益。

这个人，就是大同书院创始人汪国云。

如今，大同书院这座由汪国云一手创办的公益书院，已经成为建德市家喻户晓的学共体，点亮众多留守孩子的童年之梦，并正在进一步成为当地成年人学习充电的平台。

捐赠万册藏书开办书院
打造大同留守儿童的乐园

"我自己是通过读书学习走出了农村，在部队得到培养锻炼，并在机关工作直至退休，所以我深知读书对于一个人的重要性。"汪国云是"知识改变命运"这一真理的亲历者，他个人因此一直热爱读书，也爱藏书。

2010 年，已过知天命之年的汪国云，家中的个人藏书已有万册之巨，他的家庭还因此入选杭州市十大"藏书人家"。

"每次回到老家看到村里的留守孩子很多，也没有地方去，而我自己家里有那么多的藏书,独乐乐不如众乐乐,所以我就想着如果我的这些书能够让孩子们一起分享,应该也会对他们的人生产生一些积极影响。"偶然升起的念头,令汪国云有了为乡村孩子们筹建一个书院的想法。

所思所想,必有回音。

在大同镇政府的支持下,2011 年 5 月 31 日,汪国云理想中的书院如愿挂牌,在当地镇政府为书院提供的 400 平方米的两层小楼中,他的万册藏书满满地充实了一楼,二楼则收集了许多建德当地有特色的手工艺品和本地书画爱好者的作品。

书院也按照汪国云的设想顺利运行起来:每周三、周四、周六、周日开放四天,寒暑假则会延长;书院所有的藏书,镇周边的孩子都可以免费阅读,也可以借回家;每星期汪国云都会从建德市城区的家中驱车 30 多千米前往书院两次,为孩子们讲两小时课。

每期的课程,汪国云都精心设计,内容包含国学讲堂、诗词诵读、作文点评等。与传统的课堂不同,他的课没有太多限制和规矩,孩子们可以打断老师,参与话题讨论;如果觉得不好听,也可以自由地看书。

酒香不怕巷子深。并没有经过刻意宣传的大同书院,很快集聚了很旺的人气,书院附近的孩子们在学校课堂之外,有了一个充满书香和趣味的乐园。

通过寓教于乐、寓学于乐,书院的积极效应逐渐显现:书院不仅吸引孩子来,也欢迎家长和孩子一起阅读和成长,并因此增进了亲子互动,能够容纳 40 人的多媒体教室常常爆满;许多孩子因为书院,爱上了阅读,也变得更愿意表达、更自信;孩子们的 136 篇作文经过汪国云指导点评,陆续在各类刊物上发表……

2018 年,汪国云从单位正式退休,得以有更多精力投入书院的运营中。他把自己的车改造成了流动的大同书院,一到节假日,就带着书,前往周边偏远的村庄给孩子们讲课,如今已经跑了 6 个乡镇,20 多个村。

随后,汪国云又在书院中开办了面向成人的"西乡夜话"活动,每到周六晚上,都会吸引一些周边的退休干部、老师以及学生家长前来,大家围坐在一起,听汪国云讲述当地历史文化、先贤故事,以及时事政治和德文化,还不定期地组织大家进行座谈,交流个人修养、家庭教育、邻里和睦等方面的体会,促进社会和谐。

"乡村孩子大多是爷爷奶奶在照看,他们在教育方法和理念方面可能相对缺乏,书院在'西乡夜话'活动载体中专门设置了'家长学堂'课程,介绍一些好的经验和方法，希望给家长们一些启发。"怀着这样的想法，汪国云将大同书院这座学共体平台的功能进一步拓展、能量进一步释放。

爱人者人恒爱之
经营书院学共体既是付出也是收获

开办至今，随着经营思路和活动内容越来越丰富，书院逐渐获得了来自社会各界的褒奖和认可，门前的一条路也因此被命名为书院路。

汪国云用满腔爱意，将书院的招牌越擦越亮，他不计回报、乐于奉献，还经常关爱一些家庭经济相对困难的孩子。

在旁人眼里这明显是一件"持续投入却不见产出"的事情，汪国云却说，自己通过运营书院收获了许许多多的"财富"。

一次，一位年近八旬的老爷爷来到书院，特意带了几斤自己种的花生给汪国云，他对汪国云说："汪老师，今年收成不太好，很多花生被虫咬了，这是我一颗颗挑出来的，送给你尝一尝。谢谢你对我们家孩子的照顾。"几斤花生值不了多少钱，但老人家那份心意却是沉甸甸的。经常有这样朴实的家长，让汪国云收获了不尽的感动。

而每年的教师节，汪国云都会收到孩子们发来的祝福："在我心中，您就是最值得尊敬的老师。""谢谢您的奉献，您就是最好的老师……"这样的时刻，让从未担任教职的汪国云感到无比幸福，他自己的退休生活因为书院而充实快乐，"感到一切付出和投入都值得了"。

受汪国云奉献精神的感召，严州画院的老师，建德城区的音乐人、书法家们也渐渐加入了大同书院的义工队伍，为孩子们讲授书法、绘画、音乐等方面的课程，进一步丰富了书院的活动内容。

如今就在书院的这支义工队伍中，还活跃着由书院的"阳光雨露"滋润长大的孩子。

"是大同书院让我爱上了阅读，提升了写作能力，还学到了很多做人的道理。"作为 2011 年书院开业时最早到大同书院读书听课的学生，张浙杭如今已是一名大学生，还有另外三名当年经常在书院学习的学生，与张浙杭一起成为大同书院首批"大学生义工"。每年寒暑假，他们都会来书院帮忙，他们说："我们希望尽自己的一份力量，感恩并回馈书院和汪老师对我们的培养。"

爱人者,人恒爱之。

亲手搭建起大同书院这座"老幼皆宜"的学共体平台的汪国云,不仅用书香灿烂了乡村留守孩子的童年、丰富了当地成年人的生活,他自身也在持续奉献中收获着他的果实(图1)。

图1　汪国云

王庆兰:志者竟成,老有所为

王厚明

62 岁开始养盆景,88 岁开始练书法,91 岁开始学国画,92 岁时出了一本书画集……这个后半生活得丰富多彩的老爷子是 97 岁的王庆兰——这位超级励志的杭州老人,完美诠释了"活到老,学到老"。

62 岁开始学养盆景
实现年轻时的愿望

王庆兰的家,在钱塘区义蓬街道头蓬社区,是一幢两层的民居,白绿相间的墙,暗红色门,颇有年代感。围起来的一个园子,有近百平方米,百来盆盆栽错落其中,草木葱郁,花朵缤纷。初来乍到的人,会以为误入了桃花源。

"我这个园子里,有 100 多盆花草,20 来个品种。"他用萧山方言——细数过来——菊花、扶桑、桂花、黄杨、木槿、大绣球、观音竹、六月雪、一串红、石榴……

王庆兰和花草盆景结缘,是在 20 世纪 80 年代。62 岁那年,退休不久的他刚搬到这个家。

"我年轻的时候就喜欢花草,一直想在家里搞个花园,但平时忙于奔波,而且居住条件也不好,这个心愿到退休后才实现了。"从第一个盆景榆树开始,王庆兰乐呵呵地当起了园丁。

选桩、养护、定枝,盆景的成长很有讲究,每一步都很关键,王庆兰一切从头学起。他买了一大批关于盆景造型的图书,自己摸索经验。为了寻找合适的材料,他好多次跑到绍兴、临安等地上山寻找树桩、石料,带回家构思盆景造型。

在最"鼎盛"时期,园中的盆景有三百多盆,几乎每天都有人来观赏,王庆兰的园子,成了一个盆景基地,他也因此结识了很多爱好园艺、摄影的朋友。"我原来身体不是很好,养盆景很锻炼身体的,小毛病都没有了。"

耄耋之年学习书画
作品义卖捐给灾区

2010 年,王庆兰 87 岁,这是他潜心园艺世界的第 25 个年头。

那年夏天,一向健康的王庆兰却突然患了脑神经痛,日常的浇灌护理无法完成,因而他不得不忍痛割爱,缩小盆景花圃。

但是,多出来的时间做什么呢?闲不下来的他,年迈之际又找到了一个新的乐趣:拾起幼年握过的毛笔,重新铺纸研墨,从书店带回来厚厚几本书法书,开始自学书法。

时隔近 80 年,再捡起毛笔字,不是一件容易的事。王庆兰不着急,慢慢临帖,慢慢摸索。

楷书是王庆兰之前就会的,行书是 88 岁才开始学的,篆书和隶书,是 91 岁新学的。91 岁那年,有个亲戚还想赞助他出书法集。"我当时想,书里只有书法可能太单调了,要再放点画进去。"于是,他又自学起了国画。

家里的一楼,有一间 10 平方米左右的书房,这些年王庆兰最喜欢待在这里,每天照顾完小花园,就进入墨香艺术世界。他笔耕不辍,经过几年的潜心学习,书艺大有进步,水平日益被公众认可。

只要有人想学书法,他都无偿教授。他的作品随时可以送给喜欢书法的人,他还义务为孩子们和成年人上书法课。对一些来索求墨宝的朋友,他也慷慨赠送。2014 年 7 月,他将书法作品带到江苏常州举办赈灾拍卖会,共拍得人民币 15.2 万元,王庆兰把全部所得捐给了海南岛台风灾区小学的修建工程。

2019 年 5 月,为了方便子女就近照顾,王庆兰夫妻从义蓬搬到了萧山城区的紫荆园。住进来没多久,王庆兰就成了名人,每年临近春节,紫荆园要为老人们写福字送春联时都会想到他,他也总是乐呵呵地应下来,立马铺纸挥毫。

"做人一定要不断做事情才有意思。我做这些事,一是因为有兴趣,二是因为能锻炼身体。不管什么时候开始，都不晚。"在王庆兰的个人书画集里，写着一句他非常推崇的话："志者竟成，老有所为。"（图1）

图1 王庆兰

351

王世胡：学共体中带队打太极
打出健朗身体、打出阳光心态

王厚明

悠扬柔美的太极音乐响起，起式、扎马、云手……刚柔相济、行云流水的太极表演让人连连称绝。

这是河庄健身太极队去养老院慰问时的场景。

"太极拳动作轻盈、刚柔并济，正适合老年人健身。"这支队伍的领队王世胡一语道出了打太极对老年人的吸引力，也道出了河庄健身太极队成立的初衷。

志同道合的人聚在一起
太极拳一打就是 10 年

王世胡是新围初中的体育老师，从小热爱武术。早在读大学时，王世胡学的就是体育专业武术专项。

2010 年，街道开设了太极拳培训班，特地请来了专业的指导老师帮助大家学习。一听说开班的消息，本来就系统学习过太极拳的王世胡立刻报了名，一次不落地参加了整期培训活动。

让很多成员没想到的是，大家在培训班里都结下了深厚的情谊，培训班结束后，大家又自发组织起了队伍，继续锻炼，还给这个团队起了一个豪气的名字"河庄健身气功社团"。因为王世胡是科班出身，带领大家练习的担子自然就落在了他肩上。

现在，社团的固定成员有 34 人，算上偶尔来训练的成员，平时练习大约四五十人，男女老少都有，甚至围观的孩子也会跟着挥两拳。每天晚上七点到九点，大家自觉地来到集合地点，两小时的训练雷打不动。天气好就在河庄人民广场上开展；遇上下雨、下雪，社团就把场地转移到文广站的舞蹈室里。"有人早上有空也会锻炼，大家把太极看作是一份珍贵的爱好，这样才能坚持得更长久。"

"有人来广场上玩，看到我们在练习，也觉得感兴趣，就主动找上门来要求加入。"王世胡说，新进队员学习都是免费的，但初来乍到，跟不上大部队的节奏怎么办？团队里的成员个个都是热心肠，一有新队员加入，大家都会热心地指点拳法动作。老队员们也努力学习锻炼，互相提醒指正，从基本功开始，每个小动作都会练上几百遍。

团队的努力也让王世胡深受感动。为了让大家少走弯路，更好地享受太极健身带来的乐趣，王世胡经常利用节假日去外面学习培训，在提升自我的同时，也把打太极、健身气功的经验带回给拳友们。

学员身体比以前更好了
新朋友更多了 生活更精彩了

经过几年的努力，王世胡所带领的"河庄健身气功社团"渐渐有点小名气了，学员们的基本功也越来越扎实。于是，大家就想着是不是可以利用太极编排一些节目。这个好点子再次调动了队员们的积极性，那之后社团参加了不少省市比赛，也收获了不少好成绩，在浙江省国际传统武术比赛，杭州市社区体育节太极拳、剑比赛，杭州市体育大会太极拳、剑比赛中，都拿到过奖项。不仅如此，河庄健身太极团队还被列入大江东首届群众星级团体申报的推荐名单。

"我们在一起，就是一个学习共同体，一起锻炼、一起进步。"王世胡说，社团里的成员有很多人已经或临近退休的成员，其中年纪最大的 70 多岁。他们在进社团前，不少人患有一些身体疾病，通过锻炼都有不同程度的改善。比如2010 年首批进来的学员冯阿姨，身患高血压，睡眠也欠佳，但这 10 年来，她几乎从未缺席过社团训练，渐渐地，冯阿姨的血压也稳定了下来，对药物的依赖越来越少，睡眠质量也高了不少。

"经过这几年的推广，我们的社团队伍越来越壮大。在这里，大家不光锻炼了身体，打出了好心情，还结交不少志同道合的朋友。"王世胡感慨地说，以前社团成员之间相互都不认识,但大家因太极结缘,如今亲如兄弟姐妹(图1)。

　　成员们还建了一个微信群,平常经常会在群里聊天,或者组织一起出游,学习共同体的存在,带给大家健康体魄的同时,也让生活变得更加多姿多彩。

图1　王世胡(前排中间)

魏张先：因共同学习永葆文艺"初心"

王泽英

每当夜幕降临，钱塘区下沙街道中沙社区里，热情激扬的音乐声、悦耳动听的歌声、铿锵有力的腰鼓声、男女老少欢快的舞步声，组合在一起的"协奏曲"总能准时响起。

这载歌载舞景象的创造者，就是中沙社区的江南印象艺术团。艺术团发起人之一是从事了文艺事业几十年的魏张先老人。

"从年轻小伙子到现在古稀之年的老头儿，我这大半生都跟文艺为伍。"回首过往，魏张先嘴角含笑，眼眶里闪着几颗晶莹的泪珠。

一颗"文艺心"埋藏 30 余年
退休后他重建艺术团

早在 1963 年，魏张先就初创了中沙大队文艺宣传队，也就是现在江南印象艺术团的前身。虽然当时条件比较艰苦，但能在宣传红色文化的第一线贡献自己的力量，大家的情绪都很高涨。

"当时连电灯都没有，大家就在汽油灯下排练。尽管条件很苦，我还是坚持在演出上不计报酬，以在舞台上展示最好的风采为主要任务。60 年代，我们一度成为下沙公社最厉害的一支文艺团队。"说到这儿时，魏张先的语气中满是自豪。

可惜好景不长，"文革"开始，迫于严峻的社会形势，中沙大队文艺宣传队被迫解散，宛转悠扬的二胡声和娓娓动听的歌声，就此被锁进了那段遥远的历

355

史中。

1971 年，魏张先怀着对教书育人的热切向往，积极投身到教育事业中。他 35 年如一日，在岗位上全心全意、任劳任怨地默默耕耘。

离开工作岗位后，清闲的退休生活让魏张先有些不适应。实际上，对当年文艺宣传队无奈解散的遗憾，他一直耿耿于怀。终于，在 2008 年下沙开展大规模拆迁时，魏张先心里的一个念头越来越强烈：新环境、新面貌，是时候重启当年文宣队的辉煌了。

2008 年 5 月 17 日，魏张先和他的哥哥魏张根、叔叔魏元康作为发起人，重组文宣队，江南印象艺术团就此成立。组建初期，团里仅有 6 名成员，为了壮大艺术团，魏张先四处奔走，求教学习，广泛吸纳爱好者。如今，团队人数已扩大到 36 人，平均年龄为 50 余岁。

不满足于现状学习戏剧创作
60 多岁进入创作"高产期"

中沙社区文体活动室，"藏"在一个隐秘的地方——下沙农贸市场的后头。每周三、周五晚上，是江南印象艺术团演唱队的例行排练时间，魏张先会带着艺术团的老伙伴来到这尽情地吹拉弹唱。

活动室地方不大，设施也比较简单。乐队六七个人，几把二胡、一把阮、一个鼓板、两个乐谱支架，就是全部装备了。鼓板一敲，曲儿就响了起来，几个女伴轮番上阵献唱。虽然没有小百花越剧团专业的华丽唱腔，但声声饱含情感，透着老百姓特有的质朴纯粹和原生态感。

在这个乐队中，魏张先主要负责二胡伴奏和剧本创作。从当年任教起，魏张先就有了拉二胡的爱好，一拉就是几十年，二胡的曲调仿佛早已融入了他的血液中。而他对戏剧创作的热爱，则与二胡不同，这是在江南印象艺术团重建以后才慢慢培养起来的。

在艺术团排练慢慢步入正轨后，为了提升团队演艺水平，魏张先多次邀请专业老师指导授课，同时他也成为课堂上最认真求学的学生。

2009 年，64 岁的魏张先学会了戏剧创作的基本技艺，此后他进入了原创作品的"高产期"。大合唱《开发区一片新面貌》，沪剧表演唱《邻里和睦真当好》，方言快板《颂下沙》《做个好党员》……短短几年，他创作了多部脍炙人口的作品,这些作品都融入了多年来他经历下沙老底子生活后的真情实感,作品在下沙广为传唱的同时,还被搬上了舞台并多次在全市比赛中获奖。

专业范儿的"群演"广受好评
不断修炼"内功"擦亮招牌

在不断学习的过程中,除了提升自我,魏张先同时带动着身边的老伙计共同进步。团里没有一个专业演员,但这些"群众演员"们可不甘心只做配角,经过日复一日的学习、排练后,如今江南印象艺术团里数十名成员都已练就了一身真功夫。细腻婉转、情深意浓的曲调,柔和甜润、声情并茂的音色,一个个俨然已达到专业演员的水准。

"内功"修炼有了成效,艺术团也要做好"外宣"。在多次参与区、市会演后,江南印象艺术团不断收获好评。不仅如此,艺术团还走进白杨街道、黄龙等地开展公益演出,艺术团舞蹈队成为下沙街道的首支舞蹈队团队,一次又一次擦亮了江南印象艺术团的金字招牌。

在这块金字招牌炼成的背后,艺术团一直注重"独家"特色。比如,在准备集体舞蹈《化蝶》时,团里所有的服装都是舞蹈队成员自己定做,蝴蝶形状的发箍也是大家动手制作而成。"目前,舞蹈队正在排练一种新的扇子舞,教舞老师是大家自费请来指导的,在学习新事物上,我们的劲头比读书的小孩子还足呢!"魏张先笑着说。

十年磨一剑。魏张先组建江南印象艺术团以来,成员们和和睦睦、共同学习、携手进步,艺术团先后被评为区级和市级示范社区学习共同体,魏张先本人也被授予"群众文艺带头人"称号。

50多年前,学无止境就成为魏张先的初心。他说:"活到老,学到老。我还要继续学习充实自己,把更多的光和热贡献到文艺事业中。"(图1)

图 1　魏张先

张晓刚:从车间学徒
"蝶变"为上市公司总经理

王泽英

2003 年,他远走异乡,只身闯天涯。那时,他是月收入 700 元的车间学徒。
2017 年,他率领团队,一年创造上亿产值,并荣升为上市公司总经理。

在钱塘区,这个"小兵变大将"的真实故事广为流传。"小兵"勤奋好学、勇于创新、学以致用的事迹打动、影响着许多人。这位"小兵"就是杭州新世宝电动转向系统有限公司总经理张晓刚。

从车间的学徒工起步
他始终沉浸学习、乐在其中

"因为家境困难,自小我就明白,知识可以改变命运,学习可以创造价值。"

2003 年,本就贫寒的家庭,实在无力承担张晓刚的生活开支。为了改变生活的窘况,张晓刚申请提前离校,随大学同学来到浙江义乌谋生。"那时基本的生活我已经无法承担了,只能借住在同学家。投放的简历全都石沉大海后,我急成了'热锅上的蚂蚁'。"说到这儿,张晓刚皱起眉头,就像又陷入了当年的焦虑一般。

大半个月后,幸运女神终于降临在他身上。他收到了位于义乌的浙江世宝公司的实习机会,成为一名车间学徒。

一般的待遇、简陋的环境、枯燥的工作,这些都是身边的工友离开的原因,但张晓刚却乐在其中。工作之余,他经常跑去研究图纸,还泡在义乌市区的图书馆里。一年后，跟张晓刚同一批进公司的二十几个人，只留下了两个。

一边认真、勤奋地工作，一边努力学习专业知识，张晓刚的表现得到了公司上上下下的认可。第二年，世宝公司在杭州成立新的区域公司，张晓刚也随老板来到了这里。

这个忠厚、踏实的年轻人，在杭州下沙整装再出发。除了工作地点的变更，他的岗位也发生了变化——从之前的车间学徒变成了技术类职员。"'老手变新手'，我又一次踏上了学习之路，当时我就暗暗下决心，这次我要走得更稳、更深、更远。"

"不懂不可怕，不学才尴尬。"这句略显诙谐的话，是张晓刚时常勉励自己的座右铭。休息时，他"蜗居"图书馆的时间越来越长，"把这儿当半个家了"。

工作、学习都是"缺啥补啥"
不断"输入"助他超越"对手"

不管对工作还是对学习，"缺啥补啥"。这让张晓刚成长得飞快。除了自我要求，公平竞争也是奋进路上的一大"推手"。

2004年，来到下沙不久的张晓刚，结识了公司负责技术支持的日本老师伊势光男，日本老师在专业知识、技术水准上表现出的高水平，让张晓刚打心底里钦佩的同时，也激起了骨子里的那股不服输的劲儿。他虚心求教，如海绵般汲取知识营养，通过一次又一次的实践，不断优化手头的技术、不断"引进"未知的新技术，从学习到比肩再到超越，张晓刚的脚步一直没停下过。

付出终有回报。随着时间的推移，屡次获得肯定的张晓刚，职位也不断攀升。2010年8月，张晓刚升任世宝公司总经理助理兼生产部部长，并进入浙大总裁班进修创新管理。"虽然以前参加过许多次培训，但这次的培训却印象尤为深刻。"他回忆道，他的衣着、谈吐、知识结构、思维方式，都与同学们有着不小的差距，这让他深深意识到自己要努力的地方还有很多。

2011年，在浙江工业大学企业管理预备班学习的过程中，张晓刚考取了南昌大学工商管理专业的硕士研究生。"站得高了，望得远了，更能发现自己的渺小，也更能体会到学无止境的重要性和必要性。"

临危受命接盘亏损"烂摊子"
学以致用帮助企业"浴火重生"

　　十多年不断学习，不仅让张晓刚改变了自己，也成就了公司开创的新蓝图。

　　2014 年，世宝公司内有两条同样的零部件生产线，那一年张晓刚管理的生产线创造了 3.2 亿元产值，比另一条生产线多完成了 1.4 亿元产值，创造了行业内的最高劳动生产率。

　　2015 年，由于经营管理不善，世宝旗下子公司杭州新世宝电动转向系统有限公司连续五年亏损。表现优异的张晓刚"跳出舒适区"，临危受命调入新世宝公司。

　　为了扭转局面，把一个人心涣散、百废待兴的"烂摊子"重拾起来，出任新世宝常务副总经理的张晓刚身先士卒，开始了一轮又一轮的连轴转：抓生产、抓质量、抓供应商，起早贪黑地吃在生产线、睡在车间。在三天两头出差时，飞机、高铁、汽车就是他的"休息区"。

　　一连三四个月都没能捞上半天休息的他，眼里布满血丝，身体日渐消瘦。领导同事们都有些看不下去了，他却风趣地说："感谢新世宝给的这个机会，帮我减去了 20 多斤赘肉。"

　　功夫不负有心人。整整一年以企业为家，带领骨干和员工起早摸黑、攻坚克难后，新世宝终于"浴火重生"。不仅如此，张晓刚还为企业打开了新市场，提前完成了董事会原定的"一年减亏、二年扭亏、三年盈利"的目标，让员工们的心再次聚到了一起。

　　闯过这次难关后，张晓刚坦言："跌跌撞撞的一路上，以前学到的技术、管理方面的知识帮到了我很多，所以我决定让更多同事加入学习的大军中，这样才能在未来携手攻克一个个关卡。"张晓刚对企业中层干部提出了继续学习的要求，将学历纳入晋升考核中，以更好地提高企业的整体管理水平和员工的综合素质（图 1）。

图1　张晓刚

孙斌:从学共体中找到致富"金钥匙"

章　翌

"焚香点茶,挂画插花,四般闲事,不许戾家。"(宋吴自牧《梦粱录》)这是南宋时期杭州人对诗意茶生活的高度概括。

早在唐代,襟江带湖的杭州就已是著名的茶产区。其中,中国第一名茶——西湖龙井已成为杭州这座城市的文化标签。

悠久的传统铸就了西湖龙井享誉世界的美誉度。盛名之下,茶农们多年来遵循制售茶高度一体、个体分散的传统方式,已成为西湖龙井进一步开拓市场的掣肘。但如今,一场龙井茶的"年轻化"革新正在翁家山村发生,它来自村委会主任孙斌在学共体上的大胆尝试。

回乡种茶
缘于一个"十年之约"

"岩岩翁家山,松花深满坞。"(清朱彝尊《翁家山》)

沿龙井路、满觉陇路行约一千米,位居西湖风景名胜区核心位置的翁家山村,坐落在一片绿意中。镶嵌其间的 650 亩龙井茶园,被称为西湖龙井这颗璀璨皇冠上"最耀眼的一颗明珠"。

"龙井分'狮、龙、云、虎、梅'五个品类,狮峰为最。"眼前侃侃而谈的孙斌,不仅是翁家山村史上最年轻的村委会主任,还坐拥狮峰山 12 亩核心龙井茶园,从乾隆年间传承下来的群体种,正是孙斌家族世代守护的"传家宝",而将之继承、延续,成为孙斌人生的主题。

但他却没走寻常路。

孙斌皮肤黝黑，身体健康，这得益于他年轻时当特种兵的经历。2007年，孙斌退役回杭，成为西湖龙井第六代茶农后，从零开始的他与爷爷结下一个只能在小说里看到的"十年之约"：十年时间，走出去边看边学习；十年之后，回家继承家业。

"走出去才知道，外面的世界很精彩。"离开"龙井圈"，多彩的茶世界让孙斌的观念上有了改变，他南下台湾，从云南到武夷山，"先到台湾学习了乌龙，然后去了武夷山核心产区，学习茶园管理"。这样的学习路径，让孙斌在开阔视野的同时，拥有了普通茶农所不具备的管理者思维。

"跨界""管理"，两样齐活的孙斌感觉，是时候了。"十年之约"刚过去五年，孙斌就回到翁家山村，同时开始了"村官"生涯，西湖龙井学共体也在这个时候应运而生。

组建学共体
带村民一起学一起富

作为新生代茶人，对自己乃至对"家乡土特产"的保护，孙斌有更高的要求和期许，这也成为西湖龙井茶学共体成立的初衷。

孙斌口中的西湖龙井茶学共体，并不是简单的学习社区，它更像一个教授茶农标准化制售的实践课堂，关系着翁家山村茶农们的经济利益，更影响着西湖龙井的品牌价值。

龙井千年，正是像孙斌这样的茶农家族们一代代传承延续至今，但由此建立起的"传统"高墙，成了孙斌回村后组建学共体的第一道坎。

彼时，翁家山村及周边的采茶制茶基本上还处在"散兵游勇"状态，"我们的祖辈还有隔壁地区的人觉得，只要把茶卖光了，其他就不管了。确实，他们的茶基本是不愁卖的"。孙斌回村后，开始着手组建学共体，类似于打造产学研一体的"茶农共同体"，他想把翁家山的龙井茶做出一个体系，但对于他这个年轻且半路出家的制茶人，村里的茶农普遍持怀疑态度。"当时我一遍遍走访村里的茶农，和他们一起喝茶、聊茶，这个过程中我自己也学到了很多。"

就在一次次聊天中，一些茶农承诺要跟着孙斌的步调走，从更年轻的视角看待采茶、存茶、制茶、售茶。孙斌根据五年的研习，自己琢磨出了一套制售标准，比如将制茶过程进行区分，聚焦高端茶，制作出一套囊括多种茶叶品类的产品线。

其中蕴藏着不少创新，比如对于龙井茶，除了传统概念里采摘时间段的等级划分外，他还增加了对山场管理的单号茶制作，特别将小环境、小区域的单号茶独立堆放。再比如，将泡茶器具进行革新。孙斌说，普通龙井常用玻璃杯饮用，"若骨架在，内质丰富，工艺又足够硬的话，自然是通过一道道盖碗的出水感受内质层层递进不断变化的丰富过程，怎么会舍得直接浸泡在玻璃杯里呢？"

孙斌还带队伍在包装、宣传上下足功夫，以他研制的"桂香隐红"这款红茶为例，将此种茶历经春生、夏耘、秋收、冬藏的几近失传的制茶步骤做成品牌背后的故事，通过各种渠道广泛传播，茶叶品牌就这样形成了，也更好卖了，跟着他一起的茶农收入提高了。

有了这道"硬杠杠"，越来越多的人加入进来，学共体有了"大家一起干"的样子。如今，又到了春茶采摘的日子。孙斌正忙着加强网上宣传，开发线上销售渠道，使用线上交易和现代物流手段，引导消费者通过网络渠道购买，带动村民一起学、一起富（图 1）。

图 1　孙斌

陈全江：小营街道有个"陈全江工作室"

王厚明

1983年，一位安徽农村学生走进军营，通过勤奋学习成长为空军战鹰的卫士，一手托举起战友的生命，一手护卫着国家资产。

2005年，一位脱下军装的副团职军官在杭州换上警服，开始了一段全新的职业生涯、一个全新的生命历程。

他叫陈全江，这位学习楷模的成长足迹，在引领更多人一起进步。

从军队转业成一名警察
总结出群众工作"九法"

17年前，陈全江脱下军装，在转业志愿表上6个选项都写下了"警察"。他说："对于报效祖国，我有一种天然的热情。"

但对这位技艺精湛的机械师来说，要成为一个业务娴熟的基层民警，没有捷径可走。那时候的他身边总带着一本《中华人民共和国治安管理处罚法》，字里行间都是圈圈点点、眉批纵横，上面的纸张都被翻得变黄卷曲。

"后来不少警龄较长的民警在治安处罚法规方面都没有我熟。"陈全江笑着说，正因为通读条例，他很善于用法律给予民警的权利，来及时制止潜在的犯罪。他举了个例子，当时经常会接到醉酒闹事的举报电话，很多民警对于"醉汉"束手无策。而2006年修订的《公安机关办理行政案件程序规定》中规定，对行为举止失控的醉酒人，可以使用约束带或者警绳等进行约束。陈全江马上把条例活用起来，不仅采取保护性措施约束醉酒者至酒醒，也保护了市民在公共场所的安全。"很多醉酒者在酒醒后，都对自己的行为表示懊悔，同时也对我的保护性约束表示感谢。"

不仅活学活用法律法规，对于维护社区治安，陈全江也很会动脑筋。当时一个民警负责一个社区的治安，实在忙不过来，他想到了可让社区志愿者、保安加入进来一起维护社区秩序。平常大家都分散在社区里，一旦发生治安问题如何快速行动？于是陈全安给每个志愿者和保安发了"黄哨子"和"红袖章"，如果有人发现问题，及时吹响口中的哨子，志愿者和保安都会第一时间赶过来，市民们看到他们戴着红袖章，也会及时配合他们。正是这个好法子，使得陈全江负责的社区治安事件发生率一下子下降了 60%。

陈全江爱学习钻研，深入社区不懈探索，总结出了《陈全江群众工作"九法"》《110 现场处置法》等公安工作法研究成果，2007 年 12 月 27 日中央电视台《新闻联播》以视频专题的形式介绍了他的这些方法，成为警界经典案例。

开办"公民警校"为市民普法
创建工作室免费为市民法律咨询

陈全江知道，个人的学习成果应该为大家共享，并且将更多的人带进学习的殿堂之中。

警务的相关知识专业性强，如何用通俗易懂的方式，搭建一个能够让普通市民都参与的教育平台？

2016 年是一个契机，当年杭州要举办 G20 峰会，这对这座城市的治安提出了更高的要求，培养市民的法治意识很重要。所以在陈全江的提议下，上城区在社区开办了"公民警校"，由他亲自担任教导主任与主讲教师。

"公民警校"实行"零门槛入学、零学费上课、零起点教学"的治校原则，以防火防盗、预防诈骗、远离毒品、全民反恐、邪教心防等内容为重点，采取"专业团队请进来、百名民警走出去"等方式，按照菜单式选课、上门式宣讲、体验式授课等模式展开教学。"公民警校的上课时间安排在工作日的晚上以及双休日，这也给市民来听课提供了方便。"陈全江说，"公民警校"已经坚持了 6 年，约有80000 人次参加相关培训活动。

如果说"公民警校"是为了普法，那么陈全江在小营街道开办的陈全江工作室,就是为了给市民提供法律帮助。"我是一个热心肠,喜欢帮助人。很多老百姓遇到了一些法律问题,就可以来工作室免费咨询。"陈全江说,现在工作室可不止他一个人,还组成了一支由警察、律师、志愿者组成的团队。"其实我们在接待咨询的同时,也是在向百姓传递一些法律知识。"陈全江坦言,这也在无形中组建了一个学习共同体,在帮助别人的同时还能促进学习,是一件令人快乐的事(图1)。

图 1　陈全江

鲁立清:"吹糖人"
梦想乘坐"民艺大篷车"播撒艺术种子

王厚明

在杭州小营街道,有这样一位民间艺人:他吹着糖,从北方一直走到江南,甚至还走到国外,最后把杭州作为沉淀技艺的地方。

1995年,他获得由联合国教科文组织颁发的"民间工艺美术家"称号;1997年,他出访文莱,给苏丹现场表演;1999年他参加了首届香港花灯庙会。2004年起,他定居于上城区梅花碑社区,如今他把传承民间艺术视为自己事业的全部。

他就是民间艺人鲁立清。

18 岁结缘"吹糖"把它推向世界
30 多年坚守只为守护那份初心

"一块糖稀,竟然能在转眼间变成一只大公鸡,太神奇了!"

18岁那年,鲁立清第一次在电视上看见吹糖人,顿时萌发了学吹糖的念想。于是,他三顾茅庐,向"糖塑大师"杨宝坤拜师求艺。严师的教诲再加上自己日积月累的反复琢磨,如今的鲁立清不但可以吹塑各种生动活泼的小动物,还可以吹塑"仙鹤延年""龙凤呈祥""吉祥如意"这些传统精品。民俗文化成为鲁立清源源不断的创作泉,他的糖人作品"田园蝈蝈"曾在瑞士国际民间艺术节上获得金奖。

1999年,鲁立清跟随河北当地文化团来杭州宋城参加例行表演,独特的吹糖技艺吸引大批观众驻足。就这样,鲁立清吹着糖留在了杭州。2004年,河坊街开街,鲁立清当选为河坊街民间艺人协会会长。此后,"糖人鲁"再也没有离开过杭州。

几十年过去,电磁炉取代了烟熏火燎的木炭,工具箱改了又改,但鲁立清对吹糖的那份执着和热爱依旧如初。"原料只能是麦芽糖,不能掺杂别的东西,否则吹出来的糖人不够红透、光亮。"这位老手艺人,有着一份倔强的坚持。

虽然鲁立清名声在外,但民间艺人的工作环境很艰苦,经常要走街串巷,收入也很不稳定。面对重重困难,鲁立清的选择从来都不变——民间艺术,他从不放弃,精心守护着这份精彩。

开工作室把民间艺术发扬光大
梦想乘坐"民艺大篷车"播撒艺术种子

从事民间艺术已有30多年,无论是过去为了生存而奔波,还是名声享誉海内外,鲁立清一直执着于他热爱的民间艺术,一直坚守并不断创新着。现在,他最大的愿望就是带领更多人,推开民间艺术的大门。

2014年10月,鲁立清做出了一个大胆的决定,在小营街道梅花碑社区的最美一条街成立巧手工作室,他还把出身剪纸工艺世家的老伴,一起拉到工作室。"很多时候,市民想学却苦于没有途径,这个工作室,就给喜爱民间艺术的市民提供了平台。"鲁立清坦言,这个平台就是一个学习共同体,大家可以因对民间艺术的喜爱走到一起,生命不息,学习不止。

年过五旬的鲁立清已经手把手带出15个徒弟,这些徒弟如今已走出浙江,走到山东、安徽等地,他从老一辈艺术家那里传承下来的民间艺术,正在不断被传承发扬。

虽然年纪在不断增长,但鲁立清也不想空闲下来,他利用清河坊街区这个展示、交流的平台,向市民、游客展示各类传统手工绝活,有时甚至自己贴钱,走进学校,教孩子们剪纸、竹编等手工艺制作;大众舞台上也经常出现他的身影……各种公益活动,让更多"00后"们感受到了地道的民俗文化。仅2015年,他为小营街道青少年俱乐部举办民间艺术公益培训12场,民间艺术魅力展示会4场,免费承接大型民间艺术演出1场,受益人数达到2000余人次。

"我觉得通过现场表演、教学等形式走近、回归民间,效果会比把一项技艺、作品放在博物馆展示的作用好得多。"鲁立清说，他还有一个梦想，设立一个"民间艺术大篷车"项目，吸引更多喜欢民间艺术的人加入这个团队，在全国巡游，让各地的人感受到民间艺术带来的欢乐(图1)。

图1　鲁立清

吴莹:从下岗工人到非遗传承人

王厚明

走在人来人往的南宋御街上,会路过一家具有民族特色的老字号一新坊。创始于1898年的一新坊,用老底子的萧山过江布,制成各种布艺品。

2012年,"一新坊萧山过江布染制技艺"被列入浙江省非遗保护项目(第四批),吴莹是该项目的传承人。

随着机器印染时代的到来,手工染布已大量减少。然而吴莹却坚持最传统的印染方式,同时也在不断创新并注入新的时代元素。吴莹所在的一新坊,不仅仅是研究展示过江布的地方,也是许多人来观摩、学习、体验的空间,目的是将这项古老技艺传承下去。

不屈服于命运的她
从婆婆手中接过"过江布"技艺

2000年,40岁的吴莹下岗了。吴莹回家后说给婆婆听,没想到婆婆拿出了一整套花板等工具给她看。

吴莹的婆婆是萧山人,清末至民国年间算得上名门望族,曾经创办过萧山过江布染制技艺的老字号一新坊等店,产品畅销于江浙一带。

"现在精明的萧山人,几乎没人愿意做这种靠手工活赚钱的事了。"吴莹说。随着机器印染时代的到来,手工染布已大量减少,但是作为女人,吴莹却对那手工制作的花布特别着迷。

想做蓝印花布,吴莹四处打听,终于她听说在上海有一家——中国蓝印花布博物馆。古老的蓝印花布摆在柜台里，蓝得深沉、白得纯洁，看得她热血沸腾。但让人意外的是，这家博物馆竟是一位日本人开的，吴莹暗暗下了决心：老祖宗的东西，得捡起来。

2001 年，吴莹在自家老房子里改造出一间小作坊，按照蓝印花布的传统手工艺方法，结合婆婆提供的家传助染秘籍，自己设计、自己生产。由于不做染布很久了，婆婆在一些步骤上有些记忆模糊，吴莹就一遍遍尝试，约两个月，她终于做出了自己满意的第一批产品——蓝印花布布衣小玩偶。

同年，吴莹在河坊街上租下最小的一个店面，办起了蓝印花布用品店。吴莹是个爱钻研的人，除了用板蓝根的茎和叶等染传统的蓝印花布，她还尝试着从茜草、茶花、橘子皮，甚至葡萄、杨梅、桑葚等水果中提取更多种天然的颜色做染料，让她的手工布产品五彩缤纷。

吴莹说，目前过江布的销售还不错。这种布完全用植物做染料，对人体、对环境没有害处，也受到越来越多的人青睐。

面向市民设立免费体验点
在体验中学有所得、学有所乐

过江布的生意越来越红火，但对吴莹来说这不只是一门生意。

2012 年，"一新坊萧山过江布染制技艺"被列入浙江省非遗保护项目（第四批），作为家中的长媳，得到"真传"的吴莹成为这个非遗项目的传承人，此时她的心里一直有一个声音：要把老祖宗的手艺发扬光大。

于是，吴莹在一新坊开设了体验点，每周末免费面向市民开放。来这里的人可以根据自己的想法和喜好，将一块白布，通过印染工艺亲手做成一件自己喜欢的东西，这件东西可能是一块方巾、一条围巾，甚至一件 T 恤，等等。

"老祖宗传下来的东西很神奇，只有自己做，才能体会到一个又一个神奇的环节，像变魔术一样，好玩又很有意义。"吴莹说，这样就能让更多人了解这种传统手工艺，让这门手艺发扬光大。

随着时间的推移，体验点的体验项目也越来越多，不光能学到蓝印花布的制作，还能学到其他非遗项目，像是杭州小花篮制作、糖画、扇面画等。此外，还可以学到手工制作布艺玫瑰花、向日葵，或是手工制作小黄人玩偶、石头画和紫砂壶等，活动每周翻新，几乎不重样。

　　"不管是民间技艺还是非物质文化遗产,只有让它走近今天、走近现代生活和时尚,让其和大众建立连接,才会有生命力。"吴莹告诉笔者,在一新坊也渐渐形成了一个学习共同体,大家因喜欢过江布等非遗项目而走到一起,在传承这些民间技艺的同时,也学有所得、学有所乐(图 1)。

图 1　吴莹

后　记

2007 年,我从浙江大学附属中学的领导岗位转身到杭州市成人教育研究室任主任,开始了梦寐以求的成人教育科研工作。到岗后调查研究发现,杭州的社区教育工作开展了多年,并处在全国较先进的行列,2008 年还承办了以"学习、奉献、快乐"为主题的"2008 全民终身学习活动周"开幕式。在杭州市教育局领导的关怀下,我引进在职和应届毕业的研究生多人,把研究的重点放在社区教育上,举全室之力研究社区教育。2008 年,我决定出版两本书:《中国社区教育 30 年名家访谈》《杭州社区教育发展报告》,同时开启两项研究:"成人教育共同体研究""社区学习共同体研究"。

通过《中国社区教育 30 年名家访谈》一书的写作,让在社区教育方面零基础的科研人员与当时全国社区教育领域最有影响力的学者面对面访谈,通过名家访谈,一进入研究领域,就能把握全国社区教育前沿动态,学习领悟社区教育专家的治学精神。此书用 18 个人物的质性研究报告,绘制了一幅生动的中国社区教育画卷,为中国社区教育发展史留下了宝贵的篇章,此书于 2010 年出版后,受到同行的热烈欢迎和时任教育部职成司成人教育处处长张志坤先生的高度评价。

如果说《中国社区教育 30 年名家访谈》是一幅中国社区教育的全景图,那么,《杭州社区教育发展报告》则是杭州市社区教育的行军路线图,回答过去十年(1998—2008 年)社区教育发展的脉络、现实状态、基本经验及成果。此书于 2009 年出版时,时任杭州市委副书记叶明先生在序言中,高度评价了这份报告的价值,深刻阐述了社区教育在终身学习和学习型城市建设中的重要作用。

十年过去了。2018 年我向由办公室主任升任教育局副局长的高宁先生汇报是否可以再出一本杭州市社区教育十年发展报告。高局长不仅赞同出版此书，还建议联合其他媒体共同完成编撰工作，以便为全国的同行奉献高质量的精神产品。2019年启动编撰工作，2021年底完成统稿工作，将在2023年春天与读者见面。

一份发展报告既可以做全方位的概述，又可以就特色、亮点给予深入研究与展示。第一本《杭州社区教育发展报告》是前者，第二本想换一种表达方式，采取了后者。什么是杭州市社区教育的特色和亮点呢？亲身经历了过去杭州十年社区教育发展历程的人，如果要从多个特色、亮点中找出两个，大概都会指出是"学习圈"和"学共体"。实际上，杭州市2009年全面启动社区教育实验项目工作，杭州市教育局成立领导小组和专家指导小组，设立重点项目和一般项目若干个，并对重点项目给予了经费支持。作为这项工作的组织者与见证者之一，我认为，它对杭州市州近十年社区教育的内涵建设发挥过重要作用。因为有专著《社区教育实验项目：理论·技术·实践》，就不列为本书的内容。过去十年里，还有一项极具特色的工作是成人双证制教育工作，政府为了提高人均受教育年限，加大了投入，采用"教育消费券"的方式资助学习者，公办和民办教育机构参与教学工作。从杭州市教育局行政领导和市成人教育研究室业务管理（教学指导、考试组织和学分管理）角度看，难度极大，但在杭州市教育局的高度重视和各区、县（市）教育部门的支持下，历时五年的大规模的成人双证制工作顺利完成，为提高杭州市人均受教育年限发挥了重要作用，其研究成果获得浙江省职业教育教学成果一等奖。因为有专著《成人教育双证制：提高人均受教育年限新路径》的出版，也不列入本次社区教育十年发展报告中。

"学习圈"是"30分钟市民学习圈"的简称，是杭州市政府出台文件大力推进的"十三五"期间杭州市成人教育的重点工作，其本质特征和基本内涵是成人教育资源的合建与共享，是通过打造以街道和乡镇为单元的"成人教育共同体"，为市民提供便捷、丰富的终身学习服务。而成人教育共同体正是我2008年确定的杭州市成人教育研究室两大研究课题之一，此课题《成人教育共同体研究——以杭州为例》2010年被立项为"'十二五'教育规划教育部重点课题"，应教育部有关部门结题要求我出版了专著《资源的合建与共享——成人教育共同体建设研究》一书。作为这本书的深化与补充，后来又出版了《合建共享：成人教育综合体的建设与运作》。

"学共体"是"社区学习共同体"的简称，是我于2008年首创的学术概念，经过15年的持续研究与推进，业已发展成为中国终身教育领域的一个研究专题、研究门类、研究方向。其宗旨是变革成人学习方式，提升终身学习品质。在理论上,随着国家社会科学基金项目"社区学习共同体生命价值与成长机理研究"的完成和专著《社区学习共同体》的出版以及社区学习共同体系列论文的发表,已经基本建构起中国新时代社区学习共同体理论体系。在实践上,随着持续 11 年开展杭州市示范社区学习共同体评选表彰、10 次全国社区学习共同体专题研讨会和若干次杭州市社区学习共同体研讨会的举办、杭州市及各区设立的社区学习共同体研究与行动指导中心的运作,到 2021 年,杭州市已有 8000 个社区学习共同体遍布城乡,参与学习的人数超过 22 万人。

在持续 10 年研究和推进"社区学习共同体"后,把社区学习共同体的理论应用到老年教育的实践中,于 2017 年首创"社区共学养老"学术概念,从 2017 年至今,我们的团队在杭州市建立了"社区共学养老实验基地"18 个。2018—2021 年,组织召开 4 届"全国社区共学养老专题研讨会",杭州已经有 18 万老年人选择社区共学养老,这些老年人用自己的行动践行了"老有所养、老有所医、老有所为、老有所学、老有所乐",他们的生活质量和生命性价值得到明显提升。

于 2022 年 2 月 10 日施行的《杭州市发展老年教育的实施意见》(杭政办函〔2022〕1 号,下简称《意见》),吸纳了社区学习共同体和社区共学养老的概念和研究成果。通过政府政策文件来推进社区学习共同体建设和社区共学养老发展,体现了政府有关部门科学决策的胆识魄力,也赋予教育科研以先导性意义。

该《意见》站在"实施积极应对人口老龄化国家战略"的高度,把《中共中央国务院关于加强新时代老龄工作的意见》"提升广大老年人获得感、幸福感,安全感"的根本宗旨和《"十四五"国家老龄事业发展和养老服务体系规划》(国发〔2021〕35 号)"构建和完善兜底性、普惠型、多样化的养老服务体系"总要求落到实处,直面人口老龄化背景下杭州老年教育的困境与挑战,充分体现了杭州"共同富裕"先行区建设中终身学习与老年教育的功能定位和价值取向。

该《意见》"以老年人幸福指数提升为宗旨""助推未来学养社区建设",明确提出要实施"共学养老建设工程"。"突出社区学养重点,整合利用社区各类教育资源,有效应对老年教育机构'一位难求'困境,构建幸福指数高、费用低的社区学养结合新模式,推动老年教育融入养老服务体系。培育团队学养力量,扶持社区学习共同体建设,挖掘培养有影响力的社区居民,提升核心成员素养,引导老年人自主组织、自我管理、互助学习。"明确指出"到 2025 年,初步建成全纳、开放、共享的老年教育公共服务体系,进一步实现"老有所教、老有所学、老有所乐、老有所为"。建设示范性老年教育机构 100 个,共学养老示范基地 100个,老年教育品牌项目 100 个"。

　　几年来，我们大力推进区域老年教育变革与创新，开展基于社区学习共同体的老年教育的实践探索，"社区共学养老"被认定为 2021 年度国家级终身学习品牌项目，由笔者主持的教学成果《共学养老：老年教育的杭州样式》获得浙江省人民政府职业教育教学成果奖。"社区共学养老"模式具有投入小、易操作、可复制、可推广的特点，可以在全省乃至全国范围内推广该模式，推进中国养老事业发展和老年教育的深刻变革。

　　本书的第一篇文章，作为本书的总启和概述，体现本书所阐明的 10 年来杭州市社区教育变革的归旨与理想——实现社区教育的根本性变革：从设计型向生长型转变。从本文中读者可以了解到生长型社区教育的基本思想、基本原则、基本策略以及对于提高社区教育质量的重要意义。

　　本书共有三章。第一章和第二章分别展示杭州市 2010 年以来的学习圈建设和学共体培育经验与成果，文章由杭州市教育科学研究院科研人员和各区、县（市）的社区教育工作者撰写，文章的内容均是 2021 年之前的，所以保留杭州市部分行政区划调整前的单位名称。在此，向作者表示衷心的感谢。

　　第三章展现的是近十年来终身学习的先进人物，其中许多人是社区学习共同体的核心成员，通过共同学习，他们的生命状态发生积极的改变，潜能得到充分的挖掘，服务社会的能力得到较好的提升。人物事迹的采写由《杭州日报》的记者完成，在此对《杭州日报》及记者们表示衷心的感谢。

　　本书的作者众多，组织工作和编辑工作更加繁杂，向浙大出版社编辑胡畔女士表示诚挚的谢意。

汪国新

2023 年 2 月 8 日